赵亚夫与他指导农民种植的有机水稻

赵亚夫在中央电视台《时代楷模发布厅》节目上

赵亚夫在全国道德模范表彰大会上

在田头为新村官讲述有机水稻的生产情况

赵亚夫与戴庄村干部们在一起 1

赵亚夫与戴庄村干部们在一起 2

赵亚夫与农民们在一起 1

赵亚夫与农民们在一起 2

赵亚夫在示范讲解

赵亚夫在丹徒区世业镇与草莓种植农民在一起

教农户修剪桃枝

观察高架草莓生长情况

赵亚夫在指导高架草莓种植

指导农户科学种田

赵亚夫在指导王厚俊的生态养殖场

江苏省农业科学院杰出专家系列丛书

赵亚夫

臧巨凯／著

中国农业科学技术出版社

图书在版编目(CIP)数据

赵亚夫 / 臧巨凯著 . — 北京：中国农业科学技术出版社，2017.2
（江苏省农业科学院杰出专家系列丛书）
ISBN 978-7-5116-2926-5

Ⅰ . ①赵… Ⅱ . ①臧… Ⅲ . ①赵亚夫－生平事迹Ⅳ . ① K826.3

中国版本图书馆 CIP 数据核字 (2016) 第 315875 号

责任编辑　李冠桥
责任校对　贾海霞

出 版 者　中国农业科学技术出版社
　　　　　北京市中关村南大街 12 号　邮编：100081
电　　话　（010）82109705（编辑室）　（010）82109702（发行部）
　　　　　（010）82109703（读者服务部）
传　　真　（010）82106625
网　　址　http://www.castp.cn
经 销 者　各地新华书店
印 刷 者　北京科信印刷有限公司
开　　本　710mm × 1 000mm　1/16
印　　张　25　彩插 16 面
字　　数　449 千字
版　　次　2017 年 2 月第 1 版　2017 年 2 月第 1 次印刷
定　　价　120.00 元

前 言

八十多年来，江苏省农业科学院在江苏乃至中国农业科技发展史上留下了光辉的篇章。江苏省农业科学院以服务“三农”为宗旨，以创新驱动发展核心战略为主线，大力实施“人才驱动”“创新突破”“引领服务”三大发展战略，不断提升科技创新能力、成果转化能力和服务“三农”能力，经过几代科技工作者的不懈努力，一批批农业科技成果的形成和转化，推进了江苏农业科技和农业生产向高产、优质、高效、生态的目标不断发展进步，为粮食安全和农产品有效供给发挥了历史性作用，为江苏新农村建设和城乡发展一体化、率先全面建成小康社会、率先基本实现现代化做出了积极贡献。

江苏省农业科学院的前身是1932年国民政府在南京创建的中央农业实验所。围绕当时我国农业生产组织开展科研活动和农业改进工作，组建了学科建制相对完整、科技精英集聚一堂、学术水平全国最高的国家级农业科研机构，开创了中国近代农业科学研究之先河。

新中国成立后，江苏省农业科学院在党中央及省委、省政府的领导下，坚持科学技术必须面向经济建设的指导方针，组织科技人员围绕“三农”问题开展科技攻关，为各时期农业发展做出了突出贡献。

20世纪50～60年代，水稻专家周拾禄主持的“沤改旱”“旱改水”“籼改粳”“单改双”的耕作制度改革，对促进全省粮食增产、调整农业生产结构具有深远而重大的战略意义。农民科学家陈永康用“一穗传”选种法选育成功的水稻“老来青”良种，解决了高产水稻的倒伏问题；他的“三黄三黑”高产稳产栽培技术，经杨立炯等一批专家研究总结，形成了具有我国特色的水稻栽培理论，为全国水稻大面积高产稳产做出了卓越贡献。植病专家朱凤美在麦类黑穗病、线虫病、水稻稻瘟病、白叶枯病、纹枯病等防治方法的研究上取得了开创性成果，他将菌类分类与病害诊断研究结合起来，为病害防治研究奠定了基础。棉花专家朱烨主持研究的棉花营养钵育苗移栽技术，缓解了棉麦两熟栽培矛盾，至今仍在在农业生产中广泛应用。

20世纪70～80年代，甘薯专家盛家廉开创了甘薯有性杂交育种，主持育成的高产抗病新品种“徐薯18”获得国家发明一等奖，为我国甘薯生产发展和科技事业做出了重要贡献。农业经济学专家孙颔等主持中国综合农业区划研究，其中一系列合理利用资源、发展农业的战略性建议大多被政府采纳。中国工程院院士卢良恕选育的“华东6号”等系列小麦优良品种和南方小麦产区合理密植增产配套技术，推动了南方及淮北地区小麦生产的发展。油菜专家傅寿仲研究员主持育成的高产油菜品种“宁油7号”、双低杂交油菜“宁杂1号”，在长江流域广泛推广，实现了油菜品种的更新换代。植保专家杜正文领衔的课题组，联合全国200多个协作单位，对稻飞虱的迁飞规律和综合防治技术进行攻关研究，从根本上改变了褐稻飞虱防治的被动局面，获得国家科技进步一等奖。兽医学家何正礼成功分离鉴定猪支原体肺炎168株强毒株，后经几代科学家的克隆培养，成为世界上第一个在猪场广泛应用的猪气喘病活疫苗。

20世纪90年代，小麦专家程顺和主持育成的“扬麦5号”和“扬麦158”新品种，在生产中推广面积达2.5亿亩，两次获得国家科技进步一等奖。

进入21世纪，邹江石研究员主持育成的我国第一个两系法超级稻品种“两优培九”，先后通过湖南、湖北等6个省及国家审定，种植遍及西至四川，东至江苏沿海，北起陕西汉中，南到海南三亚的16个省、市、自治区，成为继“汕优63”以来第二个在我国种植面积最大的杂交稻品种。赵亚夫研究员创建的“万山红遍”科技示范园和可推广复制的“戴庄模式”，成为江苏农业科技服务的最佳路径，他的生态、高效农业产业理念和土地入股的农业经济合作社模式，探索了新农村农民致富的好路子，显著带动了农民的增收增效。

江苏省农业科学院八十多年的发展史，是一部始终按照党和政府的要求，坚持改革创新，立足长远发展的科技创新史；是一部提升农业科技创新水平，促进农业科研转型升级，为江苏乃至全国的“三农”建设的科技服务史；是一部几代农业科技工作者耐得住寂寞、不断开拓、勇于进取的科技创业史。

同时，江苏省农业科学院的发展史也是一部人才辈出，杰出专家不断涌现的光荣史。先后涌现出开创我国近代农业科学的中国第一代农学家沈宗瀚、钱天鹤、朱凤美等，新中国成立以后蜚声海内外的杰出农学家梅藉芳、周泰初、崔继林、何正礼、邹江石、程顺和、赵亚夫、马代夫等，首批中国科学院学部委员盛彤笙、杰出农民科学家陈永康、中国工程院院士卢良恕、杰出农业经济学专家孙颔等，许多国内外知名专家学者也曾在这里留下深深的足迹。

为了进一步弘扬农业科技工作者开拓进取、献身科技的精神风尚，客观记载他们为“三农”建设发展创造的宝贵物质财富和精神财富，营造尊重科学、尊重人才的良好氛围，江苏省农业科学院决定策划出版杰出专家系列丛书，选择性介绍我院为农业科技发展做出贡献的杰出专家及其科技创新成就，展示他们在农业科技领域的引领性学术价值和对“三农”工作的科技贡献。

系列丛书以杰出专家在着力解决制约全省乃至全国农业发展中的重大科技问题，加快推进农业科技进步，促进江苏农业持续高效发展中的科技创新为主线，采用纪实手法，多角度、全方位展示他们的精神风貌及其先进事迹，重点介绍他们的成长、工作经历、专业特长、创新思维、科学成就、主要贡献、优秀品格等，客观评价他们对科技进步和“三农”工作的贡献。

系列丛书力图从历史角度客观地记载和讴歌我院杰出专家的风采和道德风范。虽然他们从事的科研工作不同，经历各异，但是，崇高的理想、坚定的信念、科学的价值观和为世人称道的道德风范是这个专家群体的共同特点，热爱祖国、开拓进取、献身科技、奋力攀登、敢为人先、甘当人梯的奉献精神值得广大科技工作者代代相传。

系列丛书旨在弘扬一种敢于担当的精神风尚，传播一种创业要实、谋事要实、做人要实的正能量。他们对事业无限忠诚、对事业执着追求的崇高情怀，尽职尽责、精益求精、争创一流的敬业精神，公而忘私、乐于奉献、舍小家顾大家的高风亮节，大公无私、淡泊名利、艰苦奋斗的高尚情操，不断进取、积极探索、求实创新的开拓意识，为后来人留下了一笔宝贵的精神财富，尤其值得青年农业科技工作者学习借鉴。

系列丛书是一套严肃规范、内容准确的经典性传记，具有系统地集锦科学成就、珍储科学史料的档案功能，具有很高的和长期保存使用价值。同时，也将在传播科学精神和科技知识，培育全社会科技创新意识，树立热爱科学的社会风气和文化氛围，弘扬百花齐放、百家争鸣、追求真理、实事求是的学术传统和规范，推动科技与“三农”建设发展发挥重要和深远的影响。

巍巍钟山，滔滔大江。回望八十多个春秋，江苏省农业科学院历经几代人的艰苦奋斗，谱写出一部规模宏大的近代农业科技发展史诗，奏出了一曲令人荡气回肠的服务“三农”建设乐章。希望本系列丛书的面世，能够进一步激发农业科技工作者服务“三农”工作热情，继承老一辈杰出专家的优良传统，不忘初心，继续前进，勇攀农业科技高峰；聚力创新，聚焦富民，为努力建设经济强、百姓富、环境美、社会文明程度高的新江苏，为实现“两个一百年”奋斗目标和中华民族伟大复兴的中国梦，为建设有中国特色的社会主义谱写更为瑰丽的华彩篇章！

丛书编委会

赵亚夫简介

赵亚夫，研究员，十二届全国人大代表。1941年4月20日出生于江苏省常州市。1961年毕业于宜兴农林学院。毕业后分配到镇江专区农业科学研究所工作。1966年加入中国共产党。1982年被任命为江苏省农业科学院镇江地区农科所所长。

赵亚夫同志长期在农业生产一线工作，了解农民疾苦，一辈子绞尽脑汁只干一件事，这就是让农民富起来。他几十年如一日，始终把农民利益放在第一位，秉持“做给农民看、带着农民干、帮助农民销、实现农民富”的理念，做到了“把论文写在大地上、把成果留在农民家”。赵亚夫同志和他的团队创建的“万山红遍”科技示范园，深刻诠释了“帮助农民掌握现代技术、帮助农民走向市场、帮助农民提高素质”的指导思想，成为推广现代农业的“活橱窗”“活样板”。他历经15年探索形成了可复制推广的“戴庄模式”，团结带领农民共同致富奔小康，践行了习近平总书记“一个都不少、一户都不落”的殷切嘱托。“一辈子心系农民、一辈子扎根基层、一辈子为“三农”鞠躬尽瘁、一辈子忘我工作无私奉献”的“亚夫精神”，是农业科技工作者学习、传承的宝贵精神财富，是做好“三农”服务工作的座右铭。

作为江苏省农业科技战线的杰出代表，赵亚夫同志在平凡的岗位上做出了不平凡的业绩。他先后获得江苏省农业科技先进工作者，江苏省科技兴农模范，新中国成立以来50位感动江苏人物荣誉称号。2007年被中央电视台评为“十大三农人物”，2010年获得“全国先进工作者”，2014年被中宣部授予“时代楷模”，2015年当选为“全国敬业奉献道德模范”，2016年被中组部授予“全国优秀共产党员”称号。

目录

赵亚夫

序 篇

三见习总书记

2013年3月8日上午，人民大会堂西大厅，参加全国人民代表大会的江苏代表将在这里审议政府工作报告。

中国共产党中央委员会总书记、中共中央军事委员会主席习近平今天将与江苏代表们一起审议政府工作报告。当习总书记一行缓缓走进大厅时，代表们自发地热烈鼓起了掌。习总书记与代表们一一握手，脸上挂着亲切的微笑。

赵亚夫是来自农业科技领域的代表，他是第四个与习总书记握手的。习总书记的手握得很重，给人感觉很真诚。尽管见过了太多的大场面，但第一次见到习总书记，赵亚夫还是有点紧张。自然亲切的微笑，重重的握手，使他紧张的心情立刻纾缓了许多。

赵亚夫被安排在时任江苏省省长李学勇之后，第二个发言。为了这个发言，赵亚夫做了精心准备，从一开始的5 000多字，逐渐精练为2 000多字，又三易其稿，最终定稿。会议气氛热烈融洽，习总书记又那么亲和，赵亚夫被这样的气氛感染，索性丢下讲稿，作了即兴发言，说了8分钟。他结合自己带着农民干、帮着农民富的实践经历，建议在推进农业现代化进程中，要重视对基层干部的培养，提高他们搞农业现代化的本领；要逐步推广村村建立农村社区经济合作社，使合作社成为基层干部带领农民走向农业现代化的服务平台。

时任江苏省省委书记罗志军代表在一旁插话说："目前农村合作社的数量和规模，江苏都是在全国领先的。"

听完赵亚夫的发言，习总书记说："亚夫同志讲的是对务农致富的认识。”而后，在回顾新中国成立60多年来农村先由分到合、再由合到分过程后，习近平说，改革开放从农村破题，大包干是改革开放的先声。当时中央文件提出要建立统分结合的家庭承包责任制，但实践的结果是：“分”的积极性充分体现了，但“统”怎么适应市场经济、规模经济，始终没有得到很好的解决。21世纪10年来，像沿海地区以及农业条件比较好的地方，在这方面都做了积极的探索，也有了一定的经验。刚才亚夫讲到的农村合作社，就是新时期推动现代农业发展、适应市场经济和规模经济的一种组织形式。今后要着力解决农业比较效益低的问题，真正使务农不完全依靠国家补贴也能致富。”

赵亚夫一辈子只关心一个问题：“三农”；一辈子只做一件事：帮助农民致富。所以虽说是“即兴发言”，其实是对现实“三农”最前沿、最关键问题的深思熟虑，是厚积而薄发，是说到点子上的。而习总书记对他的发言作出点评（当天有八位发言，只对两位作了点评），说明习总书记对他的发言感兴趣，对“三农”问题很重视、很了解。这也不奇怪，习总书记年轻时插过队，当过真正的农民，当过村支书，当过以农业为主的（河北）正定县委书记和（福建）宁德地委书记，对农民的困苦辛劳有着切身感受，对中国的农村与农业有着深刻了解。

一个是党的领袖，一个是农业专家；一个站在顶层的高度、有着顶层的眼光与思路，一个成天行走在乡道田埂上，对“三农”的感知最敏锐、知微见著；他们在思考着同样的问题，有着同样的真知灼见，可谓殊途同归。

习总书记的点评也是“即席发言”，而且事先没有准备，却一下子道出了问题的要害，抓住了事物的关键。一是在“分”与“统”的问题上，“分”的问题解决得比较好，但随着生产力的提高，以及新情况、新问题的出现，“统”的问题必然出现，但如何“统”、“统”什么、“统”到怎样的度，需要的是实践性极强且极具智慧谋略的回答。习总书记在思考，赵亚夫在作实践性探索。二是农村合作社的问题，早在20世纪90年代初，赵亚夫就带着农民进行了探索，从初级合作社，到专业合作社，再到综合性合作社，一路走过来，赵亚夫对此有着深度思考和丰富感受。赵亚夫十分在意习总书记对合作社的看法。习总书记一语道出合作社的本质，并给予了充分肯定。这使赵亚夫非常激动，也很感动，习总书记与我们想到一块儿去了。三是务农致富问题，这是赵亚夫毕其一生孜孜以求的事情，可以说他的一生只为做好这件事，从最初的“水田增粮、岗坡致富（即发展多种经济作物）”，到后来的发展高效农业、生态农业，到再后来的探索合作社以解决生产关系对生产力的适应与促进问题，目的就是要让农民不完全依靠国家补贴、无须外出打工、单凭农业生产就能过上不亚于城里人富裕体面的生活。习总书记讲到务农致富，真是说到赵亚夫的心坎里去了。

听完习总书记的点评，赵亚夫感到一股暖流涌遍全身，眼圈微微发红、鼻子微微发酸，他竭力克制才没让眼泪流下来。农业是国家之根基，没有农业的现代化，中国的现代化就是无根之本，而且前者是后者当中的最艰难的一个环节。习总书记真的懂农民、懂农业、懂农村，这是中国农民之幸、农业之幸、农村之幸，当然也是农科工作者之幸。对领袖的敬仰之情油然而生，它不是抽象的，而是具象的，而且是发自内心的。

2014 年 11 月 23 日，赵亚夫第二次见到了习总书记。

这一次，赵亚夫是作为全国离退休干部先进代表进京开会，受到了习总书记的亲切接见。

习总书记参加 G20 第九次峰会刚回来，在 10 天时间里，辗转了三个国家七个城市，出席了 80 余场双边和多边活动。习总书记工作这么繁忙、这么辛苦，还抽出时间来接见老干部代表，这让赵亚夫十分感动。

在与习总书记握手时，赵亚夫发自肺腑地说：“总书记您好，您辛苦了！”

习总书记微笑着点点头，目光柔和地望着他，使劲地握了握他的手。

迎着总书记的亲切的目光，感受着与上一次握手明显加重的力度，赵亚夫的眼睛湿润了。习总书记用握手的力度表示对一名成绩突出的农业科技人员的重视、赞赏、尊重、理解、关心、信任与支持，千言万语尽在不言中，此时无声胜有声。

2014 年 12 月 13 日下午，在镇江市丹徒区世业镇先锋村农业园，赵亚夫第三次见到了习总书记。

习总书记参加南京大屠杀死难者国家公祭仪式后，来这里调研考察。

之前，赵亚夫接到通知，在农业园陪同习总书记，并告诉他，陪同习总书记进园的就 4 个人，其他三人是省委书记、省长、镇江市市长。

这次见面，赵亚夫已经一点也不紧张了，就像见老朋友一样。习总书记主动向他伸出了手，赵亚夫出于对领袖的爱戴与敬仰，伸出双手紧紧握住习总书记的手，同时鞠了一躬。这时习总书记又把左手加了进来，用双手使劲握住赵亚夫的双手。这使赵亚夫非常感动，在领袖面前，自己是个“小人物”，却受到了超乎寻常的热情礼遇，习总书记真的非常亲民、平易近人。

在园区草莓种植基地门口，摆放着农业园自产的草莓、橘子、葡萄等。

习总书记仔细观看，还不时拿起产品询问产量、销路、价格和盈利。赵亚夫一一作答，这个农业园就是两年前由他带着团队帮助指导搞起来的，他对它太熟悉了，所以回答习总书记的询问时如数家珍。

沿着一垄一垄的草莓架子往里走，习总书记来到顶上第三个红灯笼的位置停下来，边看边询问。

“这种高架草莓有什么好处？”

正在采摘草莓的叶明兰回答说：“草莓种在一米高的架子上，好处是田间劳作不用弯腰，大大降低了劳动强度。年纪大的人在家门口也能生产管理，既活动筋骨有利健康，又赚到了钱。”

总书记点点头说：“这很不错，适应了当前农村农民老龄化的实际情况。”边说边亲手摘下一颗草莓，放进叶明兰的篮子里。

赵亚夫补充说：“原来，一户人家种三亩草莓就够忙的了，就很累了，现在可以种五六亩（1 亩≈ 667 平方米。全书同），这样可以适度扩大种植规模。另外，高架草莓很适合农业观光旅游，城里人下乡来摘草莓，更美观、更干净、更方便了。”

习总书记又问草莓品种从哪里来，种植用的是不是营养钵，一亩地投入多少钱，一年纯收入有多少。赵亚夫都作了准确的回答。

习总书记说：“20 世纪 80 年代我在河北正定县工作时，就曾经到满城县考察草莓种植情况，在那里，他们有一个日本引进的品种叫“宝交早生”的草莓，很甜、很好吃，效益也好。”

习总书记问赵亚夫这里种的是什么品种，赵亚夫回答说："这也是日本的品种，叫红颊。"

习总书记点点头，望着草莓架下培养的食用菌，问道："这种食用菌是什么品种？"

赵亚夫说："是姬菇、平菇！"心中暗自吃惊，总书记的一系列询问非常内行，非亲身经历并仔细琢磨过，问不出这些内行的问题。幸好自己天天盘弄这些，了然于心，才能对答如流，不然的话真有可能"掉链子"。

习总书记问叶明兰："种草莓一年收入有多少？"

叶明兰回答："去年每亩毛收入5万元，今年净收入有望达到这个数。"

习总书记又点头称许。

赵亚夫汇报说："在这个大棚里面，还有十多个农民来学习种植草莓，我们是以培养示范户的方法，带动农民致富。下一步，他们要自己回去种植草莓。"

习总书记称赞说："共同致富好！"接着又说："高架草莓技术的开发是科技创新，农业发展就是要依靠科技创新！"

走出草莓大棚，习总书记看到了宣传赵亚夫的大幅照片，还看到了"做给农民看，带着农民干，帮助农民销，实现农民富"四句话。习总书记不停地点头，对赵亚夫说："做给农民看，带着农民干，帮助农民销，实现农民富，你做得很好！赢得了农民的爱戴。'三农'工作需要一大批这样无私奉献的人，农业专家的成果就是要体现在广阔的土地上，把科研创新转化为实践成果。"

赵亚夫回答："为农民服务是我应该做的！"

习总书记说："现代高效农业是农民致富的好路子。要沿着这个路子走下去，让农业经营有效益，让农业成为有奔头的产业。要更加重视促进农民增收，让广大农民都过上幸福美满的好日子，一个都不能少，一户都不能落。"

"一个都不能少，一户都不能落。"说得太好了！赵亚夫毕生奋斗的目标就是让农民共同富裕，都过上幸福的生活，习总书记的这句话画龙点睛，说到自己的心尖尖上去了。赵亚夫反复回味着这句话，把它刻在了心尖尖上。

临上车离开时，习总书记见赵亚夫还站在那里出神，特地走过来，双手握住赵亚夫的手，并拍拍他的肩膀，这才上车走了。

赵亚夫感到全身暖和和的。

两天后，赵亚夫听到了习总书记在南京讲话的传达。习总书记说："务农重本，国之大纲。没有农业现代化，没有农村繁荣富强，没有农民的安居乐业，国家现代化是不完整、不全面、不牢固的。中国要强，农业必须强；中国要美，农村必须美；中国要富，农民必须富。发达地区在这方面一定要带好头，领好向，把工业化、信息化、城镇化、农业现代化同步发展真正落到实处。"

作为一个做了一辈子的"老农业"，赵亚夫太理解习总书记这番话的意义和分量了。习总书记在下一盘很大很大的棋，而农民、农业、农村在这盘大棋局里占有很重很重的分量，属于基础性、根本性的布局。赵亚夫非常愿意成为这个大棋局里的，在"农"字领域能起关键作用、盘活全局的一枚棋子。

总理的一连串提问

2015 年 3 月 7 日，人民大会堂东大厅。参加全国人民代表大会的江苏代表团全体会议在这里举行。李克强总理与江苏代表们一起审议政府工作报告。

轮到赵亚夫发言时，他以自己在句容市戴庄村的实践为例，建议积极发展综合性农民社区合作社。规定的发言时间是七分钟，赵亚夫数易其稿，几番浓缩，也作了七分钟的准备。但李总理一连串的提问，以及与他的对话交流，使他的发言实际用了 17 分钟。

总理问道："我问一下，你这合作社是不是股份合作社？是均股吗？"

赵亚夫回答："有股份，是均股。种一亩水稻田入一股，300 元。因为在一个行政村内，人均承包的水田大体是相同的。所以按人计算，人均持股量差别不大，每个人都有股，这里没有人持大股。”

总理问道：“按股分红吗？家庭经营与股份合作是什么关系？”

赵亚夫回答：“我们合作社主要按合作社代社员销售农产品的数量多少来进行盈利分配，达到合作社代社员销售农产品产生的当年可分配盈利的80%。《中华人民共和国农民专业合作社法》规定按股本分配的比例，不应超过当年可分盈利的20%，按合作社代社员销售农产品的数量分配比例，不应低于当年可分配盈利的60%。”

总理问道：“这就是说，一方面还是家庭经营，另一方面又有股份合作。一家一亩、二亩、三亩的家庭经营，效益比较，很低的。既然土地入股了，为什么不把田块集中起来，实行适度规模经营？一些地方通过打掉田埂，能增加百分之十几到百分之二十的耕地面积，多出来的耕地平均分配给农户，还可使用大型农业机械。你们有没有这方面的探索？”

赵亚夫回答：“戴庄地处丘陵山区，田块小，落差大，田埂在引水灌溉方面还是有一定作用的。我们更大的潜力不在（打掉）田埂上，而在科技创新上拿效益。相比规模小，总产量是要低，但是因为是自己种田，种的好坏跟自己的切身利益相关，所以每户面积小，种田效率高。我们的生产管理是统一的，合作社指导布局、技术，提供种苗及各种生产资料，还提供产品的加工、仓储、销售等服务，联合社员进入市场，也能取得适度规模效益。真正提高效益，还是要依靠科技，我们的有机水稻每亩纯收入达到2 000元以上，高的农户达到3 000元，增收了15%，比原来增收3 ~ 5倍。”

“我们也搞土地流转，但是在社员与社员之间流转，土地经营权入股合作社，再由合作社发包给专业大户，取得适度规模效益。但这要有个过程。”

总理说：“我听明白了，你的意思是农村家庭承包经营还是要坚持，但走到今天这一步已经不够了，必须搞股份合作经营。你们进行了很好的探索，而且是综合试验！”

赵亚夫事先没有想到，总理会问得这么细，这么专业。开口就问农民入股、股份、分红、规模经营，这说明总理对“三农”问题非常了解、十分懂行。李总理曾经插过队，当过地道的农民，当过村支部书记，后来又当过农业大省——河南省的“一把手”，对农村、农业太熟悉了。曾经就读于北大法律系，又是经济学博士，对《合作社法》，对股份、分红，对统分结合等，把握得非常精准。赵亚夫是这方面的出类拔萃的专家，成天在思考这些问题，也成天在拨弄这些事儿，差一点就被李总理问噎住，可见总理是这方面的行家里手。

在会议结束前的讲话中，总理专门提到了赵亚夫和戴庄合作社，他说：“我们说农民是弱势群体，但是农民是非常勤劳的，很有智慧的。你看我们亚夫同志提出的一个，你们实际上已经在试验，而且试验当中已经取得成效的合作经营的模式，这本身表明，农民有创造性，而且你们还特别注重农民个体的创造性，家庭承包经营不变，合作了，还要让农民自己干、自己想、自己闯……”

接着，总理动情地讲述了路遇返乡农民工的一段故事。当时在贵州高速公路某服务站，总理遇到了一群农民工，他们是从广东、浙江、江苏等地回老家贵州过春节的。总理问他们有什么愿望？他们中的多数人回答说，想回贵州就地打工就业。总理问他们为什么？他们回答，“老娘在家，孩子在家，出去十多年了，没有尽到孝，没有尽到责任”。总理问他们在外地过得怎么样？他们回答说：“心酸。”有两位当场就哭起来了。原来，他们很难完全融入当地，很多待遇是不平等的，不只体现在社会公共服务，还有企业薪酬等。他们说多数人想回家……

说到这里，总理顿了顿，动容地说：“问题是中西部没有这么大的产业，我们农民的收入中，工资性收入已占52%以上，没有打工收入，怎么富起来？靠一亩二分地，种什么才能富？当然，我们请亚夫同志想想办法，能不能种出比金子贵的东西来？比较难。”

这时赵亚夫接过话头说：“这是我们的责任！我们科技人员的责任！”

总理说：“当然，应该提高农民收入！”

一个大国的总理，对处于弱势地位的农民如此关心，这让人一辈子为农民牵肠挂肚的赵亚夫深为感动。

一个世界上最大政党的总书记（也是国家元首），一个世界上最大发展中国家的政府首脑，他们都当过农民，对农民有着天然的深厚感情；他们都熟悉农业和农村，都把“三农”放在基础性、突出性的布局上，这是中国农民之幸、农业之幸、农村之幸，也是整个中国之幸！想到这里，赵亚夫雄心勃勃、信心满满，同时感到自己肩上的担子沉甸甸的。

赵亚夫，一个传奇

在江苏的茅山地区，如果你驾车经过，或者踏青步行，看到田里有一个七十出头的老人在弯腰劳作，戴着草帽，穿着一条磨损得发毛的牛仔裤，一件破旧的上衣，你肯定以为那是当地的一个老农民。如果你走近一点，发现这个老农戴着一副眼镜，看上去有几分斯文，你会想到这个老农可能有点文化。如果你走到他面前，看出这人中等身材，头发花白，目光沉稳而专注，总是在观察与思考，你会觉得这个农民可能有阅历、有主见，说不定当过小队长、大队长之类的村官。

你不会想到，这个老人是中国顶级的农业专家、农业科学家，江苏省农科院的研究员——赵亚夫。

你更不会想到他的鼎鼎大名，在茅山、镇江、江苏乃至全国的农村与农民当中，可能很多人不知道县长是谁、市长是谁、省长是谁，但鲜有人不知道赵亚夫是谁。对于农民来说，谁当县长、市长、省长，与他们没有什么直接的干系，可以说谁当都差不多，但赵亚夫就不同了，赵亚夫能给他们带来看得见、摸得着的实惠。

在农民的口耳相传之中，赵亚夫就是一个传奇，甚至可以说是一段神话。种田不用化肥，照样高产，卖出的价钱是用化肥的几倍甚至十几倍，这对于几十年来依赖化肥种田的农民来说简直不可思议。对于病虫害，不用农药防治，照样歼灭干净，大有“不战而屈人之兵”的意思，非亲眼所见或亲身经历，也是不敢相信。如果在城里打工，受不了城里人的歧视的眼光，或者对“三等公民”的待遇愤愤不平，或者看不惯老板的抠门而又刻薄，或者放心不下老家的老人孩子，你可以回乡种地，照着赵亚夫的方法来种，收入绝不低于在城里打工，如果勤劳、聪明又有文化，年收入二三十万元不是问题，当上“土豪”也很有可能。这在农民看来，就是一种神奇，农民对神奇的理解就是这么朴素、这么简单。他们喜欢与切身利益相关的实实在在的东西在一起。

是的，农民的直觉没错，赵亚夫确实是一段传奇。这从上文记叙的国家最高领导人频繁地会见他、与他探讨交流看法便可见一端。并不是说被最高领导人频繁接见就一定了不起，但如此高密度地与国家最高领导人接触并共商国事，一定不同寻常。要知道，中国是一个将近 14 亿人口的大国，有多少人穷其一生能够见到国家最高领导人？能够与最高领导人握手、交谈的，那就更少了；能够向最高领导人汇报工作、并被问计于斯的，那是少之又少了，可以说是凤毛麟角。

一个人，如果能得到最底层的农民的认可，已经很不简单了；如果能得到最高层的国家领导人的认可，也是一件很不容易的事；既能得到最底层的农民的认可，又能得到最高层的国家领导人的认可，只能说明一件事，那就是这个人真的很了不起，或者说这个人一定有他的非常特别的地方。

赵亚夫的最显著的特别之处，在于一辈子只干一件事——让农民富起来。这句话说起来容易，做起来却一点也不容易！种田苦，种田穷，这是全世界的共同的问题；让农民不依靠政府补贴也能富起来，过上与城里人同样体面的生活，这几乎是全人类的共同难题。因为工业革命，将农业变成了“弱势产业”，把农民变成了“弱势群体”，后工业革命与服务业的发达，使这种“弱势”愈演愈烈。赵亚夫一辈子就瞄上了这道难题，跟它较上劲了。一辈子只做这件事，不做第二件事，如果说做了第二件事、第三件事、第四件事……那也是为第一件事服务的。对于这件事，赵亚夫很“轴”，坚定不移，百折不回，愈挫愈坚，矢志不渝。为了这件事，赵亚夫绞尽脑汁，费尽心机，耗尽心血，流尽汗水，用尽全力，一干就是 58 年。献了少年献青春，献了青春献壮年，献了壮年献老年，献了老年献暮年。只要还有一口气，赵亚夫还将继续这件事。

赵亚夫之所以毕生铆上了这件事，是因为曾经受过两次“刺激”。

第一次是在读大学时，当时学校搞教育改革，赵亚夫在宜兴农村生活了一年，亲身感受到了农民的疾苦。一次，他去县城医院看病，见到走廊、院子到处挤满席地坐着或躺着的病人，都是乡下来的农民。当时正在闹饥荒，许多人饿死在医院里，病房里不时传来了失去亲人的凄惨的哭叫声。这对赵亚夫产生了极大的刺激，他发誓竭尽所能要让农民吃饱肚子。第二次是在1982年，他到日本研修农业，深入接触到日本的农业与农民，日本农民普遍开上了小车，家家都有舒适的卫生间，生活水平不比城市居民差。而茅山地区的农民大多还住着茅草房，家徒四壁，衣衫褴褛，吃粮也是紧巴巴的。两国农民生活水平的巨大差距，对他的刺激不亚于第一次刺激。农民跟着共产党干革命、搞建设，不就是图个过上好日子吗，怎么跟资本主义国家农民的生活如此悬殊呢？当时他就发誓要让农民富起来，赶上甚至超过日本以及西方发达国家的农民。

有所不为才能有所为，有所得必然有所失。赵亚夫为了做好这件事，放弃了很多很多，也失去了很多很多。顾不上家庭，亏欠妻儿太多，这是肯定的。以他的悟性，以他的理论功底，以及汗牛充栋的第一手资料和素材，若要在学术上有所成就，那是易如反掌的事儿。这也是绝大部分农业科研人员心所向往的“康庄大道”——评上高级职称，当上博导，拿到丰厚的科研经费，或者著书立说、外出讲课，名利双收。但赵亚夫放着“康庄大道”不走，偏偏走上了“崎岖小路”。他没有时间写学术论文，更没有心思托人、找关系跟核心期刊周旋，他专写农民所喜闻乐见的科普文章（累计已有几百万字），有时写一些调研报告之类，供领导及有关方面参阅，实际上是在给农民争利益。这样的文章自然难登“专家”们的“大雅之堂”。他没有时间参加学术会议，更不想在那种象牙塔里作学术报告，却把大把的时间花在农民培训上，在田间地头、在农舍里、在村部，随时随地给农民讲课，累计培训农民达30万人次。以至于他的研究员职称评定，第一年没有通过，第二年没有通过，第三年才获通过。但他无怨无悔。

1996年，组织上决定让他担任江苏省农科院院长。组织部门找他谈话，谈话的过程却让人大感意外，赵亚夫竟然婉言谢绝了！在中国的“官”场上，多少人跑官要官，多少人削尖脑袋、不择手段谋个一官半职，赵亚夫对于送上门来的这么大的“官”（正厅级）不当，还是选择成天与农民们泡在一起，这显得非常的“另类”。其实赵亚夫并不是客套，更不是故作姿态，那是他的内心的真实想法，因为他一生追求的那件事还没有完成，而且当时正处于关键时期，他不能丢下那件事去当“官”。在此之前，1995 年，他已担任镇江市人大常委会副主任，他当时提出了一个条件：不驻会——有事则来，无事则去。组织上知道他放不下他的“头等大事”，便随他了。虽然当了“高官”（副厅级），但赵亚夫还是忙他的那件事，一年当中有两百多天是在田间地头度过的，是跟农民们在一起的。任何事情，只要跟那件事相冲突，赵亚夫都毫不犹豫地选择后者。

所幸的是，赵亚夫没有白忙乎，他一生孜孜所求的那件事——让农民富起来，在一定程度上基本做到了，至少取得了突破性的进展。以赵亚夫长期扎守的茅山地区为例，这里有 4 万多个以务农为主的农户，2014 年人均纯收入达到了 1.8 万元以上，其中约有 2 万多农户人均纯收入超过 2 万元，明显超出当地外出打工为主农户的人均纯收入，他们的实际生活水平，已经接近句容市（县级）一般城镇居民。他们的团队直接带出的家庭年纯收入 20 万元以上的示范户，就有 30 多个。

2001 年年底，赵亚夫在茅山地区找到一个最穷的村——戴庄村蹲点，带富这个村，通过这个村来展示榜样的力量、激励的作用和辐射的功能。以此来带动、促进整个农村奔小康、走向现代化。到 2008 年，戴庄村就实现了小康。到 2014 年，戴庄农民的人均纯收入由当初的 2 800 元提高到 18 500 元，增加了 6.5 倍。戴庄的集体经济已从 2005 的负 80 万元逐步提高到现在的年收入近 200 万元，积累的集体固定资产已达 1 000 万元，进入了茅山的第一方阵。照这个势头，再用 5 年时间，人均纯收入就能达到 25 000 元，实现江苏省基本农业现代化的指标。

更可喜的是，赵亚夫的“富农之方”具有极大的可复制性，也就是说，只要照着赵亚夫的一套去做（主要是现代高效生态农业和综合性农民社区合作社这两条），没有不富之理。这就为全中国的农民致富奔小康、实现农业现代化探索出了一条样板式的路数。最典型的是四川绵竹。2008年，一场突如其来的大地震让四川绵竹人民饱受苦难。赵亚夫受命带着江苏农业科技团队赴绵竹援建高效生态农业园。这个农业园帮助和带动了一大批农民致富。时任四川省委书记刘奇葆高兴地说："这是18个省农业援建项目中最成功的。在江苏，有句顺口溜叫：要致富，找亚夫，找到亚夫准能富。我看我们可以改一改，叫作：留住赵亚夫，四川准能富！"江苏和四川，一个在东部，一个在西部，相隔几千里，经济发展水平也相差甚远，照样可以移植过去帮助农民发家致富。

在中国，搞农业科技推广的至少有几十万人，为什么单单赵亚夫脱颖而出，成为其中的佼佼者？无疑，赵亚夫有他的"独特"之处。这个"独特"，不是一般的独特；一般的独特，如业务精湛、本领过人、心系农民、忘我奉献、坚定地走高效生态农业之路等，当然也是独特之处，但尚不构成赵亚夫式的"独特"。赵亚夫之所以出类拔萃，使众人不能够望其项背，主要的是两个方面的"独特"。

一是他跳出了一般技术推广的培训、指导、示范、普及这样的线形的老套路，他采用的是多维的立体的推广模式。他创建了多个"现代高效生态农业示范园"（赵亚夫给它们取了个富有诗意的名字：万山红遍），里面种有机水稻等粮食作物，种草莓、葡萄、无花果、梨子、水蜜桃等经济作物，还养殖鸡、鸭、鹅、羊等畜禽。农民可以进来打工（付薪），可以进来实习，参观考察随时欢迎，园门永远向农民打开。免费传授技术，更鼓励另立门户，还帮着销售。一般一个园区500～1 000亩（1亩约为667平方米，全书同），能带动附近8 000亩，辐射周围80 000亩甚至更远。凡在建园的地方，周围的农民渐次富裕起来，就像在一个湖面倒下一瓶红墨水，红色慢慢向周围扩散，染红了一大片。赵亚夫把它概括为："做给农民看，带着农民干，帮助农民销，实现农民富"四句话。

二是他站在生产关系的高度来俯视技术推广，发现了技术推广这个层面本身难以发现、难以解决的问题，并且总能通过周延的设计巧妙地加以化解。一般的技术推广，就是解决技术本身的问题，我把技术教给你，基本就完事了，至于以后的产品出路、销售，以及生产过程中的包括人际关系在内的各种社会关系，管不了那么多了。这样的技术推广，充其量只是增强了一定的生产力，但是如果没有与之相适应的生产关系的及时跟进，这个增强了的生产力极其有限，甚至消解为零。举个简单的例子，你教会了农民种草莓，获得了大丰收，但市场需求有限，于是销售的压力就来了，竞争越来越激烈，只好竞相压价，大出血大甩卖，相互诋毁谩骂甚至打架，最后一扎账，忙了一季没赚到钱，有的甚至还折了本。如果通过一定的形式把农民组织起来，错开品种生产，错开季节销售，拓展新的市场，情况就会大为改观，大家都赚了，皆大欢喜、相逢一笑。前者就是生产力的表现，后者就是生产关系的表现。赵亚夫很早就发现了这个问题，20 世纪 80 年代就开始了思考探索。1996 年就开始搞起了农民葡萄合作社，到 2002 年，又搞起了综合性农民社区合作社，宗旨就是把分散的、各自为战的农民组织起来，制定大家都认可的章程，生产、加工、销售、分成都按这个章程办，实现多劳多得、能者多赚、弱者脱贫、共同富裕、人际和谐、秩序井然。这就是赵亚夫的最为“独特”之处，他总是比别人站得高、看得远。关于农村生产关系的适宜平台——合作社，下文将有详细解析，这里点到为止。

赵亚夫是多家合作社的总顾问，实际上这些合作社是他一手搞起来的（连章程都是他亲手起草的）。如果他在这些合作社里拥有一定的股份，凭他的技术、能力和实际贡献，没有人会说个不字，他早就成为千万富翁了。但他在合作社不拿一分钱，是纯粹的“义工”。有好多大型的农业企业，出高薪聘请他，他从来不为所动，他离不开农民，丢不下那件做了一辈子的事情。

赵亚夫就是这样的一个淡泊名利的人，一个视金钱如粪土的人，一个毫不利己、专门利“农”的人。总之，是一个道德高洁之人。这样的人，在如今的拜金盛行、不择手段逐利的社会风气下，在“官场”生态不容乐观的特定环境下，在道德滑坡、难以筑底的社会状态下，尤其难能可贵。

当前中国最根本性的问题，并不是经济增长放缓带来的下行压力，也不是环境污染所带来的生态压力，以及诸如此类的“枝干”问题，而是社会的核心价值观尚没有成形、定型、巩固并被广泛地自觉认同和接受。前者是枝干性问题，后者是根本性问题。一个泱泱大国，一个有着将近14亿人口的国家，一个有着56个民族、宗教信仰各异的国家，如果没有一个共同的最高信仰，如果没有一个被全社会人共同服膺的核心价值观，长期下去是极为不利的。中国沿袭了几千年的以儒家为中心，以道、释为两翼的传统核心价值观，在清末民初西风东来的背景下，被以“五四”为时间标志的西方价值观冲击得体无完肤。但西方价值观在中国水土不服，一直扎不下根。有人曾经尝试回归传统，但实际上回不去了。后来一度曾以“阶级斗争为纲”，但实践证明那是行不通的。此后三四十年，一直尝试建立一种既不同于传统、又不同于西方的全新的、符合国情的核心价值观，但恕我直言，都不太成功。因为核心价值观的建立并巩固，并不是靠喊口号、靠树立几个不接地气的典型、靠开动宣传机器强行灌输就能做到的。需要时间，需要沉淀，需要过程，需要“随风潜入夜，润物细无声”，需要渐渐地由低到高的概括与提炼，需要一批活的榜样以自己的言谈举止向社会诠释与展示。

像赵亚夫式的人物，就属于那种“活的榜样”，是构建我们新的核心价值观的不可或缺的要件。他们生活在广大群众之中，自己于无形当中作了言传身教，传递与扩散了真、善、美；非常地“接地气”，老百姓看得见、摸得着、信得过、学得来，很容易产生“效仿效应”。他们是“活的核心价值观”，是核心价值观的播种机、扩音器和催化剂。假如有一千个赵亚夫，每一个赵亚夫能直接带动他所接触到的一千个人，每一个被直接带动者又能间接影响到身边的一千个人，就是一个非常庞大的数字。加上主流社会的适时地提炼与引导、艺术地宣传与推介，新的核心价值观的形成大有希望。令人欣慰的是，中国的高层已经有所意识，搞了“时代楷模”和“道德模范”的推介活动，做得还比较人文化、艺术化、柔性化，使受众比较乐于接受。赵亚夫分别获得“时代楷模”和“道德模范”的荣誉称号。“时代”，不完全是时间概念，更多的是影响人们意识的，所有政治的、经济的和文化的环境概念。“楷模”和“模范”就是一种榜样，是“活的榜样”，能自然而生动地诠释新的核心价值观。“时代楷模”“道德模范”主要是从道德层面进行评价和肯定，而道德是构建核心价值观的核心内容之一。

本书将跟随赵亚夫走过的75年的人生足迹，摹画出一个真实的、立体的、充满质感的、色彩饱满的赵亚夫。本书将是一幅巨幅油画，线条可能粗犷但注重“神似”，而不是一幅照片过于注重“形似”。将浓墨重彩描绘赵亚夫一生中最耀眼的闪光点，并寻找这些闪光点背后的光源。将解析赵亚夫亲手所为的几大“工程”，展示其对中国农业未来的决定性意义。将跟踪赵亚夫70多年的心路历程，探寻其三观的成长、成型和光大。同时通过赵亚夫，折射出他的同行们的身影，他们是如何地为中国的“三农”事业风餐露宿、胼手胝足、任劳任怨、呕心沥血，他们很像鲁迅所描绘的“吃的是草，挤出来的是奶”。至于反映几十年来中国“三农”的动态卷样以及一幕幕的壮阔的社会生活画卷，也许不着一字、尽得风流。

第一章

发誓不再让农民挨饿

第一节　精神的故园

一个人的三观的形成和定型，主要的或者说关键的是取决于青少年时期。

赵亚夫之所以成为今天的赵亚夫，之所以成就今天这样的道德操守和人格情调，说得抽象一点是“历史”形成的，说得具体一点则与他的成长环境、人生经历密切攸关。其中，少儿和青年时期又是关键的阶段，几乎起着决定性的作用，老人们常说的“从小看八十”，就是这个道理。

那么，让我们追本溯源，走进赵亚夫的“精神的故园”，这样才能更深地理解今天的赵亚夫。

1941 年，赵亚夫出生于江苏常州，4 岁那年，不幸母亲病故，自小由外公、外婆抚养长大。幼年丧母，这在赵亚夫幼小的心灵上投下不小的阴影，使他比同龄孩子显得懂事、显得早熟一些。他的沉稳内敛性格的形成，与此也不无关系。外公谢书根原籍常州乡下卢家巷，进城打工一辈子，年龄大了失业在家，给居委会看管自来水站，拿点生活补助费。外婆笪爱娣（原本没有名字，这是第一次普选登记时起的名字），原籍镇江南门外乡下（镇江南乡句容市白兔镇笪是大姓，不知这是不是后来赵亚夫去白兔镇搞草莓的“天机”？），为了抚养亚夫兄弟俩，减轻负担，两老早早就把初中未毕业的儿子送出去学生意了。外婆心灵手巧，除了家务外还在家帮纱厂摇纱锭，经常在小巷路灯下加班干活，还帮人烧饭，尽量挣钱糊口，小亚夫自小就学会帮外婆干活。外公、外婆都不识字，但很识事理，勤劳朴实，外公管理的水站地处交通要道，逢年过节或是夏季用水高峰期经常忙得顾不上吃饭及上厕所，除了管水，他还义务协助交警维持秩序，受到市公安局的表彰，照片曾经在市政府大门前的表扬栏陈列过。言传身教中，小亚夫学会了不少做人做事的道理。外婆还很会讲故事，每当夜深人静的时候，外婆就给小亚夫讲很多好听的故事。这些故事在乡村口耳相传且年代久远，相信很多在农村长大的人都听过类似的故事。贯穿于这些故事之中的内在思想，基本上是中国传统的伦理道德，比如孝老悯幼、善恶有报、因果相袭、诚实守信等。当时的中国，欧风西雨已把中国的传统文化冲击得七零八落，但在古老的乡村，在大字不识几个的村民中间，传统的东西有着千年的惯性。在中国沿袭几千年的正统思想，即以儒家为主、辅以道、释（佛）两家的思想传统，在古老的乡村仍有着相当的地位，这不但体现在村民的言行中，也体现在广为流传的故事中。小亚夫是个悟性极高的孩子，他不但记住了故事的情节，也多少能悟出蕴含于故事里面的核心思想。小亚夫从小就受到了中国传统文化中的善良部分的熏染，“善”“爱”“仁”“诚”“智”“信”等，在小亚夫幼小的心灵里开始萌芽。赵亚夫还记得外婆讲过他 4 岁那年，借了同学图画书，天黑了，非要去还书，说是答应了人家的，外婆只

赵亚夫童年就读的觅渡桥小学

赵亚夫就读的江苏省常州高级中学

好摸黑送他去了同学家。

到了应该开蒙读书的年龄，小亚夫被送到觅渡桥小学上学。觅渡桥小学是一所有着百年历史的老校，创办于 1841 年，创办时叫冠英义学，1928 年更名为觅渡桥小学。中国共产党早期领袖瞿秋白就在这里读的小学，小亚夫与瞿秋白成了校友。

觅渡桥小学是一所新式学校，不同于乡间的私塾，既传授国学，又传授科学。小亚夫在这里得到了科学的启蒙，同时国学的底子又打得很扎实。渗透于国学之中的中国的传统文化，与他小时候听到的故事中所承载的中国传统文化，无论广度、深度，还是体系方面，都不可同日而语。这一时期的赵亚夫，饱受中国传统文化中精华部分的浸润，成为赵亚夫的思想文化中的最原本的底色。

小学毕业后，因家境贫寒，赵亚夫上不起私立学校，好不容易考上了常州当时唯一的一所公立初中——常州市中学，报考人数 3 000 多，仅录取 150 人。初中三年，赵亚夫面壁苦读，除了因近视（又没钱配眼镜）看不清老师在黑板上的演算，数学成绩有影响外，文科成绩优异，凭实力考上了当时已经非常有名的省常州高级中学，这所中学现在仍然非常有名。它的有名，不仅是因为它的古老，不仅是因为教育质量出类拔萃，还与一位历史名人有关，这个人就是瞿秋白。瞿秋白也曾就读于这所中学。赵亚夫又一次成为了瞿秋白的校友。

如果说第一次成为瞿秋白在觅渡桥小学的校友，当时尚是小学生的赵亚夫尚不能完全理解瞿秋白的话，那么已经是高中生的赵亚夫，这时已经具备了基本理解瞿秋白的能力。他与同学们瞻仰瞿秋白的故居，听瞿秋白夫人杨之华讲述烈士事迹。瞿秋白为了救国救民，为了心中的主义和真理，不惜牺牲自己年仅36岁的生命，这在年轻的赵亚夫心中引起了极大的震撼。尤其是就义前，瞿秋白像平常一样吃完“上路酒”，刽子手奉命来到囚室，准备将他押赴刑场，瞿秋白头也不抬，照旧伏案挥毫，书写绝笔诗，直到写下最后的落款，才起身走向刑场、高唱国际歌，高呼：“为中国革命献身，是人生最大光荣！”从容就义。这个情节给赵亚夫的印象特别深刻，原来世上还有这样的人，为了国家民族，早就将生死置之度外！后来，赵亚夫系统阅读了瞿秋白的著作，对他知之更深、更加景仰，瞿秋白不仅是一个职业革命家，同时知识渊博、才华横溢，在文学、哲学、史学、翻译等领域都造诣精深。受瞿秋白的影响，少年的赵亚夫爱上了文史哲，以后想在这方面有所发展，立志要像秋白同志那样，做个又红又专的人。

上小学就喜欢看小说，啃了《说岳全传》《西游记》《三国志》，中学时期的赵亚夫，课余之外，阅读了大量的当时流行的国内外优秀文学作品。20世纪50年代的中国，最为流行的是苏联的早期小说，如《钢铁是怎样炼成的》《卓娅与舒拉的故事》《古丽娅的道路》《收获》等。赵亚夫最喜欢《钢铁是怎样炼成的》和《收获》两部作品。

《钢铁是怎样炼成的》是以作者奥斯特洛夫斯基为原型，以他的亲身经历为素材而创作的一部自传体长篇小说。赵亚夫被书中的主人翁的超人的毅力、非凡的意志、卓越的精神力量所感动、所折服、所震撼，也为作者借主人公所表达出的对生活与命运的思考、对人生价值的思考所吸引，并引起强烈的共鸣。他在日记里恭恭敬敬地抄下了奥斯特洛夫斯基在书中所写的那段著名的话：“人最宝贵的东西是生命。生命对人来说只有一次。因此，人的一生应当这样度过：当他回首往事时，不因虚度年华而悔恨，也不因碌碌无为而羞愧；这样，在他临死的时候，能够说，我把整个生命和全部精力都献给了人生最宝贵的事业——为人类的解放而奋斗。”

《收获》是格林纳尼古拉耶娃创作的一部长篇小说，书中的主人公是一个拖拉机手，他在战争中受了重伤，在医院里整整躺了两年。为了不耽误妻子的青春，一直不与她联系。妻子以为他死了，和另一位青年房客结了婚。后来拖拉机手竟然痊愈出院，回到本村担任了集体农场的主席。由此引发了一场错综复杂、跌宕起伏的三角感情纠葛。年轻的赵亚夫被书中主人公的传奇人生以及浪漫主义情节所深深吸引，也很羡慕主人公开着拖拉机驰骋田野、英姿勃发的样子。这样的羡慕之情甚至影响到他日后高考的志愿填报，以致决定了他的所学专业乃至整个的人生。这是后话。

从小学，到中学，到大学，赵亚夫接受教育基本都在20世纪50年代。20世纪50年代的中国，风气纯正，人们甘贫乐道、对未来充满希望，显示出一派欣欣向荣、朝气蓬勃的景象。赵亚夫接受的教育，基本上是新中国建立之初的正统教育。这种正统教育的结果，体现在精神文化和思想方法上，就是以中国的传统文化与传统伦理道德为底色，兼有通过前苏联文学传输进来的革命的英雄主义和浪漫主义的色彩，更有已经中国化了的马克思列宁主义作为主色调。当然，外因是变化的条件，内因是变化的根据，外因通过内因而起变化；教育也是如此，同样的教育，会因为被教育者的不同而效果不一。有的人全盘接受；有的人兼收并蓄；有的人半信半疑；有的人始信而终弃。赵亚夫属于“全盘接受”与“兼收并蓄”皆有的那种，思想精神基本形成并大致成型。

后来参加工作，他的指导老师是著名科学家任承宪。任承宪曾任华东农科所办公室主任，反右时被错划为右派，下放到高淳农村劳动改造，反右结束后“贬谪”到位于句容的镇江农科所。赵亚夫跟着任老师，不但在学问上日有长进，而且在做人上也学到了很多，任老师不论身处何境，总是保持人格精神的独立，不以物喜、不以己悲，淡泊宁静以孜孜追求科学和真理，这种源自中国传统知识分子的良品美德，对赵亚夫的影响极大，可以说延及终生。

1962年，雷锋同志因公殉职，领袖们竞相题词号召，一场“学雷锋”的活动在全国展开。赵亚夫从媒体上仔细阅读了雷锋的故事，雷锋的急公好义、乐于助人、扶贫济困、见义勇为，与赵亚夫在精神上产生了“共振”，在心灵上引起了“共鸣”。尤其是雷锋的“钉子”精神，对赵亚夫的触动很大，做人做事就要像钉子一样又挤又钻，才能事有所成。在赵亚夫后来的做事为人上，我们能够看出这种精神、这种境界的激励、勉奋作用。

还有一个人对赵亚夫的影响很大，这人就是江苏省农科院的农民科学家陈永康。陈永康原是一个农民，文化不高，但种田是一个好把式，他总结出了单季晚稻高产的“三黄三黑”经验，使得亩产增加了200千克左右。赵亚夫与陈永康是省农科院的同事（赵亚夫所在的镇江农科所隶属于省农科院；陈永康后来调到省农科院从事水稻丰产栽培研究），两人多有接触，他从陈永康身上悟出了“实践出真知”的道理，悟出了“书上得来终觉浅，绝知此事要躬行”治学之道。后来赵亚夫一直注重实干、不尚空谈，与此有着很大关系。

江苏省农科院的许多先贤前辈，如卢良恕、孙颔等，对赵亚夫的成长都很关心，注意提携培养。在密切的工作交往中，赵亚夫从他们身上学到了科学严谨的治学态度，实事求是的工作作风，严于律己、廉洁奉公的精神境界。

这样，赵亚夫的思想精神得到了补强与升华，为他一生的事业奠定了坚固的思想基础和强劲的精神力量。

第二节　强烈的“刺激”

1958年夏天，赵亚夫高中毕业，准备参加高考。受家乡先贤瞿秋白的影响，赵亚夫喜欢文学与写作，想当一名记者。于是他的高考志愿填报了中国人民大学新闻系和复旦大学新闻系。但当时他不知道，反“右”运动正在进行之中，像新闻这样的敏感专业不招应届毕业生。

凡是填报这些敏感专业的，全部退回来重填志愿。

重新填写志愿，填什么好呢？对于其他的专业，赵亚夫都没有认真地想过，一时不知道填什么好。

有一天，赵亚夫在学校里看到一份“宜兴农林学院”的招生简章，简章里介绍了学院所设的专业：农学、农机、林业、茶叶。

当赵亚夫看到“农机”这两个字时，眼前顿时一亮，苏联长篇小说《收获》中的拖拉机手的形象蓦地跳了出来，浮现在他的面前。学农机专业，将来当一名拖拉机手，一定很神气、一定很浪漫！苏联文学作品中所普遍表达的革命英雄主义精神气质、热火朝天而又意趣盎然的生活画卷，以及逸散出的浪漫主义情调和色彩，深深地激荡着他的心怀。他当即作出了一生中第一个最重要的决定：填报了宜兴农林学院农机专业。

高考结束后，他如愿被宜兴农林学院录取。

过了暑假，赵亚夫兴高采烈地到学校报到。可是到了学校，赵亚夫就有一种淡淡的失落，前来报到的新生稀稀拉拉的，与之前想象的热闹情景完全不一样。后来他得知，因为学校刚办，许多人还不了解，报名的人本来就不多；即使被录取、发了通知书的，也有相当一部分人没来报到，可能是因为“农”字头的学校，意味着将来的工作又苦又累的缘故吧。

因为入学人数少，同时考虑到丘陵山区暂时还不急于发展农业机械化，学校把农机专业取消了，把农机专业并入农学专业，所有报考农机专业的学生全部改学农学。当时就有不少报考农机专业的学生退学了。后来农学专业的 50 多名学生，陆陆续续有人退学，到毕业的时候只剩下 17 人。

赵亚夫就是这 17 人中的一员。其实，赵亚夫也曾动摇过，尤其是在早期，也曾有过退学的念头。但有几件事，使他不但放弃了退学的念头，而且坚定了要把农学学好、一辈子服务于农民、改变农村贫穷落后面貌的意志和决心。

一开始是身体方面的原因，使赵亚夫在去与留之间无暇深思。赵亚夫在高考之前，就感到身体不适，咳嗽不止，常常发低烧，浑身酸痛无力。治疗了十多天，也没查出病根，咳嗽略有好转，但没彻底治愈。进入大学以后，咳嗽的老毛病又犯了，于是就彻底做了检查，确诊下来，他患的是肺结核。于是只能住院治疗。治疗了一段时间，又回家休养了两个多月，在这期间，主要以治病养病为主，其他的就顾不上多想了。

在养病期间，本来就喜欢看书的赵亚夫，趁着这个闲暇读了好多书。其中有一本书，是杜鹏程写的报告文学《在和平的日子里》，让他非常感动，读到动情处不能自已、掩面落泪。书中写的是以某铁路建设工程队队长阎兴为代表的一群铁路工人，开山劈岭、遇河架桥、铺建铁路的故事。这群铁路工人有着钢铁般的意志，为理想、为信念而毫不惜力、近乎自我牺牲般的劳动，与赵亚夫十分喜爱的苏联文学中渲染的革命英雄主义精神高度耦合，深深地感动着他。

书中描写了这样一个场景：

成千上万的铁路工人在奋勇地劳动；许多用木筏运输材料的船工跟纤夫，在和嘉陵江搏斗；这穷山僻壤里的老乡们，用简单的生产工具，在对面山坡的片片巴掌大的土地上，索取生活资料；把一筐粪背上十多里才能送到田地里的老太太，在弯曲而险峻的羊肠小道上艰难地走着；因为水灾或旱灾走出家门沿着嘉陵江逃荒的妇女和孩子……

接着写了主人公阎兴的一段自白："他们如饥如渴地需要我们的事业。如果不是时时刻刻想着他们，我们活在世界上还有什么意义？对有些人说，生活就是越来越高的地位，就是显赫的名声；对有些人说，生活就是越来越舒适的享受；对另外一些人说，生活就是爱情什么的。而对我们说，仅仅有一件事值得想：只要前头还有战斗，就不能停止前进；只要任何地方还有贫困和落后，就算我们没有完成任务！就寝食不安！这并不是和自己有什么过不去，而是历史把我们这帮人选出来，时时把繁难的担子搁在我们肩上。也许，我们有我们的苦处，可是，这苦处也是许多人永远没有资格经受的。"

赵亚夫对主人公的这段自白十分欣赏，在心灵上引起了强烈的共鸣。他用平时很少使用的美术体，把这段话抄写在日记里。尤其是"只要任何地方还有贫困和落后"这句话，对他的触动很大，他反复吟诵，刻记在心里。虽然此时尚未十分清晰地联系到是否坚持学农，但像书中主人公那样迎着“困难和落后”，不遗余力、不惜牺牲自我的决心已经暗暗下定了。

在家休养了两个多月，病已经基本痊愈了，赵亚夫返回学校读书。赵亚夫很聪明，学习也很勤奋，落下的功课很快就补上了，成绩迅速赶了上来。

一次，校领导在全体师生会议上讲起了宜兴农林学院创办的背景。学院是在当时主管农村工作的江苏省副省长韦永义和江苏省农林厅副厅长张之宜的提议、支持下筹建起来的。他们两位是新四军老战士。韦永义曾任新四军支队司令、苏南四区专员；张之宜曾任溧阳第一任县委书记，后担任苏南二分区专员。他们都曾在宜兴、溧阳、茅山等山区打过游击。当地的农民对他们像亲人一样，虽然自己很穷，吃不饱、穿不暖，但有好吃的总给他们留着，为他们缝衣纳鞋，危急的时刻为他们传递情报，掩护他们转移，有的为此献出了生命。解放后，韦省长、张厅长等当年的游击战士，一刻也没有忘记曾经给予他们无私帮助的当地农民，深知他们依然贫穷困顿，便想方设法改变那里的落后面貌，让农民们过上好日子。经省委研究同意，省农林厅积极筹划，在宜兴

赵亚夫与同学们的合影（前排右一）

设立了“山区经济作物局”，同时筹建宜兴农林学院。

筹建农林学院的故事使赵亚夫深有感触，世上有这么一种人，他们为了民族、为了国家，把脑袋别在裤带上，自愿赴汤蹈火、出生入死，并且“滴水之恩、涌泉相报”，对老百姓当年的帮助知恩图报，没齿不忘。做人就要做这样的人，做事就要做这样的事！

一次，赵亚夫去县城医院看病，见到院子里、走廊上到处都是或坐或躺的农民，他们面黄肌瘦，不少人奄奄一息，一看便知都是源于饥饿。赵亚夫持号、就诊、拿药，短短的个把小时，亲耳听到了三次乡亲失去亲人的凄惨的哭叫声。“男儿有泪不轻弹，只是未到伤心处”，那次，一般不轻易流泪的赵亚夫数度黯然落泪。凄厉的哭号声久久在耳畔回荡，挥之不去。

这是赵亚夫平生第一次受到的最大的“刺激”。

农村太穷了！

农民太苦了！

山区的农村更穷！

山区的农民更苦！

当晚，赵亚夫在日记里写道：

今天的事情给了我深深的触动。无数仁人志士，为了民族的独立和解放献出了宝贵的生命，就是为了让老百姓过上好日子。现在农村还这么穷，农民还这么苦，我是学农的，岗位就在农村，还有什么理由可以有丝毫的动摇？还有什么理由不为改变农村的贫穷困苦而拼命呢？

我发誓，从今往后，我赵亚夫只想一件事、只做一件事：让农民不再挨饿并且让他们过上好日子！

打那以后，赵亚夫就心无旁骛，潜下心来学习农业，为将来积聚能量。大学 3 年，他的每门功课都是 5 分（当时是 5 级计分制，5 分即满分），还担任班上的团支部书记。而且，他始终牢记自己立下的誓言，真的一辈子只想一件事、只做一件事。这是后话。

宜兴农林学院的教育方针是以实践性、应用性教育为主，着重培养实用型、急用型、能分析和解决实际问题的农林专业人才。因此，在讲授了一段时间的理论课之后，便带着学生到宜兴农村，把课堂搬到了田间，与农民同吃同住同劳动，在实践中学习与提高。

这时，三年困难时期已见端倪，饥饿已悄悄蔓延，农民的口粮少得可怜，根本吃不饱，只能靠糠饼和野菜充饥，有的村把榆树皮和榆树叶都吃光了。有的村民甚至吃起了观音土，这种土没有营养，只是充饥而已，但吃多了也会要命。许多人得了浮肿病。

师生们因为有“定量”，情况比农民们稍好些，但也好不到哪儿去，半饥不饱的样子。赵亚夫的肺结核还没完全治愈，还在服用一种叫作“雷米峰”的药物，因为营养不良，体质也比较差。每当他看到农民们挨饿的惨状，心情总是无比沉重。中国的农民是世界上最善良、最淳朴的农民，他们像牛一样终日耕作，吃的是草，有时连草都吃不上。无论是民族独立，还是人民解放，他们的贡献最大，却从不图回报。现在，国家遇到困难时期，他们遭受的苦难最为深重。这时赵亚夫感到韦永义、张之宜等新四军老战士想方设法开发山区、富裕农民是多么务实、多么必要，同时更能体会到他们在此建立农林学院的良苦用心了。

第三节　辗转多师为吾师

1961 年 8 月，赵亚夫以优异的成绩毕业，被分配到镇江专区农科所。该所是江苏丘陵地区镇江农科所的前身，隶属于江苏省农业科学院，在业务上归江苏省农科院（当时叫江苏农科所）领导。

当时 20 出头的赵亚夫，品学兼优，又是班（团）干部，说话得体，举止端庄，所里对他很器重，列为重点培养对象。当时的社会风气（包括党风政风）很纯很正，培养人、使用人完全出于事业的需要和本人的表现，而不是其他。

师从任承宪

所里把赵亚夫安排在著名农业专家任承宪身边，指定任承宪为赵亚夫的指导老师，让赵亚夫跟随任承宪学习“三麦”地方品种资源的调查和育种试验。所里领导嘱咐他，任承宪老师是著名的专家、学者，知识渊博，阅历丰富，要好好跟着他学。赵亚夫虔诚地点头答应，心想，一定要认真地跟着任老师学习，学到其真本领，将来为农民、为农业做出一番事业。

当时任承宪已经50多岁，经历曲折、多难。他曾是西南联大的高材生。西南联大是抗战时期由北京大学、清华大学、南开大学等名校联合组成的大学，先设于湖南长沙，后迁至云南昆明。西南联大保存了抗战时期的重要科研力量和文化艺术精英，并培养了一大批优秀学生，如著名学者杨振宁、李政道、朱光亚、邓稼先，著名作家汪曾祺等。西南联大毕业后，任承宪供职于国民资源委员会，该委员会是国民政府时期直属行政院的部级机构，下设秘书处、调查处、统计处等，主要任务是储备资源、增强国力，积极为抗战作准备。任承宪在调查处工作，跟着一名英国学者，骑着驴子，跑遍了中国的山山水水，对中国的资源状况了如指掌。解放后，任承宪作为专家学者，被安排在华东农科所（江苏省农科院的前身）担任办公室主任。作为高级专家，任承宪服膺于科学与真理，敢言直谏，于1957年反右时被打成右派，下放到高淳农村劳动改造。反右结束后，任承宪作为“摘帽右派”，安排在镇江农科所工作。“摘帽右派”在当年本身就是一顶“帽子”，意味着“可以使用”，但需“控制使用”，另外还有着“继续监督改造”的意思，但又不必道破，反正是一种挺微妙、挺复杂的状态。

作为基层农业科研单位，镇江农科所领导可管不了那么多，他们求贤若渴、有才必用、人尽其才，对“贬谪”下来的任承宪，不但充分信任，而且十分尊敬。他们把最想培养的年轻人赵亚夫交给了任承宪来传、帮、带，对他的信任由此可见一斑。

年方二十的赵亚夫，有着那个年代的年轻人普遍带有的单纯与朴素，加上他的本性善良，他对老师任承宪更是尊重有加。赵亚夫悟性极高，什么东西一学就会、一点就通；情商也高，言谈举止得体大方，为人谦和，对老师是一种自然的、发自内心的、毫无矫揉造作的敬重态度，因此深受老师任承宪的喜爱。

赵亚夫跟着任承宪学了五年，是赵亚夫一生中学到东西最多的阶段之一，不但学到了系统而又精湛的专业知识，同时还学到了专业以外的许多东西，比如对事物的认识和思维方式、文史哲诸方面的精义要领，甚至在为人处世方面都有颇多的启发。关于专业知识方面，因为专业性太强，本书作为人物的文学传记而不是学术专著，这里不作详细的赘述。专业知识以外的东西，因为事关赵亚夫的成长经历，同时也为大多数读者所能理解，所以有必要作一定的讲述。

“三麦”的品种资源调查，需要经常出差，江南江北，山区平原到处跑。赵亚夫跟着任承宪走了不少地方，调查观察各个地方“三麦”生产尤其是品种特征、特性。师徒俩一路走、一路看、一路问、一路切磋。

任承宪虽然“仕途”不顺，屡遭贬黜，但在经济上倒没为难他，享受行政10级的待遇。行政10级，在当时的镇江地区算是很高了，比行署专员都高。在外面跑，免不了有许多额外的开销，当时的财经制度非常严格，公职人员都很廉洁，除了基本的住宿费凭票报销，其他的都得自己掏腰包，就连在对方单位食堂吃顿工作餐，都得据实掏钱掏粮票。所有这些额外的开销都由任承宪包了，赵亚夫有时抢着结账，都被任承宪拦住，坚决不让他付款。

“小赵，你别跟我抢，你工资这么低，留点积蓄将来还要娶妻生子。我工资比你高多了，还是让我来吧。”

每次都这样，赵亚夫很不好意思，可也没办法，拗不过老师。再说老师确实是真心实意的，不是虚套的，也没有任何的功利性。时间长了，赵亚夫就“恭敬不如从命”了。

任承宪不光对赵亚夫这样，对其他人也是这样，只要是一起外出的，额外开销都由任老师包了。他还经常救济别人，哪家孩子交不起书本费，他就主动送去；哪家有人生病了，他就送点营养费过去。任老师对别人慷慨大方，对自己却很“抠”，衣着朴素，粗茶淡饭。人们都说任老师是个好人。

师徒俩在外出差，晚上在旅馆里经常无事闲聊。

有一次，赵亚夫说："任老师，你的工资虽然高，但也经不起这么用啊。再说，你也太亏待自己了。还是储蓄一点好，以防将来有个不时之需。"

任承宪说："钱财乃身外之物，生不带来、死不带去，所以我不惜财、不聚财，更不储蓄。当然，钱要花在正当地方，花在最需要的地方。"

赵亚夫说："你的孩子也老大不小了，也不考虑为他们留一点？"

任承宪说："儿孙自有儿孙福，莫为儿孙作远忧。留给儿孙最好的财富就是让他们成为一个诚实、独立和勤奋的人，而不是钱财。钱财有时反而会害了子孙。"

任老师的话，赵亚夫用心体会了很久。应该说是入心入脑了。后来的赵亚夫一生不惜财、不聚财、不管财（无论担任什么职务，从不分管财、物），乐善好施，与任老师的影响不无关系。

那个年代，人与人之间的戒备心是很强的，说话的时候分外小心，一不留神就会祸从口出。尤其是知识分子之间，由于众所周知的原因，说话格外谨慎，一般都是字斟句酌、不留漏口。一开始，赵亚夫与任承宪也是这样，虽然彼此好感，但还是有所顾忌，谈业务的多，谈其他的少。时间长了，彼此了解越来越深，也越来越相互信任，话题也越来越宽泛，到后来就无话不谈了。即使当时被视为"禁区"的话题，他们也照谈不误。

"老师，古人言'读万卷书、行万里路'，我的理解是先读万卷书，后行万里路，是不是这样的？"

"可以这样理解，但也不尽然。在我看来，两者齐头并进更好些，甚至行万里路比读万卷书更加重要。"

见赵亚夫露出不甚理解的神情，任承宪解释道："这就涉及理论与实践的关系。毛泽东同志的《实践论》你看过不少遍吧，《实践论》的核心就是实践出真知。实践是认识的来源、动力、目的和检验标准。读书相当于学理论，而行路相当于实践。理论学得再好，也要在实践中检验，同时要付诸实践，否则就是空头理论。"

赵亚夫若有所思地说："小时候听外婆讲故事，说朱元璋小时候是个要饭的，大字不识一箩筐，后来造反当了皇帝。是不是可以这样理解，朱元璋在乞讨的日子里，实际上是在行万里路，在实践中学到了很多东西，为以后的起兵造反打下了很好的底子？"

"是啊，朱元璋是个极端的例子，虽然没有普适性，但也很能说明问题。朱元璋是个聪明人，他在行乞的过程中，接触到社会各个阶层的人，三教九流、各色人等都有，深度体察社情民意，切肤感受人间冷暖，对社会的深度认识远非一般读书人可比。但他不光靠实践，也很重视理论，他收罗了一批当时的名士大儒，像李善长、刘伯温、宋濂等儒生都为他所用，这些人识古通今，满腹经纶，多谋善断，向朱元璋献计献策。朱元璋虽然没有直接读书，但实际上间接地在读书。当然，后来的朱元璋靠自学也达到了相当的文化，不但能通读典籍、时文，文章写得也很地道，这从他留存下来的大量的御批，以及他亲自写定的《刑典》《御制大诰》中看得出来。朱元璋不但武功了得，以武功统一了天下，文治也很了得，他在早年的乞讨时期，亲身感受到元末吏治的腐败从而失去民心、失去天下，所以他取得天下后，特别重视整饬吏治，对贪官污吏的打击堪称空前绝后，经常有贪官被剥皮充草置于衙门前示众。至少在洪武年间，吏治还是比较清明的。朱元璋还废除了存续两千多年的宰相制度，建立了内阁制度的雏形，在政治上是有思考、有见解、有创新的。所以读书不在于多，而在于精，还要会读书，更重要的是要付诸实践，在实践中砥砺提高。"

赵亚夫不停地颔首称是。老师十分注重走向田间地头、走向社会搞调查研究，是有道理的。"实践出真知""行万里路"，赵亚夫在心中反复回味着这两句话。

有一次，师徒俩来到茅山积金峰南侧的一个大队搞种子调查，那里有一个道观，两人顺路去看了看。赵亚夫曾听说茅山道教源远流长，道教的上清派即创立于此。由此想到了道家学说，赵亚夫曾有所涉猎，但总觉得玄妙高深、难以把握，便请教任老师。

"任老师，道家思想挺玄乎的，比如'无为无不为''夫唯不争，而天下莫能与争'，里面似乎有辩证法的影子，但又难以把握，也难以理解透彻。”

任承宪说：“道家思想其实充满了辩证法。中国其实很早就有了辩证的思想，古老的中医就有辩证施治，实际上就是辩证法的运用。老庄哲学中的辩证法已经很系统了，例如大方无隅，指最方的东西是没有棱角的；大音稀声，指最好的声音是没有声音；大象无形，指最大的形象是没有形象。欧洲的辩证法最早是由德国古典哲学家黑格尔提出来的，主张以全面的、发展的、联系的观点看问题。马克思吸收了黑格尔哲学思想中合理的辩证法部分，发展成为辩证唯物主义。毛泽东同志的《矛盾论》继承了马克思的辩证唯物主义，认为世界是客观的，是充满矛盾的，是普遍联系和发展的；矛盾就是对立统一，矛盾的双方是不断变化的，是可以相互转化的。这几个辩证学说本质上是一回事，可以说是殊途同归。”

见赵亚夫听得认真，任承宪谈兴更浓：“道家学说对中国人的影响是很深刻的，某种程度上比儒家更甚。老子说：‘人法地，地法天，天法道，道法自然’，说的就是无为无不为的道理，意思是说做事应当顺应自然规律，实事求是地寻求现实可行的办法，而不能恣意妄为，这样才能把事情办成。‘圣人之道，为而不争，夫唯不争，故天下莫能与之争’，说的是做人行事的原则，就是不去争夺，这样反而得到的更多。之所以这样，是因为不争夺者的所作所为符合人之本性，利人而无害于人，容易得到别人的理解与帮助，故能不争而胜。又如‘善用人者为天下’，说的是低调者反而容易成功的道理。善用人者即遇事低调的人，能尊重他人、顾及他人，与他们融洽相处，处于位势低的境地；高调的人不尊重他人，不能与别人融洽相处，处于位势高的境地。位势高者，风至而水不至；位势低者，水至而风不至，天长日久，胜负之势便不言自明了。”

赵亚夫听得津津有味，从中体会做人做事的道理。

还有一次他们步行经过一个生产队，看到有人在打架，便上前拉架。两边拉开后，一细问，原来是为了评工分的事，两个最有势力的家族互不服气，便吵了起来，吵着吵着就打起来了。两边劝开之后，师徒俩继续上路，边走边聊。

赵亚夫说："我们都学过政治经济学，教科书上说，生产力决定生产关系，生产关系反作用于生产力，这个道理没错，大家都懂。但现实的情况是，社员家里养的猪，尽管粮食紧张，瓜菜代仍能养得起来；生产队猪场养的就不行了；大队、公社猪场养的，就简直是一塌糊涂。生产队社员在队里干活磨洋工，出工不出力，省下力气在自家自留地上精耕细作，搞得集体的收成一年不如一年。每到评工分的时候，矛盾就很突出，吵得不可开交，弄得邻里关系挺紧张、很复杂。最要命的是越来越穷，前几年还饿死了不少人，这几年虽有好转，但农民还是很穷，基本上半饥不饱。怎么会弄成这样？"

这在当时是非常敏感的话题了，也只有在他们师徒之间才敢说出口。任承宪四处望了望，确定无人后，说道："生产关系适应生产力，这话说起来容易做起来难啊。我们农业方面的生产力还是非常落后的，无论是生产资料，还是劳动者的技能技术，比刀耕火种好不到哪儿去。但我们的生产关系人为因素太强，一直不消停，一直在折腾，从最早的初级社，到高级社，到人民公社，到生产大队，到生产小队。生产关系的最高境界是道家的'道法自然'，实际上就是顺势而为、因势利导。像我们搞农业科技的，主要搞的是生产力，但如果没有适宜的生产关系为它服务，生产力提高了又能怎么样？基本上是白忙乎。"说到这里，任承宪面有戚色，但一会就恢复了常态，接着说："我们人微言轻，想这些也没用，说了也是白说，弄不好还会因言惹祸。想当年我就是为此吃了大亏。现在我什么都不说，除了跟非常知己的人私下说说。"

师徒俩没有就这个话题深入下去，但"生产关系"这个概念，赵亚夫一直没有丢下，一直在观察、在思考。直到几十年以后，他尝试、探索建立农民专业合作社、综合性社区合作社，实际上是当年的观察与思考的延续。这是后话。

赵亚夫的文、史、哲的底子本来就不错，经过与任承宪的多次深入切磋，就像受到了高人点拨，一下子抓住了许多要害，也顿悟了不少东西，比以前精进了许多。

赵亚夫从任承宪身上学到最多的还是严谨的治学和扎实的科研基本功。任承宪搞科研极其严谨认真，有时甚至到了苛刻的地步，比如说试验田的插牌，大小高矮必须一样，倾斜的角度也要一样，为了做到“一样”，他要用绳子来拉齐。这样的严谨的态度，对赵亚夫影响很大，他后来在一生的科研实践中，都学着任承宪的样子，严谨严肃、实事求是、一丝不苟，绝不去修改数据，绝不在论文中“自圆其说”。

赵亚夫是1958年入学宜兴农林学院的，当时的农林学院是初创阶段，教学条件还比较差，加上当时普遍存在的教学思路的“左”偏，过分强调实践性劳动，不太重视理论的学习和科研基本功的训练。赵亚夫跟学任承宪后，在理论精细化和科研基本功两个方面好好补了课。当时他们的主要工作有两项，一是各个地方“三麦”品种（以丘陵山区为主）资源调查；二是育种试验和筛选，留下优质种子入库保存。这两项工作讲起来出不了什么成果，但很有实际意义，是一项基础性的工作，而且需要非常扎实的理论功底和科研功力。比如说育种试验和筛选，如何搞田间（小区）设计，如何放样；从出苗开始观察、记录，进行田间管理，一直到成熟后的称重分级；最后进行统计分析，得出结论，没有足够的理论素养和试验基本功，试验是做不好的，或者虽然做了试验但其结果是经不起实践检验的。赵亚夫跟着任老师一件一件地做、一步一步地做，任老师手把手地教他，并不厌其烦地讲解其背后的理论原理，使他不仅知其然而且知其所以然。几年下来，赵亚夫不但在理论上日益精进，在科研基本功上也补上了重要一课。这两个方面的补强，使他终身受益。

不仅如此，这对师徒还在长期的密切接触中建立起了深厚的友谊。后来赵亚夫被抽调到水稻高产栽培样板组工作，但他们一直保持着经常性联系，只要回到所里，赵亚夫便去看望任老师，两人总会有一番促膝长谈。师徒之名、师徒之实、师徒之谊一直存在。

到了“文革”，任承宪又一次遭殃了。红卫兵在他的档案里发现了一份阎锡山亲笔签发的上校副官委任状（当时阎锡山担任国民政府行政院院长）。国民党的上校副官，这还了得！红卫兵不问青红皂白，立刻把他揪了出来，关进了牛棚，被隔离审查，还时常拎出来批斗。其实这个问题任承宪早就向组织上说清楚了，组织上是了解的，所谓“上校副官”是他在国民资源委员会任职时的一个职级，主要是跟待遇挂钩，没有什么政治倾向（为将来的抗日积蓄力量），更没有什么党派背景。但红卫兵对历史不甚了解，认为他是“历史反革命”，是混进革命队伍的奸细，把他往死里整。

赵亚夫因为“根正苗红”，加上他一直在干实事、没有一官半职，“文革”倒没什么麻烦。他看着任老师受到冲击，心里很难受，可也没有什么办法，只能瞅着机会在暗中帮助他、保护他。有一次，红卫兵将一帮“牛鬼蛇神”揪出来游街批斗，其中就有任承宪。被批斗者头上戴着高帽子，脖子上挂着个大牌子，后面跟着长长的游行队伍，愤怒的口号声一浪高过一浪。赵亚夫跟着队伍游行，逢到喊口号，他就举举手、哼哼鼻子应付一下，但眼睛始终关注着前方的任老师，怕他有什么不测。游行队伍到了市中心，突然前面骚乱起来。赵亚夫甚怕任老师被打，便带着两名工人冲到前面去，果然任老师被打得趴在地上。只见他双手护着头，蜷曲着身体，痛苦地呻吟着。以前的任老师，儒雅端庄，总是保持着知识分子的气质与风度，可是现在，连作为人的起码的尊严都没了，赵亚夫不禁悲从中来，眼眶顿时红了。愤怒的人群高声叫骂着，你一拳我一脚地殴打着。

“住手！”赵亚夫大吼一声，一边俯下身体护着任承宪。

“你是什么人？”为首的一个红卫兵问道。

赵亚夫站起身，拍拍自己臂上的红袖章，大声说道：“我们是农科所的红卫兵，奉军管会之命，把他带到军管会去！”

说罢，赵亚夫搀扶起任承宪，与两名工人架着他往前走。赵亚夫的气势一下子镇住了那些人，他们让开了一条路。

任承宪的腿被打断了，走起路来十分痛苦。赵亚夫就到朋友处找来一扇门板，把任承宪抬到了军管会的值班室，让他稍事休息。回头又找来一辆小板车，抄小路把他拉回了农科所，送到了家里。

临别的时候，任承宪使劲握着赵亚夫的手，眼含热泪，嘴里嗫嚅着想说什么，可什么也没说出来。赵亚夫也使劲握着老师的手，眼圈通红……

关键时刻见人品，患难之中见人性。经历此事以后，这对师徒的情谊更加深厚了。

农民是我最好的老师

1964 年，赵亚夫参加镇江专区推广全国劳模陈永康水稻高产经验样板工作组。工作组派他去武进县横林公社杨歧大队第四生产队蹲点，属于太湖农村样板点。生产队把他安排在青年农民黄进德家里吃住。黄进德有一定的文化，人也聪明，能吃苦，队里有意把他往农技员方向培养，把农业科班出身的赵亚夫安排在他家里也有这方面的考虑。

赵亚夫虽然出生在农村，但从小在城里上学，农活干得毕竟少，农业的实际经验还不够。他决心利用这次蹲点的机会，把“农活”与“生产经验”这两门功课好好补一补，把这两项基本功夯夯实。搞农业科研不像其他，实践性很强，许多事情要亲力亲为，没有这两套功夫不行。

干农活，首先要有力气，同时要有巧劲——知道怎么用力。赵亚夫在读书期间，农忙时经常到乡下参加劳动，大一的时候下放到宜兴农村与农民同吃同住同劳动，干过不少农活，一般的活计是会做的。但这次蹲点以后，真正地与农民在地里干起“真活”来，赵亚夫这才发现，原来所谓学会的“农活”，充其量只是“业余”水平，离“职业”水平还差得远哩。比如说挑担子，这是农村最基本的活儿，挑水、挑土、挑肥（粪）、挑把、挑粮，哪一项都离不开它。赵亚夫身体壮实，干活不惜力，一二百斤的担子挑起来就走，并不感到吃力。但是挑着挑着，他就感觉不对劲了，别人照样腰杆挺直、脚步矫健、行走如常，他却感到气喘吁吁、腰肩酸痛、腿脚打漂。实在挺不住了，他就停下歇歇脚，眼睁睁地看着别人穿梭而过。乡亲们让他别挑了，说你是农技人员，是来指导我们搞推广的，用不着像我们这样实打实地干。赵亚夫不答应，一定要跟着挑，心想若是在旁边只说不干，感情上多少会有隔阂，就不能真正地融入进去，影响到推广的效果。于是一咬牙，使尽力气，挑起担子来跟在后头踉踉跄跄地走。乡亲们看他是个实在人，真心想学农活而不是耍花架子，就指点他怎样挑担子利索又省劲：两手一前一后抓住绳索，不让担子乱晃；腰板要直，肩膀要正；前行的时候要将步伐与扁担的振动同步起来，这样挑起来才能省劲；一只肩膀挑累了就换另一只，换肩的时候不能停，要在移动中轻巧地换过来。赵亚夫照着乡亲们指点的做，果然轻松了许多。时间长了，挑的多了，渐渐地就掌握了窍门，耐力也慢慢地练上来了，挑个头两百斤的担子走上三五里根本不成问题。

挑担子当中要数挑大粪最为磨人，两只满满的粪桶沉得压肩不说，那种恶臭能把人熏死。赵亚夫第一次跟着挑大粪是在一个大热天，黑压压的一大片绿头苍蝇嗡嗡地叫着乱飞乱撞，成堆的白花花的蛆虫在粪坑里翻滚乱动，加上扑鼻而来的恶臭，赵亚夫顿时肚中翻江倒海，急忙跑到对面的猪圈墙后跟狂吐起来。这时黄进德悄悄跟了过来，递上装满水的瓷缸让他漱口。等赵亚夫稍稍平复下来，黄进德小声对他说："亚夫哥，你莫着急，有这个过程是正常的，慢慢就适应了。首先是念头上不要多想，你就想它是有机肥料，能肥田，能多打粮食，这样就会好许多。不信你试试。我当初就是这么过来的。"于是赵亚夫屏住呼吸回到粪坑边，心里面不停地念叨"有机肥、能肥田，有机肥、能肥田"，感觉果然好多了，待两只粪桶舀满，挑起来就飞奔而去。几次下来，赵亚夫就完全适应了，不仅没了恶心感，还能与乡亲们在粪坑边说说笑笑。

与挑担子相比，像插秧、薅草、割稻（麦）之类就属于"技术活"了。比如割稻子，要用巧劲，不能用蛮劲，并且要有一定的耐力使动作始终不变形。以前在宜兴农村，赵亚夫也割过，那只是辅助性的割割，并没有作为劳动力顶上去割，所以并没有真正掌握技术。来这里蹲点以后，他与乡亲们一起割，刚开始还能跟上趟，可割着割着就落下来了，然后就手忙脚乱地追赶，活儿就露糙了，割过的稻茬像猪拱过似的不平齐，稻穗洒落一地，有时甚至还割破手脚。赵亚夫就向乡亲们讨教，发现了两个问题：一是镰刀磨得太细薄，割时容易卷口，自然就费力了；二是割时仅仅是手臂用力，没有借助腰腿的力量，自然就容易疲劳。于是赵亚夫就跟别人学磨刀，先用粗石磨，磨得不厚不薄，再用细石磨出锋口。割稻的时候，腰、腿、手臂、手腕协调好，整体用力，这样就感觉省劲了许多，就能跟上趟了。后来赵亚夫的各项"技术活"都上来了，跟乡亲们一起干活基本不落下风。

罱河泥，是农活当中的一项绝活，也是一项顶级的技术体力活儿，相当于围棋当中的九段，柔道当中的十段。如果不会罱河泥，在农村只能算是个半把式；只有把河泥罱好了，才能算得上顶级的好把式。

那时候化肥少，种庄稼全靠人畜粪便和绿肥，而河塘湖泊底下淤积的河泥就是最好的肥料，相当的肥田，“冬里一船泥，秋里几担谷”。于是每到冬天，生产队便组织大伙儿罱河泥，一来积肥，二来疏浚河道、清除淤积。

对于赵亚夫来说，绝大部分农活都已不在话下，唯有罱河泥还没完全拿下。罱河泥不仅是一项很重的体力活，而且特别讲究技巧，是体能与技术的高度结合。船在往前走，人站在船舷上，在移动中将罱头插入河底，借助于船的前进力和手臂的力量铲满淤泥，用力提上来倒入船中。特别要注意平衡，因为船不光前移，还左右晃动；同时在平衡中巧用力气。整个动作的每一个环节都得环环相扣、一气呵成。最难的是罱头在水底下铲泥的时候，不能太深，也不能太浅，深浅全凭手中的感觉。最耗力的是提起装满淤泥的罱头，每一罱都有一百来斤，提上来用膝盖头顶着倒进船里，一下两下尚可，一天几百下一般人还真吃不消。

一开始，赵亚夫感觉最麻烦的是在保持身体平衡的情况下，下罱、铲泥、抬罱，同时在做这些动作时还要始终保持身体平衡。赵亚夫曾有几次顾了这头顾不到那头、失去平衡跌入冰冷刺骨的河里。乡亲们劝他回去歇息，不要再干了，这活也不要再学了。但他就有一股韧劲，上岸后换了一套衣服又回到了船上继续干。还有一次最狼狈，脚下一滑跌进了船舱里，船舱里满是污泥，弄得赵亚夫满头满身的都是污泥，成了一个大泥人。乡亲们把他拉上来，黄进德把他送回家，烧了一锅热水给他擦身子，让他换上一身干衣服，还熬了一碗姜汤给他喝下。稍微缓过劲来，赵亚夫又要上船，这次黄进德高低捺住他，逼着他卧床休息。第二天一大早，赵亚夫又来到河边，要上船罱泥。乡亲们实在心疼他，死活不让他上船，赵亚夫死活要上船，几个人缠绕着像摔跤似的，最后还是拗不过他，他还是上船了。乡亲们打心眼里喜欢这个小伙子，觉得他能吃苦、有韧性、有钻劲，跟农民是真正的心贴心，便完全把他当成自己人了。

个把月下来，赵亚夫就学会了这门活儿，每天跟乡亲们一起罱河泥、舀河泥、沤河泥，同时在感情上完全融入了他们之中。

赵亚夫从乡亲们那儿学到了不仅是农活，还有很多很多。其中尤为珍贵的是很多种田方面的经验，这是书本上没有的、课堂上学不到的，是几千年来农民在农业生产中逐步积累起来、沉淀下来的。赵亚夫在这方面特别留意，平时注意观察他们怎样应时而作、因事而为，还时常主动向一些老农讨教经验。这些老农虽然识字不多、文化不高，但长年耕作体验，加上祖祖辈辈口耳相传的知识，在农事方面积累了丰富的经验。那时候农村没有温度计、湿度计之类的，天气预报还不普及（当时也很不准），气候与节气并不完全吻合，播种、施肥、追肥、收获等农事全凭经验，老农们总会“察言观色”、知微见著，作出正确的判断与决定。比如赵亚夫以前掌握的播种时节是在清明，村里的老农会说：“二月清明不要慌，三月清明早下秧。”赵亚夫用心体会，才发现很有道理，因为清明按阳历算该在四月份，按阴历算有时是在二月份，有时是在三月份，如果落在二月，播种就要缓一下，因为此时气温较低，不利于播种；如果落到三月，此时气候已合适，因而需要抓紧农时下秧。赵亚夫学会了对于节气的灵活运用，而不能生搬硬套。又如水稻育秧的季节如何把握？老农说：“菜子头上一撮花，种稻人家话出车”，意思是在油菜花开盛期已过、但顶心还留着少数几朵花的时候，这才安排水车戽水灌秧田下稻种。而书本上写的则是日平均气温稳定在12℃以上时，水稻可以播种下秧。赵亚夫从老农那里学到了物候学的实际知识：油菜开花基本结束，也必须有日平均气温稳定在12℃以上的条件，所以油菜开花基本结束，就可以成为当地水稻育秧的物候学标志，用来准确灵活的把握每年可能有所差异的水稻下秧播种适期。就是这样，赵亚夫总是把从老农那儿学到的经验，再从理论上加以分析、吸收消化，真正变成自己的东西。他从农民那儿学到了很多活的知识。

陈永康，身边的榜样

赵亚夫这次来蹲点，主要是推广全国丰产模范陈永康的水稻高产经验。陈永康就是“老农”之中的杰出代表，他的文化也不高（只上过两年私塾），却是个有心人，肯动脑子，善于找规律。他在实践中总结出落谷稀匀、合式秧田、适时搁田、干湿水浆管理等一整套综合栽培技术，其中最突出的是单季晚稻高产的“三黄三黑”经验。所谓“三黑”，就是通过施肥，使水稻在发棵、长粗和长穗三个时期，叶色由淡变深，以促进分蘖、壮秆和大穗；所谓“三黄”，是在水稻分蘖末期、长穗初期和抽穗前，适当控制肥水，使叶色褪淡，借以抑制无效分蘖，促进茎秆壮实，稻叶坚挺，这样就会出穗整齐，不易倒伏，结实好，籽粒饱满。这实际上就是凭着多年的栽培实践和经验，总结出来的“看苗诊断”技术，通过观察叶色的变化来衡量长势、预估变化、“对症下药”。运用他这一套技术，能使水稻的产量平均亩产增加 400 斤（1 斤≈ 0.5 千克。全书同）以上，当时在全国引起轰动。赵亚夫在示范点上推广陈永康的这套技术时，不是简单地依样画葫芦，而是运用自己学到的理论知识和掌握的实践经验，对这套技术进行细致的分析解剖，弄清“黑”“黄”交替变化的生物学机理和实质性规律，力求在理论上吃透、在技术上吃准，在操作上熟练应用。

当时经常有现场会、观摩会、参观学习之类的活动，赵亚夫得以经常见到陈永康。无论是听陈永康作报告，还是看他现场演示，赵亚夫都认真地听、认真地看、认真地记。遇到有不明白的地方，当面向陈老请教，当时已是省农科院研究员（后来担任副院长）、全国著名水稻专家的陈老一点架子都没有，耐心地讲给他听或做给他看，直到弄明白为止。渐渐地，两人就熟悉了。加上两人算是省农科院的同事，接触就更多了。赵亚夫从陈老身上学到了许多宝贵的东西，除了水稻栽培的博大精深的经验之外，其他还有很多很多。如艰苦朴素。陈永康出名之后，实际上已经“身居高位”——全国劳动模范、著名水稻专家、著名农业科学家、全国人大代表（后当选常委会委员）、江苏省农科院研究员、副院长，但他始终保持农民的本色不变，穿着灰布裤子、对襟布衫，一副地地道道的农民打扮，一年中大部分时间戴着草帽、光着脚行走在田间地头。又如吃苦若饴。赵亚夫不止一次观看陈永康的现场技术示范，寒天里，陈老脚踩水田烂泥，冰凉寒气不当回事；炎日里，陈老头顶骄阳，水稻田里热气蒸人，浑身大汗淋漓，他也全然不顾，一边示范，一边讲解，非常的辛苦。示范经常增加场次，有时从早忙到晚，年轻力壮的都吃不消，何况一位六七十岁的老人，可陈永康从不推辞、甘之若饴。赵亚夫看在眼里，感动在心里。再如严谨认真。当年由陈永康领头，与作物栽培、土壤肥料、农业气象和植物保护等学科的专家一起组成了课题协作研究组，进行水稻丰产的综合性研究。陈永康做事特别把细把实，事必躬亲，观察入微，每一个小小的苗头、每一点细微的变化，都详细记录下来，仔细琢磨研判。他和助手们撰写的《晚稻看苗诊断和栽培措施的研究》论文获得国务院颁发的科学奖。江苏省农科院根据他的研究编写的《陈永康水稻高产栽培技术总结》获全国科学大会奖。赵亚夫对这种认真的劲头，严谨的态度，以及活到老、学到老、钻研到老的精神，感到由衷的钦佩，一直视为自己的活榜样。

2009年，赵亚夫与陈永康一起登上了“新中国成立以来感动江苏人物榜”。此时赵亚夫想起了去世多年的陈永康，心中感慨万千。陈老，你的榜样的力量一直在牵引着我、激励着我、鞭策着我，使我有了今天；今后，我也要像你一样为农民、为农业奋斗不止，直到生命的最后一息！

话题再回到当年的蹲点，赵亚夫把平生所学的理论知识，结合陈永康的高产栽培技术，加上从农民那儿学来的实践经验，再考虑当地的实际情况，把样板田搞得有板有眼。在样板点推行“稀播壮秧，少本栽插”栽培法，取得了明显增产效果，样板田连年产量第一。镇江专区经常来这儿召开现场会，前来参观学习的人也越来越多。赵亚夫也学着陈永康的样子，不管是春寒料峭，还是炎炎夏日，他脱掉鞋子一脚踏进水田里，一边示范一边讲解，一点也不觉得苦和累。

样板工作组考虑到赵亚夫有能力、有水平，想把他调到另一个大队补强力量。可是样板田四队的社员们不干了，说什么也不让他走，他们推选代表找到领导，要求把赵亚夫留下，情绪还相当激动。样板工作组领导一看这副情形，强行调人恐怕不好，只好“顺从民意”了。赵亚夫是事后知道这件事的，当时他非常感动，乡亲们太厚道了，太重感情了，你对他们有一点的好，他们会对你十点的好！他与乡亲们的感情越发深厚。

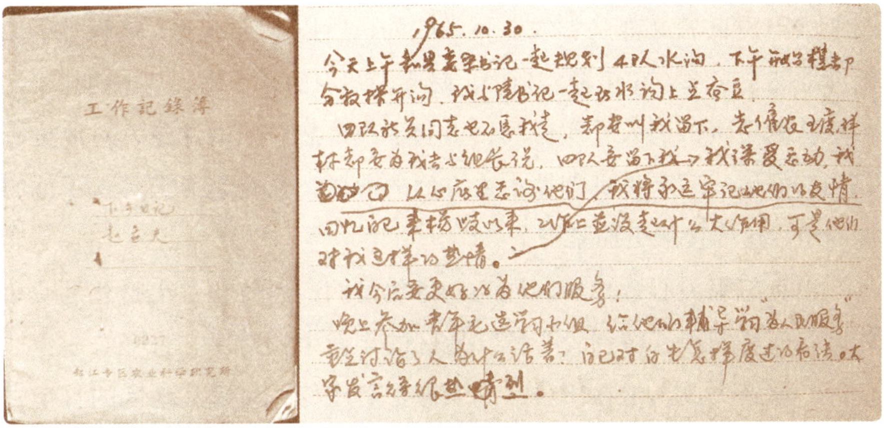

赵亚夫当年下乡日记中的有关叙述

“文革”开始后，样板工作组撤销了。1967 年 1 月份，赵亚夫离开四队，回到所里。分别的那天，乡亲们都来岸边送他，好多人还跳上船来，拉着他的手久久不愿松开，哽咽话别。船开了，渐渐驶离岸边，岸上的乡亲们终于忍不住纷纷落泪，有几个还失声痛哭。站在船头的赵亚夫再也忍不住眼中的泪，夺眶而出。船开走很远很远了，乡亲们仍站在岸边朝他挥手。他边朝乡亲们挥手，边在心中立下了一个誓愿。

在当晚的日记里，他写道：你真正扑下身子，为乡亲们做一点事，乡亲们永远不会忘记你！他们是天底下最淳朴、最善良、最重感情的人……我要一辈子为他们做事，把一生都交给他们！

卢良恕，学术上的导师

在赵亚夫的成长过程中，有一个人对他的影响也很大，那就是中国小麦育种与栽培泰斗式人物，后来担任中国农业科学院院长、中国工程院院士（副院长）、中国农学会会长的卢良恕。

大约在20世纪60年代后半期，当时赵亚夫主要搞稻、麦栽培研究，卢良恕已是小麦育种与栽培方面的著名专家。当时正是“文革”时期，整个工作全乱套了，但搞粮食的因为事关吃饭问题，那些专家学者们还在尽量地撑着，忍辱负重地工作着。全省搞小麦研究的经常开会，赵亚夫与卢良恕又都是省农业科学院的，所以就认识了。接触多了，渐渐地熟悉起来。在年轻人当中，赵亚夫知识面宽，科研基本功扎实，做事认真负责，为人朴实谦和，引起了卢良恕对他的注意，对他也有相当的好感。后来卢良恕搞小麦方面的课题，就召赵亚夫进入了他的课题组，这样接触更加紧密了。

卢良恕很关心爱护年轻同志，每次见面，卢良恕对小赵总是嘘寒问暖，问长问短，特别关心镇江地区的小麦生长情况、整个农业生产情况。赵亚夫成天泡在田里，整天守护着庄稼，对镇江地区的整个农业非常熟悉，每次都能对答如流，这更增加了卢良恕对小赵的好感。

1968年，全国小麦科研工作会议在苏州召开，当时的中国农业科学院院长、我国小麦科学主要奠基人金善宝亲自出席并主持会议。当年我国小麦研究的精英们都前来与会，可谓群贤毕至、少长咸集。卢良恕是金善宝的学生，作为江苏省小麦研究的杰出专家出席了会议。赵亚夫作为镇江地区小麦研究方面代表也列席了会议。

当时的赵亚夫才27岁，连个中级职称都没有，也没有其他的头衔，就是个普通的科技人员，他应邀与会，应该与他靠实干而崭露头角有很大关系，当然也离不开卢良恕的器重推荐。

会议期间，有天晚上，卢良恕突然对赵亚夫说：“小赵，过两天将要交流各地小麦科研的进展情况，我想让你代表江苏作交流发言。你好好准备一下。”

“我？代表江苏？”年轻的赵亚夫惊得目瞪口呆。

“对，你来代表江苏说说。”卢良恕答道，口气是那么肯定，显然是经过深思熟虑的。

“我能讲得好吗？”由于没有心理准备，之前也没有做这方面的功课，对于在这么大的场合代表江苏发言，赵亚夫没有足够的自信。

“不要紧，大胆地说，你行的！”卢良恕鼓励道，同时拍拍他的肩膀。

这时一股暖流涌遍了赵亚夫的全身，这是前辈对自己的肯定与信任，也是前辈有意在锻炼自己啊。

接着卢良恕便向他口授了发言的几个要点。赵亚夫认真地把这几点记了下来。

受命以后，赵亚夫赶紧准备发言稿。他根据卢良恕吩咐的几点，结合自己所掌握的情况，又翻阅了大量的随身带来的资料，经过深度的思考提炼，连续开了三个夜车，终于拿出了初稿。当时没有电脑，没有打印机，他工工整整地誊抄了一遍，呈与卢良恕，说：“卢老师，根据你的要求，我拉了个初稿，请你指教！”

卢良恕翻阅了一遍，说：“总体写得不错，你就照着这个路子讲，让全国的同行们看看，我们江苏是有人才的，在农业科研方面是后继有人的。”接着便提了几条修改意见。赵亚夫把这几条详细记了下来，当天夜里又挑灯夜战作了修改。

那天发言的时候，之前还稍有紧张的赵亚夫，一旦开讲了便完全放开了，他不是照本宣科，而是有的地方照着稿子讲，有的地方脱开稿子说，显得自信从容，讲得深入浅出。这源自于他长期的钻研和深厚的积淀。

会后，赵亚夫稍有惴惴，不知道自己的发言反响怎么样。遇到卢良恕时，他微笑着望着卢老师，那目光里透着征询的意思。

卢良恕拍拍他的肩膀，只说了一句话：“代表了我们江苏的水平。”

这一句话，让赵亚夫忐忑的心放了下来。

后来，赵亚夫从侧面了解了自己发言的反响，在所有交流发言者中，他是最年轻的，也是最没有“来头”的，但讲得一点也不比那些“大腕”差。自从那次会议之后，赵亚夫在同行中便小有名气了。

卢良恕继续对赵亚夫予以关心帮助，在学术上不吝赐教，使赵亚夫在学术研究方面日益长进。20 世纪 70 年代末，卢良恕当了江苏省农业科学院院长，但他一点架子都没有，非常平易近人，对年轻人还是那么关心爱护，每次遇到赵亚夫还像老朋友一样聊天说事，在学术上、业务上继续点拨指导。后来卢良恕上调担任中国农业科学院院长，还当上了院士，还经常寄来自己的文章和著作，与赵亚夫一直保持着联系。

在赵亚夫心目中，卢良恕既是良师益友，又是一位好领导，尤其是他重视对年轻人的培养提携，这一点赵亚夫感受最深。做学问，就要像卢老那样认真踏实地去做；当领导，就要当卢良恕式的好领导。后来赵亚夫自己走上了科研领导岗位，也学着卢老的样子，在生活上关心年轻人，在工作上帮衬提携年轻人，带出了一批农业科研中坚力量。

孙颔，中年的知音

孙颔，是我国著名的农业区划专家。系江苏省农业科学院科技人员出身，先后担任省农业科学院院长、江苏省委副书记（分管农业）、江苏省政协主席。

赵亚夫与孙颔的密切接触是在他担任镇江农科所所长（孙颔时任省农业科学院院长）之后，当时的赵亚夫已是 41 岁的中年人了。之前也有所接触，但因为专业不同，接触不是很频繁。

说起他们的“惺惺相惜”，还是从一段“误会”开始的。

1982 年春，赵亚夫被委派赴日本研修农业。当时组织这项活动的是省外事部门，不是省农业科学院，所以作为省农业科学院院长的孙颔对此并不知究竟。后来孙院长听说赵亚夫在日本为农民干苦力，他感到不可理解，堂堂的一个所长，正处级干部，起早贪黑被日本农民当一个劳动力使唤？这能学到什么东西？于是孙院长便托赴日本访问的同志传话给赵亚夫，一是问他究竟什么情况；二是与其这样做苦力学不到东西，不如早日回来主持镇江农科所的工作（当时已正式任命赵亚夫为镇江农科所所长）。

传话的同志说明来意后，赵亚夫心里感到特别温暖，也很感动，孙院长在关心记挂着自己。他让来人向孙院长传话解释了两点：一是日本的研修制度，在日本，往往有农学院毕业的（包括本科生和研究生），在当地比较先进农民家里无偿参加农业劳动一年（可领少量的津贴），以增加实践经验，用中国的话说就是理论联系实际，而他们这批研修生正是以研修制度的名义来的，以期对日本的现代农业生产有直接的参与和直观的感受。更重要的另一点是，他在这里学到了很多现代农业生产技术，了解了很多现代农业经济方面的情况，尤其是系统地学习了露天和大棚草莓栽培技术，这套技术将来带回国后，会成为农民增收的一个重要项目。所以他在这里做“苦力”是心甘情愿的，感觉收获很大、物有所值，没有人强迫他这样做；跟“东家”近藤一家相处得很好，像一家人一样；学习、工作和生活都很愉快，请孙院长放心。

来人把话传达给孙院长后，孙院长这才放心。

后来赵亚夫从日本引进草莓种植技术，大获成功。他特地带了一点草莓果送给孙院长品尝，孙院长吃了几粒后，连说好吃好吃，比我在国外吃到的更香更甜。当时孙颔作为农业专家经常出国与同行交流，比赵亚夫他们更早地知道草莓这一水果品种。赵亚夫说，我就是为了“偷师”她的种植技术，才在日本农民家里做“苦力”的，现在知道这份苦力干得值了吧？说得两人哈哈大笑起来。

赵亚夫回国正式履职镇江农科所所长之后，对所里的研究结构和方向作了大胆的调整，提出了“粮食为本、经作为用、果蔬为重”的研究思路，在果蔬中尤以草莓为突破口，以实现农民增收致富的目标。他的这一做法在当时是开创性的，与当时农业科研的正统思路不太合拍（当时的正统思路是以粮为纲），在全省乃至全国都引起了不小的震动，各种各样的议论都有。至于赵亚夫本人，搞稻麦栽培搞了20多年，而且卓有成就，现在却改攻草莓等果蔬，不少同行为他惋惜，甚至有人说他“不务正业”。

而孙颔是搞区划研究的，是中国农业区划研究的泰斗级人物。农业区划的核心就是因地制宜、紧扣当地实际发展农业生产，使农业效益最大化。所以他对赵亚夫在镇江所把研究格局由传统的粮、棉、油为主调整为适合当地实际情况的“水田增粮、岗坡致富”（丘陵山区岗坡非常适合于发展果蔬等经济作物）高度赞赏；同时，对于赵亚夫他们把科研与生产紧密结合起来，分流出大批科技人员走向田间地头、普及推广农业科技成果的做法大为欣赏。在一次全院大会上，作为院长的孙颔当众用了长长的一席话表扬了赵亚夫，以示对他在镇江所搞的研究结构调整和科技服务下乡的坚定支持。

在这关键时刻的表扬，实际上是一种明确的表态，是对赵亚夫本人以及他的工作思路的肯定与支持，这对当时处于“风口浪尖”上的赵亚夫而言弥足珍贵，也使他备受鼓舞、倍感振奋，改革的决心更强、信心更足。从此，他不但视孙颔为好领导，更引为人生的知己知音。

在以后的工作中，他们既是领导与被领导的关系，又是知心朋友的关系。20 世纪 80 年代初，孙颔主持了“江苏农业区划”课题研究，他让赵亚夫担纲“农业区划”子课题的研究，还要赵亚夫参加了他主持的南方小麦湿害研究课题，这使他们的接触更为紧密，经常在一起研讨切磋，或开会交流，或外出勘察。孙颔的勤于学习、善于思考、敏锐睿智、重视调查研究、注重理论联系实际；作风务实、待人诚恳、平易近人、严于律己、廉洁奉公，这些好的品行和作风，深深地影响了赵亚夫，使当时全省最年轻的区域农科所所长赵亚夫，从担任科研领导工作伊始，就有了一个好的榜样、一个较高的标杆。“千里之行，始于足下”，赵亚夫后来成为一个出色的科研领导、优秀的农业专家，乃至成为全国“时代楷模”和“道德模范”，与当初孙颔对他的榜样力量和标杆作用有着很大关系。

他们两人之间的这种亦师亦友和出于公心的惺惺相惜关系，可以说终身都保持着。赵亚夫在工作中或其他方面遇到什么疑问或难题，总是喜欢向孙颔请教，征求他的意见；孙颔对他总是不吝赐教，掏心掏肺，对他始终存有好感和较高的评价。长期的工作接触使两人之间建立起了深厚的友谊，但这种友谊非常纯洁，没有任何的个人物质利益掺杂其中，而是发端于公心、归结于公心，正所谓“君子之交淡如水”。

20 世纪 90 年代中期，江苏省农科院领导换届，出于工作需要，时任省政协主席的孙颔极力推荐赵亚夫担任省农业科学院院长。长期主政（或分管）江苏农业科研的孙颔，他的建议是有分量的，江苏省委对他的推荐很重视，当时分管农业的省委副书记许仲林借到镇江视察的机会，让赵亚夫全程陪同，实际上是在考察了解他。考察的结果很满意，省委就这么定了，委托当时的镇江市委书记方之焯找赵亚夫谈话，实际上就是通知他准备走马上任。但赵亚夫为了终身为之奋斗的“那件事”，婉言谢绝了这份拟命。这是后话。

第四节 踏遍青山人未老

话题再回到当年。

回到所里，正值“文革”方兴未艾。搞大联合，抓革命，促生产，赵亚夫被大家推选为联合的造反派头头，但是没多久就被说是造反不力，赶下了台。

要揪斗所里的领导，要揭批那些老专家，赵亚夫想不通。所长、书记他们勤勤恳恳地工作；专家们兢兢业业、任劳任怨，他们都是好人，至少无大错，凭什么要批斗人家？所以赵亚夫对于这件事很消极，同时内心也比较苦闷，有一种找不着北、无所适从的感觉。赵亚夫成了“逍遥派”。

后来要搞“把隐藏的叛徒、特务、死不改悔的走资派和一切反革命分子统统挖出来”的清理阶级队伍运动，需要大量的人手出去外调，再加当时到苏北农村调查也是个苦差事，造反派把持的研究所革命委员会派赵亚夫去搞外调。

外调，实际上就是外出调查核实那些历史上有“问题”的人究竟有没有问题。这里面的弹性可大了，一句话、一个结论，或使对方走出牛棚获得“解放”，或使对方深陷大牢甚至性命不保，正所谓“差之毫厘、失之千里”。其中的关键是尺度的把握，是不是客观地看事看人，还是戴着有色眼镜来看，如果是后者，多半都是“坏人”。

这时的赵亚夫，思想已经很成熟了，也很稳固了，没有顺应造反派的意图，不会随波逐流，也不会见风使舵，更不会做那种落井下石、幸灾乐祸的事情。他搞外调，首先秉持的是实事求是的原则，实事求是是马克思主义活的灵魂嘛，赵亚夫对这个灵魂格外服膺。在实事求是的原则下，赵亚夫找到了不少事实依据，帮不少人洗清了不白之冤。

有一个老工人，因为解放前在国民党军队里当过“书记”，被关起来隔离审查。在当时人们的理解中，“书记”肯定是一个大官，在国民党军队里当“书记”，那还了得，双手肯定沾满了人民的鲜血。赵亚夫前去调查，找到了许多见证人核实情况，终于把事情弄清楚了，原来所谓的“书记”，其实就是书记员，是个写写记记的小角色，压根就算不上什么官。而且他没有血债，后来还投诚了过来。这样的人是没有问题的。赵亚夫把这个情况如实向军管会作了汇报，并谈了自己的看法。那人当天就走出了牛棚。

农科所所长张奎凤，当时被打成“走资本主义道路的当权派”，被揭发批斗。有人揭发他的老婆是个地主婆，红卫兵要把她拉出来一起斗。赵亚夫到她老家调查，原来不是那么回事，她的父亲是富农，她就是个富农子女，本身没有什么问题。赵亚夫回来说明了这个情况，并认为父亲是父亲、子女是子女，不能搞封建株连那一套。最终张奎凤的爱人没有挨批斗。

类似的例子还有许多。

处处留心皆学问。赵亚夫是个有心人，他利用出差外调的机会，留心观察所到之处的风土人情、社情民意，尤其注意当地的农业情况、水文地理和农民生活。他的挎包里，除生活用品外，装的全是书，大部分是业务书籍，一有空闲便拿出来看。他一直记着任承宪老师关于“读万卷书、行万里路”的教诲，并抓住一切机会身体力行。“文革”期间，对于绝大多数中国人来说，是耽搁的年代，是荒废的年代，是无所作为的年代，但对于赵亚夫来说却不尽然，因为他从未停止过看书、学习、观察、思考和践行。

巧的是，外调结束后，正当赵亚夫为回到是非之地而略感不安时，镇江专区军管会成立了生产指导组，下设“跑面组”，赵亚夫被调到“跑面组”工作。所谓“跑面”，顾名思义，就是在面上跑、摸情况，实际上就是搞调查研究，掌握面上的情况和动态，下情上达、上情下传。

“跑面”是非常辛苦的。当时的交通很不发达，农村基本上没有公路、不通汽车。加上镇江地区属于丘陵山区，山路崎岖，很多地方连自行车都没法骑，只能靠步行。往往早上步行20多里路到一个公社，工作到下午四五点钟，再步行到另一个公社，住一宿，第二天再跑。一般一个月跑20多天，回来汇报一次，休息4天，接着再往下面跑。日晒雨淋，风餐露宿，真是一件苦差事。

但对赵亚夫而言，这是一件天大的好事，一份难得的“美差”。吃苦，对于赵亚夫而言，已经习以为常了，已经修炼到苦中作乐、化苦为甘的境界，所以这点苦对他而言根本算不了什么。关键的是，“跑面”的过程，是他心中一直存有的“行万里路”的念头付诸行动的机会，也是对镇江地区农村社会进行全面深入考察的机会。当时的镇江地区所辖甚广，东至武进、金坛，西至溧水、高淳，南至宜兴、溧阳，北至扬中，十几个县都归他管。作为镇江农科所的科技人员，赵亚夫一直有一个愿望，就是走遍镇江农村的每一个乡村，对她有一个全面系统的了解，因为搞农业科技尤其是搞技术推广的，熟悉地形地貌、水文土壤等自然状况是一项基本功。现在这样的机会不期而至，正中赵亚夫下怀。

几乎每天要走20多里崎岖不平的山路，需要两3个小时。别人走路是看脚下、看前方，赵亚夫走路是东张西望、瞻前顾后，他边走边察看路边的林木、田里的庄稼、禾下的土壤、河流的走向、山势的形状、山石的质地等，并拿出簿笔一一记录下来。这一方面是“跑面”工作的需要，另一方面是他自己积累的需要。有时还走向田埂，与田里劳动的人们聊上几句，打听他们收成的情况、自留地怎么样、日子过得如何等。

这样，赵亚夫人还没到公社，情况已经掌握了大半。到了公社以后，听一听公社干部把总的情况说一说，又下到有关大队了解情况。沿途照例要察看和记录。

1969年夏天，镇江地区首次发现稻飞虱大规模为害，当时农民甚至基层农技人员都不知道是怎么回事。稻飞虱是刺吸式口器害虫，靠吸取水稻汁液为生，为害水稻的同时，还能够传播病毒，轻则造成水稻减产，重则造成水稻绝收。赵亚夫与同事们闻风而动，分赴各地查看情况。他们各带一个洗脸盆，一边走一边下田检查作记录，每天要走四五十里路。几天查下来，基本摸清了情况。然后汇总各地的情况，制定治虫措施。接着分头下去，指导各地治理稻飞虱，终于把稻飞虱为害控制住了。

有几年，每到夏天，连续下暴雨，河、渠涨满了水，庄稼地里的水排不出去，形成了涝灾。秧田被淹了，烂根烂苗，很多田都绝收。赵亚夫戴着斗笠，穿着雨衣，赤着双脚，奔走在田间地头，查看灾情。尔后一方面向上级报告灾情，一方面提出防涝救灾的建议，即‘早翻早’（将快成熟的早稻种子从稻穗上摘下来，播种在退水以后的受淹稻田里）抗灾补种的建议。赵亚夫是科班出身，又在农业第一线摸爬滚打了这么多年，摸到的情况又是亲见亲历的第一手资料，他的建议上级很重视，赶紧布置下去。一般是召开县、公社、大队三级干部会议，布置赵亚夫等人提出的补种补救措施。工作布置下去后，各级干部回去落实，赵亚夫他们则要四处奔波，进行技术指导。这时的赵亚夫已不是当年的初出茅庐，已到了而立之年，各方面都能“立”起来了。书本上的理论知识，农民的实践经验，陈永康的先进栽培技术，以及这么多年踏遍青山的博闻广见，在他这里都被融会贯通，成了一条条“及时雨”般的指导意见。补种补救，涉及许多新技术，如适宜品种的选择，整地施肥、催芽抢种的窍门，灌溉排水时机的把握，锄草、治虫技术的要领等，赵亚夫都一一耐心讲解、亲自示范。那段时间，赵亚夫特别辛苦，一天要跑几个公社，每到一地都在日晒水蒸的稻田里不厌其烦地讲解示范，满头满脸的汗水顾不上擦，汗水顺着鼻梁浸湿了眼镜，他摘下眼镜甩甩干，戴上后继续指导。因为补救及时，措施得当，那年的涝灾损失被降到最低，取得了灾年不减产的好成绩。

赵亚夫在“跑面”期间，还有两次参与“毛泽东思想宣传队”的“蹲点”的经历，一次蹲点是在丹阳县横塘公社，另一次蹲点是在宜兴县洋溪公社徐渎大队。在这些蹲点的地方，他积极推广稻麦栽培新技术，引进 5 月 25 日前后成熟的特早熟小麦品种，推广“后重法”双季稻施肥新技术，改活棵期一次重施肥料为少施活棵肥，增施穗肥等。这些技术的推广应用，使得粮食产量大幅提高。帮助徐渎大队采用麦、稻、稻三熟制高产栽培模式成为江苏省全年粮食亩产量最高的大队。附近的大队、公社，纷纷前来参观学习，把这套技术带回去用于生产，粮食产量都有大增。

铁汉也有柔情时

这种“跑面”加上“蹲点”的生活，一过就是若干年，对于赵亚夫而言，因为暗合着心中的理想，因为能为将来的梦想积聚能量，所以虽苦犹乐，过得很充实。但有一点遗憾，那就是成天在外奔波，顾不了家，愧对妻子小孩。

年轻时的赵亚夫和黄宝华

赵亚夫的妻子叫黄宝华，镇江市人。他俩是在句容农校认识的。那年，农科所刚从常州搬来，工作人员没地方住，就与兄弟单位句容农校商量借房。句容农校二话没说腾出了“西园”等教师宿舍，还划出了一块地方给他们做试验田。这段时间，赵亚夫吃住都在农校。当时黄宝华已从句容农校毕业，但三年“自然灾害”刚结束，国民经济还没缓过劲来，农村户口的毕业生回乡务农，城市户口的毕业生留校农场干活，暂不分配，黄宝华暂时留校工作。这样一来二去的，两人就认识了。

年轻时的赵亚夫，长得白白净净的，戴副眼镜，显得秀气而儒雅。比赵亚夫小一岁的黄宝华，年轻时是个大美人，扎两条长长的大辫子，一双眼睛清澈而明亮。两个人互有好感，但那时的年轻人在恋爱方面都很保守，彼此都不说破，只是相逢时莞尔一笑来表示好感。

这天夜里，赵亚夫翻来覆去睡不着，很想找一个人倾诉，很渴望对一个知心人说说心里话。这时有一双清澈明亮的眼睛浮现在眼前，那莞尔的笑容传递的是欣赏、是理解、是信任。于是，赵亚夫鼓起勇气给黄宝华写了一封信。在信中，赵亚夫谈了自己的人生理想，谈了自己曾经立下的誓言，谈了自己将把誓言付诸终身行动的意志。现在的年轻人也许难以置信，通篇的大道理，情书怎么可以这样写？但那个年代的年轻人就是这样写的，通篇的工作与学习、理想与奋斗，基本不谈儿女私情。“情书”写好后，赵亚夫把它夹在小说《钢铁是怎样炼成的》这本书里，准备第二天送给黄宝华。这样，赵亚夫顿感一块石头落了地，躺下不久就睡着了。

第二天中午，赵亚夫在食堂吃饭，特地留心了黄宝华，她在与同伴们一起吃饭。于是他匆匆吃完饭，来到食堂外面的一棵大树下。

黄宝华与同伴们吃完饭，出了食堂门，边走边说笑着。当他们走到树下时，赵亚夫上前一步，轻声对着黄宝华说：

“黄宝华同志，跟你说句话。”

黄宝华一下子愣住了，下意识地停下脚步，满脸通红。同伴们一看这情形，知道是怎么回事，呵呵地笑着走了。

赵亚夫从背后拿出书递上去，说：“这本书写得很好，非常感人，借给你看看。”

黄宝华迟疑了两三秒钟，还是接过了书。借书与还书，是当时年轻人接触异性的最流行、最常规的手法，如果在书里夹一封信，那也是正常不过的事儿。黄宝华当然明白其中的含义，她盯了赵亚夫一眼，莞尔一笑，转身走了。

赵亚夫长长地吁了口气，心情就像在这炎热的中午喝了一杯冷饮一样舒畅。她接过了书，欣然地飘然而去，这就说明了一切。此时无声胜有声。

黄宝华回到宿舍，把赵亚夫的信看了一遍又一遍，又把赵亚夫的形象以及人们对他的评价在脑子里过了一遍又一遍，经过深思熟虑，决定给赵亚夫回信。在那个年代的语境中，给一个追求者回信，意味着同意与对方交往，甚至可以理解为同意跟对方谈恋爱了。

黄宝华的回信，与赵亚夫的“求爱信”一个风格——高大上。她在回信中，也谈了自己的工作与生活、理想与追求，但作为“情书”的核心内容——儿女情长，基本没有涉及。

经过几轮的鸿雁传书，这才渐渐地靠近“核心”，两人也就确定了恋爱关系。但黄宝华提出了一个条件：我已报考了南京农业大学的大专函授，恋爱期间不影响学习、不影响工作、不影响事业。对于这个条件，赵亚夫非常乐于接受，因为他也这么想的。于是两人自觉奉行“三不主义”，谈着柏拉图式的恋爱。

1965 年，黄宝华被分配到镇江市谏壁公社畜牧兽医站工作。1968 年春节，经过 6 年的爱情长跑，两人走进了婚姻的殿堂。

农科所位于句容，在镇江的西南面，而谏壁在镇江的东面，两地相距六七十千米。这对年轻的夫妇，过着两地分居的生活。

新家就安在谏壁，一间由平房隔出来的十几平方米的屋子。家里不通自来水，吃水要到自来水站挑水，一个单程有里把路。那时候烧煤球，也要到一里之外的煤球厂凭票买了挑回来。赵亚夫在家的时候，挑水挑煤这些重活都由他包了。每次离家之前，赵亚夫都把水缸挑满了，把计划供应的煤球买回码好。当时赵亚夫正在外地“跑面”，忙得很，很少回家，小夫妻聚少离多。一人在家的时候，家里的重活轻活，只能由黄宝华独自承担。

结婚几个月以后，黄宝华怀孕了。小两口喜不自禁，对于即将来到人世的小生命，既充满爱意和期待，又隐隐有一丝惶恐，毕竟他们都是第一次经历。赵亚夫的心头更是有一种不一样的感觉，即将为人父亲，他感到肩头的担子一下子重了，感到自己从此就是一个真正的男人了，要担当起一个男人应当承担的责任。但赵亚夫工作很忙，一两个月才能回来一趟，回家住三四天又得出去“跑面”，不能长时间地陪伴和照顾怀孕的妻子。为此他对妻子有一种负疚感，但也没有办法，他只能在回家的几天里包揽一切家务、让妻子多休息来弥补自己的愧疚。他知道妻子是个事业心很强的人，在兽医站工作，经常走村串户为畜禽治病，还时常弯腰为牲畜接生，工作很苦很累，回家还没人照顾，他很心疼妻子，可在大多数时候却帮不上忙。

妻子的预产期到了，但赵亚夫正在巡回指导补种补救工作，实在是脱不开身回家看看。这天，他正在秧田里对农民进行技术指导，突然公社有人来对他说："你赶紧回家，你妻子快生了！在市第一人民医院。"

赵亚夫又向农民叮嘱了一番技术要领，这才从秧田下走出来，辗转赶到镇江第一人民医院，本想得到的是"母子平安"的消息，不料等待他的却是不好的消息！

医生对他说："你妻子生了个闷胎，产后又胎衣不下，经过抢救才脱离了危险。"

这一切犹如当头一记闷棍，打得赵亚夫懵了，僵在那儿，整个人像是凝固了。

医生让他看了一眼已然夭折的孩子，白白胖胖的，有8斤多重。医生告诉他，这是产妇长期的过度劳累引起的。医生还责怪他，你这个丈夫是怎么当的？是怎么照顾妻子的？

黄宝华被推出手术室时，赵亚夫迎上去，悄悄地握住妻子的手。妻子的手冰凉，脸色苍白。

黄宝华渐渐地苏醒过来，恢复了意识。赵亚夫强忍着内心的巨大的创痛，故作轻松状，作为一个男人，此时一定不能垮下，一定要挺住，否则会影响妻子的情绪。黄宝华一直在流泪，她是在心疼夭折的孩子，一种包含着巨大缺憾的母爱深深地折磨着她，使她泪流不止、欲罢不能。

赵亚夫轻轻地摩挲着她的手，一边安慰她，说："你不要太伤心了，过去的事情就让它过去吧，恢复身体要紧！"又说："我们还年轻，以后还会怀上的，只要注意休息就是了。我们会儿女成群的！"

在赵亚夫的反复劝说安慰下，黄宝华的情绪慢慢调整了过来，心情渐渐好了起来。

后来这对年轻夫妇顺利地生了两个儿子，大儿子取名赵大江，小儿子取名赵小容，是从“镇江”和“句容”中各取一字而得名。赵亚夫仍是四处奔波，不是“跑面”就是“蹲点”，在家的时间很少。绝大部分时间是黄宝华拉扯着两个儿子过活，同时还要上班，辛苦劳累可想而知。

大江4岁那年，这天黄宝华到生产队给耕牛治病，临走前叮嘱大江在家玩耍，不要乱跑。哪知大江毕竟是个4岁的孩子，他在趴着水缸边沿玩耍时，一不小心翻进了水缸里，当时水缸里装满了水。好在当时是冬天，大江身着一件厚厚的棉袄，棉袄的浮力暂时托住了他。在他挣扎哭号时，院子里的邻居听到了异常动静，赶过来救出了他。

正在工作的黄宝华，当听到前来通知的人说到“你家大江掉水缸里了”这句话时，两条腿顿时就软了，瘫坐在地上。生产队用手扶拖拉机把她送回来，当她看到裹在邻居家被子里、还在瑟瑟发抖的大江时，一下子搂住他，眼泪像断了线的珍珠簌簌掉落下来。

那头，正在开会的赵亚夫接到妻子的电话，劈头就是一句“大江掉水缸里了”，接下来就是泣不成声，说不出一句话。

赵亚夫一听这话，头“嗡”的一下像炸裂似的，颤着嗓音问道：“大江现在怎么样？”一连问了几声，那边只有啜泣声，急得赵亚夫甩下电话就往家里奔。

进了家门，一眼见到躺在被窝里、尚在惊悚之中的大江时，赵亚夫的心里五味杂陈，鼻子一酸，泪水盈眶。

他强忍着泪水，拍拍小家伙的头，又握握他的手，嘴里喃喃地说：“怎么就没想到做个水缸盖子呢！差点出大事啊！”

说罢就自己动手，照着一大一小两个水缸做了两个盖子，把两个水缸盖住；还不放心，又在上面分别加了几块砖头，把两个水缸盖得严严实实。

夫妻之间的拉锯战

5年不到的时间，出了两次状况，黄宝华真的被吓坏了。她的工作很忙，经常要走村串户为畜禽治病。每次出门前，她都特别紧张，把两个水缸盖好压实，对孩子千叮咛万嘱咐。工作的时候放心不下家里，牵挂着两个孩子。赵亚夫也是这样，对妻子和两个孩子牵肠挂肚。

夫妻分居，是摆在他们面前的一个很现实的问题，必须解决。但是如何解决，夫妻俩意见不一。黄宝华的意见是：你到镇江来；赵亚夫的意见是：你到句容来。

黄宝华的理由很充分：一、全家在镇江市区落户，生活条件、医疗条件、孩子上学以及将来就业等各方面都比句容强得多；二、市区的定量供应有保障，而句容那儿许多东西无供应；三、与她姐姐家靠得近，相互有个照应。

赵亚夫的理由就一个，而且显得生硬：我不能离开农民，不能背弃曾经的誓言。

每每商量到这儿，便走进了死胡同，商量不下去了。“亲友团”都支持黄宝华，没有一个支持赵亚夫的。

但问题总得解决呀。黄宝华只得按住性子，做深入细致的思想工作。做思想工作，黄宝华用了三招：第一招，利益比较法，即如上面所言的三条理由；第二招，忆苦思甜法，忆分居之苦、分居之险，思将来在市区团聚、一家人其乐融融之甜；第三招，现实可行法，凭你赵亚夫的能力、水平和现实表现，在市区“农”字头单位谋一个职位易如反掌，这样照样可以为农民服务，照样践行曾经的誓言。

赵亚夫对第一招和第二招，基本上理屈词穷，无从辩解；对于第三招，适当解释道：我的专长是科研和推广，如果离开了土地、离开了农民，到市区去做坐机关，专长就无从发挥，曾经的誓言就会大打折扣。

黄宝华明白，做思想工作要有耐心，于是把这三招的理由反复讲解。甚至还用起了当初“情书”的法宝，通过写信晓之以理、动之以情。还搞了“统一战线”，发动“亲友团”为自己壮威助势，或前去游说。赵亚夫以不变应万变：点头和摇头。对妻子的说辞总是点头称是，但对“调到镇江来”的结论，总是摇头不从。弄得妻子哭笑不得，拿他没有办法。

经过六年的艰苦鏖战，使尽浑身解数，黄宝华不得不承认自己黔驴技穷了。唉，这个人，说得好听一点，意志坚如山、肚量大似海，软硬不吃；说得难听一点，茅缸里的石头——又臭又硬。

到了后期，赵亚夫从“战略防御”进入“战略进攻”，反过来对她摇唇鼓舌，动员她调到句容来。

无奈之下，黄宝华只得缴械投降，同意自己调到句容去。

一家人是团聚了，赵亚夫的工作也更顺手了，但对黄宝华而言，作出的牺牲是巨大的；对家庭而言，各方面付出的代价也很大。当时户口调动是个很麻烦的事，幸好句容县委书记是原来农科所的老领导，他给公安局长打了个电话，才把问题解决了。公安部门办事人员看了材料都很纳闷，人家都是由小地方向大地方跑，你们却是由大地方向小地方调！

差不多有 17 年的时间，赵亚夫一直在农村“跑面”或是“蹲点”。17 年中，他跑遍了镇江地区十几个县区的 300 多个公社，到过或者经过的自然村庄上万个，可以说走遍了镇江地区的山山水水、村村庄庄。除去坐机动车的，光徒步行走的路程何止万里。“走万里路”，他是完全做到了。而且，不光是形式做到，他边走边观察、边思考、边学习、边记录，完成了具有实质内容和丰富内涵的“行万里路”。

17 年的壮行，使赵亚夫有了深厚的积淀。他成了镇江地区的“活地图”，哪儿都熟悉；成了镇江农业的“活词典”，只要跟“农”字沾边，他都能如数家珍。更为重要的是，他对农村、农业和农民有了深刻的了解与理解，这种用脚走过万里后的了解与理解，与没有走过相比，其深度与锐度都是不可同日而语的。

“十年内乱”结束前后，他所积淀的“宝藏”就有一次初步的“喷发”。1974 年开始，科研工作有了不同程度的恢复，赵亚夫先后担任育种组、栽培组组长，主持了小麦育种、稻麦栽培等 10 多项课题。1976 年，他参与共同选育的“7263”和“群众 42”小麦，受到了省、地区科学大会的表彰。丘陵麦田湿害防御技术、小麦低产变中产栽培技术、水稻稀插壮秧栽培技术在镇江地区大面积推广，累计推广面积 737 万亩，增产粮食 2.85 亿斤。这些成果，有的获国家农业部一等奖，有的获江苏省重大科技成果奖，有的获省农科院技术改进奖。有些成果，至今仍在全省水稻生产中发挥作用。

这些只是小试身手，更大的、持久性的“喷发”还在后面。

1979 年，赵亚夫被评为农艺师，是镇江地区第一批被评上的 3 个农艺师之一。他成了农业科技队伍里公认的青年才俊和业务尖子，到处被安排讲课，还参与编写了大量农业书籍和技术资料。

赵亚夫成为镇江地区首批三名农艺师之一

第二章

山岗上的眺望者

第一节　站在渥美半岛的山峰上

1982年春天，赵亚夫被任命为江苏镇江地区农科所所长。

春节刚过，赵亚夫就接到了通知，镇江地区赵亚夫等一行8人组成研修组，受江苏省人民对外友好协会派遣于1982年5月至1983年5月赴日本研修农业。赵亚夫担任组长，研修内容8人有所不同，赵亚夫和来自地区农业局的小朱主要研修稻麦栽培。

之前，赵亚夫一行参加了为期3个月的日语培训班。那年赵亚夫41岁，已然迈入了中年。对于一个中年人来说，重新学习一门语言，其难度是可想而知的。但赵亚夫就有一股咬劲，越难越来劲。况且语言是基本的交流工具，过不了语言关，学习人家的先进技术何从谈起。3个月中，赵亚夫着了魔似的疯狂学习日语，一有空，嘴里就叽里咕噜地念叨；3个月下来，赵亚夫有了点感觉，至少日常会话应该不会有问题了。

一行人飞到日本，下了飞机，出关的时候，海关人员问了他一句话，赵亚夫竟然不知所云。几个人面面相觑，无从应答。海关人员连问了3遍，他们还是听不出来，后来日方人员用汉字写在纸上，原来是一句很简单的：“你会说日语吗？”海关人员笑了笑，放行了。

欢迎会上，东道主非常热情，各方的代表人物都致了欢迎词，场面很热烈。可赵亚夫一句都听不懂，只能跟着鼓掌，不时地做出微笑状。后来主持人请他上台，代表中国研修生发言，他一下子傻眼了。热烈的掌声过后，站在台上的他有满肚子的话要讲，可要转换成日语却一句话都讲不出来，憋了良久，只冒出了一个日语单词：“谢谢！”引得哄堂大笑，把赵亚夫闹了个大红脸。

欢迎会结束之后，他们八人就各奔东西，分别到指派的地点进行研修。

赵亚夫被安排在日本爱知县安城市箕轮町农民近藤牧雄家里。

住下来以后，首先遇到的还是语言的障碍。日常会话都学过，在中国说得还蛮溜，可一到地头就不行了，说的日语日本人听不懂，日本人说话更是听不明白，只能靠着手势、表情和肢体姿势表达个大概。

好在近藤一家热情好客，跟他讲话都尽量放慢语速，佐以手势和表情，十分耐心细致。每天早餐、晚餐以后，只要不是太忙，就在餐桌上边喝茶边用日语问答，长达 20 ~ 30 分钟。近藤还送给赵亚夫一个小收音机，赵亚夫把它放在上衣袋里，大棚里一个人干活就边听边干，开始还是听不懂，听着听着，感觉就来了，渐渐地能听懂一部分，最后就大致能听懂了。平时跟日本人交流，他也大着胆子说话，从冒单词开始，到能说一言半语，再到大体能说出个意思。

这样大约过了三个月，赵亚夫与当地人的交流好多了。8 月份，江苏省政府代表团到日本参观考察，随团翻译迟到了，赵亚夫临时顶替，被逼上梁山，为韩培信书记做了次翻译，10 多分钟下来，紧张得内衣都被汗水湿透了，事后回忆，竟然想不起刚才自己翻译的内容是什么？好在一旁的日方翻译（自小在中国长大，北大读书）安慰他，说能给他打 60 点（60 分），赵亚夫才放心下来。

除了语言关，就是学习关。他是来研修的，有很多东西要去学。这是一种立体的、多维的学习，处处留心皆学问。这里没有课堂，没有人指导你学什么、怎么学，能不能取到“真经”，全在于自己的悟性与勤奋。

从下飞机的那一刻起，赵亚夫就启动了观察与学习的程序，时时刻刻在观察、在思考、在比较，尤其是注意比较性观察与思考，与中国、与江苏、与镇江、与丘陵山区尤其是与茅山比较。

纵横交错的高速公路，川流不息的大车小车，整洁漂亮的市容街道，衣着光鲜的匆匆行人……这个国家很发达、很富裕。实事求是地讲，比我们国家发达、富裕多了。

日本的丘陵山区也多，赵亚夫看到了到处都是郁郁葱葱，满山遍野的林地和大片茶叶果树等的经济作物；蜿蜒而平整的公路穿梭其间；错落有致的农舍点缀其中。不得不承认，这里比茅山地区开发得好很多。

在近藤家住下以后，他留心了一下，近藤家住房很宽敞，卫生间设施超过了当时镇江的金山宾馆，每天下田回来就冲澡，生活区、工作区有个不小的庭园分开，庭园种满名贵树木和奇花异草，点缀有假山、石灯笼等装饰。工作区车库里有农用卡车 2 台，带吊车的载重汽车 2 台，大型拖拉机 5 台，插秧机、收割机、农药喷洒机等一应齐全，另有 2 辆小轿车。他想起自己家里连个卫生间都没有，要方便得去公厕；厨房里置了个煤炉，烧的是蜂窝煤；处级干部生活条件不过如此，遑论山区的农民？农民除了夏天外，一年也洗不到几次澡。不得不承认，两国农民的生活条件相差太大了。

近藤家共有 6 个人，上有父母，下有两个孩子。近藤的父亲第二次世界大战时曾在中国的江苏、河南一带打过仗，后被调到菲律宾战场，被美军的炮弹炸断一条膀子。但这位老人身体很强壮，每顿能吃一海碗饭。每天都不闲着，装了个假手照样能开车，夏天每天清早开车带锹和赵亚夫一起到田里去管水。近藤的母亲勤劳善良，成天忙这忙那做家务，还负责养鸡。对赵亚夫他们的饮食起居照顾得很好，洗衣服，晒被子，看到赵亚夫干的农活重了，就跟他儿子吵，真是关怀得无微不至。后来 80 多岁时患了老年痴呆症，住进了养老院，常把一个姓赵的韩国青年当成是赵亚夫，有次赵亚夫访日去安城，她竟然听懂了，高兴地回家与赵亚夫见了面，见面那天她神志特别清楚，离别时依依不舍，赵亚夫落了泪，这是后话。

近藤家的农场种有 100 多亩小麦，200 多亩水稻，40 亩大豆，2 亩多大棚草莓。另外还有一个养鸡场，饲养蛋鸡 1 200 只，年产蛋 3 万多斤。以机械化作业为主，辅以人工劳作。农场的年收入超过 700 万日元，折合当时的人民币 16 万元。赵亚夫注意了一下，像近藤家的年收入在日本农村算得上中上水平，由此可见，日本的农民普遍比较富裕。

在相隔千山万水的异国他乡生活，文化背景又相差很大，能否融入当地的生活并与当地的人融洽相处，这对赵亚夫是一个考验。好在赵亚夫情商很高，适应能力也很强，通过“真诚待人”很好地处理了这个问题。首先，他与近藤一家一起劳动，农忙的时候每天起早带晚干十几个小时。劳动是拉近人与人之间距离的最好方法，以前在国内，无论是搞样板田，还是蹲点，他都是通过劳动迅速融入农民之中的，现在他也用这个方法迅速拉近了与当地人的距离。其次，分寸的拿捏非常重要，既要虚心学习、谦和有礼，又要大方得体、不卑不亢。日本人比较注重礼节，赵亚夫也入乡随俗，该鞠躬鞠躬，该客套客套。不该问的不问，不该说的话不说。

有一天晚上，赵亚夫收工回来，看到饭桌上摆了一桌子菜，中间还放着一只大蛋糕，便好奇地问："今天谁过生日？"

"你呀！"近藤望着他，微笑着说。

"哦！"赵亚夫这才想起来，今天是自己的42岁生日。自己忙得连生日都忘了，可近藤一家却记得。赵亚夫感动得眼圈都红了。

席间，近藤一家祝他生日快乐。赵亚夫不停地道谢。老近藤拍拍赵亚夫的肩膀，又指着近藤说："你们就是兄弟，要好好珍惜这个缘分！"

近藤妈妈高兴地说："你就把这里当成自己的家"

赵亚夫说："好的，这里就是我的家！感谢两位老人家，你们待我比亲儿子还亲！"

窗外夜寒凛凛，屋内却是暖意融融。

这天农场无事，近藤对赵亚夫说："你来了有几个月了，一直很忙很辛苦，今天得闲，带你们到渥美半岛去看看，那里风景很美的。"

"好啊。"赵亚夫高兴地说。

近藤驾车带着赵亚夫他们上了高速，直奔渥美半岛，个把小时就到了。半岛呈细长形状，长约50千米，宽5～8千米，一边连着陆地，一边伸向海洋。岛上风光旖旎，是著名的滨海旅游胜地。

在伸向海洋端头的一座山峰上，赵亚夫驻足凝神，向着西边眺望，那边是祖国、是家乡。久久地眺望着、沉思着。

近藤走近，问道："想家了？"

赵亚夫微笑着说："有一点，但不全是。"

近藤看他那样子，肯定是想家了，便知趣地自个溜圈去了，让他一个人安静地多待一会。

面朝大海，阳光洒在海面上看上去波光粼粼，远处的海面水天一色、一望无垠。那里有日夜思念的祖国、家乡和亲人。涛声阵阵从山脚下传来，略带咸味但异常清新的海风习习扑面，让人感到惬意，让人心旷神怡，也容易使人浮想联翩。

祖国、家乡，你虽然贫穷落后，但我总是深深地爱着你！身在异国他乡的时候，就会格外地思念祖国、思念家乡、思念亲人，格外地惦记曾经发誓为之服务终身的农民。来日本几个月了，对日本，尤其是对日本的农村和农民，有了一定深度的了解。尽管之前有了思想准备，但亲眼所见之后，仍然对这里农村面貌之崭新、农民生活水平之高感到惊讶、感到震撼！联想到家乡的农村面貌还是那么落后，农民的生活还是那么困顿与窘迫，他的内心有一种剧烈的刺痛感。怎么会这样？难道贫穷落后与社会主义之间就必须画等号吗？无数先烈抛头颅、洒热血，难道不是为了让老百姓过上好日子而是让他们的日子越过越穷、越过越苦吗？不，绝不是这样！好在现在实行改革开放，在农村搞家庭承包，农民的日子开始好起来了。只要照着这个路子走下去，农民的日子会越来越好的。我要用我所学、用我之长，帮助农民致富，让中国农民的日子赶上甚至超过日本的农民！

捋清了思路之后，赵亚夫顿感神清气爽，浑身有一股力量朝外勃发。他朝不远处的近藤喊："我们回去吧。"

"回去？既然来了，就好好看看吧，附近有好几个景点是很不错的。"

"不看了，回去有很多事呢。"

一天，赵亚夫独自在近藤家连栋大棚附近干活，突然随风传来了一股诱人的水果香味，走进大棚一看，棚内长满了一种草本植物，绿叶丛中，挂了很多鲜红的熟透了的小果子，原来令人馋涎欲滴的香味就是从这里出来的。近大路一面的大棚出入口旁竖着一块大牌子，上面写着"たべ放題　苺"几个大字，译成中文就是"只是收个门票，入园自采自吃自带走，不再收钱"（后来知道：已到草莓收获后期，草莓价格已经很低，而日本人工费用很高，雇人采收已无利可图）。哦！

原来这就是“草莓”！只是歌词里唱过“红莓花儿开”却从未见过的“草莓”！怪不得出国前省外办汪主任特地介绍了日本爱知县的草莓，果然名不虚传，江苏茅山老区能种吗？过不了几天，赵亚夫就从爱知县农业综合试验场图书馆借来了草莓技术书，认真地学了起来。想不到这次与草莓的相遇，竟然造就了赵亚夫今后人生中的一番大事业。说干就干，赵亚夫积极主动地参加了近藤家的草莓育苗管理，边干边学，很快就进入了角色，近藤看他干得很欢，正好稻田里的农活也不多了，就叫他主要从事草莓管理工作，这正中赵亚夫的下怀。

赵亚夫想把草莓引进江苏茅山老区，从技术资料分析得知，土壤、气候没问题，很适合种草莓。但是我们的农民还很穷，不可能有这么多的钱建大棚，资料上讲过去日本曾经种过露地草莓，然后再发展到后来的大棚草莓的，回国以后，能否先从露地草莓入手呢？赵亚夫突然想起，自己除了学习大棚草莓种植以外，还得学习露地草莓，他就和近藤商量，能否在草莓大棚旁种一小块露地草莓？近藤知道了赵亚夫的想法，大力支持，秋天在大棚草莓移栽后不久，露地草莓也种上了。

近藤家种的两亩大棚草莓，主要不是为了赚钱，而是为了在农闲时留住两名女工。每年的稻麦收成之后，到了秋冬农闲季节，两名女工就没活干了，如果辞掉她们，开春就不容易再招到其他人来打工了。于是就种了两亩草莓，草莓的生长期正好在秋冬，以留住两名女工。

为了学到草莓的种植技术，赵亚夫便主动请缨道：“我来帮你管理这两亩草莓吧，你指点指点，相信我能管好的。”

“好啊！你是农业专家，又肯学肯钻，肯定能管好的。”近藤爽快地答应了。她把两名女工辞了，把两亩大棚草莓全部农活，交给了赵亚夫一人管理。

赵亚夫成天扎在大棚里，一边侍弄草莓，一边研究。在农业科研做小试验方面，赵亚夫是行家里手，他悄悄地在大棚里搞了很多对比小区，以学习草莓种植技术。

到了草莓成熟的季节，（日本人）采摘草莓是非常讲究的，要在太阳照到之前采摘，一旦太阳照射草莓，草莓就会发软，采摘时容易损伤草莓，会影响草莓的保鲜，便不能采摘了。所以赵亚夫每天凌晨五点多就起床采摘，采到早晨八点赶在太阳升起，大棚温度升高前结束采摘，这才吃早饭。这一段时间，所有的活计基本上都在上午做完，近藤就让赵亚夫下午休息。

赵亚夫哪里歇得下来，下午便到爱知县农业综合试验场参观学习，那里也有草莓项目。因为彼此是同行，他便向试验场的专家们交流请教草莓的种植技术。一来二去的，彼此就熟悉起来了。草莓专家们看他肯学好钻，为人又热情得体，都乐于教他。有一次，赵亚夫看到一本《草莓》专著，厚厚的几乎是“草莓大全”。赵亚夫爱不释手，心想有了这本书，回去研究、推广草莓新技术就有本钱了，可一看扉页的价格相当于他几个月的工资，哪里买得起！后来一起打工的日本朋友见他真心喜欢，又确实需要，专门买了一本送给他。就这样，一边学习书本知识，一边亲自实践，一个生长年度下来，赵亚夫把大棚草莓和露地草莓的种植技术基本学到了手，学习效果特别好。至今赵亚夫对此事念念不忘，这位朋友来中国访问时，赵亚夫认真地接待了她，也送了她喜欢的礼物。

赵亚夫在日本农村发现，与日本农民谈起农业，他们提得最多的一个词是“农协”，开始中国研修生都听不懂，后来才明白，原来日本农民有一个自治、自律、互助的组织，全称叫“日本农业协同组合”，翻成中文其实就是“日本农业合作经济组织”或者就叫“日本农业合作社”。听到中国人对此很不了解，日本农民觉得很奇怪，曾经反问过我：“难道你们中国没有‘农协’？”得到回答以后，马上又问：“你们没有‘农协’，怎么搞农业呢？”后来赵亚夫搞清楚了，在日本有全国性的“日本农业协同组合”，依法接受政府政策引导，协调、指导全国“农协”系统工作，向政府反映农民意见和建议。省级有“某某县经济联合会”（简称“某某县经济联”），到地方有以一个或几个市为范围的地方农协，地方农协有支店分布到了每个镇村（町村）。后来在农业研修过程中觉察到，原来日本的农业生产、经营、产业体系基本都由“农协”运行，实际上是“农协”在国家法律和政府政策引导下具体组织、操作着日本的农业，他的“县经济联”实际是一个销售中心、信息中心，指挥中心，一头连着市场，一头通过地方基层农协连着农户，掌握着重要的市场信息指导本地的农业生产，他们随时都能提供出本地主要农产品在东京市场、大阪市场、名古屋市场或其他重要市场上本地农产品的销售形势，与去年相比是增了多少百分比还是降了多少百分比，输给谁了？原因是什么？明年怎么办？怎样超过对手？分布在基层农协的营农指导员，会及时地把这些信息传达到农户，组织好下一步的农业生产。为了解决农业资金问题，国家把农村金融保险这一块也放给了农协，农村的生产、生活资料供应也在农协，农民的生活福利改善事业（如养老、观光）等也在农协。大家都担心市场经济条件下明显处于弱势的农业、农民问题怎么解决好，赵亚夫他们在日本看到了一种比较好的解决办法，即通过政府大力扶持农民集体经济组织，由农民集体经济组织去组织个体农民搞市场经济农业，从而较好地解决了市场经济的效率与公平难题。

日本的农协引起了赵亚夫的极大兴趣。赵亚夫很早就懂得，农业绝不仅仅是农业本身的事儿，它涉及整个社会的方方面面，它既是生产力，又是生产关系；既是经济基础，又是上层建筑，中国农业多少年折腾上不去，问题大多出在生产关系上。所以赵亚夫早就能够跳出农村看农村、跳出农业看农业、跳出农民看农民。他认为，农业科技人员（尤其是领导层）也要学习生产关系知识，否则农业科技也不容易搞好。在这里，社会科学和自然科学一定要结合起来研究。他对农村、农业、农民有关生产关系的新事物都非常关心、十分留意。日本的农协，在他看来就是一项“新事物”，他对此作了悉心的研究考察。

赵亚夫还将日本的农协与中国通过政府来统一管理农业与农民的做法作了比较。前者是一种非政府组织，主要是通过行业管理实现自治、自强、自律、互助共济，达到行业健康发展的目的，其特点是以指导、引导为主，以服务为宗旨，管理风格显得柔性化、人文化、贴切化。后者通过政府机构的层层推进，把国家的农业大政层层落实到农村的千家万户，实际上是政府包揽一切，还是计划经济时代的做法的沿袭。但农村实行家庭承包责任制以后，情况发生了很大的变化，各家各户的情况千差万别，市场风云变幻莫测，这时还由政府来包揽，实际上是管不了、管不好，于是出现了这样的两种极端：要么违背农民意愿，搞行政命令、行政强迫，结果事与愿违、反而损害了农民利益；要么放任不管，让农民在市场风浪中自生自灭，受信息闭塞等客观因素困扰，农民像没头的苍蝇在市场中四处碰壁。两相比较，不得不承认，还是在法律和政策引导规范下的行业管理更贴合农民需要，更加有利于农业和农民的发展。后来赵亚夫借鉴日本农协的做法，在镇江地区搞了不少合作社，都收到了不错的效果。这是后话。

赵亚夫与近藤一家及其亲友的合影（右二为赵亚夫；右五、右六为近藤牧雄夫妇）

在日本研修一年，赵亚夫如饥似渴地学习，利用一切机会学习，全方位地学习，处处留心观察学习，像一块海绵吸足了水分。

日本是一个海岛国家，有那么多举世闻名的风景名胜，有数不清的供人休闲放松的温泉汤池，但赵亚夫极少出去旅游，从来没去泡过温泉，他一有闲暇便在房间里看书学习。日本的书很贵，一本都要几千日元，相当于人民币上百元钱，抵得上他当时几个月的工资，但只要需要，他掏钱就买。有一次，他在书店里看到一本《中英日农业大辞典》，很高兴，他太需要这本书了，可是一看价格傻眼了，标价 2 万日元，相当于当时的人民币 1 400 多元，几乎是他一年多的工资啊。

他在柜台前犹豫徘徊了良久，最后还是一咬牙、一跺脚把它买下了。他的所有的出国补贴都用来买书了，尽管这样，还有很多资料无力购买，他就找朋友帮忙复印下来。

回国的前一天，他找到教他种植草莓技术的伊藤老师，说：“我有一个不情之请，希望得到你的帮助。”

伊藤说：“没关系的，你尽管说，只要我能帮上忙的。”

赵亚夫说：“我想带点草莓苗回去繁育，让我们那里的农民也种植草莓，使他们增加收入。我们那里的农民太穷了。”

伊藤说：“你时时刻刻想着农民，这使我非常感动。我一定要支持你，送给你 20 棵脱病毒原种草莓苗。”

赵亚夫将伊藤赠送的 20 棵草莓苗小心翼翼地用小塑料袋包住根部以保湿，分成 4 份，分别装在 4 个研修生的行李箱里带了回来。

回国的那一天，近藤一家都出门送别赵亚夫。老近藤用他那仅有的一只手紧紧拉住赵亚夫的手，边走边说：“常回来看看我们，我们全家都会想你的！”赵亚夫说：“一定！一定！我也会想念你们全家的！”

近藤母亲边走边抹眼泪，赵亚夫动情地说：“你对我比儿子还亲，有机会，我一定会回来看你们！”

全家人送到了安城火车站，进站时，赵亚夫和小朱向他们挥别，眼睛却湿润了。在归国的航班上，他回想起这一年的日本研修生活，无比感慨，想起近藤一家，想起了众多热心帮助了自己的箕轮町朋友和农业试验场的老师们，今天一别，不知何日才能再相见！心里酸酸的，眼睛又湿润了。

在上海宝山港，海关人员检查赵亚夫托运的行李，发现 13 箱全是书籍资料，很奇怪，因为当时凡出国人员回国时都是带的大家电，像这种大家电不带、带书籍资料的还是头一次碰到。当时正闹否定南京大屠杀等历史的日本教科书事情，为了学习日语，赵亚夫又带回了邻居小孩小学、初中读过的日语教科书，海关人员检查得特别仔细，花了 2 个多小时，最后肯定了确实全是书籍资料。

海关人员向他伸出大拇指，说道：“你真是科学救国！”

第二节　站在茅山的山岗上

1983 年 5 月，从日本学成归来的赵亚夫正式履职一年前就任命的镇江农科所所长一职。

赵亚夫上班后，便带着几个人下乡搞调研去了。离开了一年，他要到农村走一走，到农民中间跟他们聊一聊，摸摸情况。

赵亚夫一行选择了茅山地区走走看看，一来这里靠农科所近，二来这里与他在日本研修的地方都属丘陵山区，气候、土质等自然环境相仿。他们一路走、一路观察、一路思考、一路讨论、一路记录，与当年的“跑面”有几分相似。但这次的目标与以前不同了，以前仅仅是了解情况、掌握动态、增长见识，尚且谈不上有什么目标之类，这次的目标就很明确了，就是作为比较性调研，看看同是丘陵山区、自然条件相似的两地到底差距有多大、形成差距的原因是什么、有什么办法使这种差距尽快地缩小甚至后来者居上？

其实早在日本研修时，他就一直在观察思考这些问题，答案与思路也已八九不离十了。这次来就想再次看一看，与乡亲们再唠唠，再增加一点感性认识，印证一下自己的判断准不准、思路对不对头。

一路走来，赵亚夫的心情愈加沉重。差距是明显的，而且是全方位的。日本的丘陵山区开发得很好，满山的美林修竹，花果挂满枝头，各种经济作物密布其间。环境也很优美，山清水秀，空气清新，潺潺流水清澈见底。交通四通八达，能把所需的生产资料及时运进来，把时令果蔬及时送出去。茅山地区基本上没有开发，山上稀疏的林木杂草任其自生自灭，许多地方还是荒山秃岭。农民劳作还以人力为主，交通极为不畅，许多地方不通公路，只有崎岖的山路，产品的进出大多靠肩挑手提；虽然附近大城市很多，但时蔬鲜果不能及时运达。交通闭塞必然带来信息的闭塞，人们对外面世界的感知总是要慢好几拍。大部分农民还住着茅草房，住砖瓦平房的算是“大户人家”了。屋里基本上是家徒四壁，除了床櫈桌柜，别无长物。

路过大茅峰山脚下时，赵亚夫说：“这是茅山的主峰，也是最高峰，我们上去看看吧。”于是一行人跟着赵亚夫上山。

赵亚夫有过“跑面”的经历，早就练就了一副“铁脚板”，登山如履平地，脸不红、气不喘。同行的几个虽说比赵亚夫年轻许多，但个个气喘吁吁，走走歇歇。赵亚夫回头对他们说，你们慢慢爬吧，我先上去了，说罢径自噔噔地上山去了。不一会儿，便登上了山顶。

五月的天气春意盎然，远望群山，在金色阳光映照下显得色彩斑斓；和煦的春风迎面吹来，让人心旷神怡。赵亚夫不禁想起了在日本渥美山顶眺望祖国、思念家乡的情景。此山非彼山；此一时，彼一时。虽然不如日本山区那般葱绿，那般秀美，但茅山自有它独特的风景，它不施粉黛、素颜朝天，裸露着古铜色的身躯显得质朴苍劲，像未开发的处女地般让人充满遐想与希望。

赵亚夫俯视着山脚下的田野沟壑、房舍阡陌，继续梳理自己的思路。这个思路他已经琢磨几年了，在日本的时候比对着琢磨，这次调研又翻来覆去地求证印实。农村实行家庭承包以后，农民基本上不再挨饿了，但他们仍然很穷，日子过得很清贫、很困苦。贫穷不是社会主义，仅仅是填饱肚子也不是社会主义。像茅山这样的革命老区，当时的农民跟着共产党干革命，献出了无数的好儿女，把最好吃的食物、最好用的东西拿出来支持子弟兵，每当危险来临，他们总是挺身而出掩护亲人子弟兵，他们图的啥？不就是图个翻身解放做主人，将来过上好日子吗？怎么日子过得连资本主义国家的农民都远远不如呢？社会主义的优越性体现在哪里？必须改变！必须改变农民兄弟们仅仅是不挨饿，生活却依然困顿窘迫的现状，必须改变农村依然贫瘠、闭塞、凋敝的落后面貌！怎样改变？粮食是根本、是基础、是命脉，虽说现在不挨饿了，但这一块坚决不能丢、一点不能松。在这个前提之下，要发展多种经营，要搞经济作物、搞养殖业，经济作物中尤以果蔬为重！农民挣钱致富，主要就靠这一块！而果蔬之中，要以草莓为突破口，尽快培养繁育，眼下要把她作为重中之重！赵亚夫把自己的思路爬罗剔抉概括为：粮食为本，经作为用，果蔬为重。进一步浓缩并形象化，则为：水田增粮，岗坡致富。

思路理清楚了，并将其浓缩化、口号化之后，赵亚夫顿感一身轻松，他口中不停地念叨这几句话，配以紧握的拳头微微摆动。刚爬到山顶的几个人，见所长在摆拳默念，问道："所长，你这是念的什么经啊？"

"致富经。"赵亚夫笑着答道。

回到所里，赵亚夫让办公室通知召开中层以上干部会议。思路已经明确，"大政方针"已定，下一步就要说服动员、统一思想，然后付诸实施。他要在会上发表"所情咨文"，亮明自己的"施政纲领"。

人员到齐后，赵所长开始了发言。

"同志们，经过前一阶段的调查研究，经过反复的论证思考，同时与有关人员作了沟通交流，基本形成了我所下一阶段的工作思路，今天与大家报告一下。"赵亚夫作了开场白。

俗话说，"新官上任三把火"，可这位东渡扶桑研修归来的赵所长，履职以后什么火都没烧，带着几个人在茅山转悠，不知他葫芦里卖的是什么药。今天该是揭晓谜底了，大家都竖着耳朵在听。

赵亚夫从在日本研修期间的所见所闻、所思所想说起，谈了两国农村面貌的差距、农民生活水平的悬殊，谈了自己的感受与思考。"关于这些，我不止一次说过、在不同的场合说过。我知道我说这些有崇洋媚外之嫌，但我的理念是'崇洋'不媚外。人家发展得好，技术先进，为什么不学？日本这个民族最大的特点就是善于学习，早在我国初唐时期，日本开始往中国派遣留学生，这些留学生一待就是二三十年，回国时空空行囊但满腹经纶，他们带回了相对先进的中国的政治理念、制度设计和科学技术。就连文字都是从中国直接'拿去'的。公元631年，舒明天皇向唐朝派出了由留学生和学问僧组成的第一次'遣唐使'。此后280多年，日本总共派出了20次遣唐使，全面学习中国的政治、经济、科技和文化。镰仓时代，又有不少日本人学习来自中国的朱子学说。明朝时他们又来学习王阳明的学说，对日本文化产生了很大的影响。到了近代，眼看着中国衰败、西方强盛，他们‘脱亚入欧’，学习西方的先进科技和管理方法。不得不承认，现在他们的科学技术和管理方法的确比我们先进，就我所看到的农业科技、农业管理等方面，差距确实存在，而且还不小。落后了怎么办？向人家学习，努力赶超！夜郎自大、故步自封只会越来越落后。这样的‘崇洋’无可厚非，跟‘媚外’之间没有什么必然的联系。”

“在日本期间我一直在对比着思考，为什么他们的农村搞得这么漂亮，农民这么富裕？无非是两个方面，一个是生产力，一个是生产关系。生产力主要体现在科学技术的先进性上；生产关系主要体现在责任和激励机制、信息畅达、产业结构与市场高度衔接以及人们互助合作上。我们搞农业科研和科技推广的，也要围绕着这两个方面做文章，一是通过强化科技的先进性来提高生产力；二是通过研究方向的调整，通过科技推广的重点的转移等，来促进和服务于产业结构调整。当然，像责任机制、激励机制、管理体制等方面，我们管不着，但也要施加积极的影响。”

接着赵亚夫把在大茅峰梳理的思路，系统地陈述了一下，主要强调两点：一是粮食是根本，但这一块坚决不能丢、不能松；二是要发展多种经营，要搞经济作物、搞养殖业，经济作物中尤以果蔬为重，果蔬之中要以草莓为突破口。

最后，赵亚夫说：“概而言之，下一阶段我所的研究方向和工作重心作如下调整，第一，把‘粮食为本、经作为用、果蔬为重’作为我所的研究格局；第二，把‘水田增粮、岗坡致富’作为我所推动产业结构调整、帮助农民致富的工作路数；第三，多搞直接服务于农业的应用性研究，少搞或不搞纯理论的研究，把科技下乡、直接指导农民种养作为我所科技人员的工作重点和主要工作方法。”

赵亚夫讲完，会场沉默了大约半分钟，然后大家就交头接耳地议论起来。赵亚夫轻敲桌面，笑着说：“大伙儿有话就说出来嘛，放在桌面上讨论讨论，不要在底下窃窃私语嘛。”

会场又沉默了一会，这时有一位同志说：“赵所长刚才讲到以粮为本、经作为用，‘本’和‘用’的含义大家心里都明白，就像新加坡的‘中文为本、英文为用’，中文不过是做做样子、挣个面子，英文却是实际在用，丢掉面子却挣到了里子。按照赵所长的思路，我们这些搞粮食的，还有搞棉花、油菜的，将来可能落个新加坡中文的尴尬——挣足了面子，却丢掉了里子。”

赵亚夫解释道：“不是这么回事。‘为本’就是作为根本、作为基础，这方面只会加强、不会削弱。而且粮食安全是头等大事，一点马虎不得。只不过现在农民不挨饿了，我们就要考虑怎样让他们尽快富起来，在人员力量和资金的投入上，对于目前还相当薄弱的经作，尤其是果蔬可能有所侧重。但粮油这一块，将保证精干的人员队伍，经费也只增不减。”

赵亚夫说完，少顷，又有一位同志说：“刚才赵所长谈到，少搞或不搞纯理论研究，多搞科技下乡、直接指导服务农民，这个方向是对的，也符合基层农科所的实际。但我有个顾虑，将来我们成天在乡下跑，没有时间搞理论研究，拿不出过硬的学术论文，评定职称怎么办？科研人员如果职称上不去，工资、分房以及其他所有待遇都上不去，你叫我们怎么办？”

会场里一片沉寂，因为这个问题问到了每个人的痛处。过了良久，赵亚夫缓缓地说：“你提的这个确实是个问题，这不仅是你的问题，也是我的问题，是我们大家的问题。说句实话，我也被这个问题困扰过，但是我后来想通了。是的，正如你所说，搞理论、搞学术、写论文，将来上职称，讲课、出书、房子、票子、位置，什么都有了，这确实是一条阳关大道；而搞科技推广，成天在乡下转、跟农民们泡在一起，没时间搞学术、写论文，到最后什么都没有，这确实是一条崎岖山路。这里面就有一个人生的选择和价值的取舍了。”

接着赵亚夫回忆起了读大学时亲眼所见农民因饥饿而死的凄惨场景，谈起了当时自己立下的誓言，又回忆起在日本的渥美半岛山顶眺望太平洋的情景，谈了当时心中带领农民致富、生活水平赶超日美的梦想。最后他说：“什么叫作成功？怎样才算人生价值的体现？评上高级职称，票子、房子、位置全有了，名利双收，这当然算是成功，而且也无可厚非；但我们把最先进的农业科技传播给农民，让他们过上富裕体面的生活，让农村的面貌日新月异，这也是一种成功，也是人生价值的一种体现。从个人角度来看，前者当然更实惠，后者很可能名利全无；但你换一个角度来看，因为你的付出而使成千上万的人过上好日子，使落后的农村旧貌换新颜，你会觉得很开心，觉得所有的辛苦付出都值了。我就有这样的体会，每当看到农民感激、赞许的目光，心里就特别的慰藉，就想再为他们做点什么。农民就像土地一样质朴善良，真是滴水之恩、涌泉相报。记得20世纪60年代，我在武进县的一个生产队搞样板田，为农民做了一点点的实事，他们对我像亲人一样好，后来因‘文革’而撤离时，他们扶老携幼到岸边送行，许多人泣不成声地跟我道别，船开出去好远了，他们还站在岸边向我挥手，一直到看不见为止。这个场面我永远都不会忘记，时时浮现在眼前。前晌时，我们路过农民朋友家门口，他见到我非常热情，一定要留我们吃饭，把家里仅有的6只鸡蛋拿来招待我们。我时常对自己说，把这辈子交给为农民服务，绝对值得！所以我的人生早就规划好了，就是搞农技推广、为农民服务，至于职称什么的，我就不去想它了。”

说到这里，赵亚夫扫视了一下全场。每个人都若有所思的样子，看来他的一席话对大家的触动还是蛮大的。他接着说：“当然，人各有志，我不强求每个人都走我这条路子，但我非常希望大部分同志走科技下乡、指导农民这条路子。至于一部分同志走学术研究、晋升职称这条路，我也表示理解和尊重，并提供力所能及的支持。”

还有其他人提出了另外的问题，赵亚夫都作了解答和解释。会议开了整整一天。

中层干部会议之后，紧接着就召开了党委会，主要是统一思想、安排计划步骤、制定落实措施。会上定下了几件事：一是把所里的工作重心由原来的“解决人民吃粮”向“帮助农民致富”转移；二是把“粮食为本、经作为用、果蔬为重”和“水田增粮、岗坡致富”的格局与路数进行具体操作化，即研究方向由传统的粮、油、棉、猪为主调整为以传统项目与经作项目两个方面并重，以发展草莓为突破口，带动其他鲜果时蔬发展，大幅增加农民收入。考虑到在丘陵山区种植棉花、大豆性价比太低，取消这两个项目；三是近期强化草莓、果树栽培研究，要在最短的时间内以最高的效率取得突破性进展；四是组织大量科技人员下乡，指导农民发展多种经营；五是从应届大学本、专科毕业生中挑选，引进一批基本功扎实、身体素质好、不怕吃苦耐劳能往乡下跑的年轻科技人才。

会议最后，领导班子进行了重新分工。赵亚夫主动说："我先声明一点，有两件事我不管：一是财务；二是人事。至于原因，我就不解释了，想必大家心知肚明。我着重抓两件事，一是果蔬栽培，尤其是草莓的推广；二是年轻人才的引进和培养。"

会后，班子成员根据新的分工分头去抓落实。

农科所的工作重心和工作思路作了战略性的调整，引起震动是很正常的，遭遇抵制也并不奇怪。有的人搞了一辈子棉花或大豆，说取消就取消了，一辈子的积累几乎就清零了，打击之大是不言而喻的。搞粮或油的人也不开心，说是为"本"，"本"到底是怎么回事，谁心里都清楚。喜欢搞学术、写论文、想上职称的人顾虑来了，"一把手"如此重视应用研究、科技下乡，将来在所里的地位堪忧。于是各色各样的议论出来了，有人说赵所长搞的这一套是"不务正业"，有人说这是"舍本逐末"，有人说他喜欢搞"奇技淫巧"。有的人干脆向上级写人民来信告他的状，甚至有人把人民来信直接写到省委书记那里。上级派人来到农科所进行详细的调查核实，得出的结论是：赵亚夫的做法符合改革方向，符合地情所情，没有什么问题。

赵亚夫这人有一个最大的特点：轻易不做决策，但经过调查研究和周密论证之后，一旦下了决心做出决策，再让他改变就难乎其难了，八头牛也拉不动了。但赵亚夫还有一个特点：做出决策之后，不搞霸王硬上弓，而是以极大的耐心、极富艺术的工作方式，做通各方面的工作，朝着决策目标齐心协力地前行。说得通俗一点，还是当初对付妻子的那一套办法：意志坚如山，肚量大似海。

赵亚夫不停地找人谈心，耐心解释为什么要调整结构、转移重心，为什么要搞应用性研究、搞科技下乡。对于研究项目被砍掉或被压缩的同志，更是一一促膝长谈，同时根据各人不同的情况作出妥善安置。对于那些不着边际的议论，赵亚夫干脆不解释，让时间去解释、让实践去证明；也许现在不理解、有误会，将来的实践会让他们自然理解、消除误会。

第三节　句容草莓别样红

早在赵亚夫留日归来的当天，行李都顾不上整理，便将20棵草莓苗像宝贝一样地捧到所里，精心挑选了一块地，进行了草莓苗的繁育。专门成立了繁育组，他自任组长，全程指导、参与繁育工作。

苗子入土之后，赵亚夫时不时地过来转一转、瞧一瞧。虽说在日本时就把草莓种植技术，包括育苗、分株、移植、生长的全过程熟练掌握、成竹在胸，但他仍然不敢有丝毫的大意。有时半夜三更的，他还拿着个手电筒过来照一照、看一看。妻子跟他开玩笑说："你对草莓比对两个儿子还好，两个儿子从小到大你从来没有这么上心过。"赵亚夫嘿嘿笑两声，算是默认了。好多活计，赵亚夫都是亲力亲为，别人做他不放心，尤其是在初育阶段。浇定根水时，他亲手一棵浇一碗。苗子种下去十来天后，他亲自施肥。旁边的杂草，他亲手拔，再长再拔。出现老叶子，他亲手摘掉，一棵苗子只留三四片叶子。对于可能出现的病害，他从一开始便严阵以待，观察入微，一有苗头便对症施治。

经过赵亚夫与他的团队细心呵护、精心繁育，从20株到几百株，到几千株，到几万株，终于繁育成功了。

接下来便是试种了。这也是一个关键环节，从小面积的试验田到较大面积的自然环境下的移种，这一步非常重要。

首先得找一个最理想的试种地点。试种，不同于普通的大面积的种植，它有许多不确定因素，有一道道难题需要攻克，有一个个问题需要解决，因此要找到最适宜的气候条件、土壤质地，还要考虑到交通、

镇江农科所当年20株草莓苗的繁育现场

销售以及将来的辐射能力等因素。

对于茅山地区，赵亚夫太熟悉了，各个地方的土质、水文、地理、植被、人文都在他心里装着，简直就是一个活的资料库。但为慎重起见，赵亚夫还着带着团队进入茅山转悠，对几个备选地点进行反复考察比较，最后选定了白兔公社的解塘村（后来改为白兔镇）。

解塘村位于宁镇山脉与茅山山脉的交汇处，又是句容、丹阳、丹徒三县通衢之地，交通比较便利，有利于将来草莓的售运以及种植经验辐射四方。

选定了这个点之后，赵亚夫带着助手们当即捎着草莓苗来到白兔公社。公社党委庞书记跟他是老朋友了，见到他们一行后，很是高兴，上前热情握手，将他们一行迎进乡政府大院。

“给你们的农民送钱来了。”赵亚夫指着排列整齐的草莓苗说。

“这是什么？”庞书记望着草莓苗，一脸茫然。

“这是草莓苗，是我从日本引种过来的。草莓是一种水果，很好吃的，目前在中国还很少，在我们这一带更是没有。物以稀为贵嘛，哪里抢先一步种下，那里就能狠狠地发一笔。你说，我是不是送钱来了？”

“是，是！”庞书记大笑着说道，“我们成天想着帮老百姓找到致富门路，想了很多招数，效果不怎么样，搞得我很没有面子。赵所长看中的项目，又是从日本引进的，肯定不会错！”

赵亚夫把草莓的特性、特点，如何引种过来，为什么选择解塘村试种，将来的大好前景等，系统地讲了一遍。

庞书记听罢，一拍大腿说：“就这么定了！我们马上发文，盖上大印，要求家家户户都得种！”庞书记是个爽快人，工作上尽心尽职、雷厉风行，只是方法上有些简单。

赵亚夫连忙摆手说：“不能搞强制、搞一刀切，还是以农民自愿为原则。公社发个指导性、号召性的文件，把道理讲清楚，具体种不种、种多少，让农民自己来决定。当然，我们会做些说服、动员性的工作，引导农民自愿种植。庞书记，你看这样好不好？”

“好！就按赵所长说的办！”庞书记当即指示下发指导性的红头文件。

到午饭时间了，庞书记和赵亚夫他们一起在公社食堂吃了面条，午后庞书记还安排了专门人员，陪同赵亚夫一行到解塘村推广草莓。

赵亚夫常年在基层跑，长期泡在农民中间，许多人认识他，很多人知道他。村干部一吆喝，农民们听说赵亚夫送“致富宝”来了，都聚到村部来了。

赵亚夫把草莓苗整齐地放在院子中间，让大家围着观看，同时他就地“上课”开讲了。在以后的几十年的岁月里，赵亚经常像这样不拘一格地为农民讲课，有时在秧田里，有时在碾场上，有时在果树下，有时在大棚里，有时在某一个院子里，有时在正规的教室里。

赵亚夫把所有的与草莓有关的知识，用通俗易懂的语言，从头到尾详细地讲了一遍。赵亚夫长期与农民打交道，知道怎样深入浅出才能让农民听得懂、听得进去。农民们听着，不住地点头。赵亚夫讲完了，看看大家，大家你看看我、我看看你，没有一个人表态。这大大出乎了赵亚夫的意料，他原本预想的情景是大家争先恐后、抢着试种，不想竟是一片冷场。

“大家放心，一切都是免费的——免费提供种苗，免费提供肥料，免费帮助治病，免费全程技术指导。”赵亚夫大声说。

仍然没有人表态。

“再给大家吃颗定心丸，种出来收益归你们，万一种不出来，一切损失我们赔偿！”赵亚夫拍拍胸脯说。

大伙儿还是没人说话。

天色渐渐地晚了，乡亲们也陆续地散去了。只有张冬才留了下来，毕竟他们是多年的老朋友了。张冬才说：“赵所长，天黑了，你们就别走了，到我家吃晚饭，晚上就住我家吧。”

赵亚夫对助手们说：“你们家里有事，你们先回去吧。我留下来摸摸情况，再做做工作。”

于是赵亚夫跟着张冬才回家了。

吃晚饭的时候，两人边吃边聊了起来。

赵亚夫说：“我没想到，会出现这种情况。按理说，这么好的项目，又是包赚不赔的，怎么就没人动心呢？”

张冬才说：“赵所长你有所不知，这几年乡里为让农民迅速致富，强制推行了好几个项目，但是没有一个搞成的。当时他们把胸脯拍得山响，说是包赚不赔的，可最后搞砸了，他们跑得比兔子还快，把损失留给农民。所以农民一听到上头推行项目就反感。今天是看在你的名声好的分上，才来看看的。他们是相信你的，但被以前的搞怕了，所以心里有顾虑，一时下不了决心。”

赵亚夫点点头说：“原来是这么回事。”

张冬才接着说：“赵所长你放心，我肯定跟着你搞，在我家责任田里试种。我们认识多年了，你的为人处世我了解，真心地帮着我们农民致富，同时没有把握的事你也不会去干，所以我相信你！”

张冬才的这句话，让赵亚夫的心头暖烘烘的，农民都很实在，只要你真心对他们好，他们也肯把心掏出来给你。要做好解释、说服、动员工作，只要把道理讲明白，农民们会通情达理、接受这个好项目的。

赵亚夫对张冬才说：“小张，你们从明天开始每家每户派送苗子。精诚所至，金石为开嘛。”

“好的。”张冬才答应道。

第二天，张冬才他们几个年轻人果然挨家挨户地送草莓苗。有的人家收是收下来了，但随手就扔掉了，或者用来喂鸡喂羊，并没有种下地。甚至有的人家见到他们来，索性把门关了，怎么叩都不肯开门。张冬才他们便从门缝里把苗子塞进去。有的门缝很细，塞不进去，他们便从狗洞里递进去，再用竹竿捅到屋里面。尽管这样，仍然没有农民愿意试种。

后来，赵亚夫就让张冬才带路，到农民家里走访。

第一家走访的是笪白云，因为他跟笪白云也很熟，笪白云这人明白事理，很讲义气。

赵所长亲自登门，使笪白云非常惊讶，赶忙让座倒水，口中忙不迭地说："赵所长，您怎么亲自来啦？您是个大领导，跟我们县委书记平级的，您登门寒舍，让我怎么承受得起呀！"

赵亚夫笑着说："什么大领导？我就是个农民出身，就喜欢跟农民交朋友。"

坐下后，赵亚夫把草莓优点、种草莓的前景又强调了一遍。最后说："老笪你放心，种草莓肯定发。我在日本对它研究、学习了一年，是很有把握的。你是了解我的，我是那种说大话的人吗。你尽管把心放在肚子里，赚了是你的，亏了是我的！"

笪白云把妻子拉进里屋，小声商量了一番后，出来对赵亚夫说："赵所长，你一不图名，二不图利，为我们农民致富操碎了心，就冲你这份心意，我种定了！是赔是赚都是我笪白云的！"

"好！我一定让你赚个盆满钵盈！"赵亚夫站起身，紧紧握着笪白云的手说。

经过赵亚夫的登门做工作，先后说服了9户村干部和村民试种草莓。每家拿出一分地，全村共计九分地（1分地≈66.67平方米，全书同）作为草莓推广样板田。

赵亚夫对农民太了解了，他们淳朴善良、知恩图报，但也谨小慎微，对新事物不太容易接受，这时就需要适当地进行动员、说服。在以后的几十年里，每逢有什么新技术、新项目、新产品、新经验需要在农民中间推广，他总是使出两件"神器"：一是耐心地对农民进行说服、动员、引导、组织工作；二是郑重地作出承诺："赚了是你的、赔了是我的。”“神器”一使，立马见效。

为了种好这九分草莓田，赵亚夫与他的团队索性在解塘村“安营扎寨”，长期住了下来。赵亚夫还是住在张冬才家，其他人员分散住在农民家里。所里的日常工作由党委书记和常务副所长便宜行事，遇有重大事项赶回去商量；好在领导分工时已经明确，财务不是“所长”签字的，倒也确实减轻了赵亚夫不少的麻烦。

与去年繁育20棵草莓苗的情形一样，赵亚夫对这九分地的草莓试种分外上心，成天围着这九分地转，手把手地教农民怎样作垄、怎样栽插等，原来草莓苗定植时还有个方向性，才能控制好将来结果时统统结在垄的外侧，方便采果。像这些关键的活计还得亲力亲为，因为当时知道这些诀窍的人并不多。他的要求非常严格，从秧苗的培育，到施肥、灌溉，再到除草、防病治病，每一个环节都得按照标准来，一丝不苟。

天道酬勤，到了5月份，红艳艳、娕乎乎的草莓果就长成了，一粒粒的草莓挂在绿油油的茎叶间，显得分外妖娆。个头都长得较大，产量肯定不低。人们摘下熟透了的草莓品尝，酸酸的、甜甜的，水分充足，还透着一股醇香。赵亚夫也尝了两粒，感觉味道很醇正，不亚于在日本尝到的草莓的口感。

一传十，十传百，样板田里草莓长成的消息不胫而走，附近的人们成群结队前来观赏。赵亚夫让人摘下一批熟草莓，洗净后供人们亲口品尝。人们尝了以后连声说好吃、好吃。

收获的时节到了，赵亚夫让试种户摘下成熟的草莓，洗净晾干后用薄薄的塑料盒装好，当天就送到句容、丹阳县城以及镇江、南京等地试卖。赵亚夫还让他们分别制作了宣传牌子，上面写上大大的“草莓”二字，并写清楚原产地、现产地、口味特色、营养价值等要素。并特别吩咐，要拿出一部分来供人们免费品尝，感觉好吃就买，不好吃可以不买。

试卖的情况还不错，顾客们品尝之后都觉得味道很好，加上价格也不贵，才块把钱一斤，都爽快地掏钱买点回去与家人一起尝个新鲜。

一个生长周期下来，九分地里先后摘下草莓600多千克。因为是第一年试种，并不在乎能卖多少钱，基本上是半送（免费品尝）半卖。尽管如此，仍卖了600多块钱。当时是20世纪80年代初，600多块也是一笔不小的数目了。试种户们计算了一下，在半买半送的情况下，经济效益仍然是常规经济作物的两倍多。如果认真种起来，经济效益肯定是后者的好几倍。

草莓试种成功了！

事实是音量最大的高音喇叭，是功率最大的宣传机器。草莓试种成功的消息迅速在解塘村乃至四乡八邻传播开来，人们络绎不绝地前来打听、了解。九家试种户的门槛都被踏破了。赵亚夫在当地一下子拥有了众多的“粉丝”。

第一炮打响了，到了第二年，根本不用动员，解塘村几乎家家都在责任田里或多或少地种起了草莓。到了开春，赵亚夫带着团队又在解塘村住了下来，就近指导村民们种植草莓。草莓苗仍然是免费提供；技术指导，那不用说，肯定是无偿的，而且还服务到田头。第二年的草莓获得了大丰收，凡种草莓的人家都赚了，少则上百，多则几千。几千块钱，在当时的山区农村算得上是一笔巨款了。

接下来的几年，在解塘村，在白兔公社（后来改为白兔镇）以及邻近的乡、村，草莓的种植面积呈几何级数增长。农民的收入也因种植草莓而芝麻开花节节高。“草莓千元户”已属平常，“草莓万元户”也不在少数。在20世纪80年代初中期，“万元户”可了不得（当时1斤大米才1.2角，3万～4万元就能造楼房了）用今天的话来讲就是“土豪”了。

到了1987年，解塘村的草莓种植达到上千亩，整个白兔镇达到了七八千亩。以解塘村为中心，草莓的种植业向着周围强烈地辐射、快速地扩散。几年下来，消费者从当初的陌生到熟悉，从熟悉到喜爱，从喜爱到风靡，草莓的价格也上来了。草莓产业成了当地农民来钱最快、经济效益最高的增收项目。

这时，赵亚夫又把在日本近藤家学到的反季节大棚草莓技术开始在白兔镇探索试验。大棚草莓，原理跟露地草莓差不多，只是它不受自然节气的制约，通过人工建立特定的设施农业环境，使草莓能够在拟制的生长环境中反季节生长。换句话说，它能使原来只有春末才能吃到的草莓，冬季及早春也能吃到了。草莓种植的经济效益也翻了几番，亩产当时能达到 2 000 斤左右，每亩的收入能达到一万多元。一万多元，是常规农作物的几十倍，这在以前连想都不敢想，但是现在它可能就是活生生的事实。

有钱了，农民首先想到的是盖房子；而钱足够多时，他们就想盖起梦中的楼房。楼房，在祖祖辈辈穷苦困塞的茅山地区，以前只有在梦中想过。靠种草莓首先富起来的一批人，如张冬才、王柏生、纪荣喜、笪白云、纪雪宝等，都到村里申请报勘盖楼房。村里一看，好家伙，几十家要盖楼房，而且往后会接踵而至，索性就划了一整块地，把楼房集中盖在一起，这样既美观，又省地。

一幢幢小洋楼拔地而起，连缀成片，鳞次栉比，看上去好漂亮、好气派。住上这些小洋楼的农民们，深知是草莓让他们发了家，致了富，所以他们把这批小洋楼称为“草莓楼”。附近的人们也跟着叫，于是“草莓楼”闻名遐迩。

因草莓而富裕起来的农民们，他们抚今追昔，都会想到一个人——赵亚夫。是赵亚夫从日本悄悄带回了 20 株草莓苗，并在农科所繁育成功；是赵亚夫一家一家地跑，苦口婆心地劝说人们试种草莓，免费提供种苗、肥料，免费技术指导，才有了草莓的试种成功；是赵亚夫带着团队走村串户，宣传、扩散草莓试种的成果，跟踪进行技术推广和服务，才有了草莓种植的由试到种、由少到多、由点到面、连面成片、全面铺开、快速发展。

“要致富，找（赵）亚夫”，这句话在农民中间渐渐地流传开来。

“要致富，找（赵）亚夫，找到亚夫准能富”，这句话越传越广、越传越远，成了当地的流行语。

到了 2003 年，整个句容全市（县级市）已有 2 万多户农民种植草莓，草莓成为当地的支柱产业，成为对外宣传的一张名片。国家有关部门把句容市命名为“草莓之乡”。

无疑，赵亚夫就是“草莓之父”。

第三章

把论文写在大地上

第一节　农业“110”，随身“四件宝”

赵亚夫主政镇江农科所之后，立即对科研结构作了调整，四成的人员力量搞粮食，六成的人员力量搞以果蔬为中心的经济作物和畜禽养殖。这样的大幅度的结构调整，在当时的全省还是第一家。相应地，他要求科技人员走进田间地头，走进农民中间，以科技推广、科技服务和科技普及为主。当然，“打铁还得自身硬”，要求别人做到，首先自己要做到，赵亚夫一年中大部分时间是“走在乡间的小路上”的，是泡在农民中间的。

赵亚夫自幼喜爱文学，有很厚的文史哲的功底，文字功夫也很深，他如果要写学术论文的话，文字上根本不是问题。另外他是农业科班出身，理论功底扎实，同时又有取之不尽、用之不竭的第一手研究资料和素材，他完全有条件写出一流的学术论文。但是他没有选择搞纯理论研究、写学术论文、晋升高级职称这条路，而是选择了搞科技推广和服务这条艰辛之路。他说，搞农业科研，有人“上天”，就必须有人“入地”；“上天”就是搞纯理论研究，“入地”就是搞科技推广，把理论研究成果转化为现实的生产力；如果大家都去“上天”，没有人“入地”，理论研究成果再多又有何用？当然，“入地”比较艰难，风吹日晒、苦寒酷暑，晴天一身土、雨天一身泥，而且无名无利，但总得有人干呀，那我就带头干吧。他说到做到，率先垂范。

写学术论文他舍不得花时间，但写农业科普读物，以及给农民讲课，他却毫不吝惜时间，尽管没有任何报酬。他每年都要写十几万字的科普读物给农民看，一有机会就给农民上课。另外平均每年写三四篇调研文章，报送有关部门和领导参阅，实际上是为农民的利益“鼓与呼”。

由于没有在核心期刊发表论文，每次评定职称都不顺利，研究员的职称硬是评了 3 次才获通过，而按照他的实际水平、能力和贡献来看，早就该当上研究员了。他是用坚实的脚步把论文写在了大地上，用竭诚之心把职称的评定放在了农民的口碑中。

在他的言传身教下，镇江农科所的绝大部分人都把农技推广看得比学术重要，把农民的口碑看得比职称重要。像潘跃平、李国平、芮冬明、糜林、刘伟忠、吉沫祥等人，走的都是赵亚夫的路子，重推广而不重学术，重实干而不图虚名。失之东隅，收之桑榆，他们虽然很辛苦，也失去了很多，但他们赢得了农民的口碑，同时也成为草莓、葡萄、梨、桃、出口花卉、蔬菜种子等方面的实际上的顶级专家。

赵亚夫的车子后备箱里，有 4 样东西必不可少：雨伞、修枝剪、钢卷尺、胶鞋。这是他的随身“四件宝”。丘陵山区雨水多，雨伞、胶鞋是下乡时遇下雨天的不时之需。修枝剪是随时为农民示范修剪果树用的。钢卷尺是用来测量长度，栽插株行距的。他之所以长年备着这些，就是为了随时下乡；事实上，一年中他的大部分时间是在乡村度过的。后来又增加了一件“宝”，一个能调整焦距的（可以近距离拍小虫、小病斑的）小型数码相机，把看到的一些病虫害的病例以及植物生长情况拍下

赵亚夫当年随身“四件宝”

来留作样本，以便做成多媒体教案，培训农民时用得上。

赵亚夫的手机里存在数百个农民的电话号码，如果农民遇到突发情况（遭遇低温冻害、喷药不慎造成药害等），只要一个电话，他就会立即赶到现场，为农民排忧解难，根本不分节假休息日，更不分是烈日炎炎的夏季还是寒风刺骨的严冬。农民亲切地称他为“农业110”。

高低不肯收两瓶咖啡

赵亚夫在解塘村蹲点搞农业科技推广，免不了要在农民家吃住。他总是自带伙食费，农民不肯收，他是坚决要给，否则就不吃饭。

吃住最多要数张冬才家了，因为小张是村里的农技员，是赵亚夫的助手。张冬才说，那时候赵亚夫是农科所的领导，城里人，但他下村来一点也不摆架子，生活非常简朴，不抽烟不喝酒，在农民家中有什么吃什么。有时农户们不过意，请他去集镇上的小饭店，他说什么也不去，就和农户们一样粗茶淡饭。他与农民们一道下地干活，日子一长，看上去就是个农民。

让张冬才印象最深的，是赵老师在科研工作中的近乎苛刻的严谨。自从赵老师带着团队在解塘村推广草莓种植，张冬才就一直跟着他。张冬才是高中生，这在当地的农民中属于高学历了，加上他人很机敏，又肯吃苦，村里和赵亚夫有意把他往“农民技术员”方向培养。赵亚夫手把手地教他如何做小区设计，如何放样，如何记录，对数据如何分析等。张冬才本是农家子弟，又有文化基础，人又聪明好学，所以跟着赵亚夫学到了很多东西，进步颇快。

有一次，草莓试验田里有一批草莓成熟了，赵亚夫让小张采摘下来进行分级分类。张冬才根据通常的农业经验理解，分级分类无非就是把个头大的放一堆，个头小的放一堆，畸形果子放一堆，残坏果子放一堆，他只用了个把小时就把这批草莓分成了4堆。而后他向赵亚夫汇报道：“赵老师，按照你的要求分完了。”

“这么快就分完了？”赵亚夫惊讶道。

赵亚夫随着张冬才来到现场，张冬才指着 4 堆草莓说，按照你的要求分成了 4 堆。

赵亚夫扑哧一声笑着说：“我说的分级分类不是你想得这么简单，要一个一个地用秤称，要精确到克，10 克以下的放一处，10 ~ 20 克的放一处，20 ~ 30 克的放一处，30 克以上的放一处，另外畸形的、残坏的分别单独放。这样才能精确地统计各个重量层次的比例，优质草莓的比例，合格草莓的比例，畸形、残果各占多少比例，平均重量是多重。这不怪你，是我没有跟你讲清楚。现在我教你怎么称、怎么分。”

于是赵亚夫就边做边讲给张冬才听。当时还没有电子秤，用的是秤杆小秤。“1 公斤就是 1 000 克，这样 1 两就是 50 克，1 钱就是 5 克。以 2 钱以下的、2 ~ 4 钱的、4 ~ 6 钱的、6 钱以上的来分，见有畸果、坏果的，另放两边。”赵亚夫一颗一颗地称给他看。然后让张冬才自己操作，他在旁边指点。直到张冬才熟练了，他才因为另外有事而离开了，临走前特意叮嘱，要一口气把它称完，因为时间一长草莓的水分会蒸发掉一部分，会影响到精确度。

75 千克草莓，一颗一颗地称，是很耗时间的。这天张冬才一直称到夜里三四点钟才全部称完。完事后，张冬才累得腰酸背痛，但感到很有收获，跟着赵老师能学到很多东西。同时对赵老师的严谨和认真打心眼里折服。

让张冬才最难忘的每次赵老师从镇江打电话过来布置工作，可费周折了。那时候交通和通信极不发达，赵老师他们来一趟解塘不容易，先坐班车到白兔乡里，再在租车摊上花两块钱租一辆自行车（押上工作证）骑到解塘村。所以有时候就通过电话安排几样事情。当时的电话机极少，电话还没通到村里，整个白兔没有几部电话。打电话之前，需提前五六天先写一封信寄给对方，约好某月某日某时在某某地方等电话。大多数情况是赵老师写信给张冬才，约好通话的时间、地点，到了约定的时间，张冬才就到那儿等电话。每次通话大约十几分钟，赵老师把近期要做的几件事讲解得清清楚楚，张冬才凭记忆记住，回来后一件件地落实。

最让张冬才感动的，是有一年的夏天，水稻插秧的时节，赵亚夫到解塘村去找张冬才有事，小张在自家田中插秧，赵亚夫来到田边，看到这个情况，裤子一挽，就下田帮着栽插。

小张连忙说：“赵老师，你这么大的领导，这么高级的专家，怎么说下田就下田呢？”

“我来帮你快些栽，栽完了我们好快点去办事。”赵亚夫回答道。

见赵老师非常老练，插得比自己还溜，张冬才便问道：“赵主任，没想到你还会栽秧啊？”因为之前一直在解塘村推广草莓，从没见过赵老师插过秧。

“我是搞农业科技推广的，在田间地头摸爬滚打几十年，什么农活不会干啊？”赵亚夫笑着。

增加了人手，小张家的水稻秧苗很快栽插结束，赵亚夫拉着小张一道去忙草莓苗繁育的事了。

最让张冬才“尴尬”的是，有一次买了两瓶咖啡送给赵老师，以表达自己一点小小的心意，赵老师不但没收，还把他狠狠地训了一顿。

张冬才是最早跟着赵亚夫搞草莓的，每一个新品种、每一项新技术，他总是最先学会掌握，最先尝试实施，也往往都取得成功，这样腰包就渐渐地鼓了起来，家里盖起了“草莓楼”，配齐了高档家电，还买了一辆摩托车（后来还买了小轿车）。回想这些年来赵老师对自己的器重培养，张冬才心存感激，如果不是赵老师，自己哪能成为“农业土专家”？哪能掌握这么多新技术从而发家致富？出于内心真诚的感激而不带有任何的功利目的，张冬才买了两瓶雀巢咖啡，用网袋装着拎到赵老师家。

进门的时候，赵老师见他手里拎着东西，便严肃地问道：“这是什么？”

张冬才含糊其词地说：“没什么，先进门说话吧。”

于是张冬才便进了门，赵老师陪他在客厅坐下，谈起了大棚草莓试验方面的事儿。

谈完了，张冬才起身要走，赵亚夫赶紧把那个网袋递到他手里，坚决要让他带回去。

张冬才推让道：“这是我买的两瓶咖啡，你经常熬夜写材料，喝点咖啡可以提提神。这是我的一点心意，真的没有别的任何意思。我跟了你这么多年，我的为人你还不知道吗？”

“我知道这是你的心意，你的心意我领了，但这咖啡你一定要带回去。”赵亚夫的表情渐渐地严肃起来，批评他道：“年纪轻轻的，怎么学着来这一套？以后不许搞这些名堂，把心思用在正道上，好好地学技术、学本领，好好地搞生产、搞经营，靠踏实勤劳发家致富，不要搞这些旁门左道。”

张冬才颇为尴尬地说：“赵老师，我接受你的批评，下不为例，但这次都带来了，你让我拎回去，岂不是杵着人嘛。”说罢便丢下网袋，转身出门走了。

哪知赵老师的爱人黄宝华拎着网袋就追了出来，一直追了五六十米，追上他后硬是把网袋递给了他。

张冬才没法，只得把两瓶咖啡拎了回家。既然送不出去，那就自己喝吧。两瓶咖啡，张冬才整整喝了两个月才把它喝完。每当端起杯子喝咖啡，张冬才便会想起赵老师。真是个好人啊！

最让张冬才感慨的，是赵老师对于专利的态度。赵老师在茅山地区引进了许多国际上最先进的果蔬和养殖的新品种、新技术，这些新品种、新技术在引进过程中需要攻克一道道难题，每攻克一道难题就是一项专利技术，这样的专利技术少说也有上百项，如果申请专利，将是一笔巨大的无形资产，是可以用来赚大钱的。但赵老师从来没有申请专利，连这样的念头都未曾有过。

有一次张冬才问他：“赵老师，你有那么多专利技术可以申请，为什么你从来不申请？”

赵亚夫答道：“我为什么要申请？我攻克那些技术难题就是为了农民，巴不得农民兄弟们尽快掌握哩。他们学会了这些技术可以用于发展生产、发家致富，这正是我梦寐以求的事啊，干吗还要申请专利？”

赵老师的回答，让张冬才生出无限感慨。他真是我们农民的福星啊！

吃午饭硬要留下饭钱

20 世纪 80 年代末，赵亚夫开始在白兔乡试验种植大棚草莓。从前期种苗到后期的技术指导，赵亚夫不光亲自参加，还组织农科所的技术人员定期下乡指导农户种植。

初期试种植的时候，技术上还不是很完善，出现了两个问题：一是畸形果较多；二是亩产效益较低。那段时间，赵亚夫天天泡在白兔乡，一边观察，一边思考对策。他考虑了多种方案，最后决定采用“蜜蜂传粉”法来解决。于是他把这套技术详细讲给农民听，并一步步地教农民怎么做。这套技术果然十分灵验，当年的草莓畸形果大大减少，亩产量翻了几番。

1989 年白兔镇第一次大棚草莓种植现场会

纪雪宝是白兔乡的一位农民，也是第一批跟着赵亚夫试种草莓大棚的。纪雪宝印象最深的是，每次赵所长忙了一个上午，到了吃饭时间他就走人。经常有人过意不去，拉他回家吃个便饭，赵亚夫就说：“我是来做事的，不是来吃饭的。”

有一次，赵亚夫带了两个日本专家来到纪雪宝家的大棚草莓地里进行技术指导。几个人忙活了大半天，到了吃饭的时候又要走人。纪雪宝实在过意不去，再说还有国际友人呢，别让人家以为中国农民穷得连一顿饭都招待不起，就从注意国际影响、事关中国农民形象的高度好说歹说，赵亚夫才肯留下来吃个便饭。

纪雪宝在厨房里高兴地忙活着，赵亚夫悄悄地进了厨房，硬是塞给纪雪宝100元钱，说是中午的饭钱。当时的100元钱是个不小的数目，差不多抵得上两个月的工资了，纪雪宝推死推活不要，赵亚夫坚决地说："这是工作上面的事情，你一定要收下。你们挣点钱也不容易，不收我们就不吃了！"话都说到这分上了，再看看赵所长的脸色，一脸的严肃，纪雪宝只得把钱收下。这时赵亚夫才露出笑容。

总是在农民最需要的时候出现

这年的冬天，茅山地区下了一场罕见的大雪。草莓种植户王柏生家的3亩多地的草莓大棚被压垮了。看着满眼被压垮的草莓地，王柏生一屁股跌坐在雪地上，心里比这满地的冰雪还凉。今年的草莓肯定白种了，今年的收成肯定打水漂了！今年的日子怎么过呀？王柏生越想越灰心丧气，抱着头长时间地坐在雪地里。

也不知过了多久，王柏生感到有人在背后拍他的肩膀。王柏生回头一瞧，是赵亚夫！

"赵所长，这大雪天的，你怎么来了？雪天山路特别滑，你腰腿不好，万一跌到了怎么办？"王柏生连忙起身，紧紧握住赵所长的手。他感到赵所长的手特别温暖有力，赵所长的表情特别亲切和从容，他的心里一下子从刚才的慌乱无绪中镇静了下来，感觉有了主心骨。

赵亚夫随身拿起一根木棍做拐杖，一拄一拐地在雪地里来回察看灾情。末了，他又拍拍王柏生的肩膀说："柏生，不要怕，我刚才仔细看了，绝大部分苗子没被压死，只是受伤而已。我们赶快重新搭棚，恢复大棚环境，这些受伤的苗子都能恢复过来。"

说罢，赵亚夫便与王柏生一起动手搭棚。他让王柏生找来更粗壮的木柱和椽梁，把柱子打得更深，椽钉得更牢。搭好了大棚，赵亚夫仔细传授王柏生如何进行灾后管理。果然，20天后，草莓苗渐渐地抬起了头，直起了身，重又焕发了原来的生机。

“赵所长总是在我们农民最需要的时候出现。”王柏生感叹道。

周先民得到了及时雨

龙山湖村村民周先民想搞60亩桃园，但心中没底，便向赵亚夫请教。赵亚夫对龙山湖那一带的地理、气候等情况了如指掌，便支持周先民搞。周先民搞着搞着，发现问题来了：整地、买苗、买材料，眼看着桃树苗还没栽，多年的积蓄却已花完了。兜里没钱了，老周开始整天愁眉苦脸起来。干活也没劲了，整个人像霜打了的茄子。

赵亚夫发现了老周的异样，便问老周是怎么回事？老周如实相告。赵亚夫沉思片刻，对周先民说：“大活人还能给尿憋死？资金问题，我来帮你想办法。你要打起精神来，不要一有困难就打退堂鼓，任何事情都不可能一帆风顺的。要想做好一件事，没有一点勇气和魄力是不行的。”

几天后，周先民接到赵亚夫的电话，让他到句容宾馆来一趟。周先民来到宾馆里，赵亚夫和几个陌生人已经在那等他了。老周这才知道，为了帮他解决创业资金的事儿，赵所长在句容奔波了好几天，找领导、找政策。这次是约了农业部门的领导和信用社的负责人，对老周的创业资金进行现场办公的。

当时周先民激动得话都说不周全了，他做梦也没想到与他非亲非故的赵所长为了他的事这么上心，做了这么多的工作。现场办公过程中，他说话语无伦次，填表时手都发抖。赵亚夫亲手为他倒了一杯茶，安抚他的情绪，他这才渐渐地平静下来，办理了相关贷款手续。

第二天，周先民就从信用社拿到了 2 万元的创业贷款。这 2 万元就像一场及时雨，一下子使周先民的创业起死回生了。

从此以后，周先民每当遇到创业上的困难就想起了赵所长，心中便充满了勇气与力量。他觉得不把桃园经营好，首先对不起赵所长。后来，他的桃园经营得红红火火，不但自己成了种桃大户发了家，还帮助村里的人发展种桃事业，带动他们共同致富。

第二节　农村无处不课堂

世间的一切事物中，人是最重要的、也是起决定性作用的因素。农业现代化也不例外，若要实现农业现代化，就必须有符合现代化要求的新型农民。赵亚夫深深地意识到这一点，所以他对农业科技的推广和普及，以及对农民的知识和技能的培训格外重视，抓得很紧。

赵亚夫搞培训与普及有一个显著的特点，就是“处处是课堂，随时可开讲”。说得具体点儿，场所不分在堂在野，对象不分男女老幼，时间不分白天晚上，形式不分演示讲座。而且他讲课从来都是“白讲”，即不收一分钱讲课费，而以他这个级别的专家，讲课费都是以“万元”为单位的。讲义也是他自己编写的，PPT 是自己制作的。多年以来，累计编写了讲义、科普读物超过300万字，累计培训农民达到30万人次。

课堂设在稻田里

2005 年，白兔镇推行草莓与越光水稻轮作，这样可以减少病虫害，养分互补。2005 年的 8 月底，草莓田里的越光水稻成熟了。赵亚夫建议抓住这一有说服力的时机，召开一个现场会，以事实来说话，吸引更多的草莓种植户采用轮作技术。

当天的现场会不仅吸引了白兔本镇的草莓户，附近的天王、后白、黄梅等乡镇的草莓户都纷纷前来。原计划只通知了 150 人，可实际来了 350 多人。

在金色秋阳的照耀下，金黄色的越光水稻的稻穗沉沉实实、坠弯了腰。赵亚夫站在稻田里，天地作课堂，庄稼作教具，就这样开讲了。

他从越光水稻的栽培、管理、品质、营养、市场行情，到与草莓的轮作衔接，各个环节、各个方面都讲了个透。

赵亚夫在田里讲得认真投入，围着的听众听得聚精会神，不知不觉间两个多小时过去了。现场效果很好，听众们间或议论，都说这套轮作技术好，草莓、水稻两不误、两互补、两增高，回去就搞。

讲完了，赵亚夫一抬腿，感觉两只脚不听使唤，低头一看，两只脚已经陷进了稻田的泥里，几乎到了脚踝。他使劲抬了几下，还是拔不出来。站在田埂上的人们感到奇怪，赵老师讲完了，该上来了呀，怎么老是不动呢？眼尖的人看出来了，说赵老师的鞋陷泥里去了。于是几个年轻力壮的人下田，七手八脚地才把他的两只脚从泥里“请”了出来。

有人就问他：“赵老师，两个多小时，你的脚一动不动啊？”

赵亚夫笑着说：“是啊，一动不动。我怕一会儿动一下，分散人们的注意力，现场会的效果就会打折扣。”

人们都沉默了。赵老师总是想着别人，唯独不想他自己。

通往课堂的44级台阶

“你知道我平生爬过的最高台阶是多少阶吗？”时任句容市白兔镇的党委副书记严廷才经常问别人这样一个问题。

别人一脸的茫然，不知如何回答。

“告诉你，是44级台阶。”严廷才自己回答。

“44级台阶？”别人满脸狐疑。

这时，严廷才会给你讲一个故事。

2007年3月份，句容市政府又一次把草莓实用技术培训班的地点放在白兔镇政府三楼的会议室，由白兔镇政府具体承办。

作为“东道主”，严廷才一早就开始忙会场了。上午八点不到的时候，严廷才看到赵亚夫的车子进了政府院子，便赶紧下楼迎接。

赵亚夫一下车，严廷才便发现他走路一瘸一拐的，每走一步脸上的表情都异常痛苦，知道他的腰腿痛的老毛病又犯了，这次犯得格外严重。

严廷才赶忙扶住赵亚夫说："赵老师，真不好意思，不知道你的老毛病犯得这么严重。腿痛得这么厉害，打个电话说一声就不用来了，在家好好休息得了。"

"跟农民的约会可不能爽约哦。"赵亚夫幽默地说。

严廷才被赵老师的幽默逗笑了，但心情一下子沉重起来，他是真心地心疼赵老师。

让严廷才更为心疼的是，课堂设在三楼，赵老师必须爬上几十级的台阶，才能走进课堂、走上他的讲台。

到了楼梯口，严廷才说："赵老师，你腰腿这么痛，走路都很吃力，爬楼更困难了。我来背你上楼吧！"边说边要背老人。

赵亚夫坚决不让他背，说："我能行，你放心。"

严廷才只得扶着赵老上台阶。赵亚夫非常吃力地爬上第一台阶、第二台阶，每迈一个台阶都咬着牙、使劲全身气力。到了第三台阶时，他的额头已经渗出汗来。严廷才让他的左手搭在自己肩上，伸出右手揽着他的腰，使劲往上提，尽最大可能地借力给他，但仍然明显感觉到老人每迈一步都是那么吃力、那么痛苦，以至身体都在颤抖。

严廷才在这里工作已经8年了，每天都要爬这台阶，可他从来没有数过共有多少级台阶。这天，他不由自主地数了起来，每数一下，他的心都会痛一下。

数到20多阶的时候，严廷才的眼泪忍不住流了出来。为了不让赵老师看见，他把头别向左边，用左手抹掉眼泪，可怎么也抹不干净。尤其是他听到了赵老在大声喘息，他的眼泪更是止不住。

"……三十八、三十九、四十、四十一……"数到四十四时，终于上了三楼。这时赵亚夫的脸已涨得通红，张着嘴在急促地喘息，满脸大汗。严廷才却是满脸的泪水。

一个满脸汗水，一个满脸泪水，四目相对时，都有点尴尬。

"到我的办公室歇一下吧，坐一坐再进教室。"严廷才关切地说。

"不能坐哩，这一坐下来，就怕我这腿跟我闹罢工、起不来喽。"赵亚夫一边掏出手帕擦汗，一边幽默地说。赵老的幽默使得严廷才扑哧笑了，心里却依然很酸痛。

休息了几分钟后，赵亚夫挣脱严廷才的手，一瘸一拐地走进教室，走向讲台。教室里已经坐满了人，视线全都聚集在他的身上。赵亚夫尽量把步子放小，尽力维持身体的平衡，以此来掩饰腿脚的不便。

那次讲座，赵亚夫讲得与以前一样精彩，他完全忘记了病痛与疲惫，进入了一种忘我的境界。只要一上讲台，赵亚夫就会进入这样的境界，眼里只有台下的农民，他要把自己的最好的状态、最先进的理念、最大的信息量、最前沿和实用的知识奉献给他们。台下听课的农民听得非常认真、投入，他们不知道赵老师刚才忍受了多少疼痛才走上这个讲台，更不知道赵老师为了这次讲座搞了多少次调研、查了多少资料，多少个夜晚焚膏继晷、挑灯夜战。

严廷才悄悄地坐进教室听课，他坐在最后一排的最边上一个位置。今天他对赵老师有了新的认识，以前他眼中的赵老师是个儒雅的学者、柔情似水的农民的贴心人，今天他看到了赵老师的另外的一面，他有着超常的毅力，有着钢铁般的意志，是一个铁打的硬汉子！

一个铁血柔情的人！

严廷才对赵老师，除了爱戴，还有崇拜。

带着农民取“洋”经

赵亚夫搞农民培训，不限于讲课与示范，只要一有机会与条件，他便把那些骨干农民带到国外去学习考察，以开阔他们的眼界，学到更为先进的技术与理念。

2005年，句容市的应时鲜果特色农业有了名气，走在全省的前列，但还不尽如人意，应时鲜果的规模、品质、产量遇到了“瓶颈”，总是上不去。怎么突破这个“瓶颈”呢？赵亚夫想把几个方面的种植大户王柏生、方继生、杨修林、纪荣喜、张德敏5人带到日本看看，学学人家当初是怎么冲破这个“瓶颈”的、后来又是如何节节攀升的。赵亚夫任随团领队兼翻译。

出国前，赵亚夫特地把5位农民召集起来，搞了一个“小培训”，主要讲一些注意事项。赵亚夫对他们说："我们这次是去日本学习考察的，不是去旅游的，我把10天的时间排得满满的，没有一天是闲逛的，更没有安排半个景点。这是第一点。第二点，我要强调一下，'崇洋'不能媚外，这里的'崇洋'是学习他们的先进技术和管理水平。我们抱着学习的态度，学习人家的先进的技术和理念，但要注意不卑不亢，该谦虚的地方虚心学习，该尊严的地方保持尊严，尤其要注意保持中国农民的尊严。咱们中国农民，人穷志不短，人格上跟谁都是平等的。"

正说到这里，有一位农民擤了一下鼻涕，抹在了鞋底下。赵亚夫止住他说："不能这样，要注意文明。"边说边递一张纸给他，让他擦在纸上，丢进垃圾箱。

旁边的一位农民笑着说："他在你这儿规矩多了，要是在乡下，一把鼻涕甩几丈远哩。"说得大家都笑了起来。

那位农民说："大哥别说二哥，长鱼不说泥鳅，你在乡下还不是一样？一口痰吐地上，啪的一声像放炮仗。"说得大家又是一阵笑。

"这就是我要讲的第三点"，赵亚夫接着说，"大家要注意礼仪形象，我们出去，代表的是中国人的形象，更是代表了中国农民的形象，在这方面尤其要注意。"接着讲了基本的礼仪和注意事项。

日本仓敷市对赵亚夫带队的考察团很重视，打出了"热烈欢迎镇江市农民代表团"的横幅，举行了庄严的升国旗仪式。该市的一位官员说："我们接待过许多中国代表团，但接待农民代表团还是第一次。你们代表中国农民来的，我们特别高兴、特别欢迎！"

多次到中国的日本葡萄专家早川进三先生，不顾80多岁高龄，带着家人一起来参加欢迎仪式，并始终热情接待。

为了能让好不容易来趟日本的农民们多学点东西回去，赵亚夫果然把在日本的十天时间排得满满的，每天要跑四五家农业基地。由于基地与基地之间大多是跨县（日本的县相当于中国的省）的，间隔很远，四五家跑下来就得起早贪黑，每天早晨六点钟起床，晚上九点多钟回宾馆。当时是8月份，正值高温，在基地参观的时候热得不行，上车后又冷得不行。这样一天下来，大家可累坏了，回到宾馆四叉八仰地怎么也不想动了。但赵亚夫还要把他们召集起来，让他们谈感受，跟他们讲解一些所见所闻中涉及的最新的知识、技术和理念。

最初的几天，几位农民白天都很兴奋，看什么都新奇，因为语言不通，于是围着赵亚夫问这问那。赵亚夫不厌其烦地为他们作详细讲解。

在一个农场基地，赵亚夫带着五位农民来到一片农田边上，他用一根竹竿轻轻住田里一插，一下子就插下去一米多深。看得五位农民目瞪口呆。赵亚夫对他们说："我们的瓶颈在哪里？他们为什么能够突破瓶颈？答案就在这里。当然，这只是其中之一，其他还有更多的。"

这天，他们到了甘乐富岗农协的一座堆肥厂参观。这是一家中型规模的有机肥制造厂，是把猪、牛、鸡、鸭等畜禽粪便与稻壳、杂草等混合，制成高效无害的有机肥。赵亚夫特地走进堆肥作业区，蹲下身用力在肥堆上扒开一个洞，取出一个粪球，用鼻子嗅了嗅，又用手捻开来，仔细地察看。

晚上回到宾馆，他召集大家讨论时，说："今天我看了堆肥厂很受启发。他们的土质为什么那么好？他们的农产品的品质为什么那么高？今天又找到了一个答案。搞有机农业就需要大量的有机肥料。他们如此大规模地生产有机肥，既满足了农田有机养分的需要，又把畜禽粪便充分地利用起来，减少了环境污染，可谓一举多得。他们的农业已经发展到了生态农业的阶段，而我们的农业连无公害农业还算不上，要急起直追啊。我们茅山地区，山上的竹木落叶很多，杂草也多，要把这些利用起来，与畜禽粪便一起加工成有机肥，这样一方面减少了粪便污染，同时也美化了环境，田里的土质也改善了。这个我们回去就要动手搞，时不我待。发展生态农业，我们要跨越式地搞，不能像小脚女人走碎步，这样我们才能突破瓶颈，尽早搞出生态农业。"

几位农民听得直点头，都说这次不虚此行，每天都有很多收获。

过了六七天，由于每天早出晚归、马不停蹄，几个农民明显感到体力不支，路也走不动了；原来问这问那的，现在话也不多说了。而年龄最大的赵亚夫，却始终精神抖擞，每天起得最早的是他，睡得最晚的也是他，走在队伍最前面的还是他。不但要随时翻译，而且不停地给农民们讲解，生怕大家漏学了什么。

看着每天汗流浃背、累得直喘粗气的赵亚夫，五位农民很心疼他，同时也很感激他。一个60多岁的老人，来过日本无数次了，还这么辛苦地带着人来学习，这使他们非常感动。受赵亚夫精神感染，他们也打起了精神，不说苦也不喊累了。

怕赵老师累坏了，他们几个人合起伙来“埋怨”道：“赵老师啊，饭要一口一口地吃，土要一锹一锹地挖。人家先进的东西太多了，十天时间一下子怎么学得完？你别这么‘吼’嘛，这次学不完下次再来嘛。”

赵亚夫听了笑笑说：“话是这么说，可我就是想让你们多学一点东西啊。”

10天时间，有九天半都是一路奔波劳累。在大家的强烈“抗议”下，赵亚夫给他们留了半天的自由活动时间。这奢侈的半天时间，他们哪儿也没去，倒在床上，拉上被子，补觉。

后来几乎每年，赵亚都带一批农民赴日本考察学习，每次时间都安排得十分紧凑，每次都是饱学而归。

第三节　青史应当留此文

赵亚夫用坚实的脚步把论文写在大地上，与此同时，他还写了大量的调研报告呈有关部门和领导参阅。这些调研报告的主要宗旨是为农民的利益鼓与呼，为“三农”事业的健康可持续发展建言献策。

这些调研报告一般都不长，因为领导都很忙，没有时间读长篇大论，所以他总是尽量在较短的篇幅里把观点说明白，把道理说充分，把事情说清楚。有话则长，无话则短，废话坚决不说。

这些调研报告的最大特点是“接地气”。用官方语言来表达则是“符合实际”“切实可行”。都是经过了面广而翔实的调查研究之后，再经过了深思熟虑而写成的。而他的深思熟虑不是那种关在书房里的冥思苦想，而是有着几十年的持续不间断的专注研究与长期积累作为注脚的。相当于一个地质队员，几十年如一日在广袤的大地上辛勤勘探搜寻，陆续发现了宝石、宝藏或金矿。所以数量不多，一年三四篇，但厚积而薄发，发则一针见血。

这些文章的另一个特点是“直奔主题”，即观点鲜明，不绕弯子。可能是他一辈子与土地与农民打交道的缘故吧，他的文章也有着浓厚的泥土气息与农民气质，直率、朴素、实诚、厚重。所以顺理成章的是，他的文章的语言总是明白晓畅，说的都是大白话，不但领导同志们一看就明白，拿给农民看也是一看就懂。与学术论文的深奥不同，赵亚夫的文章总是把深奥的道理说得很简单。这大概就叫深入浅出吧。

这些文章大多没有正式发表或出版，本书作为赵亚夫的人物传记，有必要摘其精要列于书中，以使青史有载。

2003年，赵亚夫写了一篇《公益型的农业科技示范园区不能丢》的调研报告，报告言及：

率先实现全面小康，最薄弱的地区是农村；率先实现现代化，最困难的是农业的现代化。农民是农村地区主要组成人口，更是农业行业的主体劳动力。在农村，实现两个“率先”的最大目标就是为了广大农民也能过上现代化的生活。所以实现两个“率先”，在农村，农民应该是主体。农业科技示范园区向谁示范？首先应该是向处于主体地位的农民示范。帮助农民掌握现代化农业技术，帮助农民走向市场，帮助农民提高素质，帮助农民实现小康、实现现代化，应当是农业科技示范园区的最重要的功能定位。

进入农业科技示范园区的“三资”企业可以在以上功能范畴内做很多工作，但它不容易全面承担好以上功能，更不容易成为一定地域范围内相关优势农产品的主要技术支撑，因为完全的市场行为，企业必然以追求利润最大化的前提下才能做到，这对目前尚处于原始资本积累阶段的大多数企业来讲是很困难的。比如一些好的新品种、新技术，从商业利益考虑视其为商业秘密，它们就不会愿意向农民推广。

公益型的农业科技示范园则不然，它不以利润最大化为目标，它以帮助农民为己任。它也应该有利润，否则这个示范园就失败了，因为没有利润就没有示范作用。但是它的利润的获得应该服从于对农民的服务，服从于农业科技示范园区的功能定位，利润多的服务要做，利润少的服务要做，必要时没有利润的服务也要做。在这个根本出发点上，“三资”农业企业组成的示范园区是替代不了公益型的农业科技示范园区的。

提到公益型，常会使人想起过去的政府官办项目，给人以效率低下、中看不中用的印象，被认为是计划经济大锅饭的做法。确实，计划经济的弊端应该废弃，但是市场经济也必须有一定的政府行为，公益型的农业科技示范园，应该是市场经济条件下的一种必要的政府行为，因为它能做到单靠市场行为不能做的事，它能体现社会主义市场经济的公平、公正原则，照顾到农村中占大多数的弱势群体农民，这是政府的重要职责。

对于发展农业旅游，赵亚夫有着自己的真知灼见。在一篇题为《对发展农业旅游产业的认识》的调研报告中，赵亚夫着重谈了两点。

一、农业旅游产业开发的条件

农业旅游依靠农业旅游观光休闲功能吸引城乡居民，尤其是城市居民来农村消费。所以必须具备对城乡居民尤其是城市居民有足够吸引力的农业环境和自然环境交织的美丽景观，如果有一些乡土文化点缀其间，就更能雅俗共赏，扩大消费层次，增加游客数量。城市居民从闹市来到宁静的农村，习惯的城市生活和劳动方式转换为新奇的农村生活和农业体力劳动，与田野、山林、水体、动植物零距离接触，与淳朴的村民打交道，互助互利，和谐相处，欣赏大自然风光，瞻仰古迹和革命历史遗存。放松了心情，得到了积极的休息，这是精神方面的享用。除此之外，还有物质方面的享用，品尝平时不多见的新鲜、优质、放心、美味的农产品，尤其是自己动手体验农田收获劳作，体验农家乐趣后的享用，更是回味无穷。临走再带上一些充满乡土味的土特农产品回去与亲朋好友分享，也是一大快事。一方面是消费者用金钱换取快乐健康，另一方面是生产者用自己创造的农产品和农业旅游观光休闲功能去获得报酬，增加收入，实现了双赢互利。这就是农业旅游产业得以成立、发展的经济学原理。所以有没有能吸引人的美丽农业环境和自然景观，加上能吸引人的特色优质放心的农产品，是农业旅游开发必备的两个重要条件。

二、农业旅游产业发展的管见

（一）摸清本地农业旅游资源家底，制定农业旅游产业发展规划

通过调查研究，摸清本地域范围内的农业旅游资源家底，重点包括有特色的、美丽动人的农业环境及其关联的自然景观资源；有特色的、适宜游客直接参与互动的、产品（包括新鲜产品和加工产品）有吸引力的农业产业资源；能与农业旅游产业结合的乡土文化资源（古建筑、传统民间文艺、地方风俗民情、工艺品等）；能与农业旅游产业组合的其他旅游资源（名山、大泽、寺庙、古迹、革命历史遗存等）；乡土饮食文化资源（已出名或未出名但有开发可能的特色酒、菜、点心等），并在此基础上制定地域农业旅游产业发展规划。

（二）确定本地农业旅游产业发展重点

依据调研结果选择农业旅游资源丰富、开发条件好的地区作为重点。重点不可能多，一定要与本地的特色农业产业组合，因为特色农业产业是农业旅游产业之源；最好还能与本地著名旅游风景区组合，实现农业旅游产业与特色农业产业、常规旅游产业三者优势互补，互相促进。各个重点对照必须具备的农业资源开发条件，缺什么补什么，制定出自己近、中、远期农业旅游产业开发规划。重点之间一定要互有特色，互有差别竞争优势，而不是雷同。

（三）调动本地农民开发农业旅游产业的积极性

增加农民收入，实现“两个率先”是农村工作的最大出发点和落脚点。农民是社会主义新农村建设的主体，是发展特色农业产业的主体，是农业资源综合开发的主体，当然也应该是发展农业旅游产业的主体。农业旅游资源既是大自然的恩赐，也是当地农民世代延续至今艰辛开发的结果，所以当地农民最有权利用当地农业旅游观光休闲功能，为自己增加收入，实现小康。

为此，要采取扶持培养典型、通过典型带动的方法，调动本地农

民开发农业旅游产业的积极性。要鼓励支持当地村级集体经济组织，尤其是村域范围的农业合作经济组织，积极参与当地的农业旅游资源开发利用，发展农业旅游产业。公共财政的支持，重点要通过村级集体经济组织尤其是农业合作经济组织，最终得益于大多数农民。设在农村或集镇的特色农业农产品加工、流通企业，与当地农民联手开发农业旅游产业也是一个好办法，可以将参观农产品加工、品尝特色农产品等内容组合到农业旅游线路中去，增加农业旅游的知识性和趣味性。农产品加工、流通企业，在担当农业产业化龙头责任的同时，投资参与农业旅游产业，与当地农民连心联利，取得双赢。

（四）发展绿色农业旅游产业

对环境友好本来就是农业旅游产业观光休闲功能、吸引游客的亮点及卖点，环境与当地农业旅游产业发展好坏，当地农民得益多少，有直接的关系。所以农业旅游产业必须发展成为绿色农业旅游产业，农业旅游产业地区必须成为农村环境保护模范地区，农业旅游产业的经营人员及当地全体农民，都要成为环境保护的积极分子。但是有不少地方，由于农业旅游的发展，日益增多的游客带来大量旅游生活垃圾，出现了不合理的甚至是违法的乱建旅游设施情况，如在自然风光优美、原始气息浓厚的山林田野兴建大片别墅山庄等现代建筑，对原本宁静美丽的农业旅游环境造成严重的污染破坏。如何在农业旅游产业兴起之初，就能订出严格的环境保护措施，农业旅游产业的经营人员及当地全体农民带头执行并带动游客执行，舍得投入人力、物力、资金，不断加强环境保护，才能使宝贵的农业旅游资源对消费者保持相当长期的吸引力，维护农业旅游观光休闲功能长盛不衰。

除了保护维持外，更要在农业旅游全过程中，主动加强环境保护理念和做法的宣传。如参观农业或直接参与农业体验活动时，或者推销本地特色农产品时，采用布置对比现场等形象生动的方法，宣传无公害产品、绿色食品、有机食品及有机农业理念等，让游客在参与中亲身感受，效果更好。

（五）发展诚信农业旅游产业

农业旅游产业的经营人员除了要有较高的环境保护自觉性外，还必须具有诚信经营理念。这是一个地方农业旅游产业能否发展壮大、能否最终站得住脚的很重要的条件。很多地方对旅游设施等硬件投入很重视，但对培养经营人员诚信观念这件大事却没有列入议事日程。其实相对于农业旅游经营地业务、技术培训，以诚信理念为核心的做人、做事道理的教育培养更要花大力气，因为它需要言传身教、下细功夫，需要规章制度的约束和切身利益诱导，更需要假以时日。由于农业旅游产业活动中面对的是大量的流动游客，有着多种的消费需求，其中相当部分还是怀着陶冶心情的目的来的，有较高的接待要求（硬件与软件），有较强的消费能力。消费者就是上帝，对所有的游客都要通过诚信待人，做到生产者与消费者互惠互利，使城里人下乡有走亲戚的感觉，建立起相互信任、和睦相处的关系，出现一大批经常来访的“回头客人”。农业旅游产业如能做到这个地步，就可以说是取得成功了。

当时分管农业的省委副书记张连珍对这篇调研报告很重视，批示道：赵亚夫老所长的文章对我省如何发展农业旅游产业有一定的参考价值，请 ×× 厅长、×× 局长阅研。

《对茅山老区调整农业结构、发展农村经济的几点认识》的调研论文，极具有独创性、独见性，是长期匍匐于斯、沉淀于斯、观察于斯、思考于斯的结晶。

作者明确提出：

茅山地区应该在岗坡地上大力发展果树。应该把果树产业作为茅山地区发展农村经济的支柱产业。

作者提出了三点理由。

一、茅山地区有着丰富的岗坡地资源。岗坡地适宜种植多种果树，而在人多田少的平原水田地区是不适宜种植果树的，就是长出来，水果的品质也不及岗坡地。再说还有自己的口粮、国家的“皇粮”任务，不可能拿出多少土地来种果树。

二、茅山地区虽属丘陵地区，但地理位置优越，交通十分便利。紧邻沪宁沿线各大城市，高速公路和筹建中的高铁，按新的时间地域概念，这块老区已变成了沪宁线城市群的后花园。

三、沪宁线城市群是全国首数的经济发达地区、高档消费地区，经济发达，消费旺盛，人们追求越来越好的生活是客观规律。只要是优质的果品，其消费需求会随着人们生活的改善而持续大幅度上升。以南京为例，全市果品销售三年来，每年均以超过 20% 的速度递增。

作者进一步分析了为什么这么好的条件，茅山地区历史上却没能成为果品产区呢？

在过去经济落后、消费力低下的年代，单靠本地市场形成一定规模的果品产区几乎不大可能，再加上科技不发达，交通条件很差，必须相当耐贮运的果品种类才能远销他处成为大宗果品、形成产地。而茅山地区气候属亚热带的北缘，适生温带的大宗果品苹果、梨、枣子等，适生热带或亚热带大宗果品香蕉、柑橘等，均不是该区的适生果品，这是该区历史上没能成为果品产区的重要原因。比如该区有过一定面积的桃或梨都无法远运，品质也不如北方，只能在当地销售，都没能形成气候。

接着作者论述了随着科技的发展有些不适生的现在适生了，本来是劣势的不耐贮运、不易保鲜的应时鲜果，顷刻间转化为优势了。

可是，现在不同了，经济、科技有了突飞猛进的发展，人们的生活水平有了较大提高，消费需求多样化了，不仅需要大路货，还需要多品种、高档次。农产品正由量的时代向质的时代转换。茅山地区气候虽然不适合原来的所谓大宗果品，但是却有不少其他果品能适应，如桃、李、杏、板栗、草莓、青梅等，有一些种类过去不适生，但经过新品种引进、栽培技术改良却变成了适生，如日本引进的葡萄、梨、甜柿，美国引进的长山核桃、西洋李，泗洪引进的鲜食大枣等，在该地区种植都能成功，品质也不差，有的甚至超过了北方著名产区。随着科技发展，设施栽培技术的开发，有些露地栽培不适生或不很适生的种类如枇杷、西洋樱桃等，很可能变成适生或非常适生；还有一些果品如无花果、桑葚果等，过去没有重视，开发出来后却又能成为适生果品。总之，认为该区缺乏适生果品种类的观点应该更新。大棚草莓和早川式栽培巨峰葡萄在句容市白兔、春城的成功已经证明，只要认真做好品种引进、改良和新的栽培技术开发，可以为茅山地区找到一大批丰富多彩的适生果品种类，并将其发展成该区有特色的名、特、优果品产业，开拓出很大的消费市场。

随着经济发展和交通改善，原先被认为只宜种植干果的偏僻茅山老区，大多已变成了大城市的远郊区或近郊区。如能充分利用该区的优越地理位置和交通条件，重点面向沪宁沿线这一国内高档的消费市场，发展适生的多种应时鲜果，尤其是不耐贮运、不易保鲜的应时鲜果，做到一年四季都能有地产优质、完熟（指在树上达到最佳适宜成熟度时采摘）、新鲜、美味的多品种、适批量果品上市供应，前景是非常诱人的。

有些人对该区重点发展不耐贮运、不易保鲜的应时鲜果的提法觉得不好理解，认为若是加工跟不上很容易出问题。其实我们看中的正是它的不耐贮运、不易保鲜，因为不耐贮运、不易保鲜，稍远一点的外地生产的同类产品就不易运来，这样就大大减少了地产应时鲜果在沪宁沿线市场的竞争对手；外地产品或者即使运来，也因为带青采摘做不到树上的完熟而品质、口味低劣导致市场竞争力削弱。而我们的地产鲜果却可以充分发挥自己的交通、地理位置条件以新鲜、优质竞争取胜。有一个实例可以生动说明这一道理。句容市草莓生产已连续 10 年栽培面积在 1.5 万亩左右，现在看来是 20 世纪 80 年代中期调整农业结构最成功的一项，每年为句容种草莓的农户提供 1 500 万～2 000 万元的收入，长盛不衰，就是得益于草莓的不耐贮运、不易保鲜，外地的草莓不易运来，使地产草莓能牢固地占领宁、镇、扬市场。冬季浙江建德、富阳的大棚草莓虽能运到南京，但由于风味明显劣于句容产品，每斤单价一般都要低 2 元左右。所以不耐贮运、不易保鲜这一原来的劣势，只要转变观念，慧眼识珠，立刻可以转变为优势。

在《关于我国农业现代化的几点建议》的调研报告中，赵亚夫谈了几个重要的观点。

一、农业现代化要依靠广大务农农民来实现

农业现代化的根本目的，就是要通过建设生态高效农业，使广大务农农民和城里人一样，过上现代化的生活。在劳动力大转移以后，目前我国的农村（尤其是在二三产业发展较慢地区的农村），仍然留剩着大批务农为生的劳动力，如果他们的土地再被流转而找不到其他谋生致富之路，必然会出现收入水平不能大幅提高以致无法实现现代化的问题。现代化指标提出的农村人均年纯收入是相当高的（江苏省是2.3万元），这可不是仅靠收取土地租金及在农业企业打工工资所能达到的。举个本地例子说明：如果集中1 000亩土地到一个老板手里种葡萄，看起来是规模种植很有现代化气派，可实际上这种做法却剥夺了100家农户实现现代化年人均入2.3万元的发展权。

所以，农业现代化着力点要放在务农农民身上，好处也要落实在务农农民身上，也就是说，农业现代化首先要依靠广大务农农民来实现。

二、农村基层干部是农业现代化的带头人

在政府、科教单位帮助下，农村基层干部在一线带领务农的老年及妇女，把他们带进小康并迈向现代化，这是没有其他人或其他办法可以替代的。

农村基层干部和一些先富起来的经纪人或能人不同，不会因合作社按产品销售量分配利润的做法影响自己的既得利益。是目前农村中比较容易接受“合作社是农民自己组织起来并为自己办事的组织”理念的群体，而且有着丰富的农村工作实际经验，是目前农村十分紧缺的合作社领导管理后备人才。

农业现代化，最紧迫的是大力培养带头人。培养能带领老年及妇女农民进入现代化的带头人。要培养“职业新农民”。但是，老年及妇女农民的退出和“职业新农民”的成长有一个过程。为此建议各级政府：要特别重视对农村基层干部的培养，帮助他们尽快学会带领农村老年及妇女农民进入现代化的本领。

三、在农业现代化的实践中培养带头人

在实现农业现代化过程中，当然也需要一定的系统专业课堂学习，但更多是边干边学，干什么、学什么，粮食主产区就学粮食，草莓产区就学草莓，葡萄产区就学葡萄，既学怎样种好粮食、草莓、葡萄，又学怎样卖好粮食、草莓、葡萄。带头人的培养还应重视现代农业理念的教育，这也是目前的薄弱环节。我们要实现现代农业与片面追求能源、物资过量投入的所谓“现代农业”有很大的不同，我们强调农业是重要的生命产业，是综合的六次产业，除了向人类提供粮食等食品外，还要提供健康、养生环境，承担文化传承等多元功能。农民合作社的经营管理是带头人的重点学习内容，因为合作经济组织带动农民共同富裕，将成为农村主要农业经营模式，将对我国现代农业发展产生深远的影响。

四、办好农村社区专业合作社

（因有专文论及此事，这里且略）

在《土地承包经营权流转给谁》调研论文中，赵亚夫论述了非农资金进入农村吸收流转土地带来的风险。

城市非农资本到农村通过流转获得农地，加大了对农业的资本投入，加强了农业基础设施、生产设施、物流设施建设，形成了很多农业建设的亮点，使当地农村、农业面貌得到了迅速改观，还提供了部分农民就业岗位，使他们获得一定打工收入，这些都是好事。但是，现实情况告诉我们，尽管珠三角、长三角一部分地方经济发展很快，城市化程度已很高，农村中劳动力已大量转向非农产业，农民已大多变为居民，农用地面积已大幅减少，然而就多数地方来说，农村地区、农村居民仍然是大头。这类地区农村劳动力转移相对较少，即使转移也不稳定，说不定什么时候又会返回农村务农。在这类地区，土地仍然很紧，如果城市非农资本下乡获得大面积的流转土地，就会出现城市非农资本与当地务农农民之间争夺土地的现象。竞争双方的实力和掌握的信息是绝对不对称的。

有时农民会觉得种几亩粮食的收入，确实也比不上土地的租金，何况除了租金还能获得打工收入，他们并不知道这样做的后果是近期虽能增加收入，但却使自己的家庭从此承担了很大的风险，而且把自己依靠土地实现小康甚至在小康基础上翻番的希望给出卖掉了。要不了多长时间，土地流转出去的农民会发现上当吃亏，现实利益会使他们要求重新变更土地承包经营权流转关系，在这个问题上，存在着出现社会不稳定因素的可能性。

其实境外及城市的非农资本早在20世纪90年代初就有进入句容租地的，进的进、出的出，至今连续不断。可是回顾一下，失败退出的占了很大比例，留下的除少数科技含量高的企业外，大多数经营状况不佳，与10年来千家万户大搞有机农业家庭经营相比，黯然失色。其实他们有些是以投资农业为名，本意是占地搞变相房地产的，受国家法律限制当然很难成功。有些确是租地务农，笔者也经常应邀给予帮助，但往往是事倍功半。不成功的原因主要出在生产关系上，农业与机械化、电子化、数字化的工业不同，至今手工劳动占的比例还很大，处理好老板与被雇农民之间关系是个很大的难题。农民为老板干活与在自家田里干活的效率是完全不一样的，低下的雇佣劳动生产率加上常规农业产业本身的低效率，对还是农业门外汉的非农资本企业经营者来说，是一道很难跨越的高坎。可能这也是世界上发达国家农业仍然以家庭经营、家族劳动为主体的重要原因。其实取消家庭经营，也是我国人民公社制度失败的重要原因。

所以作者的看法是：

土地承包经营权的流转，应当主要在农户之间进行，流出土地的农民转向非农产业，流入土地的农民则变成专业大户、家庭农场、农民专业合作社成员，成为适度规模经营的主体。

欢迎热心农业的社会资本到农村投资，但是不要来农村与农民大量争土地，让有限的农地尽可能多地留给农民以让他们赖以生存并逐步走向小康和现代化。

赵亚夫还认为，土地经营规模应当适度，不宜贪大求多。

农村的实践证明，即使是专业大户、家庭农场，土地经营规模也不是越大越好，必须有个适度。

如果规模太大，家族劳动为主转变成雇工为主时，效率就会显著低落。一方面是劳务成本、管理成本、生产资料成本显著增加；一方面是农活质量明显下降，很多先进技术无法落实到位，粗放的管理造成减产和品质变差，严重影响市场销售，单位面积的收益会大幅度下降。

在我国、我省人多地少的条件下，为了让更多的农民富起来，在土地承包经营权流转时，要适当地搞均田制，要控制家庭经营规模过大，防止贫富差距过大，防止少数人过多地侵犯多数人的利益。以句容为例，现在的先进科技和生产手段，现有的市场销售形势，种葡萄一般亩收入可达到1万元左右，如果一个大户占了150亩土地雇工种葡萄，亩收入就会降到8 000元以下，当然年收入仍可高达120万元，如果这150亩土地由30户农民种，每户5亩年收入可达5万元以上，所以一个年收入120万元的大户，是以30户农民合计年收入150万元的代价换来的，是以30户农民100多人口实现小康富裕的代价换来的。很清楚，在类似的人多地少的农业地区，取向应该朝向哪一方。

《五谈“三农”》是赵亚夫针对江苏省经济发达地区“三农”问题的一组调研报告，从五个不同的角度与侧面对“三农”问题作了全方位的分析思考，是他几十年沉浸其间、摸爬滚打、深考细察、深思熟虑的心血结晶。某种程度上可以讲，这是代表了当今中国对“三农”问题最“深沉”的调研、最前沿的思考、最接“地气”的探索、最切实可行的对策。

下面将《五谈“三农”》分别摘编如下。

一谈“三农”

留住高素质农民——保住农村、农业的巨大社会公益功能

我省经济发达地区，是指工业化、城市化发展水平较高的苏州、无锡的全部，常州的大部分、南京、镇江的一部分。这里的人均GDP已超过1万美元，农村户籍人口的平均年纯入已达到1.2万元以上，家庭收入中非农收入所占比例一般已超过80%，人们普遍安居乐业，农村与城市一样，呈现出一派繁荣景象。但是，依然存在着严重的“三农”问题。本文及后面的续文，将阐述这个问题并探讨解决对策。

从区域经济发展角度看，无论工业化、城市化发展水平有多高，

也不会没有农村、没有农业、没有务农的农民。世界上绝大多数地方，即使工业化、城市化很发达，也不可能把整个区域变成城市，把全体住民变成城市居民。这是因为“民以食为天”，农业是生命的产业，凡有人口居住的地方，都有个粮食安全和食品安全问题，可能有人会说经济发达地区有钱，可以用钱到外地去买粮食，但是出现买不到的情况，比如战争、重大自然灾害等怎么办？所以国家有个粮食安全战略决策，各地都有自己的粮食安全责任制。之外，还有个环境安全的问题，工厂、城市大量排碳，森林、农作物、土壤则大量吸碳。工业化、城市化发展，必须有森林、旱地、水田、湿地、江河湖泊大小水体等自然环境资源与城市、道路、人口密度科学合理的综合配套，以减缓城市、工业发展对环境污染负面影响，维持经济、社会的可持续发展，这可是任何情况下都无法从外地买来的。所以农村、农业和务农农民不仅因范围广、数量大，客观上不可能因工业化、城市化的高度发展而在区域经济中完全消失，而且因为农村、农业、务农农民承担着粮食、环境等维持人类赖以生存，经济、社会赖以持续发展的巨大社会公益功能，相当长的历史时期内或者是直到永远，这种功能是无法被取代的。

当前我国广大农村地区，务农农民素质及农业效益普遍较低，严重制约着区域经济发展和农民生活水平的提高，成为内需增长不理想及贫富差异过大影响社会稳定的很重要原因。即使是工业化、城市化程度较高的我省经济发达地区，尽管从统计数字上看农村农民人均年纯收入已达 1.2 万元以上，事实上也都存在着务农农民素质及农业的低效问题，只不过当地务农为生的农民已经很少，农村居民收入绝大部分已经来自非农产业，全体农村籍户口居民收入的平均数掩盖了务农为生农民的低收入，非农产业发展造成的经济繁荣掩盖了农业的落后低效，出现了农村繁荣、农业萎缩现象。这种局面如果不改变，再过 10 ~ 15 年，现年 50 ~ 60 多岁的农民将陆续迈入力不从心不能种田的高龄，届时农村务农无人后继、田园荒芜、村庄破败，农业将丧失社会公益功能，彻底萎缩，从而危及粮食、环境安全，最终从根基上动摇区域经济、社会的平衡协调发展。

所以解决我省经济发达地区的“三农”问题，首要应该是在城市化、工业化的同时大力发展现代农业，大幅度提高农业的效益，把低效的农业建设成高效的农业，使农村务农农民收入水平不低于邻近城镇居民，生活质量优于邻近城镇居民。这样才能确保农民有务农积极性，留住必要数量有相当素质的务农农民，才能保住并提高农村、农业巨大的社会公益功能。

二谈“三农”

把低效的农业变成高效的农业

我省经济发达地区怎样才能大幅度提高农业效益呢？目前市场价格较低的大宗粮油作物，如稻、麦、油菜等，随着相关高性能农业机械的开发并投入生产应用成功，已能基本实现全程作业机械化。通过机械作业扩大种植规模，大幅度提高劳动生产率来获取高效的条件已基本具备（油菜稍慢一点）。在土地流转条件比较成熟的地方，可以直接引导土地向种粮大户适当集中，组建粮油合作社，扩大种植规模。在老农恋土情结较严重的地方，可以先采用代耕代种的方式，以农机专业户、农技人员、种粮大户为主组建粮油合作社，接受零星小面积种粮户的农田管理作业委托，合理收取作业费用（开始时政府财政可提供补贴加以引导），从部分作业委托起步，引导走向全过程作业委托。这种方式不涉及土地流转，比较容易推开，实际上也是一种扩大种植规模。由于适度规模经营大幅度提高了劳动生产率，以 100 ~ 150 亩规模的种粮大户为例，现行价格计算稻麦或稻油两季每亩获纯利一般可在 500 元以上，年纯收入可达 5 万 ~ 7.5 万元，可以说实现了户均（人均）高效。如果种粮规模能继续适度扩大或粮食单产继续提高，则效益还能继续提高。由于粮食市场相对比较稳定，适度扩大种粮规模，使种粮成为比较容易获利的一件事，这就解决了现在种粮农民普遍缺乏种粮积极性这个大问题，为粮食先进科技成果推广应用，粮食单产、总产的提高，以及国家的粮食安全战略性决策在我省经济发达地区的落实，创造了基本条件。

大宗粮油作物以外的蔬菜、花卉、果树等园艺作物，由于机械化程度不高，管理作业还是以手工劳动为主，劳动力市场价格又呈较快上涨趋势，所以园艺作物经营规模扩大的程度较小，与粮油作物强调扩大规模不同，要更多的重视提高土地产出率。而且与粮油市场相对比较稳定不同，园艺产品市场波动较大，一般的大路产品市场均已趋向饱和，但是高端消费市场却有相当的潜力，尤其经济发达地区农村周边即有高端消费市场，获利空间大。所以园艺作物的产业开发必须更加强调依靠科技，处理好产量与品质的关系，突出产品的优质、美味与安全，满足中高档消费需求，与一般同类产品拉开差距，不仅能卖出去，还能卖个好价钱。也就是说通过提高单位面积土地的产出效益，来大幅度提高农业效益。

改革开放以来，我国畜禽产业有了很大发展，走的也是规模经营提高效益之路，多数地方已经由企业规模经营取代了传统的农村分散家庭养殖。近些年来，我省经济发达地区的畜禽规模经营受到了环境保护要求越来越严格的限制。可是在条件合适的地方，一种适合家庭经营、通过农牧结合控制环境污染，提高产品品质、节省生产成本的健康畜禽养殖模式正在发展，在果茶园及疏林地种植牧草、放养食草畜禽，生产的优质、美味、安全产品，受到中高端消费市场越来越多的青睐，取得了较高效益。

三谈“三农”

发展高效农业的重点产业、产品种类选择

我省经济发达地区的农村，大都紧邻特大或大城市，而且本身即处于经济发达的中小城镇所辖范围之内，紧邻农产品高端消费市场，当地有大批收入高、购买力强的消费者，还有很强的企事业集团消费能力，只要能生产出适合市场需求的高端农产品，一般均能卖出令生产者比较满意的好价格。此外，我省经济发达地区的务农农民，一般文化程度较高，与外界接触较多，掌握较多的科技、市场信息资源，比较重视科技，也比较懂得怎样做买卖，整体素质较好。这些都是我

省经济发达地区发展高效农业比较容易成功的有利条件。一般认为经济发达地区土地资源、劳动力紧缺，生产成本高，搞农业肯定不如农业比例大的农业区，认为经济发达地区不适合搞农业。其实，经济发达地区是发展高效农业很理想的地方。前些日子我到日本了解到，日本农业搞得最好、农业效益最高的并不是北海道、鹿儿岛等著名的农业区，而是经济最发达的东京、大阪、名古屋周边地区。原来，农业高效与区域经济繁荣是可以同步的。这为我省经济发达地区发展现代农业，在发挥农业巨大社会公益功能的同时实现农业高效，更加增添了信心。这里具体谈谈我省经济发达地区发展高效农业的重点产业、产品种类选择。

与一般农业所占比例较大的农业区不一样，我省经济发达地区的农业是瞄准邻近高端市场，生产高端农产品的高端农业。高端市场消费者对农产品的需求，特别强调的是优质美味，安全放心，所以经济发达地区的高端农业，必须是生产优质美味、安全放心农产品，而且能与一般农业区拉开差距的农业。

俗话说“一方水土养一方人”，在漫长的历史进程中，自然条件大体相同的地区，必然会形成大体相同的农业生产、大体相同的农产品种类、大体相同的饮食习惯即所谓农耕文化，出现本地的特色农产品、特色菜肴、特色饮食文化。我省经济发达地区，农产品的生产地与消费地同属一个文化区域，有着共同的传统饮食文化风俗习惯，共同的消费爱好。改革开放以来，虽然不断有着外来品种技术及外来饮食文化的引进，可是传统农产品生产，传统饮食文化仍然在本地有着根深蒂固的存在。随着外来文化新鲜感的衰退，人们更加怀念“小时候吃过的味道”，“妈妈烧的家乡菜”。这就为我省经济发达地区发展高端农业、开发高端农产品、开拓高端市场提供了一个很大的商机。

大米是江南鱼米之乡数千年历史的传统大宗农产品，选用食味特佳水稻品种（如与20世纪50年代太湖流域地方品种同源的“越光”等品种），在传统农业技术基础上加入现代农业生态环保的合理内容，形成以优质、安全为首要目标的先进栽培技术体系，可以生产出受高端市场消费者欢迎的、有“小时候吃过味道”的优质美味、安全放心的大米来。

留恋小时候吃过的味道，怀念母亲做的家乡菜，这就是地域饮食文化。什么季节吃什么应时鲜果，什么季节吃什么时鲜菜肴，都是地域饮食文化的重要内容。收集、整理出本地一年四季各种特色时鲜菜肴、应时鲜果，制定出本地各种相应的原材料果品、蔬菜、畜禽、水产等传统农产品开发规划，并根据市场需求不断补充、调整、改进、提高，开发出相应的优质美味、安全放心的栽培或饲养技术，逐步建成与市场需求对应的果品、蔬菜、畜禽、水产适度规模生产基地。所以与国内外一般的农业大产区不同，我省经济发达地区的农业，应该是多种类的、每个种类的批量、规模按市场需求是大小不等的，但整体上能基本做到周年供应的多品种、小规模、丰富多彩的农业。

四谈“三农”

合作社必然会成为现代经营模式发展的主流

我省经济发达地区必须建设高效的、有巨大社会公益功能的农村、农业。谁来挑起这个担子，成为现代农业经营主体呢？

我省经济发达地区目前的农业经营模式主要有农户家庭经营、非农资本企业经营、农村集体企业经营及农业合作社经营等。

农户家庭经营。是20世纪80年代农村联产承包责任制推行以后形成的农户家庭经营模式。在我省经济发达地区，随着工业化、城市化进程加快，相当的农用地被转成非农用地，农户人均承包农地面积已经越来越少，家庭收入绝大部分已来自非农产业，一般均由家中的老年辅助劳力种一些自家用的粮油、蔬菜，由于商品率很低，家庭经营实质上已经变成有名无实。但是在这种大环境中，也有一些能干农民，除自家的承包土地外，又转入一部分其他农户承包地，扩大了家庭经营规模，以家属劳动为主，大忙时雇些临时工，也有以雇工为主的。通过引进新品种新技术，经营一些效益较高的果品、绿化苗木、蔬菜等，亩均纯收入近万元，户均年纯收入十万元或更多，人均年纯收入已大幅度超过了当地一般居民，成为当地依靠科技务农富起来的典型。

我省经济发达地区尚有一些交通较偏远、工业发展不很好的地方，青壮劳力外出打工，但打工收入较低，仍有少部分务农农户存在，他们一般承包土地面积较多，种植常规的粮油作物，农业经营收入一般占到家庭收入的 30% ~ 50%，人均年纯收入 5 000 多元。还有很少数家庭因缺乏劳力，无人或很少外出打工，仅靠农业收入为生的，人均年纯收入就更低了。

非农资本企业经营。非农资本进入农业，流转农民承包土地成立的农业企业，多数规模不是很大，一般百亩至数百亩，有一些千亩以上的较大企业。经营者雇佣当地老年农民或外来打工者从事企业农场的生产。除产品科技含量较高的企业外，一般经营状况并不理想。

农村集体企业经营。一些集体经济搞得比较好的村（社区），划出一部分土地，成立下属的农业企业（或承包部门），雇用当地老年农民或外来打工者从事农业生产活动。一般实际经营状况也不理想，依赖村集体经济常年给予补贴维持。

农业合作社经营。2007 年《中华人民共和国农民专业合作社法》颁布实施后，各地纷纷成立合作社，但是大多为收购农产品的经纪人或企业牵头组织的合作社，与社员之间仍然是产品的买卖关系。有同类农产品生产的农户联合起来成立的合作社，但大多处在挖第一桶金的起步阶段，由于技术人才、经营管理人才严重缺乏，资金不足，再加市场开拓滞后的影响，如果得不到政府和社会各方面的扶持，做强做大的难度还很大。

我省经济发达地区农村大量存在的有名无实的家庭经营，显然不能挑起建设有巨大社会公益功能的农村、农业这个担子，是不能成为现代农业经营主体的，尽管目前他们手中掌握着农村中最大量的农用土地。企业经营，无论是非农资本进入农业的企业经营，还是农村社区集体的企业经营，尽管看来他们手中掌握着大量的农用资金，但是我们不能忽视，农业与高度标准化、机械化、电子化、数字化的现代工业不同，至今大多仍以人的手工作业为主，生产对象又是活的生命体，受自然因素影响很大，无法产生很高的劳动生产效率，取得很高的产品附加价值。再有，企业农场大量依靠雇佣劳动产生的劳资关系是一个很难处理的现实问题（实际上现代大工业也没有完全解决好这个难题，如“富士康”的例子，但是农业更难），随着劳动力价格日益上涨趋势，矛盾还会加剧，它造成的管理成本增加及劳动生产率下降，会使原本就很难获利的种植、养殖业经营难上加难，其实，这就是为什么现有农业企业经营大多不成功的主要原因。

可喜的是，一些地方出现的农民家庭经营成功的事例给了我们启发：家庭经营能够充分调动劳动者的积极性，如果能有一定的土地规模再加上先进适用科学技术，农业是可以实现高效的，务农农民收入水平是可以赶上城镇居民的。但是一家一户的家庭经营如何对接市场呢？能干农民的家庭经营能富起来，其他一般农民的家庭经营能否也富起来呢？

合作社能解决一家一户解决不了的规模过小和进入市场难的问题，也能解决农村中先富带后富，大家共同富的难题。尽管与农户家庭承包经营相比，合作社会增加管理、运行成本，但它能维护广大农户自主经营的积极性，因为农民是在为自己干，而不是为老板干，也不是过去人民公社吃大锅饭为“公家”干，能较好处理国家、集体、农户三者之间关系，兼顾“效率”与“公平”。随着城乡统筹发展力度加大，农业农村发展基础进一步夯实，合作社必然会在政府和社会各方支持下得到健康发展，成为现代农业经营模式发展的主流。

当前合作社发展最紧迫的难题是缺乏人才。要花大力气培养农村现有基层干部队伍，鼓励、引导他们也成为合作社的领导、管理人才；要花大力气培养农村中能干致富的务农农民，鼓励、引导农村中、青年农民特别是外地打工返乡创业的中、青年农民，成长为合作社的骨干力量；要花大力气引进外来人才，包括鼓励、引导、培养大学生“村官”成长为合作社管理队伍中的重要新生力量和鼓励、引导、培养科技人员深入合作社一线研发、示范、推广新品种、新技术等。农业大学要设立合作社经营管理专业，培养并向农村输送优秀的高层次合作社经营管理专门人才，同时培训合作社现职领导、管理人员。希望政府及有关部门能认识到这件事情的重要性和迫切性，切实抓出成效来。

五谈“三农”

农村的土地应当流向何处、转给何人

我省经济发达地区农村的土地流转，主要是将土地从无力经营自家承包地的不务农“农民”手中流出来，转入农村中能干致富的务农农民，包括返乡创业的农民手中，并引导、帮助他们成为合作社的骨干力量。

前文已述及，我省经济发达地区农村目前的农用土地最大量掌握在有名无实的所谓家庭经营农户手中，绝大多数处于低效利用的状态。这是当地农业低效的很重要原因。我省经济发达地区建设有巨大社会公益功能的农村、农业，必须改变目前的土地利用状况，将土地从无力经营自家承包地的不务农“农民”手中流转出来。与农业比例较大，农业收入尚占家庭收入相当比例，曾至还是家庭收入主要来源的地区相比，我省经济发达地区农村一般均有较高的非农收入来源，流出低效的小面积承包地，对他们的家庭收入几乎不会产生影响，具备土地较大规模流转的客观条件。可是我省经济发达地区农村的土地究竟流向何处？转给谁呢？

中共中央十七届三中全会《关于推进农村改革发展若干重大问题的决定》（简称《决定》）中说：“按照依法自愿有偿原则，允许农民以转包、出租、互换、转让、股份合作等形式流转土地承包经营权，发展多种形式的适度规模经营。有条件的地方可以发展专业大户、家庭农场、农民专业合作社等规模经营主体。”《决定》很清楚地指明了流转土地承包经营权、发展适度规模农业的方向。对此我的学习体会是：我省经济发达地区农村土地承包经营权的流转，主要是将土地从无力经营自家承包地的不务农“农民”手中流转出来，流入农村中能干致富的务农农民，包括返乡创业的农民手中，鼓励、引导他们成为专业大户、家庭农场，同时成为农民专业合作社的骨干力量。因为他们将是我省经济发达地区现代农业经营的主体。

可是实际上我省经济发达地区较多的却是沿用了在二三产业领域非常成功的建开发园区等招商引资的做法，非农资本进入农村通过流转获得农地，建立农业企业。可是毕竟投资农业与投资工业有差异，虽也有一些搞得较好的农业企业，但就总体来说，投入大却中看不中用，效益不明显，即使盈利也只是少数人获利，大多数农民学不起，不容易解决面上的农业高效问题。如果将其与同时期农民为主体搞的地方相比，如与句容丘陵山区农业综合开发建成绵延数十千米大面积高效农业，数万农户因此大幅度增加收入相比，则明显要冷清许多。

与农业比重较高的一般农业区相比，我省经济发达地区非农资本进入农村与农民争土地的矛盾要小，但也要避免大量占用农地打擦边球移作他用等土地违法现象，或者虽用作农业却依然效益很低，浪费土地资源。所以农用土地还是尽可能地让务农农民去家庭经营。欢迎非农资本进入农业从事农产品加工、流通行业，发挥自己熟悉非农企业管理及市场营销的长处，获利同时又能帮助农民提高农业效益；或者投资农业基础设施，租给农民使用，以租金形式回收获利等，与农民实现互利双赢。

《五谈“三农”》获得了较好的反响和效应，也引起了有关领导的高度重视。

2011 年 6 月 8 日，时任江苏省省委书记罗志军对此批示道：

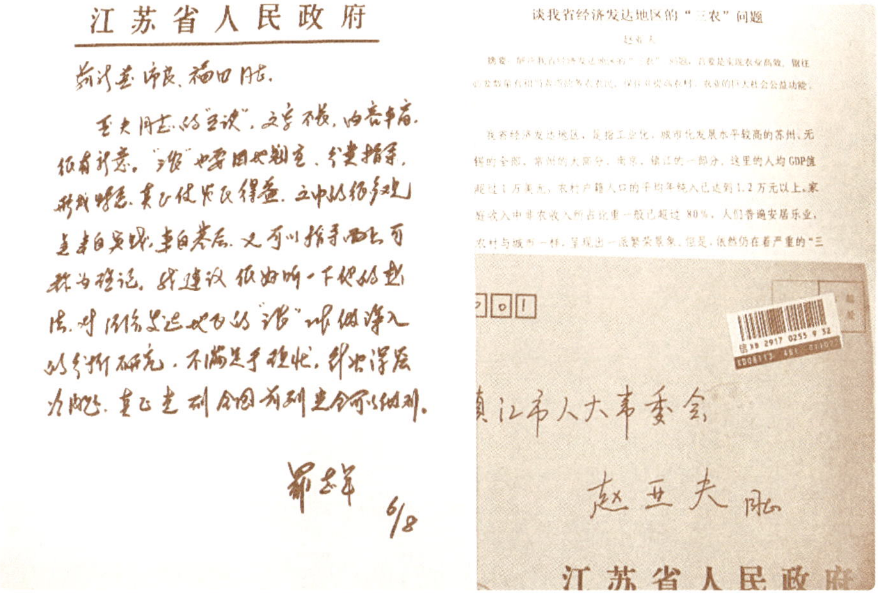

罗志军的亲笔批示

亚夫同志的“五谈”，文字不长，内容丰富，很有新意。“三农”也要因地制宜、分类指导，形成特色，真正使农民得益。文中的很多观点来自实践，来自基层，又可以指导面上，可称为理论。我建议很好听一下他的想法，对经济发达地区的“三农”工作做深入的分析研究，不满足于现状，解决深层次问题，真正走到全国前列，完全可以做到。

第四章

天人合一新农观

前文言及，赵亚夫的思想体系的底色是中国传统文化。而这个底色中，道家思想又占有主色调的地位。作为农业科学家的赵亚夫，在农业观上受道家思想的影响特别明显，集中体现在“天人合一”的农业观。

“天人合一”最早由庄子提出，庄子说：“有人，天也；有天，亦天也”，“天地者，万物之父母也”，意思是说天与人本来就是合一的。在道家看来，天是自然，人是自然的一部分。汉代思想家、阴阳学家董仲舒把道家“天人合一”的思想发展成为一种哲学思想体系。后人对“天人合一”的解释莫衷一是，产生了各种各样的说法。

赵亚夫对“天人合一”的理解，就是人与大自然要和谐相处；人要顺应自然、利用自然、享受自然、顺势而为，而不要去“征服自然”“改造”自然，更不能去“战天斗地”。“天人合一”被赵亚夫反映在农业观上，本质上就是生态农业，就是尊重自然规律的农业，充分利用天地赋予人类的恩赐，吸收中国古老农耕的智慧，运用现代科技和现代管理，实现生态维持与经济发展的良性循环。赵亚夫认为，直到20世纪50年代我国的传统农业基本还是尊重自然规律的农业，但是这种传统农业的生产力太低了，满足不了人类社会发展的要求。我们今天要努力做到的，就是十八届五中全会提出的“产出高效、产品安全、环境友好、资源节约”的可持续发展农业道路，为此，我们必须通过创新（包括科技创新和体制机制创新），在大力发展尊重自然规律农业的前提下，努力做到农业生产力的大幅度提高。

分析赵亚夫的生态农业观，可以归纳为这样几个要点：

一、发展粮食与发展多种经济作物并行不悖、有机结合；大田种植与林、牧、副、渔齐头并进、相扶相助；大农业与二三产业融合发展、连带互促。

二、汲取传统农业的精华和现代科技的优秀成果以及现代管理的先进手段。

三、以资源的永续利用为宗旨，通过食物链网络化、农业废弃物资源化，建立良性的物质循环体系。

四、将农业生态系统与农业经济系统统一起来，以取得最大的生态效益和经济效益。

第一节　赵亚夫的“铁规矩”

赵亚夫的生态农业观有一个演变发展的过程，是从最初的“果腹农业”发展到“有机农业”，再发展到“生态农业”。“果腹农业”是特定历史时期的产物，当时首当其冲是要解决“挨饿”的问题，无暇顾及更多。“有机农业”是在人们基本能吃饱的基础上，向更高的层次发展，不用或者基本不用化肥、农药、生长调节剂和饲料添加剂等，而是施用有机肥料、生物或物理防治（病虫害）、有机饲料，以收获绿色产品，取得更高的经济社会效益。当然，这三个阶段不是“一刀切”式的截然分开的，它们是相互渗透、犬牙交错的，比如“果腹农业”中就有了“有机农业”和“生态农业”的滥觞；“有机农业”中就有了“生态农业”的萌芽和雏形；“生态农业”中也包含着“果腹农业”（主要是粮食安全）和“有机农业”（是“生态农业”的子系统）的基因。

在“果腹农业”基本解决之后，赵亚夫便在探索“有机农业”的问题了。经过几年的沉下身子的调研与深度的思考，赵亚夫对“有机农业”有了相当水平的认识。

赵亚夫认为，搞有机农业，首先要处理好食品安全、产品质量、单位产量这三者的关系，找到这三者的平衡点并渐进有序地提高这个平衡点。首先在我国，有机农产品的单价与一般农产品的单价不像国外那样差距拉得那么大，因为我国的总体消费水平不如人家，对有机食品的认可度更不如人家。如果有机食品的质量上不去，卖不出好价钱，或者产量很低，生产者的经济效益是上不去的。谁也不会做赔钱的买卖，农民更是如此，经济杠杆是市场经济的法则。所以，在确保安全与优质的前提下，要有相当的单位面积产量，使生产的农户能显著增加收入，又不使消费者感到价格负担过重。因此，要对安全、优质、单产这三个方面的技术同时抓，通过有机农产品的安全性来适当提高价格，通过优质来合理提高价格，以抵消有机栽培、饲养而增加的生产成本，再加上一定的单产来增加收入，使农民愿意种、愿意养；使城镇居民感到尽管贵一点仍愿意买、愿意吃，这样才能进入一种有机生产销售的良性循环。

赵亚夫还认为，从事有机农业活动，必须做好农民的工作，因为他们是有机农业的最为关键的主体。中国农业的特点是人多地少，分散、小规模，历史遗留的小农思想根深蒂固，农民受教育程度普遍较低，接受新事物难乎其难，所以严重的问题是教育农民，使他们从观念上接受有机农业，从行为上适应有机农业。赵亚夫之所以有这样的认识，从根本上说当然是他的几十年的农村工作经历使他对农民有着深刻了解，但也受一些具体事情的触发。

有一年冬天，赵亚夫到句容白兔乡调研，路上遇到几个在田野里捉蛇的农民。这几个农民捉了不少蛇，装满了一竹篓。

赵亚夫停下脚步，问他们："你们知不知道，捉蛇会有什么后果吗？"

几个农民摇头说不知道。

赵亚夫告诉他们："蛇捉光了，老鼠就会成灾，老鼠多了就吃地上长的粮食，最终受害的还是农民啊。"

这几个农民竟说："我们才管不了那么多呢，我们只晓得捉蛇能卖钱。"

当时赵亚夫哭笑不得，悻悻地走了。

后来他还听说，有个地方组织农民种有机大米，有的农民为了提高产量，晚上偷偷地到田里撒化肥。撒了化肥，还叫什么有机农业嘛。

所以赵亚夫意识到，要搞有机农业，必须花力气做好农民的工作。当然，空洞的说教没有效果，最要紧的是做出有机农业也能有高收益的样子来，以生动的实例来教育农民、说服农民。同时还要帮助他们，帮助他们学习技术、开拓市场、解决资金困难。这些工作非常艰难，但是非干不可。

攻克草莓黄萎病

在白兔镇试种草莓七八年后，发生了一种叫草莓黄萎病的病害。起初是零星发作，后逐渐严重。导致草莓种植户们轻则减产，重则绝收。

当黄萎病瞄上了草莓，它会呈现怎样的新的特点？它的发病机理是什么？传播途径是怎样的？如何进行有效防治？赵亚夫进行了悉心研究。

研究首先从观察开始。赵亚夫对病株进行了仔细的观察，发现大多外围叶片、叶柄先遭到病菌侵染，产生黄褐色病斑，叶片渐渐失去光泽和生机而萎蔫，以致枯死。新嫩叶片先变灰绿或淡褐色，继而下垂萎蔫。病株基本不结果或结果很少，果实不膨大，畸形多，品质差，商品价值大打折扣。

赵亚夫对被害株的叶柄、果梗和根茎进行了解剖，在其横切面可见维管束部分或全部变褐。进一步观察发现，病菌是真菌。

日本种植草莓的历史较为悠久，于是赵亚夫向日本的同行们作了咨询。果然，日本同行们对草莓黄萎病的研究较为深入透彻，他们告诉赵亚夫，草莓黄萎病菌一般可存活 6 ~ 8 年，带菌土壤是病害侵染的主要来源。环境条件适宜时，病菌借助带病母体、水源及农具等进行传播。从植株根部伤口或直接从幼根的表皮或根毛侵入，在植株维管束内繁殖，不断扩散到叶部及根系，引起植株系统性发病，最后干枯死亡。病菌喜温暖潮湿环境。发病盛期为育苗中后期、假植期和移植初期。其发病因素，有种苗带菌，或有机肥没有充分腐熟；连作地、前茬病重，土壤存菌多；高温、高湿、多雨，或地势低洼积水，排水不良；或土壤黏重、偏酸性；栽培过密，株、行间郁蔽；氮肥使用过多，植株过嫩、虫伤多等。

防治方法有农业防治和化学防治。当时赵亚夫已在进行有机农业实践，所以他对化学防治尽量不予采用，尤其是对于草莓而言，是洗干净了即可入口的水果，不像其他的还有个去壳剥皮的过程，所以他根本没有考虑用喷洒农药的方法来防治草莓黄萎病。

在经过反复观察、深度研究、切磋同行、周密论证之后，赵亚夫决定对草莓黄萎病发起“自卫反击战”了。

赵亚夫和他的团队骨干糜林等科技人员一起，示范推广了发病田轮作早熟水稻品种；夏季密封大棚高温土壤消毒；淘汰感病品种‘明宝’等不用化学农药的农业技术措施，取得了很好防治效果。

原来，草莓黄萎病的病菌喜欢在比较疏松的土壤条件里生长，这时正好赵亚夫从日本引进了优质的水稻早熟品种“越光”，虽然产量不高，但是由于米饭口感好，价格卖得很贵，所以效益很高，每亩收益能到3 000多元，比普通大米收益高出5倍多，如果提早一点插秧，8月底就能成熟，收稻后紧接着田间整理，9月上旬完全能抓住季节，栽上草莓。如果前茬栽上了水稻，稻田经常上水，土壤里的草莓黄萎病病菌因为缺少氧气，生长繁殖不起来，所以这样做的结果，会使新栽上草莓的大棚土壤里，草莓黄萎病病菌成活量降到最低，确保新栽上的草莓不致发病。此法很灵，赵亚夫他们开始找了几家发病很重的农户做示范，一炮打响，凡是栽了“越光”水稻的田块，后茬栽草莓，基本上黄萎病就不见了，很快这一防治措施就在病区推广起来了。第二个方法是在夏季密封大棚高温进行土壤消毒，草莓黄萎病病菌还怕高温，在草莓收获结束以后的夏季，利用7 ~ 8月份35℃的高温天气，紧闭大棚，再灌上水，盖上旧薄膜，使棚内土壤温度高达40℃甚至50℃以上，此法不仅能彻底杀灭草莓黄萎病病菌，还能杀灭土壤中存在的其他多种病菌，包括线虫和一些杂草种子，所以推广面积更多。再加上当时镇江农科所又引进了日本新的草莓优质高产的“枥木少女”“红颊”“章姬”等品种，对草莓黄萎病的抗性比原来的品种“明宝”要强得多。就这样，几项农业措施一结合，就把闹得草莓种植农户人心惶惶的黄萎病给治住了。

笼罩在农民心头的雾霾散尽了，句容的草莓业又恢复了蓬勃的生机。

刘业发种起了有机稻

赵亚夫想在虾子塘村推广种植有机水稻“越光”水稻，便先找到村干部，让他们推荐一个或几个典型示范户。这是赵亚夫的常规招数，即要推广一种新技术、新品种，先找一户或几户能干、肯吃苦、口碑好的农民试种，扶持他们取得成功、先富起来，让周围的农民看着“眼红”，于是纷纷效仿，因此而带动一大片农民共同致富。赵亚夫把这叫做“点亮一盏灯，照耀一大片”。

可是这次村干部对照“能干、肯吃苦、口碑好”这几个条件时，想了半天也没想起谁来，便说：“符合这几个条件的，在虾子塘还真找不到一个。”

“一个都没有？”赵亚夫问道。

“还真一个都没有。”村干部答道。

“符合一两个条件的呢？”赵亚夫进一步问道。

村干部又想了半天，答道：“倒是有一个人，叫刘业发，符合能干、肯吃苦这两个条件，就是口碑有点……”村干部欲言又止。

“口碑怎么啦？”赵亚夫追问道。

“也没什么……也谈不上口碑不好，但是要说口碑好，也很难说。”

赵亚夫详细了解之下得知，刘业发总体上是个老实本分人，有一手种田的绝活，在附近的农民中有点威望，只是有着农民容易沾有的一些小毛病：保守多疑，小富即安，讲究实惠，还有一点点的小精明、小狡猾。

“就从他入手！”赵亚夫作出了决定。

赵亚夫在农村摸爬滚打了几十年，对农民和农村工作太熟悉、太了解了。做农民工作，主要是抓住两头，即“先进”和“后进”，一般是先抓“先进”、树典型，后抓“后进”、促整体。如果一时找不到“先进”、树不起典型，也可以从“后进”抓起，从本质好、有能力、在群众中有影响，但有一点“小毛小病”的“后进”分子入手，把这样的人由“后进”转变为“先进”，那对一般农民的带动示范效应更强更大。

赵亚夫让村干部刘业祥带他去刘业发家，他要跟刘业发谈谈。

刘业发中等身材，皮肤黝黑，长得很结实。当刘业祥向他介绍这是赵亚夫时，他颇有些激动，搓着两只手有些不知所措。

“你好！”赵亚夫主动上前跟手握手。

刘业发用两只手紧紧握住赵亚夫的手说："这么大的领导，这么大的专家，亲自登门，叫我一个农民怎么担当得起哟。"

虽然有些惶然，但说话还是有条有紊、得体的，果然不是一般的农民。赵亚夫说："这没什么，我本来就是一个农民嘛，一辈子就是喜欢跟农民泡在一起。"

落座之后，赵亚夫把来意说了，主要是介绍"越光"水稻的好处，强调要采用有机栽培方法，不能喷农药，也不能施化肥，产量虽然比普通水稻低，但能卖出好价钱，每亩的收益不低于1 200元。

刘业发听罢沉默了半晌，才缓缓地说道："我种了30年的地，田里的事情没有不晓得的。我家的地，我像侍弄孩子似的，每亩能赚个三四百块就谢天谢地了。一不打农药治虫，二不用化肥促长，每亩能赚一千二？打死我也不相信。"

果然是精明而又多疑，不见兔子他是不会撒鹰的。赵亚夫说："我们定一个口头协议，你种'越光'水稻，种子、技术由我负责，但不能喷农药治虫，不能用化肥促壮，这是我的铁规矩。只要按照我的技术要求定时施农家肥就行，到时我来收购，每亩保证不低于1 200元。"

刘业发沉默不语。

场面有些尴尬。

陪同来的村干部刘业祥不耐烦了，对刘业发说："到底怎么样？行就行，不行就不行，你倒是放个屁呀！人家赵老师名气那么大，又是个大领导，难道诓你不成？"

被他这么一激，刘业发缓缓抬起头来对赵亚夫说："赵老师，并不是我不相信你，这些年上面三天两头来人搞新玩意儿，没有一样搞成的，他们拍拍屁股走人了，留下一屁股屎让我们擦。你说的我相信，但口说无凭，你得给我打个条子。"

"打个条子？"赵亚夫一时不解，转头望望刘业祥。

刘业祥正被刘业发的数落"上面"的话气得脸色发青，没好气地说："这家伙瞎扯，他的意思是要跟你订一个类似合同的东西。"

"合同？好啊，我们按照《中华人民共和国合同法》订一个合同。"赵亚夫说。

“共和国？合同法？”刘业发显然是紧张了，他没想到事情会弄成这么高大，手都有点哆嗦了，胆小怕事的一面显露出来了。“我不懂什么合铜合金的，你们文化人肠子弯弯绕，我怕被你们绕进去。”

口头承诺不相信，又不肯订立合同，看来工作进行不下去了。

刘业祥对赵亚夫说：“他这人就是个死疙瘩，你跟他说不通的。咱们走吧。”

“好吧，今天就谈到这里，你再考虑考虑。”说罢，赵亚夫便起身与刘业祥出门走了。

两人走到半路上，刘业发从后面追了上来。“赵老师，刚才我又想了下，觉得这事有戏。早就听说过‘要致富、找亚夫、找了亚夫准能富’，今天你都找上门来了，我岂能丢掉这致富的机会？我相信你，我试种！”

“好！我明天就来指导你怎么种。”赵亚夫高兴地说。

就这样，刘业发将信将疑地种了4亩“越光”稻。

插秧那天，赵亚夫头戴草帽，挽起裤管，拿着一根细长的棍子，一边量着距离一边往后退。他让刘业发跟着他往前插秧。

刘业发的表情有点哭笑不得。“赵老师，我打8岁就学会了插秧，掐指一算快40年了，从来就是倒退着插秧，哪有往前插秧的？”

“你照我的方法插，不会错的。”赵亚夫说。

刘业发于是叉开两腿，边往前移边插秧。好在他的插秧技术好，几下子就适应了。但对赵亚夫用尺子量好的插秧行距，本来就多疑的刘业发满腹狐疑。“赵老师，你这个空当留得太大了吧？这样一亩田能插几棵秧啊？”

赵亚夫耐心地说：“你放心，我这是有科学道理的。‘越光’稻是我从国外引进的新品种，它需要有充足的阳光、良好的通风，同时行距大也能使养分供应充分。另外，将来还要在里面养鸭子，鸭子在里面吃虫子，鸭子爬行的过程中可以松土，鸭子的粪便还是很好的有机肥料。”

听赵亚夫说得句句在理，刘业发这才打消了心中的疑虑，跟在赵亚夫后面认认真真地插起秧来。

插好秧后，两人上了田埂。临走前，赵亚夫又特别向他叮嘱道：“记住我的铁规矩：不准喷农药，不准用化肥！有什么问题随时给我打电话，我会随叫随到帮你解决的。千万不能破坏我的铁规矩！记住了吗？”

“记住了。”刘业发答应道。

过了十几天，赵亚夫送来了20只小鸭子，让刘业发放养在“越光”水稻秧田里。小鸭子入水后，就欢快地划游、觅食。赵亚夫拉着刘业发蹲下身子，细觑小鸭子觅食过程，只见小鸭子最喜欢吃秧苗上的稻飞虱和稻叶蝉等虫子。

赵亚夫拍拍刘业发的肩膀说：“看见了吧？这才是真正的灭虫‘专家’，比你喷洒农药不知好上多少倍哩。将来它还会给你生蛋，它的粪便是最好的有机肥，比化肥不知好到哪里去了。你就等着搂钱吧！”

刘业发高兴地点头称是。

又过了十几天，村干部刘业祥打电话给赵亚夫说：“赵老师，你快来一下，刘业发又闹毛病了，不晓得出了什么状况，他要拔掉‘越光’苗，重栽常规苗。”

赵亚夫放下手中的活儿，紧急赶到虾子塘村，直奔刘业发家稻田。只见刘业发要下田拔苗，刘业祥死命拉住他，两人缠扯着像摔跤似的。

赵亚夫朝刘业发大喝一声：“刘业发，你给我住手！别再胡闹了！”

刘业发被赵亚夫的气势镇住了，因为赵老师平时对农民总是和颜悦色，从来没见他发过火，今天声色俱厉，说明真的生气了，也许自己真的错了。

赵亚夫跟农民打交道几十年，深知做各色各样的农民工作的个中滋味。对于像刘业发这样的本质上不坏、但小毛病多的农民，往往吃硬不吃软，必要时对他凶一点、狠一点，他反而觉得你这人有真本事、有把握解决问题，内心反而高兴，对你钦佩服贴；相反，如果这时低声细气跟他讲道理，他会觉得你底气不足，做事没有把握，反而不买你的账。这样的人文化不高，道理不道理的他听不懂，往往根据声调高低来判断你是不是有真本事，甚至这时你骂他一顿，他就立即确信你是个高人，骂得他内心受用得很。赵亚夫今天就用了“吃硬”这一招。

这一招果然奏效，刘业发住了手、垂下头，嘴里嘀咕道：“我是看这秧苗稀稀拉拉、萎萎蔫蔫的，再看别人家的秧田密密壮壮、绿油油的，心里头发虚啊。”

赵亚夫严厉地批评他道：“你这人就是小精明、不高明！你别看现在稀稀拉拉、萎萎蔫蔫的，但这是有机水稻，又是著名品种，将来能卖出大价钱的。那些常规水稻，别看它产量高，卖不出好价钱。比如说你一亩收获了400斤大米，但每斤能卖8块钱，毛收入就是3 200元；常规水稻算他每亩收获800斤大米，但每斤只能卖2块钱，毛收入只有1 600元。这个账你算不过来吗？”

刘业发嘿嘿笑着，不敢说话了。

赵亚夫的内心还是蛮喜欢刘业发的，但脸上装着愠怒的表情，不去理他，径自脱下鞋子，下到秧田里察看起来。刘业发也脱下鞋子，跟在赵亚夫后面。

赵亚夫发现不少秧苗上有些斑点，自言自语道：“这是秧田带来的叶斑，得赶紧治。”

刘业发随口说道：“喷叶枯宁，很灵的。”

赵亚夫回头白了他一眼，刘业发自知失言，吐了吐舌头，朝刘业祥做了个鬼脸，再也不敢吱声了。

赵亚夫让司机上街买来了几斤醋，亲自在秧田里喷洒了一遍。临走时关照刘业发，隔七天喷一次，共喷三次，肯定能治好叶斑病。

“喷醋能治叶斑病？看来我这个老把式跟不上时代了。”边说边掏钱要还赵亚夫买醋的钱。赵亚夫不收，说这是送你的。

“上次买鸭子的钱是你掏的，这次又是你掏的，贴了技术、贴了时间，还要贴钱，这让我怎么过意得去呢？将来拿什么报答你呢？”

“你把这块‘越光’稻种好了，将来能带着大伙儿一起种，这就是对我的最好的报答。”说罢就转身走了。

“真是个好人啊！”望着赵亚夫渐渐远去的背影，刘业发喃喃自语。

照着赵亚夫说的，刘业发又喷了两次醋，叶斑病果真治好了。

第二天，赵亚夫带来了菜籽饼，教刘业发均匀地撒在稻田里。

“这就是你说的有机肥吧？”刘业发问道。

“是啊，效果可好了。这几天太阳好，在阳光下晒几天就会发酵，形成酸性的水层，既肥了田力，又能杀草，一举三得哩。菜籽饼只是有机肥的一种，以后我会教你制作更多的农家肥，也就是我挂在嘴边的有机肥。”

后来，赵亚夫又来了几次，指导刘业发如何制作农家肥，并教他施用农家肥的方法。这四亩“越光”水稻长势越来越好。尽管看上去不及其他普通稻田的密实旺盛，其实比那些稻子长得更健康，呈现出一种自然朴实之美。

到了收割季节，赵亚夫带着收割机帮着收割。收割机是流水线作业，割稻、脱粒、装袋一气呵成。望着一袋袋堆放整齐的稻子，赵亚夫估算了一下，亩产大约七百斤，在有机水稻中收成算是不错了。

“老刘啊”，赵亚夫对刘业发说，“你是个精明人，算盘珠子打得滴溜转。我呢，从不打诳语，有话就往白里说。这种稻子加工出来的米，肯定能卖出好价钱，是普通大米的 3 ~ 4 倍。你自己掂量掂量，是自己加工出售呢，还是交给有机农业合作社统一加工出售？自己搞呢，就是辛苦一点，还要找销路，但能多赚点钱；交给合作社呢，省心省事，但钱要少赚一点，就是当初承诺你的每亩 1 200 元。你看怎么样？”

刘业发的眼珠咕噜咕噜地转了几圈，说道：“说句实话，我倒很想自己加工出售，可八九块钱一斤，我怕卖不出去，再说我又没有销售路子。我还是图个现实惠吧，虽说少赚点，可入袋为安……”边说边用拇指和食指搓了搓，意思是要现金。

赵亚夫被他的动作逗笑了，让同来的合作社的人当场付了 5 000 元现金给他。

刘业发拿着厚厚的一叠现金，手都有点抖了，他根子上是个老实人，搞了一辈子的小农经济，哪里经手过这么多现钱？心里又是高兴，又是激动，数钱老是数错，数了几遍才数清楚，发现多了 200 元。

“赵老师，当初说好是一千二一亩，四亩一共四千八。这里是五千，找你两百。”边说边掏出 200 元递给赵亚夫。

赵亚夫说：“不用找了，这 200 元算是小小的奖励。你在村里多宣传宣传有机水稻的好处，带动更多的人种植，让大家都多挣钱，这就行了。”

“一定、一定！”刘业发不住地点头说道。

刘业发种了四亩有机水稻，不用花钱买农药化肥，收入达到5 000元，另外还顺便养了几十只鸭子，光鸭蛋就卖了不少钱，这条消息在这贫穷的山村成了爆炸性新闻。人们纷纷前来打听详情，刘业发也逢人便讲有机水稻的好处。加上刘业发的“特殊身份”，他在村里头是以抵制新事物出名的“老保守”，他的现身说法收到的效果出奇的好。连刘业发这样的保守疙瘩都接受了“越光”有机稻，看来这“越光”稻是真心的好，村民们都跃跃欲试。

第二年，刘业发种了八亩“越光”有机水稻。村里的人纷纷效仿，三亩、五亩的，七亩、八亩的，都跟着都种了起来。

第二节　生态农业唯我愿

早在发展有机农业时，赵亚夫便对生态农业这个问题有了感觉。因为在有机农业中，必然带有生态农业的基因，例如养殖业的废弃物作为农田肥料，种植业的废弃物作为畜禽饲料，等等，这实际上是种养循环，已然是生态农业的苗头了。这是其一。其二，有机农业发展到一定程度时，必然要有生态农业这个更大的系统来保护它，否则有机农业就做不下去了。因为空气是流动的，水也是流动（渗透）的，病虫害是传播的，另外加工、包装、销售等涉及二三产业，有机农业不可能独善其身。由有机农业到生态农业，是必然的发展趋势。

赵亚夫在一篇题为《对有机农业的两点认识》的文章中写道：

往往有人把有机农业单纯理解为不用化肥、不用化学农药、不用添加剂或其他化学制品。认为只不过是一种要求比较特殊的农产品生产方法，而且因为这种产品有很大的商机，有利可图，所以把它作为经济行为。但是有机农业除了是经济行为以外，与一般的农产品相比，它包含着更为严格的社会行为，因为在公认的有机产品国际认证条件下，非常强调有机食品生产区域的农业生态环境，不仅对生产区域的农业自然生态环境现状有严格条件要求，而且有许多今后进一步改善保护生产区域农业生态环境的措施要求。从而确保该区域生产的有机农产品的安全性，而且还要确保该区域的农业生态环境始终不被破坏，使生产与生态、经济与环境、人与自然始终处于和谐、协调、良性循环的发展过程中，成为哪怕石油、煤炭等不可再生能源耗尽后仍能继续存在的可持续发展农业。

从文中论述可以看出，当时赵亚夫谈的是有机农业，实际上已不囿于有机农业了，而是深度涉及生态农业了。

在长期的紧贴着地面的农技推广中，以及在搞有机农业的实践中，赵亚夫越来越清晰地意识到，生态农业是绕不过去的一道高坡，必须攀登上去；只有攀登上去了，才能迎来农业发展的无限风光和大道坦途。现实的农业和农村，面源污染太严重了。高毒高残留的农药对水体、土壤及农产品的污染显而易见；长期不合理施用化肥造成营养成分的流失，导致土壤酸化、板结，以及残留的地膜降低的土壤的渗透功能，减少了土壤的含水量，阻碍农作物的生长发育；畜禽粪便无序流入水中，造成养分流失，同时又使附近的水质和空气污染。这些都不是单纯搞有机农业所能解决的，必须发展生态农业才能从根本上解决。当然，城镇的工业污染涉及农村和农业，破坏农业的生态，这是更高的一个层次的问题了，必须通过生态社会的建设才能解决。赵亚夫暂时还无力思考与探索“生态社会”这样庞大的问题，他力所能及，主要还在于思考并践行“生态农业”这个层面的问题。

以茅山丘陵地区为“根据地”，兼顾其他地区的现状，赵亚夫根据多年的实践经验，又做了大量的调研分析，逐渐形成了自己的关于“生态农业”的思路：一是充分利用生物之间的相生相克、互利互惠、竞争合作等生态关系，建立复合生态位配置最为合理的循环互补型的生物结构。这样通过利用生物相互作用的原理，达到不用或尽量少用农药、化肥等化学品的目的。二是运用循环经济和生态学理论，以减量化、再循环、再利用、可控制为原则，实现农业生态系统中物质和能量的多层次、系统化循环利用，提高能量转化率和物质循环利用率。三是立足当地资源优势，因地制宜，种、养、加结合，建立农工贸一体化的产业化模式。四是根据农业产业结构调整、增加农民收入和产业化经营的需要，综合考虑农产品质量建设体系的配套、农产品市场体系的完善、农民素质的提高以及农业先进技术的应用等多种因素，强化农业基础设施建设。把建设优质高产农田、特色产品基地和促进农业结构调整有机结合，通过丰富基础设施建设内容、改善农业生产条件与生态环境，为生态农业有效发展夯实基础。五是着力改善农产品品质，对农产品从生产、加工、包装、销售全过程进行质量控制。同时要实施农产品名牌战略，加速生产要素向优势品牌集聚，做优、做强、做大品牌农产品。六是培育绿色农产品市场体系，搞活农产品市场流通。在这方面，政府应当有所作为。加快资金、技术、劳务等生产要素市场建设，发挥各部门和农村集体经济组织在资金、人才、技术、物质等方面的优势，组织社会力量，为生态农业发展创造良好的外部环境。同时，依托现有科技资源，组建一个内外连接、资源共享、反应灵敏、权威可靠的生态农业产业化信息中心，逐步形成与国内外市场紧密相连的信息网络体系，为农产品产、供、销提供及时、准确的信息服务。

赵亚夫是一个高度“知行合一”的人，他更加注重应用性理论研究，特别注重把已知的理论付诸实践，理论研究到了哪里，实践行动就跟到了那里。“光说不练”不是赵亚夫的风格，“边说边练”“练了再说”或者干脆“只练不说”才是赵亚夫的特点。

五只波尔山羊

2005 年，句容白兔镇的“柏生草莓合作社”成立了。这是全省第一家草莓专业性的合作社。

挂牌那天，村民们敲锣打鼓，鞭炮齐鸣，庆祝自己的专业性合作社成立。从此以后，草莓种植户们就有了自己的“组织”，大家有了共同的“契约”，不再搞恶性竞争了，同时，大家守望相助，和衷共济，携手发展，共同把草莓产业做强做大，因此，大家都喜滋滋的。

这时，有人老远就看见赵亚夫一行牵着几只羊走了过来。

“瞧，那不是赵主任吗，怎么牵着羊过来了？”

人们循声望去，见到赵亚夫和他的助手们手里牵着羊，朝这边慢慢走来。赵亚夫一手牵着一只，像一个老练的放羊倌。

合作社理事长王柏生迎上前去，笑容可掬地说：“赵主任，今天合作社成立，我们杀了一头猪，宰了两只羊，你这几头羊送得太晚了……”

赵亚夫笑着说：“我可不是送来给你们吃的。这5只羊可是宝贝啊，你们要好好养育繁殖，将来草莓园里的生物循环技术就指望它们了。”

众人一齐打量着这几只羊。只见这种羊个子很大，身高约有一米，体重约有百把斤，躯干全是白的，耳颈部是褐色的，额头至鼻子又呈一道长方形的白色。众人都很好奇，认不出这是什么羊。

“赵主任，这是什么羊？我虽是个农民，可也有些见识，怎么从没见过这种羊？”王柏生问道。

“这是波尔山羊，是从南非进口的品种。”赵亚夫指着这几只羊说。“这种羊体型大，生长快，繁殖力强。采食范围很广，几乎什么都吃。特别的耐粗，饲适应能力很强，有罕见的抗病能力，特别的好养。我是精挑细选，才选中这种羊的。将来草莓的打老叶就是它的饲料，它的粪便是最好的有机肥，特别的养草莓。今天合作社成立，我就送这5只波尔山羊作为贺礼！”

王柏生搓搓手、憨笑着说：“这怎么好意思呢？合作社的成立，你付出了大量的心血，连章程都是你亲自起草的，又义务担任技术顾问，一分钱都不拿，这已经使我们过意不去了。今天又送山羊来，这让我们……”

“别说客气话了，一家人不说两家话，只要合作社搞成了，搞得红红火火的，大家都赚了，我就很开心了！”赵亚夫笑道。

从此，这5只波尔山羊就在这里安身立命，繁衍生息。波尔山羊果然特别的好养，嘴特别的泼，有什么吃什么；长得特别快，好像见风长似的；体质强壮，抵抗力极强，一年到头几乎不生病；最可贵的是繁殖力超强，一年四季都可交配孕育，转眼之间已是儿孙满堂了。

赵亚夫指导草莓种植户们，按照一亩草莓地配两只波尔山羊的模式，实践生物循环种养技术。冬天田间地头的青草不多了，正好大棚草莓打老叶，打下的草莓叶子是波尔山羊最喜欢的饲料。羊粪被堆积在草莓田边，掺入青草、稻草和少量米糠、菜饼，接种土著菌发酵生产有机肥。这种有机肥经过充分发酵，用在草莓地里一点儿也不烧苗，而且肥力大好，使草莓田的地力猛然增长。

一只波尔山羊，就相当于是一座小型有机肥料加工厂。而且这个“厂”几乎不用什么投入，也不用多少的人工管理，更不用任何的机器设备，产出的是草莓最适宜的有机肥料，而且产量还相当的大。最为关键的是这个“厂”没有任何的污染，没有一点点的浪费，所有的原来所谓“废弃物”都变废为宝，都被充分地利用起来。赵亚夫的这个“礼物”真是送到点子上了，是真正意义上的“礼轻情义重、礼轻价值大”。

作为理事长的王柏生，践行这套生物循环技术特别的认真，效果也特别的好，亩产草莓从 3 000 斤成倍增长到 6 000 斤。产量翻了整整一番，这是其他任何手段都无法达到的。收获的时候，连王柏生自己都不敢相信，成效是如此之好，颇有点石成金的意思，于是他更加折服于赵亚夫。

其他草莓户的增产虽不及王柏生，但也相当不错了，平均也增产 2 000 多斤，增长 60% ~ 70%，他们也很开心了，毕竟投入很少，几乎是“凭空”多出来的。

更令草莓户们乐不可支的是，使用波尔山羊羊粪发酵出来的有机肥后，生长出来的草莓果型大、香味浓、口感好、品质佳，深受市场青睐。“不怕不识货，就怕货比货”，柏生合作社出产的草莓往货架上一放，无论是卖相还是口味，都明显压倒其他草莓一筹。

蓝涛饲养生态猪

句容戴庄村村民蓝涛在养猪方面很有一套，被人们称为“老猪倌”。

他从小就学会了挑猪草，知道猪喜欢吃什么。家里每年都养几头猪，耳濡目染之下，他很早就学会了养猪，在养猪方面是个“土专家”，在四乡八邻小有名气。

赵亚夫听说这个人后，便主动找到他。蓝涛也久仰赵亚夫大名，对他很是尊重客气，想请他进屋坐坐。

“不进屋了，去看看你家猪圈吧。”赵亚夫边说边往他家屋后的猪圈走去。

蓝涛只得跟着来到自家的猪圈。

蓝涛家的猪圈与普通的农家猪圈没有什么区别，只是比一般的农家猪圈大一些。圈里养了七八头猪。与普通农家猪圈一样，圈里肮脏、潮湿，散发出一股难闻的气味。

赵亚夫说：“老蓝，想不想靠养猪发财？”

蓝涛摇摇头说：“当然想啦。可是靠养猪能发什么大财？我养了一辈子的猪，每年也赚不到多少钱，也就是补贴补贴家用而已。”

“你养得太少了，当然赚不到什么大钱。要是养个几百头，同时又是有机猪，猪肉是有机食品，口感好，想不发财也难啊。”赵亚夫说。

“几百只？”蓝涛的眼睛瞪得比圈里的猪眼还大，“我一个人每年养个七八头猪就忙得上气不接下气了，养几百头，除非学会孙猴子的分身术。”

“我教你一种养猪的方法，叫‘懒人养猪法’，一个人养几百头猪，笃笃定定。”赵亚夫说。

“还有这样的好事？快给我说说是怎么回事。”

赵亚夫说：“‘懒人养猪法’只是一种形象的说法，实际上它是‘生态养猪法’，具体讲就是‘发酵床养猪法’，就是猪圈建成发酵床，下面垫一层以木屑为主的垫料，加入土著菌，促进猪的粪尿发酵，土著菌大量繁殖，成为猪的最好的高蛋白有机饲料，让猪在上面拱食。这是一种环保、安全、高效的生态养猪方法，它的最大特点是省工、省料、无污染，一个人养几百头猪完全可以做到。”

养了一辈子猪的蓝涛还从未听说过，猪是可以这样养的。他听得很入神。

赵亚夫接着说：“‘生态养猪法’的好处，概括起来有五省、四提、三无、两增、一少、一零。五省是：省水、省工、省料、省药、省电。四提是：提高猪肉品质、提高生猪抗病力、提前出栏、提高肉料比。三无是：无臭味、无蝇蛆、无污染。两增是：增加经济效益、增加生态效益。一少是：减少猪肉药物残留。零排放是：猪的粪便全部在猪舍内降解，没有污水和粪便向外排放。”

“还有这样的好事？”蓝涛越发好奇了，“简直是神了。那么垫料是什么玩意儿？是不是很贵？”

“一点也不贵，都是随处可得的东西，主要是木屑，可以因地制宜再加入一些秸秆、树叶、杂草、稻谷糠等，戴庄村与镇江恒顺醋业结对，大量引进他们的醋糟微生物发酵有机肥，放入发酵床效果很好，如能在猪饲料中加入戴庄有机大米加工厂生产的米糠副产品，那你养的生态猪，肯定能卖出好价钱。”赵亚夫说。

“秸秆也能用上？”蓝涛一拍大腿说，“如能把它用上，那就太好了。每年为处理秸秆头都大了，还田吧，太费事了；烧掉吧，上头查得紧、不让烧。如能有这个去处，那就解决大麻烦了。”

蓝涛想了想后，问道：“这种养猪法对猪圈是不是有什么特殊的要求？”

“有一定要求，这些都有标准规程，棚顶上加遮阳网，不过要注意适当通风，夏天把四周裙膜摇起，可以通风、降温。”

“大棚、大棚……”蓝涛念叨着，欲言又止的样子。

“怎么了？是不是有什么困难？有困难说出来，看看我能不能帮着你。”赵亚夫说。

蓝涛嗫嚅道：“建千把平方米的大棚，少说也得几万块钱，我哪有这个经济实力啊。”

“这个……”赵亚夫略作沉思后说，“我跟合作社说说，看能不能支持一点，再帮你搞些低息贷款。”

赵亚夫是戴庄农业合作社的顾问，加上他的崇高的威望，他的话是很有分量的。当他把支持蓝涛建猪舍大棚的想法跟合作社领导说了之后，领导二话不说，表示尽力支持。最后商量下来，支持蓝涛一半的大棚建设经费，还帮他搞到了低息贷款。

有了这样的支持，蓝涛又拿出积蓄，终于筹足了经费，把大棚建起来了。

铺发酵床的时候，赵亚夫亲临指导。垫料的厚度有五六十厘米。垫料铺好后当即就进猪饲养。

生猪进了大棚猪舍后，生活在松软的发酵床上，拱着垫料吃食，像是回到了原始林地，看上去很是自由快乐。饿了吃，吃了睡，排泄物进入垫料层后，经发酵分解又变成了美食。蓝涛在大棚里来回巡走，群猪们也不理他、只顾自己拱食，不像以前养猪成天嗷嗷着要喂水喂食，要打扫猪圈。大部分时间里，可以忙其他的事。“懒人养猪法”，果不其然，蓝涛得意扬扬地自言自语。

赵亚夫隔三差五地就来看看，技术上指导指导。有一段时间阴雨连绵，赵亚夫不放心垫料的湿度，就来到大棚猪舍里查看。他抓起一把垫料，握紧，再松开，垫料没有完全散开，手上还留有水渍。

“湿度过大，要开窗通风，同时适量加一点糠和木屑，降低湿度。尤其是猪饮水口附近，可以适当翻动床土调节干湿度。”赵亚夫对蓝涛说。

蓝涛赶紧照着赵亚夫说的做了。

“以后要注意经常观察温度和湿度。表层温度控制在20℃左右，内部温度控制在45℃左右。观察湿度就用我刚才用的土办法，抓一把在手里握一握，松开手后垫料能够散开，并且手上不留有明显的水渍，说明湿度正好，在50%左右。如果湿度大，就要通风降湿，或者掺糠掺木屑降湿。”赵亚夫把一系列的注意事项向蓝涛作了一一叮嘱。

还有一段时间，外面闹猪瘟闹得凶，赵亚夫不放心蓝涛家的猪，便买了一批大蒜送了过来。

蓝涛见到一麻袋大蒜，很是奇怪，说道：“赵主任，你怎么送大蒜来了？这么多大蒜，我家吃到猴年马月啊？”

赵亚夫笑着说：“不是给你吃的，是给猪吃的。”

“给猪吃的？”蓝涛更是不解了。

“是啊，给猪吃的。你把它切碎了，掺和在垫料中，具有杀菌作用，猪吃了也能增强抵抗力。大蒜中含有抗菌物质，是天然的广谱抗生素。”

蓝涛按照赵亚夫说的做了，他家的猪更强壮了，一年到头不得病。

蓝涛就是靠养生态猪，发了家、致了富。发了大财的蓝涛念念不忘赵亚夫，要不是赵主任，哪有我蓝涛的今天？可是赵主任没有吃过他家一顿饭，甚至连茶都没有喝过一杯，这让蓝涛很是不过意，总想报答赵主任一下。每当提及，赵亚夫总是说，你把猪养好了，就是对我最好的报答。话是这么说，可是蓝涛还是想表示一下自己的心意。想来想去，他想送一点自家养的猪肉给赵主任尝尝。他觉得这个主意比较妥帖，猪是在赵主任的指导下养起来的，用不着花钱买，而且是外面不易买到的生态猪肉，赵主任会乐于接收的。

主意已定，蓝涛便砍了 5 斤肉，装在蛇皮口袋里，送到了赵亚夫的家里。

赵亚夫不知蓝涛的来意，以为是来咨询技术问题的，便热情地将他让进屋，沏上茶。

两人谈了一些养猪方面的技术问题，临了，蓝涛打开蛇皮口袋，说道:“赵主任,今天我带了5斤肉来给你尝尝,这是在你的指导下养的,你也应该尝尝这种生态猪肉的味道啊。”

赵亚夫连忙摆手说：“这可不行！猪是你辛辛苦苦养起来的，而且这种猪肉是很贵的，你还是带回去吧，能卖不少钱呢。”赵亚夫的表情很严肃，语气不容置疑。

蓝涛一下子觉得很尴尬，有些激动地说：“赵主任，你这话说到哪儿去啦？你手把手地技术指导，指导费该值多少？你还送过不少次大蒜、益生菌之类的，都是自己贴的钱。我这 5 斤肉，就算抵这些钱总可以吧？”

赵亚夫想了想说:“既然你已拿来了,让你拿回去就忤人了。这样吧,我按市场价付你钱，你也不用拿回去了。”边说边掏起钱来。

蓝涛连忙按住他的手说：“赵主任，这可使不得！我要是收了你的钱，乡亲们不骂死我才怪呢。”

“那你还是给我拿回去！”赵亚夫指着那堆肉，更加严肃地说。

蓝涛的脸上红一阵、白一阵，手足无措，最后几乎是用哀求的口气说："这样吧，你照普通的肉价付钱，给我个台阶下吧。"

"那也不行，这种肉很贵的，这样你就亏大了。"

这时赵亚夫的爱人黄宝华出面打了个圆场，说："老赵，人家是一个心意，你也别太杵人了。就按照普通肉价收下吧。"边说边付了钱，向蓝涛使了个眼色让他快走。

黄宝华送走蓝涛回来后，赵亚夫劈头朝她说："就你会做人！低价钱买人家高价肉，传出去我赵亚夫成什么人了？"

黄宝华赔着笑说："这也没什么，你也别对自己这么狠。"

"我就是要对自己狠一点！"赵亚夫说。

这时他的孙女蹦跳着过来，说："爷爷，你怎么说上广告词了？"

赵亚夫这才想起来，这是一句广告词，不禁笑了起来。黄宝华也跟着大笑起来。

赵亚夫最心疼这个孙女，一见到她便眉开眼笑。今天是星期天，每到这天，孙女便回来看望爷爷奶奶。也只有这一天，赵亚夫才能在家待一天，陪陪这个孙女。

中午吃饭的时候，赵亚夫指着一碗红烧肉对孙女说："你尝尝这个，包你喜欢。"

孙女说："我从小不吃猪肉，你也不是不晓得。"

"这个不是一般的猪肉，是生态肉，纯绿色食品，没有任何的添加和残余，口感也很好，保证你吃了一块还想吃第二块，打个嘴巴都不肯丢嘴。"边说边夹了一块放在孙女的碗里。

孙女小心翼翼地夹进嘴里，慢慢地咀嚼，脸上的表情渐渐由阴转晴，终于绽开笑容，说："还真是好吃，不肥不瘦，又嫩又香，太好吃了！"边说边又夹了一块放进嘴里。越吃越香，往嘴里挟个不停。全家人都哈哈大笑起来。

由于蓝涛养的生态猪，猪肉特别好吃，受得了中高档消费者的欢迎，网上销售效果也很好，在镇江、常州、南京已小有名气，早两年市场猪价低迷，他养的生态猪价格高，仍然能盈利，这两年猪价上去了，他的效益就更高了。

汪厚俊养生态鸡

汪厚俊是一个大学生村官，在大学生创业园里承包了100多亩地，搞起了生态农业。他对赵亚夫的生态农业理念，理解得比一般人要深。他认为，搞农业一定要遵循“天地有机”的理念，避免“老板化”的急功近利的思维；要守住农业的一方净土，不让土地受污染，走一条立体的生态之路。

汪厚俊对生态农业的深刻理解，起先缘于他创办果园的一段经历。

赵亚夫指导他搞生态果园，果园里林下种牧草（绿肥），黑麦草与苕子、三叶草等混播。果园里要建鸡舍，尽可能均匀分布在果园中。每个鸡舍250平方米左右，养鸡500只，放牧范围25 ~ 30亩较为适宜。鸡舍周边，用网隔成2 ~ 3个轮流放牧区，以利放牧后牧草恢复生长。在柿园大量施用醋糟微生物发酵有机肥，引来金龟子等昆虫产卵，蚯蚓也大量繁殖，给鸡提供活食（动物蛋白）。控制好鸡群合理饲养密度，鸡、草、虫、果协调生长。发酵床养鸡的同时，白天晴日，鸡自由地在牧草丛中觅食，这样的鸡健康强壮，肉质鲜美，蛋的口感也很香。

赵亚夫说：“不要搞那种普通的笼养，那种养鸡场污染是很严重的，而治污的成本很高，中小型养鸡场根本负担不起。另外，笼养是很不人道的，把鸡限制在一个很小的格笼里，一动不给动，还用强烈的灯光照着，鸡头管吃，鸡尾管拉、管生蛋，整个是一个生蛋机器。可以想象得到，鸡是很痛苦的。那种鸡蛋木渣渣的，一点味道都没有，也卖不出好价钱。”

汪厚俊是南京理工大学毕业的，学的是工科，不是学农的科班出身，这些年一直跟着赵亚夫学。赵亚夫亦毫不保留地教他。

“生态养鸡法，也就是发酵床养鸡法，发酵床做法和发酵床养猪法一样，但是可以垫得薄一些，以醋糟微生物发酵有机肥为主就行了。垫料铺好后，直接将鸡放进去，鸡从小到大都生活在这种垫料上面。鸡的排泄物被微生物迅速降解、消化，转化成鸡饲料，不需要对鸡的排泄物进行人工处理，更不需要粪便清扫、贮存之类的，达到零排放、无苍蝇、无臭味，同时不对环境造成污染。”赵亚夫作详细讲解。

“鸡粪不但不要清理，还能直接转化为饲料？”汪厚俊觉得不可思议。

“是啊。鸡的消化肠道是很短的，它粪便还有70%左右的有机物没有被分解。鸡拉出粪便后，被发酵床上的微生物分解成了菌体蛋白。鸡就可以吃这些菌体蛋白补充营养，这样可以大大减少饲料的喂养量。”

汪厚俊不住地点头，表示自己理解了。

“这种养法有一个很大的好处是对鸡的健康大大有利。普通鸡舍里一般都有强烈的臭气，实际上就是氨气，氨气重了之后，就影响鸡的健康，诱发呼吸道疾病，轻则造成鸡的采食量下降，产蛋减少，重则导致鸡的死亡。发酵床能充分地分解粪便，就不会有氨气的产生，也就不会有臭气了。粪便分解的同时，还能够有效防止寄生虫的传染，减少鸡的发病率。”

“嗯、嗯……”汪厚俊越听越入神了。

“蓝涛的发酵床养猪你听说过吧？发酵床的管理及效果来看，鸡要优于猪。猪主要是用鼻子来拱，而鸡是既用嘴啄食，又用脚刨食，更加有利于分解合成；从床材的使用量来看，养鸡所用的床材比养猪所用的床材要少得多；从发酵床的建造要求来看，建发酵鸡床比建发酵猪床要容易得多。”

赵亚夫在指导汪厚俊搞发酵床养鸡

赵亚夫特地带着汪厚俊参观了蓝涛的生态养猪场，详细察看了养猪发酵床。还带他到丹阳、镇江等地的生态养鸡场学习考察。

汪厚俊按照他的指教，出产的鸡肉、鸡蛋品质很好，市场竞争力很强，价格也不菲，仅花了一年多时间，

1 000 只鸡的收益得到了 20 万元，为他的创业掘到了第一桶金。该项目参加了镇江市大学生村官创业大比赛，取得了一等奖。

余锁根的立体种养

戴庄村有一对劳动模范夫妇，男的叫余锁根，被村民们誉为当代的“愚公”，1995 年被评为全国劳动模范。女的袁代清 1996 年 3 月，被中华全国妇女联合会、中华人民共和国林业部授予全国“三八”绿色奖章。20 世纪 80 年代开始，夫妇俩在林业部门和村里的帮助下，吃了很辛苦，开垦并种植管理了 10 万多株，500 多亩集体的山林，种植了 10 万多株松杉，虽然获得了很高的荣誉，但是由于当时种植的大多是生态林和用材林,政策规定要到20年后才能间伐,所以长期没有收益，生活比较困难。

赵亚夫来到戴庄后，在调研中了解了一些有关情况，就有了要想办法帮助他俩的想法。一天赵亚夫找到余锁根，让他带路前去林地察看。“当时为什么光种生态林、不种经济林？”赵亚夫问他。

“我不识字、没有文化，在这山沟里又很闭塞，哪懂什么生态林、经济林？当时就想开荒种树，使荒山变绿，根本就没想过要选什么有经济价值的树种。”余锁根答道。

几个山头走下来，赵亚夫的帮助劳模搞立体种养、增加收入的计划也构思得差不多了。

“老余啊，你为绿化荒山、改善生态作了这么大的贡献，可自己却成了‘负翁’，还落下一身病，这可不是个事啊。我给你一个建议，选择生长较差的林地，对林木作适当的间伐，间伐出来的空地套种一些茶叶，茶叶大行里再种上牧草，再养一批羊子，其实用不到很多面积，有这么 20 多亩，你们老两口在管好其他林子的同时，把这 20 亩茶叶、牧草种好，羊子养好，你们的生活就可以大幅改善了。”

“砍树？”余锁根叹息一声，“这十多万棵树都是我亲手一棵一棵栽的，要砍还真舍不得哩。再说，作为一个山民，开荒种地是我的本分，国家却给了我这么多荣誉，我还真有点……”

赵亚夫听出了他的话音，一方面舍不得砍掉自己亲手种下的树，更主要的是作为全国劳模，间伐换种经济林去追求经济效益，觉得愧对“劳模”这个称号，情面上有点却不过去。是一个很淳朴的人。

“老余啊，你的观念要转变啦，劳模并不是必须要受穷，相反，新时代的劳模最好还是致富能手，并带着大家一起致富。像‘葡萄大王’方继生，‘草莓大王’王柏生，‘桃子大王’杨修林，他们都是劳模，他们除了辛勤劳动、苦干实干之外，还是个致富能手，并带动一方百姓共同致富。这样的劳模才更有说服力啊。”

这一席话对余锁根的触动还是很大的。原来劳模还应当是这样的。在余锁根的朴素的意识里，对劳模的理解可能还停留在二十年前，他的文化不高，接受新事物比较慢，劳模的内涵早已与时俱进了。赵亚夫的一席话，拨开了他心中的迷雾，使他感到眼前豁然开朗。

“你说得很在理，我听你的！”余锁根说。过了一会，他的表情又黯然下来，“可是，种什么经济林木，立体种养怎么搞，我是眼前一抹黑啊。我只会种树和种庄稼，别的啥也不会啊。”

“你放心，我会教你的！世上无难事，只怕有心人。你这么勤劳肯干，没有做不成的事！”赵亚夫拍拍他的肩膀说。

接着，赵亚夫为他作了详细的规划。

“间伐掉一定的林木后，在空出来的地方种有机茶叶，茶叶大行再种牧草。牧草用来养羊，羊粪用来肥地。这样就形成了‘林—茶—草—羊’的农牧结合、立体种养、有机栽培、复合经营的生态新模式。”

余锁根听得入神，不住地点头。他突然想起了一个问题，问道：“上面有规定，20 年内不得间伐。我这片林 20 年还不到哩，咋办？”

赵亚夫想了想说：“我明天到林业站跟他们说说，就差年把年的时间，看能不能通融通融。”

第二天，赵亚夫果真找到了句容林业站的陆站长，向他说了余锁根的情况，请他通融通融。陆站长说：“余锁根的情况我们也知道，我们也很想帮他，可是我们不懂技术帮不上忙，有您领导关心，大专家帮他，他脱贫肯定有希望了！间伐的事我这就向上级反映，一定会有办法的，您放心！”

过了两天，陆站长打电话给赵亚夫：“赵主任，向您汇报，您吩咐的事情办好了，手续我这就给余锁根送去。”

“好的，谢谢你们！”赵亚夫在电话那头说。

这样，余锁根对他的山林作了适当的间伐。

赵亚夫亲自送来了茶叶、牧草等新品种种苗（种子），以及新品种的种羊。望着这些新玩意儿，余锁根摊摊手说：“我这个老脑筋跟不上时代了，对这些新东西我是擀面杖吹火——一窍不通啊。”

于是赵亚夫便手把手地教他，有机茶叶怎么种、怎么管理，牧草怎么种植、怎么养护，新品种的山羊如何养、如何把羊粪沤成有机肥，等等，每一种都详细讲解、亲手示范，直到他完全学会为止。

劳模毕竟是劳模，肯学肯钻，做事认真，又不怕吃苦，又有赵亚夫这样“大师”级的人物点拨、指导，时间不长便学得有模有样了，种的茶是茶、草是草，山羊养得活蹦乱跳，基本都上了路。

两三年之后，余锁根的立体生态种养初见了成效，有了收益。后来收益逐年增加，不幸的是发了脑溢血，失去了劳动能力，生态农业项目也停下来了，不过，20 多亩间种茶叶收入，给劳模的晚年生活提供了不小的帮助。

熊进栋承包龙海水库

熊进栋与赵亚夫可以说是老朋友了，早在 2001 年就认识了赵亚夫。当时赵亚夫到句容袁巷白沙村推广有机农业，时任白沙村村支书的熊进栋尽力配合，两人结下了深厚的友谊。

一开始的时候，推广的难度是很大的，大家对有机农业没有概念，不晓得是怎么回事，都不敢做“出头椽子”。赵亚夫就按“万山红遍”的做法，用科研经费，在村里租下 173 亩地，用于栽植有机桃树，做给农民看，带着农民干。赵亚夫带着农科所的科技人员，与承包的农民一起劳动，一起工作。到了 4 月份，所有的桃树苗栽下以后，赵亚夫每周都要来检查 2 ~ 3 次，遇到问题当场解决。每次来到白沙村，赵亚夫都与熊进栋联系。

从2003年开始，熊进栋在自家责任田里种了三五亩桃树。赵亚夫悉心指导他，手把手地教他如何剪枝、套袋，如何日常管理。

这天，两个人在桃园里边走边聊，赵亚夫对他说："生态农业是将来农业的趋势，你作为村支书，是农民的'领头雁'，在这方面应该带个头啊。"

"生态农业？"熊进栋一脸茫然。

"简单地说，就是立体种养、循环利用，不浪费，无污染。比如说你这个桃树下面可以养鸡，鸡吃林下的杂物，鸡粪可以沃土肥地。又比如说在鱼塘里养鱼之外，还可以养些鸭子，鸭子吃小鱼小虾，鸭粪反过来可以喂鱼。"

这时，熊进栋一拍脑袋，说："你这一说倒是提醒我了，村里有一个水库，叫龙海水库，一直闲放着，没有人肯承包，都怕赔本。如果照你说的，搞立体循环养殖，怎么会赔本？只怕能赚大钱哩。"

"还有这么个好地方？快带我去看看。"赵亚夫说。

于是熊进栋在前面带路，两人直奔龙海水库。

龙海水库约有二三十亩的水面，水质清澈纯净，蓝天白云倒映在水中，很是美丽。赵亚夫围着水面走了一圈，掰了一根细长的树枝量了几处水深。最后说："这里水面开阔，周围环境好，没有污染源，比较适合于鱼鸭混养这种生态养殖模式。赶快动手，不要迟疑！"

熊进栋被他说得心里直发痒，恨不得立刻动手投鱼放鸭。可是一想到自己是村支书，自己跟村里订承包合同怎么订？别人会不会说闲话？他把自己的疑虑跟赵亚夫说了。

赵亚夫沉思半晌，尔后说道："你说的确实是一个问题。你可以这样，把承包的条件向全村公开，定得越详细越好，鼓励大家承包。如果最终没人肯包，你就把它接下来。先供大家，最后你来，别人也没什么说的了。总之，不能让这块水面空闲着，这太可惜了。"

"这个办法好！无论谁包都是好事，只要把这块水面利用起来。"熊进栋抚掌说道。

熊进栋按照赵亚夫教他的方法，张榜公布了龙海水库的承包条件，并动员村民们积极承包。

这边，熊进栋先实施了赵亚夫教他的桃树下养鸡计划，在桃园里放养了 1 000 只草鸡。鸡在林下吃虫子和草，对果树很有益，鸡粪还为桃树增加了许多有机肥料。这种环境成长的草鸡，自然光照射时间长，鸡体健康，虽然长得慢，但成活率高，肉质好，能卖出好价钱。熊进栋因此小发了一笔。

那边，龙海水库承包方案公布了一个月，虽经动员，还是没人揭榜，最后还是熊进栋自己接盘了。在赵亚夫的指导下，他搞起了鱼鸭混养。赵亚夫亲自帮他引进了 12 000 只高淳鸭，叫他分 4 批养，每批养 3 000 只，50 天就可以出售。鱼类生长需要足够的氧气，正好鸭子好动，在水面不断浮游、梳洗、嬉戏，一方面能将空气直接压入水中，另一方面也可将上层饱和溶氧水搅入中下层，有利于改善鱼塘中、下层水中溶氧状况。鱼塘容易形成塘底沉积物，这些沉积物大都是有机物质，鸭子不断搅动塘水，可促进这些有机物质的分解，加速泥塘中有机碎屑和细菌聚凝物的扩散，为鱼类提供更多的饵料，有利于改善鱼塘内生态系统营养环境。鸭粪中不仅有大量未被吸收的有机物，而且含有 30% 以上的粗蛋白，都是鱼类的上等饵料。即使不能为池鱼直接食用的鸭粪，也可被细菌分解，释放出无机盐，成为浮游生物的营养源，促进浮游生物的繁殖，为鱼提供饵料。另外，鸭是杂食性家禽，能及时摄食漂浮在鱼塘中的病死鱼和鱼体病灶的脱落物，从而减少病原扩散蔓延。鸭能吞食很多鱼类敌害，如水蜈蚣等。鱼塘中有鸭群活动，有害水鸟也不敢随意在水面降落。鸭子游泳洗羽毛，使鸭体寄生虫和皮屑脱落于水中，为鱼食用，又减少了鸭子本身寄生虫的传染。这种互利共生的生态模式好处真是太多了。水库每年能产鱼万把斤，出售鸭子近两万只，熊进栋由此大发了一笔。

熊进栋高兴地对赵亚夫说："一个桃下养鸡，一个鱼塘养鸭，这是两个金点子啊！"

他几次要给赵亚夫送鱼、送鸡鸭、送桃子，都被赵亚夫婉言谢绝，赵亚夫说："只要看到你们把生态农业搞成了，发了财，我就很高兴了，比送什么都让我开心。"

像王柏生、蓝涛、汪厚俊、余锁根、熊进栋这样的生态农业示范户，赵亚夫与他的团队培养了一批又一批，数量不计其数。每一个示范户就像一盏明灯，能够照亮附近的一大片，带动一大批农户走上生态农业发家致富的路子。

第五章

且看万山红遍

第一节　胡锦涛总书记来了

2005 年 10 月 13 日下午，时任中共中央总书记、国家主席、中央军委主席胡锦涛来到了“万山红遍”镇江农业科技示范园视察。

金秋十月，天高气爽。园区里姹紫嫣红，果香四溢。总书记兴致盎然地边走边看，从园区门口向里面走去。在一棵结满了大柿子的柿树前，总书记停下了脚步。

时任镇江农业科学研究所所长的潘耀平，赶紧上前汇报了示范园的情况：“万山红遍”农业科技示范园是一个现代农业科技企业，它的主要的宗旨是“做给农民看，带着农民干、帮助农民销、实现农民富”；主要的做法是通过建立一个高效的技术传递途径，将农业最新的技术和成果传递给农民，带动农民致富；主要功能作用是集最新的高效生态农业项目于一身，使之成为推广现代农业的“活橱窗”和“活样板”，产生较强的牵引力、示范力和辐射力，以发挥成果展示和转化、科技示范、培训推广、对外交流的重要作用。建园以来，先后引进 156 个品种，选出 28 个品种，引进技术 36 项，研究完成新技术 25 项，带动了句容、茅山老区建成 5 000 亩优质果品基地和 5 000 亩出口创汇农业基地，帮助农民每年增加收入 3 000 万元。

总书记边听边满意地点点头，最后高兴地说：这个办法很好，希望把农民带好，走共同富裕的路。

总书记知识渊博，很感兴趣地问了许多问题，都问得很内行、很具体。潘耀平一一作了详细的讲解。

总书记还品尝了柿子，称赞道，果然味道不错。

最后，总书记嘱咐道：农业增产、农民增收，一定要靠科技创新，靠调整产业结构，要带领农民走共同致富的路子。

总书记日理万机，为什么要在百忙之中抽出时间视察“万山红遍”示范园？大凡总书记视察的地方，要么成绩突出，要么很有特点，要么事关大局，要么兼而有之。而“万山红遍”镇江农业科技示范园就属于“兼而有之”的类型，它既做出了突出的成绩和贡献，又具有非常鲜明的特色和特点，同时它还事关发展现代高效农业这个大局。

“万山红遍”在红遍大江南北之前，是由“星星之火”逐渐蔓延，遂成燎原之势的。这其中，凝聚了赵亚夫的无限的心血、汗水和高超的智慧。

在20世纪90年代中期，赵亚夫感到，靠走村串户一家一户面对面地搞科技推广，靠一个一个地树立典型来带动周围致富，这样似乎太慢了，毕竟农作物的生长周期较长，毕竟所里的科技推广人员有限，毕竟自己的精力有限、年岁也不饶人。能不能想一个办法，或者搞一个平台，把示范力、带动力、辐射力一下子增加几百倍、几千倍？如果说以前的做法是“点亮一盏灯、照亮一大片”的话，能不能将这个平台做成一个巨大的火炬，能够照耀一片天空？

有位年轻的科技人员提出：我们来建设一个农业科技示范园吧！可能他这个主意，多少带有些赚钱的想法，但是却启发了赵亚夫：“我们组合起最新的农业科学技术，直接到农村果树产区，和农民结合在一起，搞出一定规模的示范园区，做给农民看，带着农民干，应该更能较快地产生效果，形成较大影响的”。

赵亚夫召集他的团队成员开会，商议此事。赵亚夫说：省委省政府把江苏丘陵山区农业发展的重任交给了我们丘陵地区农科所，十多年来，大家很努力，我们找到了“水田增粮、岗坡致富”丘陵山区开发的好路子，提出了重点发展不耐储运的应时鲜果和林下种牧草发展畜禽的好主意，这几年在茅山老区示范推广，也产生了较好效果，受到了农民欢迎。实践表明，这些产业的确是江苏丘陵山区农业产业结构调整的重点方向，将来这些产业一旦发展起来了，我们江苏丘陵山区的农业也就发展起来了，茅山老区农民的脱贫致富问题也就解决了。今天，我们提出科技人员到产区去建设农业科技示范园的设想，提出了建立以果品和牧草等两个园区的规划设计，是我们研究所农业科技体制改革的一项重大部署，下一步会对我们江苏省丘陵山区的农业开发产生重大的影响。同志们，是实现我们科技抱负，体现我们人生价值，为国家、为人民作贡献的时候了。

所长热情洋溢的一番讲话，感动了在场的年轻人，大家摩拳擦掌地干起来了。从1996年开始，不过两年多时间，一个位于句容白兔镇224省道边，占地300多亩，组合了国内外很多全新的优质高产技术，种植了草莓、葡萄、桃、梨、无花果、甜柿等10多种果品的应时鲜果园建起来了。新的棚架、修剪、管理技术、把种果树变成了培育有生命的工艺品，开始挂果的葡萄、水蜜桃鲜艳欲滴，参观的农民以为是人为挂上去的仿真塑料制品，当看清楚是真的以后，大声惊呼：“是什么人来搞的呀？搞得这么好！”

当时正在下乡作丘陵山区农业综合开发调研的姜永荣副省长和省农业资源综合开发局王清局长到句容，在句容市政府领导陪同下，看到了在江苏丘陵地区镇江农科所带领下句容农民大搞农业产业结构调整，开发丘陵山区的成绩，再到正在建设中的示范园一看，领导们激动了，姜省长说：“我们正在思考着的事，你们已经初见成效了，赵亚夫，省里要大力支持你！”王局长看到科技人员的艰苦奋斗精神，感动得掉下了眼泪。自此以后，共同为江苏农业发展献身的事业理想使他们和赵亚夫建立起了深厚的感情，既是热情关怀的领导，更是亲密的战友，相见恨晚。省财政和农业综合开发部门，连续多年都给句容市2 000万左右的经费，在赵亚夫的指导帮助下投入丘陵山区农业综合开发，为句容丘陵山区农业开发走在全省前列，直至今天搞一二三产融合，大力发展农业旅游，全市农村范围几乎成了一个大花园，成为第一批全国农业旅游示范市，全域农业旅游试点市打下了良好的基础，这是后话。

赵亚夫给园区起了个意义深远又朗朗上口的好名字：“万山红遍”，取自毛主席诗词《沁园春·长沙》“看万山红遍，层林尽染”的词句，是毛主席1925年秋天站在橘子洲头触景生情写的。赵亚夫说：“我们这辈子追求的目标，不就是全省丘陵山区漫山遍野都把经济林果、食草畜禽搞起来，全省丘陵山区农民都富起来，全省丘陵山区农村红火起来吗？毛主席老人家给我们起的这个名字太好了！”大家听了，无不拍手称好。

赵亚夫提出了农业科技示范园区应该办成为农业科技型企业的观点。既然建园的目的是起到示范服务功能，以推进地域农业主导产业的形成和发展，帮助农民脱贫致富，繁荣农村。也正因为如此，政府才给予大力支持。现在我们办的示范园，正在试着扮演龙头企业的角色，带领所在地的大批农户，通过公司＋农户的组织形式，在提供种苗、提供技术服务的同时，还订立保护价收购合同，提供产品的销售服务，通过这种产前、产中、产后的全程服务，带领农户共同走向市场。赵亚夫又表扬了大家：“近几年来，我们已经在销售草莓、葡萄、牧草和出口蔬菜花卉种子等方面做了成功的尝试，受到了农民的欢迎。但是我们的任务还很重，我们的最终目标是要规模适当做大，把示范园做成一个适度规模的农业科技企业，但同时又是全省丘陵山区农业主导产业的科技开发中心。赵亚夫又对大家很关心的经费问题谈了自己的想法：“我们通过为农民和其他农业企业提供部分有偿服务以及自产的优质农产品上市获得相当的利润，以进一步增强服务实力，逐步形成园区进一步发展的良性循环。当然刚才我讲了，我们不单是企业，我们还更是个全省丘陵山区农技开发中心，不能单纯地追求利润最大化，科技服务是首要任务，该做的公益性无偿服务（特别是对农民的服务）一定要做，能赚的钱也要赚（比如以盈利为目的的企业），当然赚钱要从属于服务。”赵亚夫感叹：“这句话说起来容易做起来难！既要靠园区领导者们自身素质的提高，也要有政府方面的政策和财政资金的支持（比如收买公益性服务等）。”

赵亚夫还强调了农业科技园区要导入现代企业管理制度。他说：“我们不能再走过去的老路，虽然也任命了总经理，但是仍然按行政管理一套办法操作，吃‘大锅饭’，搞形式主义造成效益低下的问题解决不了，园区得不到农民的信任，示范功能很差。”赵亚夫提出：“我们要深化改革，让有较大贡献的农业科技人员承担科技园区领导责任，任务完成得好，让他们在资产增值部分取得相当数量的股本金份额，并鼓励职工入股，这样，使园区经营业绩与经营者和职工的切身利益紧密挂钩，建立起有效、合理的激励机制。”

当时园区设立了四个项目部一个办公室，有明确的任务分工、岗位目标，严格的物资、财务管理和产品营销制度，各部、室独立核算，实行综合承包，奖罚分明，调动科技人员和职工的积极性。各部均承担有科研、科技服务和科技产品开发等目标任务。建园后第四年，进入投产期的草莓、葡萄、无花果等开始获利，加上种苗和对外科技服务收入，全园区当年收支已接近持平，第五年即开始显著盈利。

赵亚夫还在园区的生产管理中，推行了“反租倒包”的方式，有效解决了园区农民工干活和学技术的积极性问题。园区承租农村集体土地取得土地使用权后，一般从附近吸收劳动力从事各种农活，实行当初设计的“反租倒包”的用工方式。农民在承包地上生产的产品由园区统一销售，农民按承包的面积、产品的数量和质量获得报酬。“反租倒包”的方式，保证了承包农户的一定的基本收入，同时联产计酬、优质优酬，引导农民努力干活、严格按标操作、认真学习科学技术，最大限度地调动他们的积极性。2000 年投产初期，他们的年收入就达到了 5 000 元，后来逐步达到了 5 万 ~ 10 万元。“反租倒包”的方式受到了当地农民的欢迎。园区的农活质量大有提高，农活进度明显加快，生产成本大为节减。使科技人员腾出更多的精力用于科研、开发和服务。有的承包户回到村里还能成为“先行者”，指导、带动其他农户采用先进技术，成为科技“二传手”。果品示范园区建园不久，就在周边形成了连绵 5 千米、面积达 700 多亩的大棚草莓和早川式棚架栽培葡萄的种植带，带动一大批农民增加收入。当时赵亚夫用“做给农民看，带着农民干，帮助农民销，实现农民富”四句话，确切地总结了示范园区的做法，后来又被赵亚夫应用到农村工作的很多方面，这四句话，受到了大家高度称赞，传遍了江苏大江南北。

“万山红遍”示范园产生了预期的示范效应。办园四年，共有 3.5 万人次农民、农技人员、领导干部前来参观学习，来访的外国客人 300 人次，园区对外举办科技讲座 200 余次，听讲人数 1.8 万人次。园区直接带动茅山地区农民发展果品基地 4 000 余亩；发展出口蔬菜、花卉种子基地 3 000 余亩；牧草基地 3 000 亩。其中就草莓一项就帮助农民每年增加收入 3000 多万元，同时培养出一批产业化经营的骨干人才，其中有十多人被评上全国、省级或市级劳模。

团队的科技人员在承担大量的无偿公益性农技服务的同时，每人每年平均还能创收 8 万元以上，这在 2000 年已算是较高的创收了。这笔钱用来增加奖励基金和发展基金，改善科技人员的生产、生活条件，使他们能安心工作。

园区产生的显著经济效益和社会效益，展示的先进适用科技成果及良好的运作机制，受到了普遍好评。在江苏省委、省政府召开的全省科技兴农工作会议上，赵亚夫上台做了发言介绍。“万山红遍”的做法和经验，对江苏“十五”“十一五”期间丘陵山区农业综合开发不断进入高潮，起到了很好的促进作用。

凡是来“万山红遍”示范园打工的农民，学会了技术、掌握了本领，继续留在园区干活（承包）也行，另立门户自己当老板也行，示范园不但不跟他们要“培训费”“违约金”之类，不追究他们的“同业竞争”责任，而且还鼓励他们自立门户、帮助他们做强做大。

在示范园学会技术后，出来自立门户、创业成功的例子很多，限于篇幅，这里仅举朱春喜一例。

从一个裁缝转型为农民技术专家

朱春喜原来是一个裁缝，在当地小有名气。后来商品流通发达了，大量时髦漂亮的服装进入了乡村，扯布请裁缝做衣服的人越来越少，尤其是年轻人，哪有闲工夫做衣服，基本上都是掏钱买衣裳。所以裁缝的生意越来越不好做。撑到 2000 年的时候，正好“万山红遍”农业园招农业工人，朱春喜便关掉了裁缝店，进入示范园区当了一名农业工人。

朱春喜毕竟是做裁缝出身的，心灵手巧，人也很聪明。但对农活、农业技术这一块，当时还不太熟悉。当时负责白兔园区的是糜林（镇江农业科学研究所的科研人员）。糜林看朱春喜这人虽然农业方面基础差点，但人倒也玲珑，又肯吃苦，可塑的空间颇大，便有心把他往新型职业技术农民的方向培养。

一个肯学、悟性高，一个愿教、手把手地教，朱春喜的进步很快。白兔园的项目有梨、桃、葡萄、桑葚、无花果等，縻林一项一项地教他，每一项的每一个流程都仔细讲解，并亲自示范给他看。朱春喜一样一样地跟着学、跟着做，他的记性好，基本上学一遍、做一遍就会了。他还肯动脑筋，不满足于一般的“学会”，常常打破砂锅问到底，问清其中的所以然。縻林耐心地给他讲解，有时涉及一定的理论问题，縻林尽量讲得通俗易懂，朱春喜也基本能听个明白。这样天长日久，朱春喜逐渐掌握了各个项目的技术和管理，并且水平还比较高。后来縻林让他担任园区作业队队长，他干得很不赖。

从 2000 年到 2007 年，朱春喜在园区干了七八年的时间。在这七八年中，朱春喜的技术和管理水平日益提升，成了一名农民技术专家。虽然没有专业技术职称，但他的实际水平不亚于一般的农业科技人员，甚至在操作经验方面有过之而无不及。

到了 2007 年，朱春喜开始自立门户，承包了园区的 10 亩地，种植梨、葡萄、桃子、无花果等。他的相当成熟的技术和管理水平这时派上了用场，把承包地管理得井井有条，各种经济作物都长得顺顺旺旺的，经济收益也相当不错。縻林经常给他作技术指导，介绍最新的项目和技术，帮助他分析市场行情，提醒他注意品种结构的适时调整。朱春喜是个聪明人，一点就通。承包七八年以来，朱春喜在这 10 亩地里精耕细作，使效益最大化，平均每年的收入将近 20 万元。

第二节　“万山红遍”西部开花

2008 年 5 月 12 日，四川汶川发生强烈地震。

“一省帮一重灾县，举全国之力，加快恢复重建！”中央作出决策。

按照党中央、国务院的统一部署，江苏省承担了对口支援绵竹的任务。

绵竹，为德阳市辖县级市，距汶川100多千米，在这次大地震中，其受灾程度仅次于北川和汶川，死亡1万多人，八成的房屋被毁。

接受任务后，江苏省委决定，要把输血与造血相结合、当前与长远相结合，不能仅仅帮助绵竹建房屋、建场馆、修道路，要通过援建，让灾区有一个健康的可持续的发展，有发展的后劲。

在农业的援建上，江苏省委决定把赵亚夫在江苏“做给农民看、带着农民干、帮助农民销、实现农民富”的实践模式移植到绵竹来；把“万山红遍”示范园这样的平台模式搬到绵竹来。即搞一个绵竹版的“万山红遍”示范园。

2008年7月30日，赵亚夫与江苏省经贸委副主任潘宪生、省农林厅农业局副局长吴芳兰、江苏丘陵地区镇江农科所党委书记潘跃平等一行7人，作为江苏省对口援建绵竹农业示范园专家组，专程赴绵竹进行实地调研，并与相关部门就共建示范园作了对接座谈。在充分交换意见后，决定共建“绵竹江苏高效农业示范园”。园区占地300亩，示范范围达5 000亩以上，辐射范围达50 000亩以上。

对于园区的选址，赵亚夫颇费思量。园区的地点要符合这样几个条件：一是生态环境要好，周边无污染，能生产出高档有机产品；二是风景要好，为将来搞旅游观光农业奠定条件；三是交通要发达或比较发达，使产品能及时运出来，原材料能及时运进来；四是周边最好能有一个一小时都市圈，这样有一个产品承接的市场。总之，要有较强的示范、辐射能力。

赵亚夫一行走遍了绵竹的山山水水，反复考察，最后选定了九龙镇清泉村。该村自然风光旖旎，山清水秀；周围没有什么工业，无污染源；交通比较发达，周围有绵阳、德阳、成都等大中城市，都在“一小时都市圈”之内。另外，该村背依龙门山自然生态旅游区，该区具有悠久的历史、古老的文化、特色浓郁的民俗和丰富的自然景观，有国家级地质公园1处，云湖国家森林公园1处，省级、县级风景名胜区5处，将来可以把农业旅游搭上自然风光旅游这个便车。还有，这里的农民有种梨树、桃树、枇杷、牡丹等经济作物的传统，这是承接示范园辐射的有利条件。其中的梨是当地著名特产，每逢春天会出现“千树万树梨花开”的壮丽景象，每年都会举办梨花节，而清泉村是梨花节的核心地域。

地点选好以后，赵亚夫等专家对示范园作了详细规划与工作方案。

建园的宗旨还是“做给农民看，带着农民干，帮助农民销，实现农民富”。

建园的目标为，争取用3年的时间，建成一个融成果示范、实用技术培训、种子种苗供应、旅游观光为一体的现代农业示范园。走出一条高科技、高投入、优质、高效、生态农业的成功之路，向人们展示未来农业发展的方向和绵竹农业发展的前景；形成高科技、集约化、景观化、高投入、高产出的新兴产业。加大对人才培训的力度，达到为绵竹出样板、出效益、出经验、出人才和恢复重建农业信心的目的。

园区的功能定位为成果示范基地、实用技术培训基地、种子种苗供应基地和对外交流的窗口。兼具产品销售和农业观光旅游等功能。开展新品种、新技术示范推广及相关人才培训，促使绵竹市的农牧资源优势转化为商品、产业和经济优势。把园区建设成可持续发展的生态型产业载体。

在项目品种选择上，根据主导产业发展要求，重点发展应时鲜果、草畜禽种养、蔬菜等产业。同时注重发展观光农业。将梨、生猪、蔬菜新品种、新技术示范定为示范区近期主要建设内容。同时，创造条件，逐步从江苏引进葡萄、桃、草莓、梨、无花果、发酵床养猪、养鸡等项目建设。实现绵竹农产品生产品牌化、规模化、产业化，扩大并牢固占领市场。

产品的市场目标定位为“1小时都市圈”的成都、德阳、绵阳等大中城市的中、高端消费人群。营销策略是差别化竞争，把“不耐贮运、不耐保鲜”的劣势转化为优势，以快、熟、鲜的特点与远距离运输、大规模经营单一产品的农业大产区搞差别竞争。

园区规划和工作方案确定后，双方立即动手干了起来。

江苏方面负责产业布局、园区管理、基础设施建设和技术指导及技术支撑；绵竹方面搭建园区发展领导班子和工作机构，负责土地流转和园区有关协调、服务等工作，做好生产要素配置及选择当地优秀农民和农技人员入园。

园区采用承包管理机制。由江苏方面统一建园，在统筹划分好区域生产板块后，把园区生产经营设施和项目，通过承包制或租赁落实到当地优秀农民和农技人员及来自江苏方面的种养大户与种养能人手中，实行以承包管理为基础、统分结合的管理体制。而且采取统一技术培训，统一生产技术管理，统一产品品牌包装、销售。

园区采取“江苏方面专家＋绵竹农技人员＋当地农民”和“江苏方面专家＋江苏方面种养大户（种养能人）＋当地农民”两种技术对接机制，向当地农技人员和农民直接传播技术，培养当地农技人员和农民。

当地农民承包管理，投产前由园区提供全部生产成本，投产后收益与农民分成，农民得大头，让利于农民。这既有利于把当地农户和园区发展紧密结合起来，调动农民积极性，又有利于农民精心管理、提高技能。来自江苏方面的种养大户与种养能人采用年薪制，并与绩效挂钩。对当地农技人员主要开展技术对接与转移，让他们逐步成为示范园的建设者、管理者和受益者。

赵亚夫担任项目组组长，潘耀平担任副组长兼前线总指挥。专家组成员有赵亚夫、潘耀平、刘照亭、芮冬明、糜林、樊玉纲、沈晓昆。示范园技术项目实行专家负责制。

江苏方面选派了 7 位农民劳模作为种养示范带头人，他们都是在镇江当地赫赫有名的种养大户，有草莓大王王柏生、葡萄大王方继生、种桃大王杨修林、种梨大王窦永敏等。

各项基础工作基本到位以后，赵亚夫就开始考虑在当地树立各个方面的示范典型，以典型带动一般。这是赵亚夫的“老把式”了，是他在几十年的农村工作中总结出来的一种非常管用、实用的做法。他将其称为“点亮一盏灯、照亮一大片”。他的计划是，树立一大批典型，点亮一根根火把，在示范园这个平台上，把一根根火把捆成一把巨大的火炬，照耀一大片天空。

李华蓉送来锦旗：吃水不忘挖井人

李华蓉2016年48岁，长得粉红瓷白的，有着四川女人特有的秀丽、灵巧、能干、泼辣。

李华蓉家里有一亩责任田，平时种水稻和油菜。科技示范园建好后，她来参加培训班，听了赵亚夫的课，是关于如何种草莓、种葡萄、种水蜜桃的。赵亚夫讲得她心里痒痒的，就跃跃欲试起来。

下了课，她找到赵亚夫和芮冬明："赵老师和芮老师，我家有一亩地里，我想在上面种葡萄，你们看能不能种？"

"可以种啊。"赵亚夫用鼓励的眼神，笑着回答。赵亚夫正在找典型呢，一个颇有范儿的典型主动找了过来。

"可我从来没有种过呀，心里一点儿底都没有。"

"谁生下来就会种葡萄的？不会可以学嘛。我们搞培训就是来教你们的嘛。"

"好！那我就跟你学，你可要舍得教我哟。"

"要得，要得。"赵亚夫用四川话答道。

芮冬明当即给她开起了小灶，跟她单独地详细地讲解了葡萄的种植方法、日常管理、注意事项，等等。在示范园里，又带着她又亲身实践了一番。

李华蓉是个脑子到、手就到的人，这头一边学，那头就照葫芦画瓢，在自家地里干了起来。

葡萄苗插下去了，她总觉得一亩地、巴掌大，不成规模。旁边是人家的田，这几户人家都到城里打工去了，地荒在那里。她就找到这几户邻居，说："你们的田闲着也是闲着，干脆转给我种吧？"

邻居问她："你要田种啥子嘛？"

她说："我要种葡萄。"

邻居们都很惊讶"种葡萄？这可是个技术活哟，很难种的。"

她就说："我心里有底呢。我现在正跟着江苏来的著名农业专家芮冬明学种葡萄哩。有他指导，怕啥子嘛！”

邻居说：“你可要想清楚了，不要种了半拉子又跟我们退田。我们把话说在前头，要包包两年，租金一次付清，中间不带退的哟。”

“要得、要得。”李华蓉爽快地答应了。

那些邻居也乐得把田转包出去，反正荒着一分钱也没有。最后商量下来，一亩地一年的租金 720 元，一共 6 亩地，两年的租金一共是 8 640 元，李华蓉一次性付清了。

李华蓉赶紧把田犁好，按照芮冬明的要求，把葡萄苗栽下去。连同自家的 1 亩地，总共有 7 亩地，看上去有点小气派了。

李华蓉家的葡萄苗，都是园区送的，赵亚夫对她说：“你是示范户，我们得扶持你，这 400 多棵葡萄苗你先试种，不要钱。”

李华蓉好不过意，说：“这叫我咋个谢你嘛？”

赵亚夫说：“谢啥子嘛，只要你富了之后带着大家一起致富，这就是最好的谢喽。”

李华蓉又买了 4 吨本地的有机复合肥，1 吨 400 元，又花下去 1 600 元。连同租地的租金，李华蓉一下子砸下去 1 万多元，把家里的老底子都掏空了。

李华蓉的老公叫张寿荣，是个老实巴交的农民，一下子砸下去这么多钱，他的心里有点慌。有时他会跟妻子嘀咕，“要是种不出来，咱家就亏大了”。

李华蓉就冲他：“你怕啥子嘛？江苏来的专家都是杠杠的，那个赵老师可是一流的，在东南一带可是红透半边天哩。他亲手带富起来的农民成千上万哩。他搞的‘万山红遍’，连总书记都去参观考察哩。有这些老师无偿地教，还作为示范户来培养，这样的好事到哪儿去找嘛？只怕过了这个村，就没有这个店喽。”

张寿荣被她冲的不敢吱声了。

有多年农村工作经验的赵亚夫，对培养示范户太有体会了，他知道李华蓉虽然是个有主见的女人，但心里多少还是有点虚的，这时需要给她打打气。于是他便和芮冬明一起到李华蓉的葡萄园参观，夸她葡萄园管理得不错，夸她胆子大、有魄力、有能力。李华蓉听了很高兴，底气明显足了许多。

2009 年 3 月的一天，赵亚夫和芮冬明来到了葡萄园。赵亚夫穿着羽绒服，背着一个双肩包，里面照样装着“五件宝”。赵亚夫和芮冬明是来教她剪枝的。

芮冬明边说边示范给她看。“从主干过来，留 3 ~ 4 个枝丫，把头剪掉，等到明年，这些枝丫往前长了，再按照这样的方法，还是每个枝留 3 ~ 4 个枝丫，就这样一直剪下去。”

说完，芮冬明就让她照着自己的样子剪。

李华蓉有点舍不得、下不了剪刀。“好好的枝丫，就这么剪掉？”

芮冬明说：“对，剪掉，不要可惜。一定要这样剪，不然，结的葡萄品质就不会好。”

于是李华蓉就狠心地剪了。

第二年，李华蓉家的葡萄就挂果了。看着那一颗颗青翠饱满的葡萄，李华蓉和张寿荣乐不可支。夫妇俩在给葡萄套袋的时候，李华蓉就数落老公：“当初我要搞的时候，你老是嘀嘀咕咕的，现在看到葡萄丰收了，你笑得嘴咧咧的。”张寿荣还是嘿嘿地笑。

不久，他们家的葡萄就收获了。葡萄卖了 1 万多元，一年头就把本钱赚回来了。

这时，村里人都好羡慕李华蓉，有好多人来向李华蓉请教怎样种葡萄。李华蓉记着赵亚夫的吩咐，毫无保留地教他们，从下苗开始，到剪枝，到套袋，不厌其烦地教，还在自家的葡萄园里示范给他们看。后来，陆陆续续有 13 户人家跟着李华蓉种起了种葡萄。示范户的示范作用发挥出来了。

现在，李华蓉家的葡萄产量大、品质好，供不应求，一亩葡萄能卖 1 万多元，七亩葡萄的收入有七八万。其他葡萄种植户的收入差不多也能达到这个数。

2013 年 5 月 21 日，李华蓉来到了镇江，向江苏的专家组送来了一面锦旗，上面写着：吃水不忘挖井人！

杜国蓉种草莓发了家

村民杜国蓉在城里打工，有一次骑自行车上班时被一辆面包车撞了，一下子断了 8 根肋骨。她在家休息了三年，从此就不能干重活了。田又种不起来，工又不能打，孩子正在上中学、正是用钱的时候，家用全靠丈夫一个人在建筑工地打零工，日子过得很苦。

2008 年地震的时候，她家的房子全都倒了。她家的日子雪上加霜。

听说江苏的专家要建示范园，她就抱着好奇的心理去看看。听着江苏专家的介绍，她的心里就有点活泛了。

她见赵亚夫年纪最长，人也和蔼，便壮着胆子对她说："赵老师，我遭遇过车祸，跌断过 8 根肋骨，现在干不了重活。像我这样的情况，种草莓行不行？"

赵亚夫见她一副老实、胆怯的样子，便大致知道这是一个淳朴的农村妇女，内向、怯懦、沉稳、自尊心脆弱，与李华蓉属于完全不同的性格。与这种人打交道，需要特别小心，一不留神，她就退回去了。但这种人有一个好处，就是很实在、很踏实，做事认真、有韧性，认准一件事就会做到底，轻易不放弃。

赵亚夫和颜悦色地说："种草莓不需要太大的力气，你完全可以胜任的。"

接着赵亚夫跟她聊了起来，了解到她的身体不太好，家里有孩子上学，家庭经济非常困难。赵亚夫决定把她培养成示范户，作为"老弱病残"方面的典型示范。哪怕你人老年迈，哪怕你体弱多病，只要你认真踏实地做事，种草莓、种葡萄也能致富。

2009 年 9 月，杜国蓉成为示范园的第一批示范户。这种示范户与普通示范户不同，这种是"入园示范户"，即在示范园里承包一块地，自己种植生产，由园区统一管理。杜国蓉承包的是一块草莓地。

在示范园里，赵亚夫和草莓大王王柏生就手把手地教她怎样移植草莓苗，怎样给草莓施肥，怎样摘叶子，平时如何管理。杜国蓉学得认真，进步很快，把一套草莓生产、管理技术学得很到位。

杜国蓉是一个勤劳的人，除了园区的承包地外，她还在家里的责任田里试种了8分多地的红颊草莓。

赵亚夫听说她另外开辟了“自留地”，很高兴，鼓励她说：“你做得对，这正是我们办示范园的初衷。你不但要自己搞‘自留地’，还要带动周围的人种植草莓，做出示范户的样子。”

“要得、要得！”杜国蓉点头答应。

赵亚夫让园区为杜国蓉的“自留地”免费提供钢架大棚、草莓种苗和薄膜。还经常到她的“自留地”里进行技术指导。

2010年的正月里，杜国蓉发现自家的草莓叶片背面长出薄薄的白色菌丝层。起初她没有在意，以为小病小灾的，过过就好了。可是后来有的叶片向上卷曲呈汤匙状，并有大小不等的暗色污斑；有的污斑逐步扩大并在叶片背面产生一层薄霜似的白色粉状物。这下她有点紧张了，便打电话给赵亚夫。

当时赵亚夫正在镇江养病。因在援建期间长期操心劳累，他的腰椎病和高血压发得很厉害，需要卧床静养，上级知道后，强迫他回来疗养。

听了杜国蓉描述的症状后，赵亚夫一下子判断出这是草莓白粉病。“你家的草莓染上了白粉病，现在尚处于初中期，抓紧治疗还来得及，否则到了晚后期，治都来不及了，会严重影响草莓的品质和收成。”

“可是这大过年的，我不好意麻烦江苏的专家哩。”杜国蓉嗫嚅着说。

“这有什么？我们江苏专家去你们那里，就是干这个的，有什么好客气的？”赵亚夫以责备的口气说。

放下电话，赵亚夫立即给王柏生打电话，让他立即到杜国蓉家的草莓地里看看。

王柏生二话没说，放下电话就来到杜国蓉家的草莓田。他蹲下来仔细察看，发现白粉病已经比较严重了。

“白粉病都这么严重了，你怎么不早说？”王柏生毕竟是农民，说话比较冲。

杜国蓉不好意思地说：“大过年的，想让你们安稳地过年，不好意思来打扰。”

王柏生虎着脸说：“什么打扰不打扰的，如若耽误了治疗期，到时候减产、绝收，那才真是‘打扰’呢。”

杜国蓉看他的脸色难看，不敢多说了，但心里满满的是感动。

王柏生当即采用物理治疗和生物治疗的方法，把白粉病给治好了。

到了草莓收获的季节，杜国蓉家的草莓产量和品质基本没有受到影响，居然卖了 14 000 多块钱。这可把她乐坏了，这个老实的农村妇女也兴奋了起来，摘了一篮子草莓送到江苏专家组，一定要让他们尝尝，嘴里不停地说：“多亏了你们，治好了白粉病，使我家的草莓获得了丰收。也多亏了你们引进了草莓，草莓的效益比传统农业好得多哩！”

赵亚夫和王柏生吃了几粒，吃得很香。

绵竹的草莓大王

魏友强是一个很聪明的人，如果正常地读书上学，考上大学根本不是问题。但因为家里穷，他与哥哥兄弟两人同时上学，家里根本负担不起，必须保一个继续读书，舍一个下来务农（打工）帮衬家里。保谁？舍谁？父母亲难下决断，毕竟手心手背都是肉。

无奈之下，父母亲让他们兄弟两个抓阄。父亲做了两张纸条，一个上面写着“书”，意思是继续读书；一个上面写着“农”，意思是辍学务农。把两张纸条卷了起来，让兄弟两个抓。

魏友强随手一抓，展开一看，上面写着“农”。当时眼泪就下来了。但是愿赌服输，没有办法，再说家里也确实穷，不然父母也不会出此下策。母亲也哭得直不起腰；父亲唉声叹气，蹲在那儿抽闷烟。

看着父母如此难过，魏友强反过来劝慰他们说：“你们不要难过了，哥哥更适合读书，我比他活络些，将来想当个老板之类的。哪一天哥哥读书回来，如果一时找不到工作，可以到我的公司里来干。”

这既是他劝慰父母的话，也是他当时就立下的志向。

第二天，魏友强就辍学了。

辍学后的魏友强在家干了几年农活，把所有的农活都学了个精通。然后，按照自己的计划，就进城打工。他从建筑工地的小工做起，不到一年，就学会了和水泥、敷墙、粉墙、贴瓷砖这些泥瓦技术。第二年就做上了大工，手下有两三个小工。第三年他就当上了领班，手下有七八个人。到了第五年，也就是2004年，他就当上了小包工头，自己承包工程，手下有30多个人。已经算是小老板了。

他年轻、聪明，有文化，加上有一个远大的志向，在掘得第一桶金后，他在寻找商机，谋求更大的发展。

2009年8月，家乡有个工程，他带着手下人回来干了几个月。听说江苏省援建绵竹，准备建一个现代农业示范园。他就去示范园的建设工地上看看，实际上是在考察，看看有没有商机。他把江苏示范园的宗旨、目标、项目、品种、运行机制、营销策略，等等，摸得清清楚楚。心里暗暗佩服江苏人的聪明，项目品种、营销策略等，都看得很准，照着这样一套模式去做，没有不发的道理。尤其是把"不耐贮运、不耐保鲜"的应时果蔬的劣势转化为优势，以快、熟、鲜的特点与远距离运输、大规模经营单一产品的农业大产区搞差别竞争，这一条太厉害了，如果真能做到，外地的同类产品"进必死"。

经过反复的考察、思量、比较，魏友强决定学种草莓，将来自己搞草莓种植，成为王柏生一样的"草莓大王"。

主意已定，他就前去报名，要求学习种草莓，要当入园的承包示范户。

这时，示范园里的示范户已经基本确定，工作人员告诉他，名额已经满了，等以后有人师满出园，你再填补进来吧。

魏友强不是一般的农民，他可是见过世面的，哪能三言两语就给打发了？他就发挥自己在外面跑业务练就出来的钻营特长，天天往示范园里跑，见到像个领导模样的，就上前诉说、恳求一番，表达自己的决心和意愿，有点不达目的不罢休的意思。

这天，糜林正好也在，听说了他的情况。其实，好几天以来，糜林就注意到他了，这个年轻人长相俊朗，透着一股机灵和干练，天天在园区转悠。知道他的情况和想法后，糜林就觉得这个人年轻、有志向、肯动脑、会经商，有发展潜力，是一个示范户的理想人选。于是糜林就跟赵亚夫打了招呼，把魏友强"塞"了进去，成了第一批范园里的示范户。

魏友强本来就是个农活的好把式，入园一年多一点的时间，他就把草莓的种植，从头到尾学了个遍熟。另外草莓的采摘、包装、运输、销售诸多的环节，他都留心观察，熟记于心。

到了第二年，他觉得自己比较有把握了，就想另立门户，自己搞一个草莓园。赵亚夫当即表示赞成，并鼓励他好好搞、搞成功，为乡亲们放个样子。魏友强就弄了2亩地种草莓。糜林经常到他的草莓园里作技术指导。旗开得胜，魏友强第一炮就打响了，这年的草莓长势好、品质好、口味也好，卖了个好价钱。

尝到了甜头魏友强，于第三年，也就是2011年，将草莓园扩大到了4亩，同样大获成功。

到了2012年，魏友强干脆就租了30亩地种草莓，全家男女老少一齐上，还请了4个帮工。他搭建了17个草莓大棚。搭建大棚可是他的强项，他在搞建筑时学到的技术派上了用场，自己进材料，自己亲手搭，又省钱，质量还好。17个大棚搭得很漂亮、很气派，在当地成了一道风景。

到了2014年年底，魏友强的草莓园扩大到了130亩。他成了整个绵竹有名的草莓大王。他家的草莓品种多、品质高、口味好而且各种口味都有，销售根本不是问题，基本上是“皇帝的女儿不愁嫁”。绵阳的、德阳的、成都的水果经销老板都跑来跟他合作，有的干脆20亩、30亩的长年包销他的草莓。

所以，“强友草莓园”的门口，常常挂着这样一块牌子，上面写着：

“温馨提示：今天的草莓已经售完，不能让您尽兴，我们非常抱歉。谢谢您的支持！”

“草莓大王”就这么牛！

绵竹版的“万山红遍”示范园获得了极大的成功。

从江苏引进的先进、适用的40个新品种和34项新技术，经过示范园的孵化，已全部在示范园落地开花，且向当地农户大面积推广，为长远发展播下了一粒粒的产业种子。

到2010年9月份示范园移交给当地时，园区先后接待参观交流学习人员580多批次2.5万多人次。板桥镇、富兴镇、九龙镇等10多个镇先后组织镇村社干部、农民技术员3 000多人次到园区观摩示范、召开现场会。对农民进行现场指导1 296人次，组织现场培训28场次，参训人数达1 460多人次。

示范园以及由其带动的示范户，实现了一亩田的年收益不低于一万元的目标，有的项目甚至达到两三万，如草莓+水稻的轮作，能产1 000斤粮食，还有2万元的草莓收入。葡萄园和猕猴桃园间作牧草（养殖），收益也能达到两万左右。

示范户从最初的40户已经发展到2013年的1 001户。这些示范户像一根根火把，被高高置于示范园这个平台上，形成一个巨大的火炬，把那里的大地照得万山红遍。

时任国家发改委主任张平称赞说："绵竹江苏高效农业示范园项目是西部大开发，东部支援西部的成功典型。"

时任四川省委书记刘奇葆高兴地说："这是18个省农业援建项目中最成功的。在江苏，有句顺口溜叫：要致富，找亚夫，找到亚夫准能富！我看我们可以改一改，叫做：留住赵亚夫，四川准能富！"。

绵竹版"万山红遍"的成功，还有着另外的一个意义，也是一个更加重要的意义，这就是，"万山红遍"的模式是可移植、可复制的。可移植和可复制，就使"万山红遍"具有了普遍性的指导意义，可以"放之四海"。这对全国农村的产业结构调整，对现代生态农业的可持续发展，对提高农民素质、引导农民致富奔小康，具有非凡的意义。

当然，"移植"也好，"复制"也罢，都不能生搬硬套，不是简单的"拿来"，而是要因地制宜、因人制宜、因时制宜地加以应用。关键是要把握住"万山红遍"的精髓。

"万山红遍"的精髓有着一系列的实实在在的内容。

帮助农民掌握现代技术，帮助农民走向市场，帮助农民提高素质，这个"三帮助"是"万山红遍"的根本出发点，或者叫作基本的指导思想。

"做给农民看，带着农民干，帮助农民销，实现农民富"，这四句话是“万山红遍”的活的灵魂。这四句话是一个有机整体，缺一不可。“做给农民看”体现的是“万山红遍”的示范性价值；“带着农民干”体现的是“万山红遍”的实践性价值；“帮助农民销”体现了“万山红遍”的统一经营管理；“实现农民富”体现了“万山红遍”的终结性宗旨，或者叫做落脚点。

按照《中华人民共和国公司法》的有关规定，实行公司制，搞企业法人治理，导入现代企业管理制度，这是“万山红遍”的压舱石，也是她的法理基石。在此之上，平衡好各方面的利益，引入激励机制，关注管理层、技术骨干以及职工的切身利益，这是“万山红遍”得以生存、发展的重要动力来源。

处理好“服务”与“利润”的关系，以科技服务为中心，该做的无偿服务要做，该赚的钱也要赚，在经济效益方面也要为农民起到示范作用，这是“万山红遍”得以成功的重要平衡点，这个平衡点一定要精确、细心地寻找，并且要始终保持动态的平衡，否则，就会功亏一篑。

处理好劳资关系，这既是所有工商企业的难题，也是“万山红遍”这类现代农业科技企业的难题，处理不好会有很大“麻烦”，甚至会发生“脑梗死”。“万山红遍”采用“反租倒包”的方式，由园区实行统一技术标准、统一生产管理、统一市场营销，联产计酬、优质优酬，这个方法借得借鉴。

确定能够左右本地域农村经济发展的农业主导产业，这种主导产业要有一定的规模，还要能产生相当的效益，能对本地域生产总值的增长、农民收入的增加起到重要的作用，这是一种战略性决策，这种决策不可有误，否则失之毫厘、差之千里。“万山红遍”的成功，以及绵竹版“万山红遍”的成功“克隆”，很大程度上是基于这种战略性决策的正确。

在具体产品的选择上，要逐个论证分析，与主要竞争对手比较长处与短处，找到扬长避短的关键技术和方法，始终保持产品的市场竞争力，这是“万山红遍”成功的“秘诀”。例如“不耐贮运、不易保鲜”这一特点，就被“万山红遍”以及她的绵竹翻版狠狠地抓住不放，成了与外地同类产品竞争的“杀手锏”。

只要把这些精髓都吃透了，再结合当地的实际状况进行灵活运用、组装再造，“万山红遍”真的能够使得广大农村“万山红遍”“层林尽染”、江河欢腾、日新月异。

第六章

合作抱团打市场

赵亚夫与普通的科技推广人员的最大不同是，他持续地、高度地关注农村的生产关系，而不仅仅是通过农业科技来提高生产力。

这种关注可以追溯到 20 世纪 60 ~ 70 年代。早在他师从任承宪时，师徒俩就私下里探讨过生产力与生产关系的问题。当时他就感觉不太对劲，所谓“先进”的生产关系并没有调动农民的积极性，也没有给农民带来富足，农民还是越来越穷，甚至一度还饿死了不少人。只是当时他还年轻，阅世还不深，对这个问题还没有完全吃透。

此后直到改革开放前的十几年里，赵亚夫一直在农村摸爬滚打，与农民完全融合到了一起，“生产关系”这个问题也一直伴随着他。他的观察越来越切肤入肌，他的思考越来越入骨浃髓。原来的“感觉”，逐渐变成了理性的思考。这时他已初步得出结论，当时农村的人民公社那一套体制机制，即所谓先进的能够促进生产力飞跃发展的生产关系，不但不能促进生产力，还严重阻碍甚至是破坏生产力。最突出的表现有两个方面：一是农民是人民公社（包括大队和生产队）的主人，当大家都是主人时，大家便都不是主人了。于是农民的积极性受到了严重挫伤，反正干好干坏一个样，干多干少差不多，何必那么卖命？但当时通过人为的“斗争”来层层传递压力，基层干部天天逼着农民“上工”，鸡叫干到鬼叫。但农民们心里清楚得很，这些大多都是瞎忙乎、白费劲，于是就在地里“磨洋工”，“上工”不出力。这实际上损伤了生产力，抑制了生产率，一年忙到头，于公于私所得无几，农民是穷得叮当响，日子过得苦不堪言。二是劳动成果分配机制，很成问题。当时是实行“工分制”，即通过“评工分”和“记工分”来实现分配。一般都是“十分制”，根据劳动能力、技能水平、出力大小，最高可评上 10 分，依次递减。如果是壮劳力，身体健康，按时上下工，都能评上 10 分，这里体现的就是平均主义。尽管如此，“评工分”常常弄得乡亲们关系复杂，矛盾尖锐。不过当时“阶级斗争”这根弦绷得很紧，而斗争的矛头所向，就是“地、富、反、坏、右”，通过阶级斗争来转移人们的视线，掩盖了实际存在的本质性的矛盾和问题。这就造成了社会的极不公平、极不公正，而“转移”与“掩盖”的结果，则是人们的日益困顿，身心疲惫。

赵亚夫早就看出来了，但是他不说，一则人微言轻，二则在当时的“以阶级斗争为纲”的政治气候下，说了不但无济于事，还会引祸上身。赵亚夫属于“假话全不说、真话不全说”的那种类型，他在当时不趋炎附势、不见风使舵、不落井下石，基本上是“独善其身”，潜心搞自己的社会调查、农业科研和推广。

当20世纪70年代末，普遍废除了人民公社、实行家庭承包责任制之时，赵亚夫从内心大声叫好！当然，当时为家庭承包责任制大声叫好的人多了去了，但赵亚夫的这一声“好”，其内容是有分量的，赵亚夫是用17年的泥土里摸爬滚打、17年的壮行万里、17年的苦苦探索作为注脚的。就像同一句话从70岁的老人的口中说出，与从7岁的黄口小儿口中说出，内容与分量是完全不同的。

赵亚夫对生产关系的研究一直没有停止，一直在延续。农村实行家庭承包以后，当时极大地解放了生产力，农民的温饱问题一下子改善了许多。但是随着生产力的发展，它又要求生产关系来不断地适应自己，也就是说，在“分”的基础上，又要进行适当的“统”。“统”的分寸把握非常重要，包括“统”的范围、“统”的程度。人民公社失败的原因，就在于“统”得过大，“统”得过前，“统”得过强，“统”得过死。但完全分散的农业生产经营，各家各户完全“单打独斗”，一点也不“统”，则不利于生产力的提高。

早在20世纪80年代初，赵亚夫在日本研修时，除了悉心研修农业科技外，还对日本农村的生产关系多有观察与思考。日本农村的生产关系，还是以家庭私有、家庭生产经营为主，但也有“统”的成分，即通过各级不同层次的农协，来对农民和农业生产进行一定程度、一定范围的“统”。农协的主要作用是指导生产、组织流通、提供各种服务和开展互助共济。农协设有“营农指导所”，聘请营农指导员，走村串户，传递信息，推广新品种、新技术。一些基础设施难以由一家一户来做，农协就承担起来，如修建村际公路、建立育苗基地，建设孵化厂、饲料厂、加工厂、冷藏库等。对于农产品的销售，更是基层农协的重头工作，专门建立农产品集贸所，负责农产品的集中、挑选、加工、包装、出售。日本的农协，是“统”的重要平台和枢纽。

回国以后，赵亚夫将农科所的研究结构作了重大调整，把“粮食为本、经作为用、果蔬为重”作为研究格局；把“水田增粮、岗坡致富”作为推动产业结构调整、帮助农民致富的工作路数。秉持“做给农民看、带着农民干、帮助农民销、实现农民富”，依次通过“点亮一盏灯、照亮一大片”“点亮一根火炬、照亮一片天空”“点亮一捆火把、照亮大片山河”，帮助农民发展多种经营，搞草莓、葡萄、桃等具有本地鲜明特色和显著竞争优势的应时鲜果产品，使农民的收入如同芝麻开花节节高。

无论是以农科所为依托的“万山红遍”及其基地，还是培养某一方面的致富能手和典型，赵亚夫都不主张搞什么商业秘密和专利保护，相反，因为宗旨是帮助农民共同致富，所以巴不得农民掌握这些“商业秘密”和“专利技术”。因此，凡是赵亚夫及其团队共同开发、引进的品种，如草莓、葡萄等，都会出现“遍地开花、万山红遍”的局面。这当真是好事，但也带来了一个问题：相互竞争、销售困难。

一段时间，曾经出现这样一种状况：国道旁，省道旁，城镇通衢要津，到处都是“提篮叫卖”的农民，他们的“提篮”里装的是草莓、葡萄等应时鲜果。路人货比三家，拣便宜的买，这是人之常情。果农们只好竞相压价，甚至有人贬人褒已。恶性竞争导致了矛盾加剧，吵架的有了，甚至打架的都有了。果农们辛辛苦苦忙了一季，产品贱价卖掉了，最终扎账，没赚到什么钱，有的甚至还亏了本。至于没有卖掉的，那就亏大了，血本无归。这就是分散经营、各自为战带来的不良后果。

这是生产关系没有及时跟进，造成的不良后果之一。

不良后果还有许多。

除了“提篮叫卖”之外，大部分农产品的销售依靠经纪人和加工企业。由于农民对市场信息掌握很有限，在双方的交易过程中，出售数量与价格的形成的主导权都在经纪人和加工企业手中。相对于追求利润最大化的经纪人和加工企业，农民处于不平等交易的弱势，虽然比卖不出去要好，但利益受损很大。

一般的农业家庭生产经营规模不大，且以中高龄、女性劳动力为主，受教育程度较低，文化素质较差，经济基础十分薄弱，普遍缺乏独立经营的实力。再加上长期受计划经济的影响，习惯于单纯地生产，生产的农产品除少量进入自由市场外，大宗农产品过去均由政府部门收购，农户基本不涉及农产品流通、加工领域。就大多数农民而言，仅仅是个生产者，并不是真正的经营者，产出的农产品价格低廉，即使改种经济作物，因为流通、加工附加值被人拿走，收益也高不了多少，普遍缺乏务农积极性。

另外，“各人自扫门前雪，莫管他人瓦上霜”，造成基础设施差，不利于机械化作业，不利于农副产品加工、贮存、运输；一家一户单打独斗，生产资料、信息、技术不能共享，抗风险能力几乎没有。

不良后果，不一而足。

这时的赵亚夫，已经有了相当的知名度，有了较大的影响力，有了一定的“话语权”，再也不是以前那个“真话不全说”、人微言轻的毛头小伙子了。对于生产关系的长期的观察、思考与研究，使他对于农村中出现的捆缚生产力的一些现象，有着较为清醒的理性认识，他要在自己力所能及的范围内，在“统”的方面做出一些行动，作些实践性极强的尝试与探索。

第一节　在丁庄，打造一个合作社

方继生与赵亚夫由一张名片结缘，由相识、相交、相教（学）到相知，在当地传为一段佳话。从方继生 2 亩巨峰葡萄开始，在赵亚夫、芮冬明的一路指导下，20 多年间，将葡萄基地发展到了 15 000 多亩，方继生成为远近闻名的“葡萄大王”，成就了一则“由名片引发的传奇”。

古人云，近朱者赤，近墨者黑。赵亚夫、芮冬明手把手地教农民科技知识，言传身教如何帮扶农民共同致富，这些方继生都看在眼里、记在心头。榜样的力量是无穷的。方继生也学着赵亚夫的样子，把自己学到的技术，或是在实践中摸索出来的经验和窍门，毫不保留地教给乡亲们，像一只头雁带领乡亲们向着小康的日子奔飞。

话说当年，方继生从赵亚夫、芮冬明那儿学到葡萄种植的一整套技术，加上他是个聪明人，爱琢磨，自己摸索出了一系列的“别别窍”。靠着葡萄掘到了第一桶金后，他不忘赵亚夫的嘱咐，动员村里的 13 户农民跟他一起种葡萄，葡萄园一下子发展到了 200 多亩。后来方继生继续动员村民们种葡萄，葡萄种植户越来越多，像滚雪球般越滚越大。方继生也学着赵亚夫的样子，免费担任葡萄种植户的“技术顾问”，随身带着一把剪刀，走到哪家就在那家示范怎么剪枝，手把手地传授技术，把自己的经验体会不厌其烦地讲给他们听。

与赵亚夫有所不同的是，赵亚夫毕竟是吃“公”家饭的，“赵氏”“养狼计划”所养出来的“狼”，跟本人（个人）没有直接的竞争关系；而方继生就不一样了，他所带出来的葡萄种植户，跟他个人有着直接的、面对面的竞争关系。即便如此，方继生仍然义无反顾地、几十年如一日地实施着他的“方氏”“养狼计划”，把自己的技术和诀窍向乡亲们和盘托出。作为一个普通农民，能够做到这一点非常的难能可贵，可见其人品非常的好，胸襟非常地开阔。当然，如果赵亚夫是一个农民，他也会毫不犹豫地这么做的，因为赵亚夫的人品像茅山主峰上的青松一样高洁，他的胸襟像广袤的大地一样宽阔。物以类聚，人以群分，两人之所以能够深交，成为挚交，成为“同路”，正是出于同样地对农民的深深的厚爱，以及引领农民共同走上富裕路的相同的梦想追求。

葡萄种植面积越来越大，产量也越来越高，种植户之间的竞争不可避免。于是多种恶性竞争的都出来了，矛盾、纠纷层出不穷。

有一天，赵亚夫到丁庄指导葡萄种植，刚到村部，只见两个农民相互揪扭着来到村部，嘴里面骂骂咧咧的。

村长连忙出来，问是怎么回事？农民甲指着农民乙的鼻子说：“他不要脸！”

农民乙指着农民甲的额头说：“他吃屎不讲理！”

村长说：“都不要骂人！说说是怎么回事？”

农民甲说：“省道临街的那个路口，是我的葡萄摊子，我一直在那儿卖，四乡八邻谁不晓得？今天他占了我的摊位！”

农民乙说：“凭什么说是你的摊位？你家买下来了吗？你出钱租了吗？你能在那儿卖，凭什么我就不能卖？上茅坑还有个先来后到哩。今天是我先到的，我就可以在那儿卖！”

农民甲说：“你跟我讲先来后到？我在李家庄从小尿尿和泥巴玩，那时候你在哪里？你这个野种，呸！”

农民乙说：“倒插门怎么啦？两个儿子是我凭本事生的，有本事你也生个儿子给我看看？没有那泡夆就不要说硬话，呸！”

赵亚夫一听就明白了，这两个农民为争葡萄摊位产生矛盾，纠骂过程中互揭短处：一个讥讽对方是“倒插门”；另一个嘲弄对方生不出儿子。

村长说：“别扯了！不就是一个摊位吗，反正是卖葡萄，在哪儿不是卖？”

农民甲说：“不光是摊位，最气人的是他不守规矩，大家都卖三块一斤，他偏卖两块五，坏了我们的规矩！都这样贱卖，叫我们以后怎么讨生活？”

农民乙说：“树苗是我栽，葡萄是我摘，我爱卖什么价卖什么价，关你屁事！你这是拿水泵导尿——管道（得）宽！”

这时方继生正好到村部，听到两人的吵骂后，走上前来说：“吵什么吵？都是一个庄上的，低头不见抬头见，为这点屁事，乡里乡亲的以后怎么共事？”

这一带的葡萄户都是方继生带出来的，他在农民中有着很高的威信，他这一讲，两个农民都不吱声了。

方继生先对农民甲说：“我先得克你两句，沿路叫卖，摆哪儿就在那儿卖，没有什么固定摊位之说！想要有个好摊位，就早点去占摊！”

又转头对农民乙说：“我还得熊你两句，没有规矩，不成方圆，大家都卖三块，你贱卖两块五就不对了！如果都像你这样竞相压价，今天你两块五，明天他两块，后天你一块，我们种葡萄的最后吃什么？伤害的是我们葡萄户的共同的利益！”

各打五十大板之后，两个农民明白自己都有错处，低着头各自走了。

赵亚夫向方继生招手道：“老方，你来得正好，我有事跟你商量。”

方继生与村长进了屋。方继生见到赵亚夫格外高兴，一口一个“赵老师”，对他一直以师礼相待。赵亚夫见到他也很高兴，与他紧紧握手。在赵亚夫扶持的示范户中，方继生无疑是他最得意的“门生”之一。

三人坐定之后，村长唉声叹气地说：“今天两位也看到了，为卖葡萄，吵架的、打架的、促蹩脚的，什么都有，天天有人到村里来评理，搞得我们一筹莫展。”

方继生说：“我也为这事发愁哩，不晓得咋弄好。当初带着他们搞葡萄，好不容易搞出来了，卖葡萄又遇到了这么多麻烦。种不出葡萄，愁；遇到了病虫害，愁；葡萄丰收了，也愁！赵老师你见多识广，能不能帮我们想想办法？”

赵亚夫沉思一番后说：“必须把农民组织起来，走合作化的路，这样葡萄业才能健康发展，老百姓才能真正得到实惠。像这样无序竞争，最终伤害的还是老百姓自己。多年来我一直在关注日本的农协，它是一种农民自治互助的组织，属于民间机构，但它对农民的帮助很大，从种子种苗供应，到施肥、病虫害防治，到加工、贮运，再到最后的销售，一条龙服务。拿销售来说，成立专门的销售市场，在全国范围内采集市场信息、推销产品，农民基本不用为销售发愁。由于由农协在‘统’，不会发生恶性竞争这样的事。我们可以考虑成立类似的组织，叫葡萄合作社，制定专门的章程，把葡萄的事‘统’起来。”

村长说：“赵老师你等等，我把村委会的人叫齐，你给我们上课讲讲，大家再议议，能定今天就定下来，要搞就趁早搞，再不想办法解决，葡萄业只怕快砸锅了。老方，你也把几个种植大户叫来，一起听听、议议。”

说罢，村长当即挨个打电话，把村委会的委员们都叫来了。方继生也打电话把村里的葡萄种植大户都叫来了。

十几个人济济一堂，赵亚夫又“开讲”了。对农民讲课，赵亚夫很有经验，尽量用通俗易懂的语言，把事情说清楚、把道理说明白。

“合作社不是官办的，是咱们农民自己结合起来的一个组织。当然，该登记的要登记，该履行的手续要履行，否则就是非法组织了。合作社是自愿联合、自我管理的互助性经济组织，主要目的是生产合作、销售合作、抵御风险，实现良性合作、有序竞争，走向共同富裕。如果我们要搞合作社，当前的目标是‘三大’，即使得农民家庭经营活力大增，农业效率大幅提高，农民收入大幅增加。当然，搞合作社是以家庭经营为基础、为前提的，不能破坏这个基础与前提，绝不能搞成人民公社那种‘一大二公’。在家庭经营的基础上，合作社为成员做好服务，服务内容有生产指导，种苗、生产资料供应，大型农业机械使用等，可以显著提高成员农作物栽培技术水平，实现品质优化，提高产品的市场竞争力；为成员共同购入生产资料和注通设施，有利于降低成员生产成本和流通成本；开拓加工产品，建设相应的共同设施，为成员提供农产品加工、销售服务，可以提高农产品的附加值，显著提高社员收入；实行共同销售，可以增强农民对市场参与的主动性，建立起农民与涉农企业、经纪人之间有效的协作和合理的利润分配关系，维护农民合法利益。”

“合作社是一个自治互助性组织，所以得有自己的章程，章程要有成员来共同制定。章程一旦定下来，一切都得照章程来办。合作社的最高权力机构一般为成员大会，由成员大会选举出理事会，再由理事会选举出理事长，副理事长等人选，再由理事会聘请管理人员。理事长人选一般是由热心公益、有带领农民致富的强烈愿望，在农民中有威信、有号召力，在行业中最有实力的人来担任。”

“我一口气讲了这么多，不知大伙儿听懂了没有？”赵亚夫最后问道。

“听懂了。”众人点头说。

赵亚夫心里明白，一下子听懂这么多内容并能理解，不大可能，于是便说：“大家有什么问题可以提出来，我们一起聒聒。”聒聒是当地方言，即议议的意思。

方继生问道：“赵老师，有一点我不太明白，合作社到底是什么性质？是社会团体呢，还是企业呢？还有，你刚才讲到，该登记要登记，到哪个机关去登记？”

赵亚夫答道：“因为《农民合作社法》没有出台，所以我们想搞的合作社，并没有一个明确的身份，既不是企业，又不是社团，不是一个真正的法人，所以现在若要登记，工商局是可以登记的，但是他也搞不清以什么名义登记，我曾经和他们商量，暂时以合伙企业登记再说，等到《农民合作社法》出来了，再按法规范。到那时就和企业是企业法人一样，合作社就是合作社法人了。”

“嗯。”方继生点头道。这下他基本清楚了。

村长问道：“合作社与村支部、村委会是什么关系？”

赵亚夫答道：“村支部、村委会基本上是以行政区域建立的，一个是党的基层组织，一个是依法设立的村民自治组织。但合作社不是必须以行政区域设立，它主要是以某一行业、某一专业来划分设立的自治互助经济组织。当然，也不排除以行政区域设立。党支部、村委会和合作社的共同目标都是更好地为农民服务，所以从合作社组建到正式运行，都可以得到村党支部和村委会的强力支持。随着合作社的发展壮大，参加合作社的村民占比越来越大，合作社就可以逐步接替原来的村支部和村委会的具体经济工作，村支部和村委会可以腾出主要精力去搞精神文明建设和民主管理等公益方面的工作。同时，通过合作社中党员的先进模范作用，强力促进合作社的成长壮大。”

有一位葡萄种植户说：“赵所长给我们出的这个主意好！是该成立合作社了，要不然各唱各的戏、各念各的经，这样乱哄哄的下去，迟早大家一起完蛋。就拿销售来说吧，老是盯着眼下巴掌大的地方，竞相压价，殊不知附近的镇江、南京、苏锡常、上海，市场缺口大着哩，价格也高得多。将来搞起合作社，首先要把销售问题统起来，不能再相互拆台、互唱对台戏了。”

赵亚夫说：“你说得很对，是要把销售统起来，向外地、尤其是沪宁线城市密集群拓展市场。这个一家一户难以办到，但合作社可以做到。将来还要注册商标，对符合技术标准、质量达到要求的葡萄，允许统一使用商标、统一使用合作社的包装，由合作社统一销售。当然，葡萄的季节性很强，不易贮藏，如果农民愿意自销一部分，也可以，但技术标准、质量标准一点也不能降低。”

方继生说：“我赞同赵老师的意见，一定要统一质量标准。从不同品种实行不同栽培模式到亩产量的控制，从穗重量到单果粒重，从葡萄的着色程度到可溶性固形物的含量，都有着统一的质量标准。另外，还要实行统一技术指导，这方面要请赵老师多费心了。要请赵老师与专家来开班讲座，传授最新的种植技术。每到葡萄生长的关键时刻，合作社要统一组织果农学习应时管理技术；每到病虫害防治之际，所有果农均在同一时刻作出响应，最大程度降低了损失，成为种植户生产优质、安全葡萄的一道安全屏障。”这么多年下来，老方已经成为葡萄方面的土专家了，说起葡萄方面的事儿句句扣住要害。

村长说：“依我看，种苗供应也应该统一起来。与镇江农科所建立长期合作关系，开展品种研发、引进和繁育工作，保证葡萄种苗的优质优价供应。每研发出新的品种，合作社首先引苗试种，进行综合评估和精心筛选，如果该品种生长特性和经济效益等综合指标良好，统一推广给社员种植，让果农少走弯路。既降低了个体果农生产风险，又满足了市场需求，实现了农民增产增收。”

赵亚夫掐指一算，说：“统一品牌销售，统一质量标准，统一种苗供应，统一技术指导，已经有四个统一了。我再补充一下统一：统一供肥供药。这样可以确保出产的葡萄生态、有机。由合作社统一供应，统一指导使用，避免社员过度用药和反复用药。通过集中采购生物有机肥和低毒低残留的杀菌剂，不仅使得葡萄的生产、食用更具安全性，保护了生态环境，而且能节约 15% 的成本。最重要的是质量有保证，用得放心。这样就有了五个统一。”

众人纷纷赞道：“五个统一好！”

这样，合作社实行“统一品牌销售、统一质量标准、统一种苗供应、统一技术指导、统一供肥供药”的“五统一”。为农民提供了优质的全程服务，受到了农民的热烈欢迎，合作社迅速扩大规模，三年发展了 800 多户，产量也有了猛增。

大家七嘴八舌地，把合作社各方面的事都议到了，并且基本上定了下来。

赵亚夫忽然想起了什么，说：“还有一件大事不能漏了，就是合作社理事长的人选。虽说要经过理事会选举，但我们心中要有数，要在把控之中。也就是说，我们要有一个候选人，而且要把工作做到位，使得这个候选人能够当选。这也是中国特色嘛，在中国办事，不能离开这个特色啊。”

锣鼓听声，听话听音，赵亚夫的意思大伙儿都明白。

过了半晌，村长说：“赵所长刚才提到了，合作社的领导人要有这么几条，一是有带领农民致富的强烈愿望；二是在农民中有威信、有号召力；三是在行业中最有实力。对照这三条，我看这理事长非老方莫属。”

众人都说好，老方是理事长的不二人选。

方继生摆摆手说：“这个担子沉甸甸的，就怕我挑不起这副担子啊！”

赵亚夫说：“老方，你也不要推了，这是大伙儿对你的信任嘛。带领乡亲们共同致富是你的夙愿，而合作社是一个很好的平台，你可以在这个平台上更好地实现平生的抱负嘛。”

赵亚夫这么一说，方继生便不再推辞了，说：“既然赵老师这么说，我再推就显得矫情了。不过赵老师你得给我撑腰哦，有你在后面撑着，我开展工作就有底气喽。”

“这你不用担心，我肯定会支持你工作的。”赵亚夫给他吃了一颗定心丸。

接着便分了工，大家分头落实。方继生负责组织动员广大葡萄种植户积极入社。村委会负责合作社的筹备工作，包括选举理事和理事长并负责办理相关手续。考虑到起草章程需有相当的政策理论水平和法律知识，文字又要十分精炼，一般人恐怕弄不起来，赵亚夫便主动揽下了这个活。

经过紧张的筹备和精心的准备之后，“句容丁庄葡萄合作社”终于成立了！

当时有社员 132 人，成立这天社员们都来了，大家敲锣打鼓，燃放鞭炮，庆祝自己的合作社成立。

赵亚夫、芮冬明作为合作社的技术顾问，也来到丁庄，出席了成立庆典，并且还剪了彩。

成立庆典结束以后，随即召开了社员大会，选举合作社领导机构和领导人。果然不出所料，方继生高票当选理事长。

当时的合作社就像一张白纸，一穷二白，连办公用房都是跟村里借的两间简陋的办公室。

方继生不负众望，当选理事长后带着大伙儿甩开膀子干了起来。以前也带着大家干，但当时没有一个组织，只是凭着个人感情和威望行事，作用毕竟有限。现在有了合作社这个平台，有了章程的约束，再加上老方人缘好、口碑好、能力强、威信高，同时没有私心，一切都是为了大家好，所以开展工作颇为得心应手，成效也很快体现。

首先对当时乱哄哄的销售进行整治，统一开拓沪宁线城市群的市场。注册了“老方葡萄”商标，对达到技术标准、符合质量要求的葡萄，统一使用“老方葡萄”商标。除留下少数葡萄给农民自销外，大部分都销城里去了，而且价格卖得比当地高得多。因卖葡萄而产生的各种恶性竞争，以及由此而生的邻里纠纷，基本上不消自除了。

合作社把当初赵亚夫创办的农民夜校接手过来，以农民夜校为基础，搞各种形式的教育培训，提高葡萄种植户的技术管理水平。长年累月下来，共培训 6 万人次，培养科技示范户 300 多户，培养技术骨干 126 人，培养农民经纪人 52 人。使先进的种植技术通过技术骨干、示范户传授给千家万户。

理事长方继生除了师从赵亚夫、芮冬明外，结合丘陵山区水资源匮乏、荒坡旱地、易旱易涝等自然环境因素，经过多年实践摸索，融会贯通弄出一套自己的葡萄栽培方法，整理出一整套独特的葡萄生产管理模式。合作社据此制定了适合本地区推广应用的“鲜食葡萄平网棚架式生产技术规程”及“老方鲜食葡萄”企业标准，逐步建立起葡萄生产的技术标准体系。建立产品准出制度、建立田间生产档案记录、规范产品包装与标识、严格控制投入品的管理，以此完善产品追溯平台建设。

合作社通过自身的发展和积累，逐步具备了为社员开展全方位、一条龙服务的软硬件设施。建成一座拥有集办公、培训、接待、展示、会议、质检、农资供应、产品销售于一体的综合楼；建有柏油路和水泥路和新建 5 000 平方米停车场及一系列旅游辅助设施；配备了电脑网络自动化办公设备和多媒体教学设备；创建了老方葡萄网站、语音短信平台、产品追溯平台、信息查询平台等。

时任江苏省委书记的李源潮前来视察后，归纳总结了四个“好”：“有一个市场需求的好品种，有一个好的技术和栽培模式，有合作社这样的好的生产组织形式，有一个发展高效农业的好带头人。”

《中华人民共和国农民专业合作社法》颁布实施以后，句容丁庄葡萄专业合作社于 2009 年 5 月办理了变更登记，成为农民专业合作社法人企业。这下完全名正言顺了，合作社发展更加步入正轨。

“老方葡萄”的生产，通过按需施肥、科学防病、控产提质、自然坐果和成熟，确保葡萄的固有风味和品质。葡萄糖度和着色度等主要品质指标都居国内领先水平，以其穗形整齐、果粒硕大、色泽艳丽、品味高雅、营养丰富等特点赢得众多消费者的青睐，在市场上具有独特的魅力。曾多次荣获全国葡萄评比金奖、江苏优质水果金奖、江苏名牌产品、江苏名牌农产品、江苏水果十大品牌荣誉称号。

到了 2014 年，合作社的社员达到 1 621 户，涵盖本镇 99% 葡萄种植户和句容其他乡镇绝大多数葡萄种植户，甚至江宁、溧水、金坛、丹阳、扬州、徐州、江西、安徽、浙江等地都有葡萄种植户入社。葡萄种植面积在本镇就达到 15 000 余亩，带动周边镇村 5 000 多户农民发展葡萄种植 50 000 多亩。葡萄种植户人均纯收入 26 000 元。

见到“句容丁庄葡萄专业合作社”如此兴旺发达，赵亚夫发出了会心的微笑。

从 20 世纪 90 年代初开始，到《中华人民共和国农民专业合作社法》颁布前的 2006 年，这十几年间，赵亚夫引导、帮助句容、丹阳、丹徒等地成立了好几个专业合作社。这些合作社在赵亚夫指导下制定的合作社章程，与后来全国人大通过的《中华人民共和国农民专业合作社法》有关规定基本符合。后来镇江市受到农业部表彰的第一批 2 个全国示范合作社，就是赵亚夫在这期间帮助成立的合作社。这些合作社虽然只具“准合作社”性质，从法律性质上来看，还不是很规范、很完善、很周密，但是在帮助农民提高组织化程度、提升生产技术水平、分散风险、和谐互助等方面还是起到了重要作用。

丁庄葡萄合作社在发展过程中，也遇到过困难，最大的困难还是销售。记得还是在发展初期，丁庄葡萄种植面积一些猛增到800多亩，当时销售渠道尚未建立，再加当年收获期连续下雨，葡萄卖不掉烂了不少，农民受到了相当的损失。总结教训，合作社改变了销售全部包下来的做法，社员可以自己销，合作社的服务重点改成提供技术及农资服务，五统一变成了四统一，这是丁庄合作社的最大缺陷，如何解决规模扩大以后的联合销售问题，至今还没有很好解决。

第二节　草莓合作社　于法有据

20世纪80年代初，赵亚夫从日本引进20棵草莓，在句容白兔乡试种成功，到80年代末的时候，草莓的种植已经形成气候，不但白兔乡的农民把它作为致富的主业，附近的乡村也漫山遍野地种了起来，种植面积达到了2万多亩。

少有少的苦恼，多有多的烦恼。与葡萄多了以后出现销售瓶颈一样，草莓多了以后也出现了同样的麻烦。而且，在“不耐保鲜、不耐贮运”特性方面，葡萄已经算是典型了，但草莓更是达到极致的境地。葡萄的保鲜期比草莓长得多，草莓成熟后采摘下来，几天不吃口味就变了。运输方面，葡萄也比草莓强得多，草莓是一点也不能挤、不能压的。另外，葡萄在遇到滞销时，有条件的还可以冷藏起来，待到旺销时再出手，但草莓就不行，冷藏以后口味就大降了。所以草莓产量大了以后，遇到的销售问题比葡萄更突出、更极端。

与葡萄的销售路径一样，草莓的销售也有过一段“提篮叫卖”的阶段。在这个阶段，草莓种植户之间的竞相压价、相互诋毁甚至谩骂打架的情形，比起葡萄种植户来，更加普遍、更加激烈。

最极端的一次，是草莓获得了大丰收之后，由于没有跟城镇市场对接，仅在附近的集市中、马路边“提篮叫卖”，造成大量的草莓积压。草莓是很“娇嫩”的，只能放几天，几天后就不行了。农民们心急如焚，可也没有办法。有几个妇女急得瘫坐在地上号啕大哭。

不知谁说了一句：“有困难，找政府，我们去找县领导！”

有人附和道：“对，我们把草莓送到县政府去！”

也只有这一点指望了，别的什么指望都没有了。于是有人开来了拖拉机，众人把自家的草莓一筐一筐地搬上拖拉机，足有好几千斤。

拖拉机突突突地开往县政府，大批群众跟在后面走向县政府。到了县政府门口，群众大呼小叫的，要求县政府帮助销售草莓、解决群众困难。县政府领导哭笑不得。作为行政指导，政府鼓励农民种植草莓发家致富，这本身并没有错，也无需对行政指导的后果承担什么责任。指导嘛，就是指引、倡导、鼓励、支持，但决定权仍在指导对象自己，收益了归自己，风险当然也应由自己承担，这与行政强制、行政命令是完全不同的。但当时的农民既不懂这些，也不管这些，计划经济时代的留痕还很重，“政府包办一切”的观念根深蒂固。遇到困难，首先想到的是政府，认准了只有政府才能帮助解决困难。

无奈之下，县政府领导只好来个行政命令，命令县里的酒厂一定要收购。当时还是20世纪80年代末，实行的是“有计划的商品经济”，酒厂属于“全民所有制”，实际上产权不明晰，生产管理体制更谈不上“现代企业制度”，无论是人事安排，还是产、供、销，尚在县委、县政府的“领导”之下。酒厂厂长捏着鼻子将草莓收购了下来，但价格上肯定要大打折扣了。农民也只能认了这个折扣。于是卖不掉的草莓源源不断地运到酒厂，酒厂也硬着头皮照单全收，尽量做酒，做不了就把草莓往句容河里倒。就因为这个，那年酒厂亏损了。农民也亏了本。

赵亚夫认真反省了这件事，这个“反省”完全是他“自找”的，没有一个人责怪他，事实上也与他无大干系。他从日本引种草莓，完全是出于帮助农民致富的好心，事实上也确实帮助很多的农民致了富，不少地方盖起了“草莓楼”。而他直接指导、亲手示范农民试种、引种草莓的地方——白兔乡，在这次“草莓事件”中波动不大，他们在赵亚夫的启发下，已经有了一定的市场意识，早就找到了沪宁沿线的城市市场，这边刚采下，那边就运送直奔市场出售，不但当日售罄，而且还卖出了好价钱。第二年白兔乡的草莓面积还是在继续扩大。

尽管如此，赵亚夫还是自己给自己一定的压力，他自认为，草莓毕竟是自己引进来的，“草莓之父”既是一种荣誉，也意味着一种责任。而草莓种植多了、产量高了，必然会有销售难的问题。

如何解决销售难？赵亚夫经过一番周详的调研和深度思考后，决定连出“两招”。

第一招，发展大棚草莓。

大棚草莓，攻克一道道技术难题

早在20世纪80年代初，赵亚夫赴日本研修农业时，就在近藤家的大棚草莓地里蹲了一个生长周期，把大棚草莓的生长技术，从头至尾完整地学了一遍，基本上掌握了这套技术。

现在，当露地草莓的销售陷入困境时，赵亚夫很自然地想起了大棚草莓。大棚草莓的最大特点，就是通过人工设施，来调节环境温度，加上一定的照明，不让或少让草莓冬眠，使它在当年年底即能产果，产果期可延长到夏天，前前后后达到半年以上。这就克服了露地草莓的产果期太短而带来的短时间内草莓集中大量上市的弊端；上市期的延长无疑能大大纾缓销售的瞬间压力。于是赵亚夫带着他的团队着手研究引进大棚草莓种植技术。

大棚草莓在日本早就是一项成熟的技术，但要将它引进中国，引进茅山地区，仍有许多技术难题需要攻克。首先，钢架大棚成本太高，一般农民根本承受不起，需要找一种替代物搭建大棚，既能使成本大幅下降，又能基本达到钢架大棚的实际效果。其次，棚内温度如何调节、湿度怎样控制、照明时间如何把握等，都要根据当地的实际情况摸索掌握。诸如此类的技术难题，需要一个一个地研究解决。

那段时间，赵亚夫和他的团队把大棚草莓栽培技术作为一个重要课题进行攻关。对于钢架大棚的替代物，经过反复对比选择，最终他们看中了淡竹，因为淡竹在茅山地区到处都有，成本很低，用淡竹搭建的大棚，温度控制比钢架大棚难度要大一些，产量也低一些，但实际效果却也差不到哪里去。对于温度的控制，他们摸索出草莓不同生长阶段的白天和晚上的适宜温度及其增温、降温办法。对于水分管理，他们摸索出前期外界气温高，灌水在傍晚进行；中期外界气温低，灌水在中午进行；后期内外气温均高，灌水在上午进行；灌水后先提高棚温，尔后加大排风，降低湿度，湿度控制在 70% ~ 80% 为宜。其他的技术难题都被一一攻克。

这样，经过两三个周期的摸索总结，大棚草莓栽培技术基本成熟，赵亚夫和他的团队迅速向农民们推广。

后来大棚草莓基本替代了露地草莓，收益是前者的数倍，每亩收入达到两三万元；销售期被大大地延长，销售的压力也就大大地缓解了。

第二招，帮助农民销售。因为销售这个环节太重要了！这个环节不打通，以后农民就不会再种草莓了。其他的经济作物也会遇到同样的问题。而如果农民不搞经济作物，不搞多种经营，他们的致富就谈不上了。

于是赵亚夫开始系统研究、学习营销学。

赵亚夫学营销

赵亚夫最早是搞稻麦种植的，为了心中的梦想，他相继学了很多东西,有的是跨专业学,有的是跨行学,有的是跨界学,而且都学有所成。“活到老，学到老”，用来赵亚夫身上，真是再贴切不过了。

年轻的时候，赵亚夫学的是俄语。四十岁那年，组织上派他去日本研修，他开始学习日语。四十岁开始学一门外语，这个难度是不言而喻的，但赵亚夫硬是把日语啃了下来，而且还达到了相当的高度。

以后多次去日本，不但自己不用翻译，而且还给别人当翻译。在农业专业日语方面，基本达到了国内一流的水平。

为了实现“水田增粮、岗坡致富”的规划，赵亚夫先后研究、学习了草莓、葡萄、桃、梨等经济作物的栽培技术。其中，草莓是他一手从日本带回20棵种苗，亲手繁育、试种、扩种成功的；亲手摸索总结出一套适应当地环境气候的栽培技术；亲手探索归纳出一套大棚草莓种植技术，“草莓之父”并非浪得虚名。像葡萄、桃、梨等经济作物的栽培技术，赵亚夫也达到了一流的水平。另外像有机农业、立体种养、生态农业等，赵亚夫也有着精深的造诣。

五十岁出头的时候，出于农业研究与为农民讲课的需要，赵亚夫开始学电脑。五十多岁的人，手指已经不太灵活了，但赵亚夫在计算机上的打字速度不亚于年轻人。学会了计算机就能上网，通过互联网，赵亚夫时时刻刻关注着农业科技方面的最新动态和最新成果。有一次，他在网上看到长沙有农民采用“麻地膜”代替普通地膜，既可以降解，也不会二次伤害土壤，他立刻叫人前去考察。他制作的PPT既漂亮，又简洁明了、一看就懂，在给农民上课时使用，很受农民欢迎。甚至在年轻人之中流行的网络热词，赵亚夫也能随时“跟进”，一点也不“落伍”。有一次，几个年轻人在讨论“土豪”是什么意思，赵亚夫一语中的：“土豪就是有钱但没品位。”让在场的年轻人大为折服。

现在，年近六旬的赵亚夫，为了心中的梦想，为了曾经的誓言，又开始研学一门新的学问：营销学。

他买来了大量的书籍，回来一本一本地啃。赵亚夫不管学习什么，都有一个共同的特点，就是知行合一、学以致用、学用结合、急学先用。他学习的“功利性”很强，就是解决当下遇到的问题，所以一般不搞纯理论的研究，他也没有时间和精力搞那个。

一番阅研之后，赵亚夫对营销这门学问有了基本的认识。知道了营销的基本原理，包括市场分析、营销观念、市场营销信息系统与营销环境、消费者需要与购买行为、市场细分与目标市场选择等；也知道了营销的具体实务，包括产品策略、定价策略、分销渠道策略、促销策略、市场营销组合策略等；也了解了营销的步骤，包括分析市场机会、选择目标市场、确定市场营销策略、市场营销活动管理，等等。

对照所学，赵亚夫立即投入了实践。针对草莓的销售困境，赵亚夫结合理论，经过反复研思，认为当务之急是要采取三项行动：一是进行市场调研，摸清市场情况；二是创立品牌，提高产品识别度；三是宣传包装，扩大产品知名度。

赵亚夫的工作风格是“想到就做到，说走咱就走”，他带着助手立即奔赴沪宁线主要城市进行市场调研。从调研中得知，这些大城市对草莓的需求量很大，而且价格不菲；对品质的要求较高，有些女性消费者对口味很挑剔；对新鲜度很讲究，稍有过期价格便大跌。进一步调研得知，各个水果店和超市大多是从大市场层层批发下来的，这样成本低，周转快，日进日销，草莓的新鲜度高。对照句容的草莓现状，一家一户当天采摘的草莓最多几百斤，把几百斤的草莓送往大城市的大市场，单位成本太高了。要对接大城市的大市场，必须联合起来，集中统一向大市场供货，这样单位成本就下来了。这就需要草莓种植户之间的组织与合作。

创立品牌，首先需要注册商标。调研回来以后，赵亚夫就在考虑注册商标的事了。商标叫什么名称？图案该怎么设计？赵亚夫一边自己在考虑，一边征求了很多人的意见。

有人说：“草莓是从白兔乡起家的，不如就叫‘白兔牌’吧。”

有人说：“王柏生是草莓大王，闻名遐迩，又是草莓种植户的领袖人物，不如就叫‘王柏生’吧。”

赵亚夫经过反复考量，又综合了大家的意见，最后建议道：“不如就叫‘柏生’吧，既简洁又突出了个性特点。”

大家都说好。商标名称就这样定了下来。

接下来就得设计商标图案。这是一个非常专业的问题，必须请专业人士来搞。王晓红就是这方面的专家，她是一家企划公司的负责人，经由镇江科技局介绍与赵亚夫认识的。

王晓红首先询问客户有什么要求。赵亚夫说：“没有什么特别的要求，一个要把草莓体现出来，二个要把农民的质朴和奉献体现出来。”

王晓红说：“草莓的特点是又新鲜又嫩乎，是不是可以设计成一个健康美丽的农村少女的图样？”

赵亚夫考虑片刻后说：“日本人喜欢用女子的名字给草莓起名，以体现草莓的新鲜与娇嫩。但这个在中国恐怕不太好，不太符合中国的国情。我看还是用草莓本身的形象比较好，可以搞得卡通一些，又像草莓又像农民的样子。”

王晓红感觉这个老先生不简单，很懂设计理念，思路和要求很明确、很具体。跟这样的客户合作很顺手。

经过多次的商量与修改，最终设计成一个头戴草帽的草莓娃娃的图案。绘图比较抽象，似草莓又似个农村娃娃。草帽体现农民的质朴、勤劳与奉献；娃娃体现草莓新鲜、娇嫩的特点。

有了商标名称，又有了图案，“柏生草莓”便向商标局申请注册了商标。

商标注册以后，还请王晓红的企划公司设计了包装，又搞了墙展。赵亚夫还精心构思了一句广告词：

朴实农民的精诚奉献！

这句广告词与“柏生草莓”、头戴草帽的草莓娃娃图案组成三位一体，被后来成立的草莓专业合作社进行广泛的宣传，成为一个识别度很高、视觉冲击力很强的知名品牌。

上次到附近大城市进行市场调研，在了解到大城市的“大市场”需要有农民联合起来的“大供应”与之对接这一情况后，赵亚夫便有了把句容的草莓种植户组织起来、成立专业合作社的想法。回来以后，他一面张罗注册商标的事儿，一面在着手合作社的事儿。

赵亚夫对《农民专业合作社法》作了悉心的研究，由于有基于对生产关系长期关注而打下了政治经济学的底子，他对《农民专业合作社法》掌握得很快，吃得很透。

对照句容草莓产业的现状，赵亚夫经过分析论证，认为搞正式合法的草莓专业合作社的条件已然具备。根据《农民专业合作社法》，发展专业合作社需要具备一定的条件，如需要农业产业结构调整基本到位，农产品有了一定的市场基础，当地有相当数量的同类产品的农户，而且这些农户觉得联合起来确实有利因而有较高的积极性。而句容的草莓产业都已符合以上几个条件。

赵亚夫决定引导、帮助句容的草莓种植户们组建正式的草莓专业合作社。首先从白兔镇开始，因为那里的基础最好。

成立合作社，联合起来走向市场

这天，赵亚夫来到白兔，找到王柏生，跟他聊聊合作社“转正”的事儿。

“柏生啊，《农民专业合作社法》正式出台了，以前的那个合作社无名无分的，就像一个未过门的媳妇。现在该是‘明媒正娶’的时候了，给她一个正式的名分，这样她就能在合法的平台上更好地做事。也更加正规，能够做大做强。”

这年42岁的王柏生中等个头，身材宽壮，黑红的肤色透着健康有力。他是赵亚夫的“得意门生”之一，因为赵亚夫是“草莓之父”，一手把王柏生培养成“草莓大王”，两人的距离比起其他的“门生”来可能更近些。

王柏生说：“我也听说了《农民专业合作社法》的事，也找来看了。说句实话，文化有限，看不大明白，理解上当然也不深了。我想把种植大户们喊来，请你给我们上一课，让我们搞明白到底是怎么回事，然后再动手去做。你看怎么样？”

“好啊！”赵亚夫高兴地说。在农村推动任何一项工作，首先必须动员农民，这是赵亚夫几十年农村工作的经验法宝之一。给农民讲课，既能传授知识，又是动员农民的最好方式之一。

王柏生打了一通电话，喊来了二十几个草莓专业户，他们都是原来合作社（协会）的骨干。

大家都很熟悉了，也不必客套，就在王柏家的院子里围坐在一起，赵亚夫就开讲了。

“大家都已知道了，《农民专业合作社法》正式出台了。以前，法律对这类组织是否可以获得法人地位没有明确规定，导致原来的合作社无法进行法人登记，给生产经营活动和权益保障带来很多问题。

同时，由于没有基本的法律规范，合作社组织内部运行机制不健全，不能真正实行民主管理，不利于保护农民成员的合法权益。这个想必大家都是有体会的。”

“依照《农民专业合作社法》，我们原来的不那么正规的合作社，将来可以正规化了，可以进行法人登记了。打个比方，原来像是‘黑户’，没有户口，挂在协会里边，现在可以大大方方地去登记户口了，这样就有‘名分’了。有了自己的‘名分’，就是独立的法人，具有完全市场主体的地位。”

有个农民插话问道：“赵主任，你刚才一口一个‘法人’，这‘法人’到底是个什么东西？到底是不是人？还是其他什么单位？”

众人听了都笑了起来，纷纷说：“是啊，我们也闹不明白。”

赵亚夫自己也笑了，他的“课堂”从来不拘形式，更不讲什么“课堂纪律”“师道尊严”之类，相反，他更讲求互动，所以对于农民在课堂上提问，他感到很高兴，总是耐心地解答。

“‘法人’这个东西，三言两语还真讲不大清楚。简单说来，它就是一个拟制化的‘人’，就是把一个组织看作一个‘人’，让他具有民事权利能力和民事行为能力，独立享有民事权利和承担民事义务。说得再通俗一点，就是相当于一个公司，有自己的财产、住所，有自己的生产经营范围，可以以自己的名义签订合同、参加诉讼或者仲裁，以自己的财产承担有限责任。当然，它与公司并不完全是一回事儿。”

农民们点点头，看上去似有所悟。赵亚夫心里清楚，他们知道了大概的意思，但心里仍有许多疑惑，便说：“这个概念太复杂，指望今天把它完全弄懂也不现实，以后有机会慢慢深究，今天暂时跳过吧。”

众人都点头称是。

赵亚夫接着说：“刚才说到，合作社具有公司性质，但又不等于公司。合作，是它的最大特征，也是主要目的，即出于同样的需求，一群人聚集起来，共同去做一件事，由于合作，人多力量大，可以做出比一个人单打独斗时更大的事，也更容易把事情做好。我们以前的草莓业就吃过单打独斗的亏，也尝过合作带来的甜头。合作社既不同于以公司为代表的企业法人，也不同于社团法人如协会、学会之类的，更不是个人合伙或者合伙企业，而是一种全新的经济组织形态。”

“农民合作社的另一个重要特征，是保证农民真正成为合作社的主人，实行民主管理，不允许他人利用、操纵合作社。对此，《农民专业合作社法》从两个方面作了保障性规定。一是保证农民成员的数量。合作社法规定，设立农民专业合作社，农民至少应占成员总数的80%；成员总数20人以下的，可以有一个企业、事业单位或者社会团体成员；成员总数超过20人的，企业、事业单位或者社会团体成员不得超过成员总数的5%。这就保证了在人数上农民占着合作社的大头。二是保证农民成员对组织的民主管理，即由成员通过民主程序，直接控制合作社的生产经营活动。合作社在决策机制上实行一人一票制，即‘数人头不数银头’，不像《公司法》里的‘数银头不数人头’，这样可以有效地实现农民作为主体对组织的控制。另外，为了保护社会力量参与兴办农民专业合作社的积极性，解决合作社缺乏人才、资金、技术、信息、市场等问题，《农民专业合作社法》规定，出资额或者与本社交易量较大的成员根据章程规定，可以享有附加表决权，但附加表决权总票数不得超过成员基本表决权总票数的20%。这里要注意，附加表决权不适用理事会、监事会的表决，理事会会议、监事会会议的表决，实行一人一票。”

这时有个农民跟王柏生调侃道：“老王，听清了没有，一人一票。以后我们选你当头儿，你也是一票，我也是一票，不要以为你是头儿就比我们嘴巴大。”

说得农民们都笑了起来。王柏生笑道：“我什么时候嘴巴大过？在原来的合作社，我从来不搞一言堂，有事都跟大伙儿有商有量的。”

“这倒也是。我刚才跟你开玩笑的。”那个农民说。

赵亚夫说：“这一点柏生做得相当好。在合作社里，从没占过半点便宜，只有往里面贴钱，他是真心实意带着兄弟们一起致富的。话说回来，正因为这个，大伙儿才一致推选你当头儿的。”

“正是、正是。”众人赞同道。

赵亚夫接着说：“农民合作社的宗旨是为农民服务。《中华人民共和国农民专业合作社法》规定，合作社对外要为社员销售、加工、运输、贮藏农产品，对内要为社员采购农业生产资料，提供技术、信息等服务。”

“关于合作社的盈余分配机制，这里要重点讲一讲，因为这个非常关键，关系到每一个成员的切身利益。《中华人民共和国农民专业合作社法》规定，在弥补亏损、提取公积金后的当年盈余，为农民专业合作社的可分配盈余。可分配盈余的分配原则是：一、按成员与合作社的交易量额的比例返还，返还总额不得低于可分配盈余的60%；二、按前项规定返还后的剩余部分，以成员账户中记载的出资额和公积金份额，以及合作社接受国家财政直接补助和他人捐赠形成的财产平均量化到成员的份额，按比例分配给成员。举个简单的例子，假设成员将3 000斤草莓通过合作社销售，每斤卖到11块钱，合作社按每斤10元钱付给农民，自己按每斤1块钱留成，这样就留成了3 000块钱。到年底一核算，这3 000块钱中有2 000块钱属于合作社的运行成本，还剩1 000块钱就是合作社的毛利。假如合作社上一年度有200元的亏损，同时根据章程，必须提取200元作为公积金，则在填补亏损、提取公积金后，剩下的600元就是可分配盈余。这一部分的60%以上，须根据社员与合作社的交易量返还给农民。再剩余的40%以下的部分，按照成员账户中记载的出资和公积金份额，以及接受国家财政直接补助和他人捐赠形成的财产，平均量化到成员的份额，按比例分配。这样，多出资的人也没有吃亏。这也是为了鼓励成员多出资。大家弄清楚了没有？”

王柏生说：“通过你举的草莓的例子，基本上弄清楚了。我们天天跟草莓打交道，一提起草莓，什么都理顺了。”

“是啊，这个例子举得好。不是这个例子，还真是云里雾里哩。”众人纷纷称赞。

“最后讲一讲合作社的章程，这个也非常重要，它相当于是合作社的宪法，是全体成员必须遵守的最高行为准则。总体上，合作社是一个人合性、自治性极强的组织，《中华人民共和国农民专业合作社法》在最主要的事项上划了几条硬杠杠，大部分内容都由成员们意思自治，也就是通过制定章程来规范行为。章程应当写清楚的事项有：名称和住所；业务范围；成员资格；入社、退社和除名的情况；成员的权利和义务；组织机构及其产生办法、职权、任期、议事规则；成员的出资方式、出资额；财务管理和盈余分配、亏损处理；章程修改程序；解散事由和清算办法；公告事项及发布方式，等等。章程需要全体设立人共同商议，一致通过才行。今天人员差不多来齐了，正好利用这个机会大家议一议，集思广益，拉个框架出来。”

于是赵亚夫引导大伙儿对章程的事项逐条议论。大家七嘴八舌的，倒也议得热火朝天。赵亚夫作了详细的记录。

议到最后，能想到的都说出来了，可聒的都聒过了，王柏生说：“我们大老粗，能想到的，能说出来的，也就这么多了。主要还是起草的时候，把它梳理顺了，再补上缺漏。赵主任，这起草章程的事儿……”他欲言又止。他有心请赵主任起草，又怕太累着赵主任，毕竟搞一个章程是极费心力的事情。

赵亚夫明白他的心思，笑着说：“我来起草吧。”

起草章程确实是一件“重活”。因为这个章程太重要了，相当于建造高楼大厦的设计蓝图，当初的设计对这座大楼的重要性是不言而喻的。另外，磨洗文字，是一件相当磨人的活计。

赵亚夫把那天讨论章程时大家的议论，从头到尾梳理了一番。又到网上搜了一下，搜到了几份同类合作社的章程，作了仔细的研究，体味人家是怎么设计的。又查阅了浙江省有关农民合作经济组织试行条例，看看他们是如何结合浙江的具体情况做了哪些特殊的规定。又将《中华人民共和国农民专业合作社法》反反复复地研阅，品味它的立法本意，琢磨它的规制导向。这样，赵亚夫花了几天时间，拉出了一个初步的框架。

带着这个框架，赵亚夫又回到了白兔进行调研，先后找了一百多个人次，或座谈，或聊天，或征求意见。又跑了十多个部门，向他们了解相关情况，或询问一些专门的问题。又找到有关的专家，向他们请教一些专业性的问题。

最后，赵亚夫把自己关在房间里，除了出来吃饭之外，就是闭门“码字”。他的打字速度并不慢，但要字斟句酌，所以实际上很慢很慢。

有时为了找到一个最恰当的词，需对着电脑愣神半天，把所有的词汇全调出来，从中精挑细选出最满意的一个。有时为了把一句话说得简洁明了，需颠来倒去地不断把文字排列组合，直到满意为止。每天都搞到很晚才睡觉，睡两三个小时又起床接着写。这样连续搞了几天几夜，才把章程的初稿起草完成，共计 6 000 余字。

第二天一早，赵亚夫带着初稿来到白兔，送到王柏生家中。王柏生正在吃早饭，见到赵亚夫颇为惊讶，说："赵主任，这么早啊！"边说边放下筷子，迎了上来。

赵亚夫说："你吃早饭，不要管我，我等等。"

王柏生说："哪能呢，你这么早就到了，我哪好意思吃早饭。"边说边陪着赵亚夫坐下。

赵亚夫拿出一大叠材料，放在茶几上，说："我把章程的初稿弄出来了，打印了三十份。你把大伙儿召集过来，大家一起再看看。"

王柏生说："这几天没有你的动静，我就晓得你在埋头弄章程。我不敢打扰你，打电话给黄老师，她说你把自己关在书房里搞材料，几乎通宵达旦。赵主任你辛苦了！"

赵亚夫说："没什么，习惯了。弄文字嘛，就得一气呵成，要不然气就断了，不容易接上。"

王柏生当时很感动，眼圈都红了。他拿出手机，逐一打电话通知所有的（原合作社）骨干都来碰头。不一会儿，骨干成员都来了，共有二十多人。当时正是秋天，不冷不热，大家就围坐在院子里。赵亚夫就发放章程的初稿，人手一份。

发完，赵亚夫说："这是我起草的章程初稿，大家再看一看、议一议。"

大家边看边议，赵亚夫又做了详细的记录。由于前期工作做得扎实到位，大家也提不出实质性的意见，提了一些枝节性的建议。

最后，赵亚夫说："按照程序，下面就得召开由全体设立人参加的设立大会，标志合作社正式设立了。设立人大会有两个事项，一是审议通过章程；二是选举理事长。今天在座的都可以是设立人，咱们定个日子，把设立大会开了，怎么样？"

众人都说好，定下了设立大会的日子。

到了那天，白兔的草莓种植户们喜气洋洋，齐聚到镇上，参加自己的合作社——草莓专业合作社成立仪式。这是镇江市第一家草莓专业合作社。一阵响亮的鞭炮之后，赵亚夫为合作社揭了牌。

接着就召开设立大会，所有设立人参加会议。大家一致通过了章程，并选举王柏生为合作社的理事长。

设立大会之后，便要办理注册登记、开设银行账户等有关手续。原来的合作社都不要这些手续，但这次不一样了，这次成立的是一个正规的有法律地位的合作社，该办的手续一样都不能少。但农民们不懂这些手续，也不知找哪个部门，只能请赵亚夫出面。赵亚夫义无反顾地承担了下来，跑部门，找人头，递申请，办手续，费了好大的劲，才把所有的证照都办齐了。

这样，“句容白兔镇柏生草莓专业合作社”终于正式成立了。

这天，合作社的领导班子在讨论几个事项，正好赵亚夫来了，大家一齐站起来，脸上都表现出喜出望外的表情。

赵亚夫说：“你们继续开会，我到村里去转转。”

王柏生说：“赵主任，你来得正好，本来我们正要去请你哩。不瞒你说，我们碰到了几个难题，你来给我们出出点子。每次我们遇到难题，你就会及时出现，你是我们农民的及时雨啊。”

赵亚夫笑着说：“别客气，有什么难题尽管说，只要我能办到的，一定竭尽全力。”

王柏生说：“头一个呢，我们合作社没有房子，想自己盖房子。可你知道的，老的合作社没有什么结余，新的合作社刚成立还没有创收，盖房子的资金缺口太大。刚才议了半天，也想不出什么办法。”

赵亚夫想了想说：“国家对农民合作社这类组织的创办与发展，应该是有财政补助的，回头我向省里、市里问问有没有，如果有，是个什么形式，需要什么手续。另外，可以申请小额贷款，我记得这方面是有扶持政策的。”

王柏生说：“还是赵主任见多识广，且不说财政补助，小额贷款就给我们打开了一个思路，之前怎么没想到呢。另外还有一个难题，我们想聘请几个技术顾问，可我们是农民，这方面眼前一抹黑，不知道请谁好。请赵主任帮我们物色、推荐几个。当然，你一定要当我们的首席顾问，以你这么高的身份当这么小的芝麻官真是委屈了，还请赵主任无论如何屈尊一下。”

赵亚夫笑笑说：“这个谈不上屈尊，为你们服务是我应该做的，我也很乐意。关于聘请技术顾问，我认为不一定要请大牌、大腕，有的人盛名之下，其实难副；有的虽有能力，但忙得分身乏术，派个助手应付应付。在这方面，合适的就是最好的。我倒有几个合适的人选，回头把资料传给你们。”

王柏生说：“这样最好。还有一件事，要当着大家的面跟赵老师讲清楚。赵老师为我们白兔草莓业的发展做出了巨大的贡献，但二十年来，从来没有拿过一分钱的报酬。过去的就不谈了。现在，我们是正儿八经的合作社，用赵老师的话说，是独立的法人，具有市场主体的地位，凡事都要讲规矩了。这次我们聘请技术顾问，赵老师作为首席顾问，与其他技术顾问一样应当取得合理的报酬，这是劳动所得嘛，合情合理合法嘛。与赵老师的贡献相比，这点报酬根本就是九牛一毛，还望赵老师这次无论如何不能再推了；再推，就显得我们真是太农民了，太不会做人了。”

赵亚夫表情严肃地说：“你们的好意我领了，但这个钱我一分也不能要！其他的顾问可以拿，但我不能拿！你们只要把合作社搞好了，真心实意为农民办事，让农民从合作社得到帮助、得到实惠，就是给我的最好的报酬。这个事情就这么说定了，不要再议了！”

看到赵亚夫板着脸，没人敢再提这事了。但不知是谁鼓了几下掌，于是人们跟着鼓起掌来，掌声越来越响……

赵亚夫摆摆手说：“不要，不要……你们继续开会，我有点事先走了。”

众人一起起身，把赵亚夫一直送到大门口。

回到会议室后，王柏生说：“大家都听到了吧，赵老师的最大愿望，就是把合作社办好，为农民服务好。如果不办好合作社，首先对不起的就是赵老师；如果把合作社办歪了，更是对不起赵老师。我在这里表个态：一、在老合作社里，我从不谋取私利，只有往里面贴；在新合作社里，我将一如既往，绝不谋取任何的私利。二、全力以赴把合作社办得兴旺发达，而且服务农民的方向一点不能偏，把种植户们紧紧地团在周围，带着他们一起致富。”

众人纷纷表达了同样的态度。

后来，合作社通过自筹一部分资金、小额贷款一部分资金、申请财政直接补助一部分资金，盖起了办公用房，有了一个属于自己的、符合法律要求的“住所”。

再后来，合作社先后被评为市级“四有”（有组织制度、有合作手段、有较大规模、有明显效益）农民专业合作社和省级“四有”农民专业合作社。

第三节　在戴庄，尝试综合社区合作社

赵亚夫对于农村生产关系的研究与探索，主要在于引导、组织农民成立合作社，联合走向市场，互助共济，分散风险，使利益最大化。而对合作社的实践性探索，先后作了二次尝试。第一次尝试是1996年在句容春城乡丁庄村创办的老方葡萄合作社，可以说它是改革开放以后江苏省第一个农民专业合作社。有关情况前面已经说了，因为帮助农民销的问题没有很好解决，赵亚夫认为并不成功。但是他并没有罢休，通过总结经验教训，2001年起，他又开始了新的第二次探索。这次差不多在同一时期，赵亚夫分别在句容天王镇戴庄搞了有机农业合作社，句容白兔镇搞了柏生草莓合作社，丹阳司徒镇搞了杏虎桃合作社，丹徒上党镇搞了五塘有机稻米合作社。这次的探索没有急于办社，而是先从发动农民调整农业产业结构，发展高效农业入手，随着高效农业

规模的扩大，农民看到有利可图，然后逐步引导他们走上合作化道路，随着产品市场开拓逐步扩大，所以发展的步伐相对较慢，步伐比较稳固。除柏生草莓合作社以外，其他三社都采用了以村为建社范围，全体村民只要自愿都可以入社，而且通过民主选举，村党支部书记被选为合作社理事长的做法，这些都为合作社发展成综合性的社区合作社打下了基础。

为什么要这样做呢？

从 1983 年日本研修回国以后，赵亚夫带领镇江农科所的一帮年轻人，从解塘村蹲点开始，接着又在丁庄村启动，经过“万山红遍”科技示范园的放大，带动了周边白兔、行香、春城、茅山、后白、天王等乡镇，大搞草莓、葡萄等应时鲜果，改变了计划经济体制时行政指挥的老办法，找到了适合市场经济的培养示范户和创建科技示范园，以发动、推进农民大搞农业产业结构调整，发展高效农业，帮助农民富起来的新路子。但是在成绩面前，赵亚夫很冷静，在不断的农村工作实践过程中，通过细心的调查研究，他发现了两个大问题。一个是贫富差异问题；另一个是民富村穷问题。他深入了白兔、春城一些草莓、葡萄搞得很好的村做了入户调查，结果叫他大吃一惊，原来认为这些村农民人均纯收入已经很高，都已经达到近 2 万元了，开私家车的多了，盖小别墅的也不少，村子里应该很富了吧！结果出乎意料的是，每个村子仍然有 20% ~ 30% 的贫困户，他们的人均年纯收入只有 2 000 ~ 3 000 元，而且村级集体经济非常薄弱，村级负债大多在 80 万元以上，村干部的工资被大量地拖欠，相当一批农村基层组织涣散，集体的事没有多少人关心。赵亚夫想，这可不是我们在努力奋斗所追求的社会主义新农村建设目标，我们共产党人要的可不是少数人大富，当然我们也希望一部分人先富起来，但是我们的主要目标应该是大多数人共同富起来！赵亚夫又一次反省自己的工作：我们不能光抓自己的科技、生产即生产力，没有研究什么是发动、组织农民的最好方法，现在我们这样离开了农村基层党组织去做农民工作，势单力薄，不仅替代不了需要量很大的农村带头人，而且我们也做不了有关生产关系的全部工作，我们最应该做而且是能够做的是搞典型，总结出培养农村带头人的经验，依靠带头人，发动、组织农民成立合作社，发展高效农业的经验，精准扶贫的经验，建设社会主义新农村的经验。

带着以上这些思考，赵亚夫来到了戴庄村。

戴庄有机农业合作社：承上启下

与白兔、春城的做法不同，这次不是直接去找示范户，赵亚夫首先去了镇政府（当时还叫袁巷乡），和党委颜书记作了细谈，介绍了自己的来意：整村推进，搞有机农业，搞合作社，一定要搞得比白兔、春城还要红火，等等。书记也初来不久，正在寻找发展路子，听了很高兴，非常赞同。然后一起去了村里，颜书记亲自给支部书记介绍了赵亚夫及其来意，交代了村里要把其作为自己村打翻身仗的一项特别任务，全力以赴。就这样赵亚夫开始了戴庄村的工作，与村干部一起从调查研究，熟悉情况入手，然后一面撰写调研报告向各级领导汇报争取支持，同时为下一步制定戴庄农业及农村经济发展规划作准备；一面带着助手和村干部一起发动农民，培养示范户，建立示范园。这个过程，后面的文章会详细展开。

到 2005 年冬天，赵亚夫看到农民发动的形势越来越好，觉得差不多条件快要成熟了，正好当时有中日农业专家联合在帮助句容制定农业、农村经济发展战略规划，赵亚夫正在执笔起草三个村的入户访问调研方案，他提出了把戴庄列入调查村的建议，并在入户访问 20 多个调研问答中，列入了“你听说过春城丁庄老方葡萄合作社吗？假使我们戴庄也成立合作社，你愿意参加吗？”内容，因为工作量很大，赵亚夫通过组织协商，请了 30 多位江苏农林职业技术学院的老师和同学们帮助，实际走访了近 600 多户戴庄村农户，最后整理汇总资料，前前后后差不多忙了近一个月。结果，占受访农户总数 57% 的农户回答曾经听说过丁庄老方葡萄合作社的事，占受访农户的 48% 的农户回答假使我们戴庄也成立合作社，愿意参加！有了这么多的民意支持，赵亚夫和村党支部信心更足了，决定立即启动合作社成立的筹备工作。

赵亚夫与原书记李家斌

戴庄村成立了以李家斌书记为组长的合作社筹建小组，立即投入各项筹建工作。

章程的起草无疑成了赵亚夫的“分内”事儿。比起其他几个章程的起草，赵亚夫对于这个章程更加重视，因而更加投入，更费心力和时间。本来就对戴庄的情况了如指掌，还不放心，又作了几番调研。听取意见的范围更广，人次也更多。最后“闭门”几天几夜，终于拿出了章程初稿。

初稿经过筹建小组的讨论后，形成了第二稿。将第二稿分发到各个自然村，筹备小组成员分赴各个自然村，赵亚夫亲自对章程草案进行宣讲。赵亚夫还编写了宣传册，分发到村民手中，册子里这样写道：合作社统一组织技术指导、统一生产、统一营销。对外是营利，让农民学会市场经营；对内是服务，让农民学会自我管理。合作社“民办、民管、民受益”，社员大会一人一票投票决定大事。

宣讲和宣传的过程也是动员的过程，是宣传合作社好处的良机，也是号召农民加入合作社的契机。

第一批有 152 户农户自愿申请入社，他们就作为“戴庄有机农业合作社”的设立人。筹备小组组织召开了设立大会，全体设立人参加。设立大会审议通过了章程；选举了理事会成员和监事会成员。两会成员的选举严格按照《农民专业合作社法》，专门制定了选举办法，搞差额选举，从候选人提名，到投票，到公示，每一步都中规中矩。接着便由理事会选出理事长、副理事长等，由监事会选出监事领导人。村总支书记李家斌高票当选为理事长，还有两名村党支部委员也被选入了理事会。

这是全省首家有机农业合作社。挂牌那天，省“革命老区建设促进会”会长凌启鸿、镇江市市长许津荣等省市领导特地到会祝贺。

戴庄村有机农业专业合作社挂牌会现场

合作社成立之初，设有有机水稻、有机果畜两个专业，另外以各个自然村为单位进行分组管理，开展良种分发、技术培训、农资供应、联合防治病虫害、集中育苗、组织农机作业服务、联合销售等各项生产经营活动。后来还搞了有机大米加工厂、秸秆炭加工厂和醋液加工厂，把加工、流通过程中的利益最大限度地留给农民。

赵亚夫被合作社聘请为特别顾问。镇江农科所的一名科技人员按照程序参加选举，被推选为副理事长。他们俩都是“志愿者”，不拿任何报酬。之前，理事长李家斌诚恳地提出给予一定的合理报酬，被他俩婉言谢绝；后来又提出给予一定的股份，也被他俩婉言谢绝。赵亚夫还是那句不知说了多少遍的话：“你们把合作社搞好了，带着农民一起富裕起来，就是给我最大的报酬！”

赵亚夫这个“特别顾问”可是当得名至实归，他既“顾”又“问”，为合作社谋划运筹，建言献策。每次理事会开会，他都拨冗参加，共同研究重大事宜。每有重大活动，他都置身其中，总能提出一些“金点子”“银办法”。例如，每到收割有机水稻之前，他都要求理事会提前做好收割机、晒谷、装袋、销售等每一个环节的周密安排。他建议每年年底召开总结表彰大会，对先进社员户进行隆重表彰奖励，让他们佩戴大红花、登上主席台、进入光荣榜，激励广大社员努力赶学超。

在赵亚夫的精心指导下，戴庄有机农业合作社内部管理日趋完善，凝聚力日益增强，社员的向心力、认同感日甚一日，社员的收入年年大幅提高，合作社办得红红火火。

俗话说：“栽得梧桐树，自有凤凰来。”戴庄有机农业合作社办得兴旺发达，吸引力越来越强，到了 2011 年之后，戴庄村 90% 以上的农民都自愿入了社。刨去外迁户和弃农经商户，未入社的农户已经很少了，村民绝大部分都已是合作社的成员。社员收入也年年攀高，从当初的人均 2 000 ～ 3 000 千元，攀升到人均 15 000 多元。特别令人高兴的是，参加合作社以后，一批有一定劳动能力的贫困户，很快就脱贫了。白沙自然村有个 60 多岁的老大妈，叫范秀英，丈夫早几年去世了，两个女儿也出嫁了，单身一人生活很困难，参加合作社以后，承包的 3 亩水稻田，在合作社帮助下，每亩效益达到了 2 000 元，比过去增加三四倍，还养了 20 多只羊，很快人均纯收入就达到了小康水平。68 岁的张乃成妻子有病，儿子残疾，家里生活非常困难，过去无钱买农药化肥，只能种点自家吃的口粮，其他稻田都荒掉了，参加合作社后，因为有机农业生产资料全部有合作社代购分发给大家使用，到年终结账，社员用不到现金就能种田，这样张乃成家的水稻田全部种上了有机水稻，还种了些有机蔬菜。张乃成家缺乏劳动力，合作社组织农机代种代收代晒，直至大米加工销售，全部由合作社代办，有机稻效益很高，2007 年人均纯收入 5 600 多元，就还清了债务。2008 年拆掉 30 多年的旧棚子盖起新房。2015 年，合作社又扶持他家建了羊舍，养羊 18 只。这样，几项一加，他家的人均年纯收入达到了一万多元，生活逐渐好了起来，基本达到了小康。

综合性农民社区合作社的优点多多，戴庄的实践已经作了集中展示。2015 年 2 月 6 日，赵亚夫在全国人大的代表审议时有一个发言，介绍了这种合作社的诸多好处，讲得比较客观真实，笔者对此高度认同，因此摘编如下，以飨读者。

从戴庄村实际情况看来，综合性社区合作社至少有以下五点好处。

1. **可以综合利用全村各种资源。**包括生产资源，如土地、矿产、水利、森林及各种植被（生物多样性）、道路交通、用电设施等；文化资源，如地理位置、风景、民俗、宗教、饮食等；人才资源，如劳动力、专业人才、后备人才培养、人脉关系等，都可以从农村区域发展的宏观角度思考，综合地用来实现全村经济、社会、生态的可持续发展，使全体村民过上幸福生活。

2. **合作社把扶贫工作纳入了经常性的工作范围，能精准、有效地解决农村扶贫的老大难问题。**有一定劳动力的贫困农户，入社以后，可以从合作社得到先使用后结账的农用生产资料供应及农机、种苗等各种服务，这就轻易地解决了贫困户的资金问题。如果不会种田有合作社的技术指导，不会销售有合作社的代为销售，所以贫困户种田的技术、销售等问题，都能在合作社的日常工作运行中得到解决。在戴庄村，凡有一定劳动能力的贫困户，入社后 1 ~ 2 年都能脱贫。

3. **村级集体经济收入，能随着社员收入的大幅度增加而增加。**合作社法规定，合作社每年的盈余在分配前要按 15% ~ 20% 的比例先提取公积金，合作社当年形成的盈余越多，公积金的提留数就越大。公积金在合作社账上，是合作社的资金，使用要按章程并经理事会通过，但是在戴庄，社区村民绝大多数参加了合作社，村民就是社员，社员就是村民，所以用公积金为社员提供的公益服务，也就是为全体村民提供的服务，其实质内涵与集体经济收入是一样的。这就解决了当前农业比例较大地区的农村集体经济收入如何发展的难题。只要高效农业搞起来了，农民大幅度增收了，集体经济收入也大幅度提高了。民富就村强，村民和村干部，大家就会想到一起去了。

4. **有效解决了农技推广最后一公里问题。**办好合作社，和办好企业一样，归根结底要依靠自己产品的竞争力。戴庄合作社生产的有机大米，要和农业国企大佬“中储粮”的同类产品一起在北京、上海的顶级超市同柜竞争，如果败下阵来，合作社一年的收入来源就会出大问题，社员当年的收益会受到严重影响。所以合作社为了打拼市场，提高产品竞争力，必须依靠不断的科技创新，并把科技成果真正落实到各家各户，所以对先进适用的农业科技成果应用，有着内在自身的强烈要求。社员为了增加收入，也迫切需要学习科技，因为与自己切身利益有关。所以农、科、教都能在合作社找到最好的“产、学、研”结合点。这就有效解决了农技推广的最后一公里问题。

5. 更好地发挥农村基层党组织的战斗堡垒作用。合作社办得好坏与全体社员切身利益有关，民富村强成了大家的共同目标。党员干部通过合作社平台，长年为农民办实事，密切了干群关系，把村民团结起来了。

总之，综合性社区农民合作社以上的这些优越性，是其他农业经营主体或者其他类型农民合作社所不容易或者不太可能全部做得到的。

在发言的最后，赵亚夫还提出了建议：中央农工办、农业部、民政部等有关部门，尽快组织总结各地综合性社区农民合作社的实践经验，将比较成熟的部分及早列入中央农村政策顶层设计，并向全国推广。全国人大常委会在修改《中华人民共和国农民专业合作社法》时，将有关综合性社区农民合作社的内容吸纳进去。

第七章 统计表上选定一个最穷的村

当年中央主要领导同志来江苏视察，对江苏提出了在全国率先实现小康和率先实现现代化的要求。江苏省委向全省发出了“两个率先”的号召，赵亚夫正好到龄，要从镇江市人大副主任岗位上退下来，市委主要领导谈话，问他退下来后有什么打算，赵亚夫回答，能不能让我在镇江最穷的地区找一个最穷的村，到这个村去蹲点，探索经济薄弱地区如何实现“两个率先”的路子，争取创建出一个有说服力的典型来。当即得到了市委主要领导的肯定。

把自己的想法向省农科院作了汇报，也得到了省农科院的高度赞许和大力支持。后来，院领导一直关心赵亚夫下乡蹲点，身体力行搞科技成果转化工作，大会小会表扬，还请赵亚夫到院里作报告，主要领导和分管领导，多次到赵亚夫蹲点的戴庄村指导并看望赵亚夫。

于是赵亚夫从统计报表上寻找一个最穷的行政村。找到了茅山革命老区农民人均年纯收入最低的就是句容市袁巷镇白沙村，后来镇、村合并，并入了天王镇戴庄村。

找的就是你，戴庄！

戴庄，我来了！

年过六旬的赵亚夫，身穿夹克衫、牛仔裤，足蹬耐克鞋，背着双肩包，与他以前无数次下乡一样一身行者打扮，来到了戴庄村。

尽管赵亚夫熟悉茅山地区的山山水水、草草木木，来过戴庄也有无数次了，但这次，他还是对戴庄作了郑重其事的调研摸底。

戴庄位于镇江市的最南端，与南京市的溧水县、常州市的溧阳市交界，属于茅山地区的最腹部，距镇江、南京均为 80 千米。104 国道从村中穿过。戴庄是个大村，由原白沙、南庄、戴庄三个村合并而成，土地面积 10.356 平方千米，每平方千米的人口密度为 270 人，上报耕地面积为 4 116.28 亩，林地 500 亩，实际面积要比上报数大得多。其中岗坡地面积约占 60%。全村有大小水库、塘 80 余个，面积 1 300 亩，其中面积 20 ~ 73 亩的水库有 10 座，水质清澈，如最大的白沙水库（库容 85 万立方米）各项检测指标均达到 1 类水标准。但由于水利设施年久失修，用水困难，干旱年份受灾较重，水稻亩产只有 800 多斤。

全村有农户 858 户，户均农用土地 11 亩。有人口 2 800 人，人均农用土地3.7亩，其中水田面积1.2亩，旱地面积2.2亩，林地面积0.3亩。经检测，土壤偏酸，有机质含量低，比较贫瘠，但污染程度很轻，适宜发展生态有机农业。

戴庄村的整体经济发展滞后，当时的人均收入不到3 000元，村集体还负债80万元。一二三次产业构成比例为58∶31∶11，劳动力在一二三次产业中的分布比例是53.7∶21.5∶24.8，这说明农业经济在戴庄占着主体地位，半数以上的劳动力还在农业上。进一步调查得知，家庭收入来源50%以上来自农业的农户占总户数的60.6%，其中收入来源80%以上来自农业的农户占总户数的32.6%，大多数农户仍然以农为主。

在农业总产值中，粮食、油料、杂粮等占78.8%，是个大头，但效益较低，商品率为68%；林产品占15.1%，商品率为72%，丘陵山区林业资源的优势并没有发挥出来；畜牧产品占1.4%，商品率为65%，是一个短腿；渔产品占4.7%，商品率为84%，尚可。

总的情况，戴庄人均农业资源丰富，农业的发展空间很大，具备发展规模商品农业的条件，农业如能大幅度提高效益，可以成为农民大幅增收的重要组成部分。

情况摸清以后，经过深思熟虑，加上他的长期农村工作的经验，他很快确定了助推戴庄发展的思路。

首先，利用戴庄很好的环境资源，重点发展生态有机农业。

根据道家思想，物极必反，否极泰来。用毛泽东同志的辩证唯物主义观点就是“坏事可以变成好事，好事可以变成坏事”。戴庄很穷，穷的根源是什么？是山多、岗多、坡多，交通闭塞，工商业凋敝。但是换一个角度来看，这些不利的因素瞬间可以转化为有利的因素。比如没有工业，比起那些工业发达地区，收入当然不可同日而语，但是没有工业也有没有工业的好处，至少没有污染源，山清土纯、水碧天蓝，而这对发展生态有机农业极为有利。戴庄村相对地广人稀，有大片远离村落但靠近水源的岗坡地和冲田，而且大都处于小流域的上游，地势较高，这使得外来污染更不容易侵入，非常适宜作为有机食品生产基地，像白沙水库、龙海水库、东方水库等邻近地块，都可以作为首选。而真正的有机食品，口味鲜美又安全卫生，将是消费的潮流，能卖出好价钱，经济效益相当可观。而且可以搞成立体生态农业模式。岗坡地搞果（茶）、草、畜（禽）立体种养；冲田搞稻鸭共作立体种养。加上山顶、山腰的生态林及经济林，就能完成从上到下完整的立体分布的生态农业模式。

将来还可以搞有机食品加工业，建设符合有机食品加工标准的有机食品专用加工厂，包括有机茶叶加工厂、有机大米加工厂、有机果品加工厂、有机菜油加工厂等。通过高标准的有机加工，不仅能提高有机食品的附加值，而且能增加有机农业的综合效益，比如等外品的果品可以用来加工有机果醋；加工副产品碎米、米糠、稻壳、菜饼、醋渣等，都是十分贵重的有机农业生产质材，可以用来发酵微生物，而微生物是生态农业中是无价之宝；也可以替代化学除草剂除草；也可以替代化学农药防治病虫害；也可用来制作堆肥替代化肥；也可以作为有机畜禽饲料等，资源循环利用，大大减少对外来石化产品的依赖。

其次，对戴庄的农业产业结构进行重大调整。

当时的戴庄，主要产业结构还是沿袭了几千年的传统粮食、油料和杂粮，其他的很少。这里有大面积的岗坡地，原来基本被视为“废地”，但转变一下思路，“废地”就能变成“宝地”。这里的岗坡地土质偏砂，虽然贫瘠但较疏松，酸性也较强，非常适合种植茶叶和果树。如能采用先进技术，管理得好，能种出特优的果品和茶叶，卖出大价钱，亩产值至少能到 5 000 ~ 10 000 这个档次。还可以种植牧草及发展食草畜禽，畜禽产品本身售价不菲，更重要的是保证茶叶、果树的长期稳定的高效益。岗坡地种草形成地面覆盖，可以解决大雨冲刷带来的水土流失问题，还能提供天敌滋生繁衍场所，大大减轻病虫危害。

再次，开拓有机食品市场、搞生态农业旅游、搞有机农业合作社等的工作就可以接踵而上了。

赵亚夫的设计规划，是用 3 年左右的时间做农民的示范发动工作，通过培养示范户、搞示范区等“常规动作”，引导农民搞生态有机的经济作物和多种经营。打算搞 5 个示范区，面积不小于 50 亩，组织指导示范区内土地承包农户逐渐向有机农业转换。往后以此为核心逐步连片扩大。再用 3 年左右的时间，建成有机桃、柿、大米示范区各

1000亩。柿树行间套种牧草、茶叶，另外还养鸡、鹅；桃树行间套种牧草，还养鹅、羊。有机水稻田里可以养鸭。这样差不多用6年的时间使生产力显著提高，期间再配以生产关系的及时跟进，基本上能使戴庄的农民过上小康的生活。再往后，合作社实现综合性和社区化，使戴庄的发展如虎添翼。

当然，这些思路与设计规划，不是赵亚夫闭门造车，是与戴庄村党支部和村委会共同完成的，也得到了上级领导机关的认可，并承诺大力支持。

接下来，就是赵亚夫与戴庄村的农民们一起“按图施工”了。

第一节　赵亚夫的“三大法宝”

“组织、动员农民”“引导、教育农民”“抓示范户、树立典型”，这是几十年来赵亚夫在农村开展工作的三个“基本动作”，赵亚夫自谦地称其为“吉祥三宝”，我们则把它称为“三大法宝”。这“三大法宝”，有时一件单独用，有时两件联合用，有时三件全部用。

赵亚夫从年轻时就在农村摸爬滚打，从前辈那里、从农村基层干部那里学到了这“三大法宝”。“运用之妙，存乎一心。”赵亚夫用心也深，用情也切，所以把这“三大法宝”使得格外娴熟，用得格外周正，犹如进入化境。历久弥新，常用常新，一用就灵，屡试不爽。这次到戴庄，他将这三件“法宝”全用上了。

第一次讲座，只来了两个人

发动、组织群众，首先要动员，动员一般是从开会开始，这是常规套路。赵亚夫在戴庄也不例外。在与村支书李家斌商量之后，决定开一次村民大会，对村民们进行动员。赵亚夫的计划，上午动员，紧接着就开讲座、搞培训，下午接着搞，把“组织、动员农民”和“引导、教育农民”这两个“法宝”合并使用、同时亮出。

村干部挨家挨户通知，村部的大喇叭提前几天就开始喊了。村干部心里明白，这年头承包到户，农民们不“尿”村里了。怕村民们不来，特地把“赵亚夫”这块牌子打出来，强调“全国著名农业专家”“江苏省农科院镇江农科所所长”“市人大常委会副主任”赵亚夫将亲自到会并发表“重要讲话”。通知工作已经很到位了。可是到开会那天，原定上午九点开会，到了九点半只来了两三个人，一直等到十点半，总共才来了 7 个人。

李家斌有点尴尬，用询问的目光望望赵亚夫，意思是怎么办？

赵亚夫一挥手，小声说：“7 个人也要开！”

于是李家斌就宣布开会。李家斌首先介绍了赵亚夫，把所有知道的头衔都罗列了一下，拉出了长长的一串。介绍完了便说：“下面请赵主任讲话，大家欢迎！”

底下响起了稀稀啦啦的掌声。一共才 7 个人，鼓掌的只有两三个，其余的人木木的，看上去还没弄明白是咋回事儿。

赵亚夫一看这阵势便明白了，这是“3860 部队”（妇女和老人），青壮年都去挣钱去了，他们是山村的“留守人员”。他们普遍文化不高，不问（闻）时事，赵亚夫的名字，他们可能听说过，但赵亚夫的究竟，他们未必知道。事实正是如此，这 7 个人中，知道赵亚夫究竟的才两三个，就是刚才鼓掌的那几个人。

赵亚夫清清嗓子说：“乡亲们，大家好！刚才李书记介绍我的时候，列了一串长长的头衔，现在这些头衔都过时了，我现在已从领导岗位上退了下来，不再是农科所所长，也不再是市人大副主任，我现在就一个头衔，那就是农业科学的研究员。这次来戴庄，还自封了一个头衔，那就是‘志愿者’——志愿带着乡亲们共同走向富裕。”

接下来，赵亚夫给乡亲们讲解了当前农村的形势、农业生产发展的现状，还讲解了什么是生态文明，什么是生态农业，什么是有机农业，还介绍了白兔镇农民种草莓致富的情况、春城丁庄农民种葡萄致富的情况等。赵亚夫知道他讲的这些，乡亲们可能听不大懂，正因为不大懂，才需要讲，以后还要经常讲、反复讲，还要做给他们看，慢慢地，他们就会懂了。

这时赵亚夫抬腕一看，已经11点多了，乡亲们可能还要回家生火做饭，便说："今天上午就讲到这里。下午接着讲咱们戴庄如何调整产业结构、如何搞生态有机农业、如何尽快地脱贫致富。下午两点继续。"

于是乡亲们回家去了。

到了下午两点，会场里空空如也。李家斌脸上挂不住了，冲王会计发火道："我让你中午大喇叭通知的，你通知了没有？"

王会计委屈地说："中午我用大喇叭喊了七八遍了，嗓子都喊哑了。"

"那怎么到现在还没人来？"

"我怎么知道，他们不来，我有什么办法？"

赵亚夫朝李家斌摆摆手说："小李，别急，我们再等等。"

李家斌一边说"好的"，一边朝王会计使使眼色。

王会计心领神会，李书记是让她好歹拽几个人来，要不场面太难看了。于是她带着文书下去"拽"人去了。

到了三点多钟，才来了两个人，这两个人还是王会计他们好不容易"拽"来的。

李家斌尴尬地说："赵主任，要不今天就算了吧，正好你这几天腰椎不好，好好休息休息吧。"

赵亚夫说："两个人也要讲，哪怕一个人也要讲。戴庄农民的根子上问题还是观念落后，跟不上时代、跟不上社会，对新事物不感兴趣。我们要一点一点地做工作，积少成多，集腋成裘。星星之火，可以燎原嘛。"

于是赵亚夫开始了他的平生听众最少的一次讲座，但也是他讲得最认真、最投入的一次讲座。他着重讲了如何突破传统农业、发展现代农业，如何根据戴庄的实际发展有机农业、立体农业、循环农业，通过生产生态有机产品来增加收入。

讲到四点多钟，考虑到这些"留守人员"家务事多，傍晚了要烧晚饭、接小孩、饲喂家禽家畜之类的，便结束了讲座。

李家斌上前关切地问："赵主任，你的腰怎么样？坐了一天了，你到沙发上躺躺吧。"

赵亚夫说："没事，我能撑住。"

他捶了捶腰，问道："听课时靠右坐的，长得黑黑的、挺结实的那人叫什么？"

李家斌答道："他叫杜中志。"

"他的情况怎么样？"赵亚夫接着问道。

"他今年四十大几奔五十了，在'3860 部队'中算是少壮派呢。种田是个好把式，虽然并不识字，只能写出自己的名字，但是在'留守人员'中算是有点小见识。"李家斌答道。

"我看他边听边记，学得蛮认真的。上午我就注意到他的，给我的印象蛮好的。我想把他培养成示范户，把他树为一个典型，你看怎么样？"

李家斌想了想说："我看可以。这个人很踏实、很勤快、能吃苦，也有点文化，接受新东西也容易些。"

赵亚夫合上讲义，说："就是他了！就这么定了！你马上带我到他家串串门，我要跟他聊聊。"

李家斌关切地问："你这腰腿吃得消吗？我看还是休整一个晚上，明天再去吧。"

"不碍事的"，赵亚夫站起身，一瘸一拐在屋里走了几步，"你看，我这不是能走嘛。走吧！"边说边收拾好包，摇摇晃晃地就出了屋子。

李家斌赶紧上前，扶着赵亚夫朝杜中志家走去。

杜中志的家在村子东头，是两间红砖砌的平房。杜中志正在门口劈柴。

"老杜，你看我把谁给请来了？"李家斌大声朝杜中志说。

杜中志丢下手中的斧头，抬头一看，大吃一惊："是赵主任！赵主任，你怎么会来我家啊？！"

赵亚夫笑着说："你这话说的，我怎么就不能来你家？不欢迎吗？"

杜中志歉意地笑笑说："哪里哪里，我不是这个意思。我的意思是你是个大人物，而我是一个小农民，门框子低矮，从来就没有大人物进过门。”边说边请他们进屋。

赵亚夫进门时拍拍门框说：“不低不矮啊，普通农家的门框嘛，这样的门框我不知进了多少呢。”

李家斌说：“谁不知道赵主任是农民的活菩萨，进了哪家那家发。老杜，你要发喽。”

说得三人都哈哈大笑起来。

杜中志要去泡茶，被赵亚夫拦住了，赵亚夫说：“老杜，你别忙，陪我们坐下来说几句话。”

于是三人各在一张小橈子上坐了下来。

赵亚夫跟农民打交道很有经验，他看到杜中志有些拘谨，便从聊家常开始，缓解他的紧张情绪。

“老杜啊，来的路上听小李讲，你有个儿子在外面打工？”赵亚夫问道。

“是啊，上完中专就到城里打工去了。”杜中志答道。

“打工收入怎么样？”

“唉，别提了”，杜中志说，“干的是最脏最累的活儿，鸡叫干到鬼叫，一个月才忙千把块钱，刨去吃饭、住房，剩下来没几个钱了。”

见杜中志渐渐地放松下来，赵亚夫开始转入正题，问道：“老杜啊，今天听了一天课，你有什么想法没有？”

杜中志说：“你今天讲的生态农业、有机农业，有机大米一斤能卖到8块钱，有机水蜜桃一斤能卖到6块钱，我还真是动心了呢。”

“动心了就好啊。咱们戴庄穷，穷就穷在观念上，只要把观念扭过来，也会跟白兔乡、春城丁庄村一样富起来的。”

“可是……”杜中志欲言又止的样子。

“可是什么？有什么顾虑你尽管说出来听听。”

杜中志嗫嚅着说不出的样子。

李家斌说：“老杜啊，平常你是个蛮爽脆的人嘛，今儿怎么这么娘？有话就说、有屁就放嘛。”

杜中志这才说道：“赵主任啊，我晓得你是个好人，也听到过十里八乡的传说‘要致富、找亚夫’。可毛主席说过，‘世界上没有无缘无故的爱，也没有无缘无故的恨’，我虽然是个农民，大字不识一箩筐，这个道理还是懂的。你来推广有机农业，作为志愿者，贴了工夫、贴了技术，总不可能再贴种子种苗钱、化肥农药钱吧。我跟乡亲们合计过，搞这有机农业，种苗、肥药用的都是高档的，价钱不菲啊。只怕我们用不起啊。”

赵亚夫听罢，笑了起来。听话听音，赵亚夫听出了他的话音，他把自己的来意误解成为推销“高档”的种子种苗、化肥农药了。

赵亚夫笑着说：“老杜啊，关于这个你不用担心，种子、种苗、药肥，我们都是免费提供。其实药、肥也谈不上什么‘高档’，我们用的是物理、生物技术防治病虫害，大部分是自制的，不用花什么钱；肥料更是这样，自己沤制有机肥，既不花钱，肥效还比买的好，到时候我会教你的。你如果不放心，我们可以签个合同，保证在所有的环节中不收你一分钱。”

“签合同就不用了，这个我相信你。”杜中志说，“但是我还有另一个担心，就是你讲的有机种植，要求很高，肯定是一种高科技，我怕我这人年纪大了，又笨头笨脑、笨手笨脚的，学不会啊。”

赵亚夫说：“这个你更不用担心。有机农业并不是你想象的那么玄乎，其实很简单，说白了，就是不用化学农药，不用化学肥料。治虫主要靠天敌循环克制；治病靠生物技术或物理隔离；肥料靠自制有机肥，就是把树叶啊，畜禽粪便啊，再加上土著菌，堆在一起沤化发酵。土著菌这个东西在我们茅山到处都有，竹林中有些竹叶已经结成硬块并发白，那就是土著菌，捡回来就可以用的。像你这样的庄稼老把式，又有一定文化，一学就会的，因为种田嘛，就这么几个套路，万变不离其宗。你放心，到时候我会手把手教你的。如果你还有顾虑，担心种不出来，我可以按每亩 1 200 斤常规水稻的市价为你保底。这个也可以写进合同。”

杜中志还在犹豫不决，李家斌不耐烦地说：“老杜啊，人家赵主任都把话讲到这个分上了，可以说是上了双保险了，你还在磨叽什么呀？我可告诉你，想成为示范户、想被树为典型的人多了去了，能被赵主任看中的还真不容易，过了这个村可就没有这个店了。”

赵亚夫朝李家斌摆摆手，继续耐心地做老杜的工作：“老杜啊，来戴庄之前我就做了大半年的调查研究，戴庄虽然地处偏僻、交通闭塞，但是山清水绿天蓝蓝，没有工业污染，这可是发展有机农业得天独厚的条件啊。我们不能捧着个金饭碗去要饭啊。推广种植有机水稻离不开带头人，你是我看中的比较理想的带头人，希望你把这个头带起来，不但自己把有机农业搞出名堂，还要把大家吸引过来，带动大家一起脱掉戴庄贫穷落后的帽子。”

杜中志起身说道：“赵主任，你的一席话让我很感动！我相信你！我拎得清谁是真心对我们农民好！我想好了，我带头用一亩六分责任田来试种‘越光稻’！”

赵亚夫起身高兴地说：“好啊，我等的就是你这句话！”

为了培养好杜中志这个示范户，赵亚夫索性在他家搭伙吃饭了。镇江农科所对他的工作非常支持，专门派了两名科技人员常驻戴庄。这两人原是赵亚夫的部下，现在是他的助手（团队成员），协助赵亚夫在戴庄搞帮扶工作。

转眼到了 6 月份，水稻该插秧了。

插秧那天，赵亚夫戴着草帽，挽起裤腿，拿着一根长长的棍子，在水田里边量边退，同时吩咐杜中志：“你按照我量的距离插秧。”

赵亚夫量的距离很“蹊跷”，行株距是农民们以前插秧时的两倍还多。杜中志疑疑惑惑地插着。

听说农业专家引进水稻新品种，这会儿正在教老杜插秧，不少村民都来看热闹。当他们看到秧苗插得这么稀时，不禁议论纷纷。不少人在摇头，还有人在挤眉弄眼。

这下杜中志心里更加吃不准了，抬头对赵亚夫说：“赵主任，这空档是不是太大了？照这么栽，一亩地能插几棵苗啊？”

赵亚夫说：“你尽管放心栽，甭管他们说三道四。‘越光水稻’是我从国外引进的新品种，它需要有充足的阳光，所以行距株距都得留得特别大。”

赵亚夫这么一说，杜中志总算放下心来，安心地插秧了。

过了几天，赵亚夫送来了一批菜籽饼，吩咐杜中志：“把田里灌满水，洒上这些菜籽饼菜籽饼就会发酵，形成酸性水层，能杀死杂草，又给秧苗增加了有机肥，真是一石二鸟。”

杜中志照着做了。

杜中志看到旁边人家田里的水稻已经长得绿油油的一片了，自家田里的水稻还是稀稀拉拉、黄黄蔫蔫的，心里又嘀咕起来，找到赵亚夫说：“赵主任，看咱这片田样子不好啊，把它耕了重栽常规稻吧，要不然会让人家看笑话的。”

赵亚夫非常自信地跟他说：“你放心，这片有机稻肯定能长起来的。如果长不起来，我按照常规稻每亩 1 200 斤的产量，一分不少地赔给你！”

到了收获的季节，杜中志的一亩六分田打了 700 多斤有机稻，加工成大米后能卖到 8 块钱一斤。虽然亩产量不如常规稻子，但因为有机大米卖得贵，每亩平均下来，收益是常规水稻的 4 ~ 5 倍。

杜中志成功了！

成功了的杜中志在村里着实扬眉吐气了一番，走到哪儿都有人向他拜师请教。原来心存疑虑的农民这下疑虑全消了，纷纷到他家串门“取经”；原来嘲笑他的那些人，这下对他刮目相看了，见到他都向他“敬烟”，这在当时是一种“打招呼”的意思表示，意思是希望不计前嫌，带着他们一起搞“越光”。杜中志记着赵亚夫的吩咐，明白自己作为“示范户”、作为“典型”应该怎么做，凡来“请教”者，知无不言，言无不尽。

干活中的杜中志

到了第二年，就有 20 多户村民跟着杜中志种起了“越光”水稻。

早在2001年，赵亚夫又教杜中志种有机水蜜桃。这里面还有一段故事哩。

当赵亚夫动员杜中志种有机桃时，杜中志怎么也不肯相信种桃子也能致富。

“种桃子也能赚钱，那我们茅山早就富得流油了——我们茅山到处都是桃树，随手就能摘到桃子，那玩意儿根本不值钱。”杜中志说。

“只要你按照我教你的方法种，我包你种出来的水蜜桃每斤能卖到5块钱。”赵亚夫又给他打了“包票”。

“每斤5块钱？怎么可能？ 3斤能卖到2块钱就不错了。”杜中志又跟赵亚夫“抬杠”起来。“这样吧，我不要你5块钱1斤，到时候我2块钱1斤卖给你就行了。”

“行！到时候你的桃子如果卖不掉，我全包了。”

在赵亚夫的再三保证下，杜中志战战兢兢地种了0.8亩桃树。

没想到，这0.8亩小桃园结出的第一批桃子，上市就卖到了每斤8块钱，乐得杜中志都不敢相信这是真的，一切恍若在梦中。

作为戴庄村“第一个吃螃蟹的人”，杜中志尝到了大甜头，成为第一个靠生态有机农业发家致富的农民。如今他承包了70多亩有机桃，有机草莓1.5亩，养了草鸡1 000多只。一年的总收入达到三四十万元。

“戴庄种桃又一家”

到戴庄最初的几年里，赵亚夫先后培养了20多个科技示范户，有种有机稻的，有种有机桃的，各方面的都有。这20多个典型，每个典型都像一盏灯，照亮附近一大片，带动了他们周围几十户农民致富。

其中有一个示范户，户主叫彭玉和，是种植有机桃方面的典型。他的经历有那么一点传奇色彩。

彭玉和生于1962年，家里的兄弟姐妹6人，他是家里的老大。父母身体一直不好，家里穷得叮当响。1981年，彭玉和参军入了伍，一心想在部队有所作为的他，恰逢部队即将大裁军，于1983年提前一年退伍回到了戴庄。

回来不久，彭玉和就把婚事办了。父母给他们腾出了两间旧瓦房，作为一对新人的“新房”。屋里只有一张床、一个土灶、一个放衣服的木箱，一张吃饭的桌子，两张长条凳，别无长物。新娘杨春英主要是看中他人品好，肯动脑筋能吃苦，并没有嫌弃他家里穷，顶着家人的反对，毅然决然嫁给了他这个“穷光蛋”。

新婚燕尔，这天彭玉和带着妻子来到镇上逛街。当逛到服装摊位时，有一件鲜艳的大红色的滑雪衫引起了杨春英的注意。当时刚时兴滑雪衫，滑雪衫质轻磕风、保暖性好，加上是喜庆的大红，很适合新娘子穿，杨春英一眼就看中了。可是她晓得家里很穷，哪里买得起这么贵的衣服？便狠狠地看了几眼，过了几下“眼瘾”，便依依不舍地掉头走了。

彭玉和注意到了妻子的眼神，那是一双美丽的眼睛，那是一种女人对美的本能的渴望与追求。他返回身，问老板：“这件大红滑雪衫多少钱？”

老板伸出一个巴掌：“50 块钱。”

彭玉和的心头一凛。50 块钱对他来说是个“大数”了，他知道自己囊中羞涩，而腰包不鼓，说话的音调自然高不上去。他低声问道：“便宜点卖，多少钱？”

“让你 12 块钱，38 块，一个吉利的数字。”老板“心痛”地说。

“20 块，卖不卖？”彭玉和跟他搞起了价钱，他听人说过，砍价时一般是拦腰一刀再带拐个弯。

老板“咬咬牙”说：“28 块，预兆你们两口子今年大发。这是地板价了，一分钱都不能再还了！”

彭玉和大致了解羽绒服的行情，28 块一件不算贵了，况且这件色彩好、式样好，更重要的是新婚妻子喜欢。他拿出皮夹子掏钱，可掏来掏去只凑够了 20 块钱，当时他十分尴尬。

还是妻子帮他解了围，妻子说：“这件衣裳颜色太艳了，显得乡气，我喜欢淡雅一点的颜色。咱不买了，走吧。”边说边拉着彭玉和快步走了。

回家的路上，小两口子默默无语。

彭玉和的心里别提多窝憋了。

到了村口，彭玉和对妻子说：“你先回吧，我出去办点事儿。”

他是出去借钱去了。妻子这么点小小的心愿都不能满足，还算什么男人？哪怕是借钱，也要把那件妻子从内心喜欢的大红滑雪衫买回来；再说，快过年了，这是新婚妻子过门后的第一个年，一定要把这个年过得宽裕、过得喜庆。

找谁借钱呢？那个年头戴庄人都很穷，彭玉和把家别邻居、亲朋好友的排了个遍，也没排出个适宜的人。这时他想起了老村长易得发，老村长是个好领导，虽然家里也很穷，可他是个热心肠的人，他一定会有办法的。于是他硬着头皮来到了易得发的家。

易得发当了多年的村官了，对全村每家每户都知根知底，他见彭玉和这个时候来，便八九不离十猜出了他的来意。

彭玉和倒也开门见山，说道："老村长，快过年了，手头紧得很，想跟你串个百把块钱，把这个年搪过去。"

易得发拉着他便往镇上走，边走边说："现在农村信用社可以做小额贷款了，我带你去找他们去办个贷款。"

这也是个办法。彭玉和理解老村长，手头肯定也腾不出，同时又帮他想设法解决，还真难为他了。

到了信用社，易得发把来意说了。信用社主任说，贷款是要有抵押的，小彭你拿什么东西抵押？彭玉和一时语塞，家无长物，实在拿不出什么值钱的东西抵押。易得发说，我来担保，如果他到期还不上，我来替他还。信用社主任跟村长是老朋友了，看在老村长的面子上，便贷给了彭玉和 100 元钱。

彭玉和拿着这 100 元钱，直奔服装摊点，把那件大红滑雪衫买了回来。到家就把滑雪衫递给妻子，杨春英接过衣裳又惊又喜，心里满满的是感动。全家人过了一个喜庆的好年。

但是，"贷款一百块钱才把年过了"这件事，给彭玉和心头留下了极重的阴影。穷，是他当时最大的噩梦。他是真心地穷怕了，也是实意地怕了穷。他当时最大也是最强烈的愿望就是挣钱、挣钱、再挣钱，要让媳妇过上好日子，要让父母晚年享享福。

为了能挣到钱，当年的彭玉和什么活都愿意干，什么苦都能吃。他摸鱼捞虾，钓螃蟹，捉黄鳝，为的是拿到镇上换几个钱补贴家用。

可这些都只能挣点小钱，只能够买油盐酱醋。他看到有人进城卖西瓜能挣钱，便开荒辟地，种了几亩西瓜，指望自己种自己卖，能够挣点钱。可就在西瓜成熟的当口，一场暴雨引发山洪，把他家的西瓜连瓜带藤冲得无影无踪。彭玉和跌坐在山坡上，欲哭无泪。

后来只能到建筑工地做小工，挣点钱养家糊口。在工地上，彭玉和看到卷扬机吊楼板，吊一块楼板能挣一元钱，便动起了心。他咬咬牙，狠心借了高利贷，买了一台卷扬机。头一年还不错，赚了一万六，还了高利贷。可是到了第二年，不少工程队自己买来卷扬机，自己吊楼板。彭玉和的卷扬机没有用武之地了，只好三文不值二文地卖了。最后一扎账，没赚到几个钱，基本上是为高利贷打工了。

有人见他赋闲在家，便喊他到琉璃厂拖瓦，只要肯吃苦，准能挣到钱。于是他就来到琉璃厂，用小板车将瓦从窑里拉到外场上，一天能拉六七千块砖，能挣25块钱。可是不久，琉璃厂因产品滞销而关门了，他又失业了。

于是他又到建筑工地去做小工。在当地做小工工钱很低，彭玉和听说无锡那边工钱高，便到无锡的建筑工地上做小工，一天能挣25块钱。可是又没过多久，建筑队到青海西宁搞工程，那边的工钱比这边的高，干一天能挣到40块钱。为了挣钱，彭玉和背井离乡，离妻别子，来到了西宁打工。由于长年劳累过度，加上高原反应，彭玉和在西宁打工两年，倒生了三场病。

这年春节，彭玉和从西宁回家过年。这时赵亚夫来戴庄蹲点已有数年，已帮扶不少农民搞有机农业发了家、致了富；同时还搞了一片有机桃园，向农民示范如何种植有机水蜜桃。

正月里，彭玉和骑着自行车，驮着老婆孩子，来到赵亚夫他们搞的桃园游玩。桃树上已经开始发出嫩芽，春意正悄悄地在桃园里酝酿。

彭玉和在园中见到一位头发花白、戴着眼镜、风度儒雅的长者，估计就是村民口中的“活菩萨”赵亚夫，便壮着胆子上前问道：“请问，你就是赵主任吧？”

“是啊，我就是赵亚夫。你是……”

“我是彭玉和，这些年一直在外头打工……”

“哦，我知道你，当过兵，有一定的文化，有一定的闯劲，能吃苦耐劳，做过不少行当。”赵亚夫说道。来戴庄有几年了，赵亚夫对各家各户的情况基本上心里有数，尤其是对在外打工的中壮年人，更是了如指掌，对这拨人格外关注。

彭玉和没有想到，“大领导”“大专家”赵亚夫对自己的情况这么了解。

“在外打工很辛苦吧？”赵亚夫问道。

“辛苦是肯定的喽。但凡在家里有生路，谁愿意出去吃那份苦、受那份罪呀。”彭玉和说。

“在外打工收入怎么样？”赵亚夫又问道。

“挣不到什么大钱。像我在西宁这两年，从早干到晚一天才挣40块钱，这两年水土不服，生了几场病，连治疗带休息的，再刨去伙食，一年下来落不了几个钱。”彭玉和答道。

“是啊，农民打工挣钱不容易啊。有没有考虑过回戴庄创业？现在的戴庄不是以前的戴庄了，现在搞生态有机农业，到处都是创业、发财的机会。”赵亚夫说。

彭玉和叹了叹气说：“不瞒您说，我今天来桃园，不是单来瞅瞅的，是抱着想法来的。可是我又担心，我是创业的料么？前些年种过西瓜，吊过楼板，拖过瓦片，贩卖过瓜果蔬菜，没有一样干成的，弄得我挺灰心的。现在一想到创业，心里就发毛……只怕我不是创业的命，就是个打工的命哟。”

赵亚夫笑笑说：“谁天生就是创业的命？谁天生就是打工的命？命运还是要靠自己掌握的嘛。你以前屡次三番创业失败，可能是方法不当，只要方法得当，比如说项目选得好、经营管理好、市场营销好，各个环节都做好，没有不成功的道理啊。”

彭玉和细细品味着赵亚夫的话，然后由衷地说：“您这一席话，讲得我心里暖实暖实的。”

彭玉和觉得眼前这位长者，不但和蔼可亲，而且说话语气充满自信，言谈举止中透出一种定力，这种定力能够传递到自己身上，使自己也平添了几份定力。这些年他干什么都不成，心气慢慢地就矮了下去，遇事总有几分心虚胆怯。但这位长者似乎有一种特别的气场，自己置身于这个气场中，不知不觉地就获得了能量，生成出一种安定感、安全感，底气渐渐地就提升了。信赖、信任，从彭玉和的心底油然而生。彭玉和的内心已经确信：跟着他干，准没错！

“赵主任，跟您说句掏心窝子的话，这些年我是穷怕了，在外面吃苦也吃怕了，我有心留在家里再次创业！您帮我参谋参谋，选一个什么项目好？”

赵亚夫沉思一会，指着桃园说：“像你这样的情况，可以考虑承包一片桃园，种有机桃。这片桃园里还有空地，基础设施都搞好了，你去挑选一块承包，不会有错的。我们正在物色、培养种桃示范户，你当过兵，年轻有文化，有闯劲、能吃苦，经历也丰富，比较符合我们挑选示范户的标准。我看好你！”

“好！就这么说定了！”彭玉和大声说道。

在回家的路上，彭玉和跟妻子说起了承包桃园、种植有机桃的想法。话还没有说完呢，杨春英的脸色唰地就变了，立刻从自行车后座跳了下来。

“求你别折腾了好不好？刚才你一提起又要折腾，我这心里就抖呵起来。种桃子能挣什么钱？茅山到处都是桃树，随便瞅个空地栽棵桃树，就能结桃子，靠这个能挣钱吗？这些年都被你折腾怕了！你说你折腾来折腾去，哪一样事情做成了？害得我成天跟你后面提心吊胆的。”由于激动，杨春英满脸通红。

“我晓得这些年你跟我受苦了，正因为这个，所以我还想再搏一搏，让你和孩子过上好日子。”彭玉和耐心地说。

“我们现在的日子虽然穷一点，可是过得安生，用不着担惊受怕。我当初嫁给你，并不是冲着你的家财去的，日子过得去就行了，不要再折腾了！咱有劲就打工挣点钱补贴补贴，没劲就回来种地，带种带歇，有饭吃饭，有粥喝粥，一家人安安生生地过日子好吗？才过上几天安分的日子，又要折腾了？！”杨春英气呼呼地说。

“求你再给我一次机会好吗？这次跟以前不一样了，这次有大领导、大专家赵亚夫在后面指点帮衬着，不像以前是没头的苍蝇乱碰瞎撞的。刚才我跟他聊了一气，聊得我心明胆壮。外面都在传‘要致富、找亚夫’，听他的指点不会错的。最后再让我‘折腾’一次好不好？这次如果不成，我彭玉和就彻底服了，从此以后老老实实跟着你过‘太平’日子。”彭玉和几乎用哀求的口吻在说话。

杨春英气得拉着儿子扭头就走，边走边说：“你要折腾你自己折腾，我们娘俩不能再跟着你胡闹了。那种折腾的日子，可不是人过的。”

彭玉和推着自行车，跟在后面一路解释、一路说服，然而终是无用。杨春英回到家收拾好包裹，带着儿子回溧阳娘家去了。

屋里只留下孤单单的彭玉和。

彭玉和在屋里不停地来回走动，一支接一支地抽着闷烟。包，还是不包？不包的话，实在是可惜，有赵亚夫他们一流的专家指导、帮扶，这样的好事到哪儿去找？只怕过了这个村、就没有这个店了。再说，总感到自己平生的抱负没有实现、自身的价值没有体现出来，就这样服输了，心有不甘啊！如果包的话，妻子这次是真的生气了，真的伤透心了，万一再搞砸了，很可能会落得负债累累、妻离子散的下场，那可是他不堪设想的事啊。

经过反复的思想交锋，他终于下定了决心：包！破釜沉舟，背水一战！

彭玉和掐灭了最后一根烟蒂，大步流星地朝桃园走去。

彭玉和来到桃园，在地里转了几个来回，左选右挑，终于看中了一块地方。这块田地有 28 亩，地势比较好，离公路也近些。他当即到村里签了承包 28 亩桃园的协议。

签完了协议，当天他就着手在桃园里搭建棚屋。他在建筑工地干过，搭建这种棚屋他在行，一个人拉砖头、砌墙、上梁架椽，只几天的工夫，就把棚屋搭得有模有样。他在棚屋里搁了一张小床，吃住就在这里，大有成败在此一举的意思。

从此，他就一门心思跟着赵亚夫和农科所的刘伟忠学习剪枝、施肥、疏花、疏果、杀虫、灭菌、套袋等一整套技术，还学习如何进行日常管理。

对于种桃来说，剪枝是大有讲究的，往往是入门第一课，也是一项基本功。赵亚夫不厌其烦地讲给他听——应该怎样剪、为什么要这样

赵亚夫教农户修剪桃枝

剪，还手把手地教他剪。赵亚夫剪了几棵，就让彭玉和自己剪，他在旁边指导。彭玉和就学着赵亚夫的样子剪，剪得对的，赵亚夫就给予肯定；剪得不对的，赵亚夫随时纠正。

有一根树枝看上去长得挺茂的，但位置太低，将来挂了果恐怕要垂到地上，彭玉和随手就把它剪了。赵亚夫问他："这根枝是能长桃子的，为什么要剪掉？"

"它长得太低了，要是结了桃子、有了重量，就会垂下去，桃子就会着地，容易溃烂。"彭玉和说。

"说得对。到底是当过兵的，肯动脑子；又有种田的底子，你会成为这方面能手的。"赵亚夫鼓励他道。

赵亚夫一棵一棵地陪着他剪，不时地给予指导，直到全部剪完为止。

接下来的施肥、疏花、疏果、杀虫、消毒、套袋，每到一个关键的环节，赵亚夫都及时来到他的桃园，提醒他该做什么、该怎么做、为什么要这么做，并手把手地教他做，直到他完全学会并弄懂弄通为止。

桃子一天天地长大了，隐隐逸出诱人的芳香。赵亚夫帮助他办了小额贷款，贷了 1 500 元钱，他用这 1 500 元买了一辆二手的电动三轮车，以备将来运送桃子出售。

桃子终于成熟了，彭玉和就用那辆电动三轮车一车一车地把桃子运送出去。一部分运到合作社统一销售，一部分自己运到市场上出售。平均下来，每斤能卖到 8 块钱。一个销售季度，总共卖了五六万，刨去所有的成本，净赚了 3 万块钱。这是他有生以来所有"折腾"的项目中，赚得最多的一次。3 万块钱，厚厚的一叠，这也是他有生以来手头的现金量最大的一次。望着这厚厚的一叠现金，他都不敢相信这是真的，用冷水冲了一下头，回来再看，确是厚厚的一叠现金，这不是在做梦啊。

兜里有钱了，而且照着赵亚夫指的路子走，兜里的钱会越来越多，彭玉和的底气也就上来了。以前是个穷光蛋，走路都垂着头，遇到熟人能踅开就踅开；现在不一样了，头也抬起来了，腰也伸直了，遇到熟人主动打招呼，整个人都阳光起来了。

赶紧把老婆孩子接回来！彭玉和骑着电动三轮车，直奔溧阳的丈母娘家。见到老婆后，递上 3 万块钱，说："这是卖桃子净赚的钱，全部上交，不敢私留。"

杨春英嗔道："不要以为赚了点钱我就乖乖地跟你回去，我没那么贱！"

彭玉和连忙解释道："我不是这个意思，我是想请你回去跟我一起忙——我一个人真的忙不过来。下一步还要养鸡养鸭养鹅；将来还想搞'农家乐'，缺的是人手啊。"

他这样一说，杨春英的心倒是软了。

丈母娘在一旁帮腔说："玉和说的怕是大实话，这么大个摊子，一个人手到脚不到的，哪里忙得过来？再说他一个男人头，成天忙得跌跌爬爬的，身边没个女人照应，日子久了怕是身体吃不消的。"

知女莫若母，母亲的这席话算是说到杨春英的心中最柔软的地方了。杨春英的眼圈一红，起身收拾包裹，拉着儿子，跟着彭玉和就回家了。

回家以后，两口子齐心合力，把桃园搞得兴兴旺旺的。

后来，彭玉和果真养了几千只鸡鸭鹅，这些家禽不用任何添加剂，自由放养，都能卖出好价钱。

杨春英索性把儿子送去寄读，自己也住进了桃园的棚屋里，跟着彭玉和一起起早贪黑地干。

桃园的名气越来越大，彭玉和的资本也越来足，就开起了"农家乐"，用土灶烧菜做饭，鸡鸭鹅都是自家的，烧出的都是纯天然绿色农产品，生意很红火。尤其是桃花盛开的时节，前来游园赏桃花的人络绎不绝，他家的"农家乐"生意特别的好，常常是 15 个包厢全部坐满。

桃子的收入，鸡鸭鹅的收入，“农家乐”的收入，几项加起来相当可观，而且逐年增加，从 3 万元到 6 万元，再到 12 万元，再到 30 多万元，近年来每年达到了 50 多万元。

彭玉和在他家桃园的最显眼处，竖起了一块硕大的招牌，上面写着:

戴庄种桃又一家

技术指导：时代楷模赵亚夫

下面配着两张巨幅照片：一张是赵亚夫指导他种桃的照片；另一张是赵亚夫被授予时代楷模的现场照。

赵亚夫指导彭玉和种桃

赵亚夫被授予时代楷模的现场照

富裕起来的彭玉和，没有忘记赵亚夫的心愿，尽其所能带动和帮助周围的农民致富。他家的桃园永远向农民开放，凡来参观学习的，他都热情接待，手把手地教怎样种桃，就像当年赵亚夫手把手地教他一样。

第二节　“营销学”运用之妙

20 世纪 80 年代末，为了帮助句容的草莓种植户销售草莓，赵亚夫开始研究并实践“营销学”。后来的十多年，赵亚夫对“营销学”这门学问持续关注，兴趣盎然，无论在理论上还是在实务上，“手艺”都日益精进。

到了戴庄以后，赵亚夫帮助戴庄农民发展“越光”水稻、水蜜桃等系列有机农产品，同样存在着销售的问题。不过这时候的销售与当初的专门针对草莓的销售已不可同日而语了，现在是“鸟枪换炮”了，不但品种已经系列化而不再是单一化，而且规模已经有了几何级数的增长。赵亚夫把平生所学、所悟、所得的“营销学”，在戴庄来了个综合性的运用体验。

摆摊设点卖大米

通过培养示范户、树立典型来推广种植“越光”水稻后，有机水稻的种植面积一年比一年增加，亩产量也在一年比一年提高。但在当时，有机大米与普通大米相比，其显著特征、明显区别和重大益处只是不被一般社会公众所知晓，仅有少量的新潮人士有所认识。而戴庄的有机大米，在当时尚无知名度。

为了打开戴庄有机大米的知名度，赵亚夫放下架子，放低身段，亲自带着农民摆摊设点买大米。赵亚夫将其称为“产品直接体验”，即让消费者直接体验产品，让产品自己说话，这比花钱做广告来得实惠，效果也好得多。

大凡销售，首先要锁定目标人群，而且要锁得精准，这是非常关键的一步。作为有机产品的“越光大米”锁定什么样的目标人群呢？经过市场调研和分析研判，赵亚夫将目标人群范围锁定为：一、有海外背景或经历的人士，因为这部分人对有机产品有概念、有认识，同时具备这方面的消费能力；二、白领以上的中产阶级，因为这部分人接受新事物、新观念比较快，信息畅达，同时有一定消费能力；三、知识阶层，因为他们对新潮的东西特别敏感，比较注重养生与保健。

于是赵亚夫把第一个“摊点”设在了大上海，因为上海是国际大都市，外国人多、“买办”多、“海龟”多；另外还有一个考虑是，“越光大米”来自日本，在日本有很高的知名度，而上海的日本人很多，在日资企业打工的白领也很多，来自日本的“海龟”则更多。赵亚夫选择一个高档小区，带了好几个电饭煲，用“越光大米”现场煮饭、煮粥，顿时饭香、粥香飘满了整个小区。小区的人们循着味道过来，“摊主”盛上喷香的米饭、米粥，配上可口的菜肴，免费让人们品尝。凡是尝过的人，没有一个不说好吃的。不少人当场就一袋、两袋的买了。句容戴庄的“越光大米”在大上海的知名度越来越大，后来成为一个有着较大固定需求的市场。

第二个“摊点”设在了镇江市区。这年的“五一”长假，赵亚夫带着戴庄的农民走进镇江市区的一个中高档小区——恒美嘉园，搞了一场“戴庄—恒美城乡互动有机农业推介——越光有机大米品尝活动”。这个“摊点”搞得很隆重，也很有气派。赵亚夫让人放了一排的电饭煲，有的煮饭，有的煮粥，香飘整个小区。居民们纷纷前来品尝。

作为原镇江市人大常委会副主任、原镇江农科所所长、全国著名农业专家，赵亚夫本人在镇江就经常电视有身影、电台有声音、报纸有图文，知名度非常高。他也顺水推舟利用这一“名人效应”，为戴庄农民推销大米。不少人认出了他，但又不敢相信，便上前问道：

“你是赵主任吗？”

“是啊，我就是赵亚夫。”赵亚夫答道。

“你真的是赵亚夫吗？”人们还是不除疑。

“当然是真的。如假包换。”赵亚夫笑着回答。

“你是市级领导，在我们镇江也算是顶级的大人物了，怎么会在这里卖大米？”

“市级领导就不能卖大米了？”赵亚夫笑着反问道。“总理还推销本国产品呢，我推销农民的大米有什么奇怪的？”

接着赵亚夫便向人们介绍戴庄农民种的“越光大米”是纯天然绿色食品，不用化肥、不打农药、没有污染，营养好、味道香，可以放心地食用。

“名人效应”还是有作用的，好多人围着他听他讲解有机农业、有机产品、“越光大米”，等等，对他这样有身份的人的介绍觉得可信度很高，同时又亲口品尝了“越光大米”做的饭粥，更加深信不疑了。

“越光大米”当天就卖出了好几吨。

“越光大米”迅速占领了镇江的市场。

地产地消、就近直销

赵亚夫经过悉心研究与探索，摸索出一套“地产地消（消费）、就近直销（销售）”的营销有机农品新模式。这种模式，主要针对附近的大中城市中的有品位、有情趣的那部分消费者。赵亚夫认为，这种模式可以方便消费者找到自己喜爱的农产品，同时也方便生产者锁定自己的顾客群；使消费者和生产者之间直接面对面，前者能够获得可靠的安全食品信息，放心地消费，后者能够获得稳定的客户消费信息，放心地生产；因为距离很近，产品能够新鲜上市，减少流通环节和运输成本，让利消费者，同时提高本地产品的竞争力；有利于政府加强管理，食品安全和丰欠平衡更有保障。

“地产地消、就近直销”这种营销模式的精义在于：“消费者为农民收入增长提供义务；农民为消费者的身体健康承担责任。”赵亚夫把这句话印在了名片的背面，广为散发。

本着这样的思路，赵亚夫发起成立了“戴庄有机农业朋友会”，在镇江、常州、南京等地发放会员卡。加入“朋友会”以后，就有了丰富多彩的内容。一是与持卡会员签订长年的有机食品供应合同，戴庄村会把刚出产、最新鲜的有机食品直接配送到各会员户；二是邀请会员全家利用节假日来到有机农业生产基地参观，到戴庄旅游，采摘果品，喝有机茶，吃农家有机饭，亲近大自然，休闲放松身心；三是搞“有机作物认养”活动，认养桃树、茶树、柿树等，缴纳一定的“认养”费后，就成为“认养人”，每年优先获得相当数量的时新、优质的产品。例如认养一棵桃树，“认养人”每年给桃树的主人120元，桃树的主人每年保证供应“认养人”20斤最新鲜、品质最好的桃子，这比市场价便宜多了。桃园里装有摄像头，会员通过合作社的网站随时能够看到桃树的生长情况。也可以随时到戴庄亲自看看自己认养的桃树，顺便来一个“农家乐”旅游。现在已经有1 500多棵桃树被人认养。“戴庄有机农业朋友会”已经有了几百个会员单位和个人。

超市里站柜促销

赵亚夫在戴庄推广种植有机水稻、有机果树后，接着便引导农民种植了有机蔬菜。有机蔬菜不仅运到菜市场出售，而且还尝试了“农超对接”模式，即把有机蔬菜打进超市，并且设立有机蔬菜专柜，以明显区别于普通蔬菜。

类似于“摆摊设点卖大米”，赵亚夫也亲自来到超市“站柜促销”。“名人效应”之下，效果总是很好。赵亚夫往柜台前一站，有不少人认识他，或者想起了在电视上、报纸上见过他。

“这不是赵主任吗，你怎么站在这儿？”有认识他的人问道。

“我在帮戴庄农民推销蔬菜。戴庄的蔬菜是有机产品，不用化肥，不打农药，尽管放心地吃。”赵亚夫边说边指指旁边的“有机认证”的牌子。

于是这人便放心地买了，而且买得比平时多得多。

“你是赵主任吧，我在电视上见过你，市台、省台、央视都见过。今天你怎么来这儿站柜台了？”不少人问道。

“是啊，我是赵亚夫。今天我是推销员，推销戴庄的有机蔬菜。”接着便介绍戴庄有机蔬菜的种种好处，其中特别强调“价格跟普通蔬菜一样”这一点。

有这么个“重量级”的人物推介，又有旁边的牌子“佐证”，当然是信得过了，于是纷纷掏钱购买，购买量当然要比平时大得多了。

戴庄在超市设立的有机蔬菜专柜，以其绿色有机、价廉物美，总是生意火爆，供不应求。

第三节　合作社 + 示范园 + 农户≈核聚变

“你们的桃子是用糖做肥料吗”

彭玉和在自家桃园的大牌子上，写着“戴庄种桃又一家”，他是从单个农民承包桃园，种桃结果这个角度说的，倒也说得不错。但是若论在戴庄最早办桃园，种桃树，结桃子，那彭玉和属于“后生”了，“前辈”则是赵亚夫与他的团队。

早在赵亚夫花了几个月的工夫对戴庄作了详细调研之后，他就认准了戴庄最适宜的有机产品是桃子、茶叶和“越光大米”。桃子是排第一位的。他和他的团队进驻戴庄不久，就租了一大片土地，搞起了有机桃示范园。

搞有机桃，赵亚夫他们当然是驾轻就熟，整个小环境，全部的流程，都是按照最高的标准搞、最严的要求搞的。三月桃花开，引得蜜蜂来；四月小果果，五月见风长；七月和八月，果香飘至十里外。

有机桃示范园的大门始终是向农民敞开的，欢迎农民随时进来参观、学习，赵亚夫和他的助手们总是笑脸相迎，耐心地讲解，有时还亲自动手示范给他们看。

有一位老大妈，被桃园里香甜的气息诱得馋涎欲滴，悄悄地摘了一棵桃，剥了皮就咬了一大口。这种经过精心培育的水蜜桃是很甜的，甜得这位大妈一下子惊住了，半天喘不过气来。好不容易缓过气，不禁感叹道：“我的乖乖，这么甜啊！”

这时正好赵亚夫经过，老大妈很不好意思，脸上表情很尴尬。

赵亚夫说：“没有关系，这批桃子就是种给村民们吃的，如果你喜欢，接着吃。”

听赵亚夫这么一说，老大妈不再有“偷桃子”的尴尬了。她说：“赵主任，你们的桃子是用糖做的肥料吗？”

赵亚夫笑着说：“那倒不是，这是我们培育的水蜜桃新品种，跟你们当地的桃子是大不一样的。”

“那是一个天上、一个地下了。我们茅山的土桃子，又酸又涩，一点也不好吃。你们种的桃子太好吃了，又甜又香，我活这么大岁数，从来没吃过这么好的桃子。”老大妈说。

赵亚夫就手摘了几个桃子送给大妈。老大妈喜滋滋地走了。

老大妈“偷”吃水蜜桃的故事迅速在戴庄村传开了。前来参观桃园的村民们，也学起了老大妈的样子，悄悄地摘下悄悄地吃，有的还悄悄地往兜里塞几个，带回去给家人品尝。园区的工作人员睁只眼、闭只眼，有时还摘下几个桃子赠送。

助手们说：“按照计划，这批桃子就是送给村民的，不如现在就开始送吧。”

赵亚夫说：“再等等，先让他们解个馋。‘偷’吃的东西特别好吃，大批地送了，反而不稀罕了。”

等到村民们解足了馋，园区把130亩的桃子全部摘了，分给所有的村民。村民们有的自己品尝，有的送给亲朋好友。“戴庄有机桃园的水蜜桃赛过王母娘娘的仙蟠桃”的说法在十里八乡的传开了。

这才有了后来彭玉和等人承包桃园、种植水蜜桃发家致富的故事。

“戴庄有机桃示范园”只是赵亚夫他们在戴庄搞科技示范园的一个缩影。类似的示范园，赵亚夫他们在戴庄搞了好几个，每一个品种都有一个代表性的示范园。后来还搞了综合性的示范园，即把所有有机农业的项目都集中进入园区，把园区办成推广现代农业的“活橱窗”和“活样板”，成为引导、培训农民发展生态有机农业的基地，成为科技示范、成果展示、种苗培育和对外交流的重要平台。

关于合作社的发展、壮大和提升，前面已有详细叙述，这里不赘。这里再补充一些内容。

一是“戴庄综合性农民社区合作社”不但能做到精准扶贫，而且能做到“一个都不能少”。在农村中，总有那么一些人，或者年老鳏寡、无依无靠，或者身有残疾、劳力不全，或者文化很低、无一技之长，等等，使他们成为“贫困户”或“特困户”，如果单靠他们自身脱贫致富，难度很大。如果对这部分人不管不顾，即使全村实现了“小康”，也是有缺憾的小康；即使将来实现了“农村现代化”，也是有缺憾的现代化。通过合作社可以把他们带动起来，“拉他们一把”，使他们也能过上体面的生活，跟上“小康”和“现代化”的步伐。戴庄综合性社区合作社把50多户这类对象全部纳入进来，各方面进行帮扶，使他们的人均收入由最初的3 000元左右提高到6 000元以上，不留下一块“短板”。

二是合作社不吸收外来资本入股。不搞“引进几个老板、流转一下土地、上几个农业项目”的路数，那样GDP上去了，少部分人富起来了，但绝大多数农户尤其是低收入农户的增收致富无法保障。对于外来资本，本着平等、互利的原则，可以与之积极合作，但合作的形式不是以土地流转，而是以先进的农业技术，以产品质量和品牌；合作的领域着重于加工、流通和旅游服务，而不是生产领域。不以土地换取短期利益，而是维护全体社员的中长期利益，充分发挥自己的土地资源优势，保护好土地资源的潜力和后劲。

三是为合作社的系列有机农产品注册了“野山小村”牌商标。迎合于茅山腹地的戴庄出产的农产品，“野山小村”这个商标名称非常形象与贴切。“野山小村”牌系列产品有：有机精米、有机糙米、有机红糙米、有机桃、有机山芋、有机草莓、有机桃园放牧草鸡、有机桃园放牧草鸡蛋、有机牧草田放牧鹅、发酵床养猪、有机栽培的地方传统时鲜蔬菜等。

四是合作社成立“作业班”，打通农技下乡“最后一公里”。

现代农业技术日新月异，农业新技术、新品种、新模式、新理念要在广大农村得到广泛应用，还有很长的路要走。特别是当前，包括戴庄在内的广大农村正处于转型期，农村人口大量向城市转移，真正从事农业的大都为“3860部队”，出现了农业新技术、新理念下乡“卡壳”的现象。

当初赵亚夫将从国外引进的“越光水稻”在戴庄推广时，遇到的一个难题就是如何推广到各家各户。因为种植有机大米不能施化肥、打农药，对上水、搒田等管护要求很高。而村民多年来早已习惯了施肥、喷药，看到水稻长势不好就要施化肥，有了虫害就要打农药。他就与村干部一家家跑，不让村民施肥、打药。一开始还好，因为种植的“越光水稻”面积不大，还照应得过来。随着面积扩大到三四千亩，涉及七八百户农户，根本跑不过来。于是赵亚夫就开始培养一些“土农技员”，这就是“作业班”的前身。

合作社成立了9个“作业班”，其中有一个“桃子作业班”，8个“水稻作业班”。“桃子作业班”主要负责全村桃树、蓝莓、无花果等果树种植的技术指导和传递；8个“水稻作业班”主要负责全村有机水稻种植的技术指导和传递，其中每个“水稻作业班”负责约400亩水稻种植指导。

以前，这些农业新技术、新品种、新理念传递到每个农户非常困难。有了作业班，事情就简单多了，只要抓好作业班，就等于打通了向农户传递的通道，破解了农业新技术、新品种、新模式、新理念下乡“卡壳”的“最后一公里”这个难题。

“戴庄综合性农民社区合作社”就像一个“航母”，这个“航母”，一旦起航，便体现出它的高效率、高速度、多配置、多功能、集成化等的优越性来。农民的入社率达到了95%，也就是说，凡是在家种田的基本都入了社；全村的土地也基本入了社。农民的收入也有了“加速度”，到了 2014 年，农民人均收入达到了 19 500 元，与当地城镇的人均收入相比已不落下风，离“江苏基本农业现代化指标”（人均 25 000 元）已经越来越近了。

合作社 + 科技示范园 + 示范户 + 农户，这样的组合比起单个的作用来，既不是和的关系，也不是积的关系，而是一种近乎核聚变的关系，使得能量得到了巨大的释放。不但农民的人均收入比之以前增长了 6.5 倍，村的集体经济收入已从以前的负数逐步提高到了现在的年收入近 190 万元，积累的集体固定资产已达 1 000 万元，这在茅山革命老区，已属第一方阵，而且主要来自农业收入的积累，这是十分难能可贵的。

第八章

戴庄，乡村的美丽愿景

第一节　戴庄成为“新世外桃源”

赵亚夫为戴庄的发展呕心沥血，殚精竭虑，与村民们同甘共苦，终于使戴庄的试点取得了巨大的成功。到 2008 年，戴庄村就实现了小康；现在，已经进入“后小康”时代，正在向农业现代化奋进。

戴庄的成功，不仅体现在各项经济指标上的“芝麻开花节节高”，更体现在田野里的生物多样性呈现出天然的状况，生态系统有了明显的修复并逐渐恢复到比较理想的状态。

现在的戴庄村，绝大部分耕地搞起了有机农业，全村农田的化肥及化学农药用量已较 2013 年前减少了 80%。水稻田里蜘蛛等天敌数量已显著超过害虫稻飞虱数量，连续 8 年不用打药了（包括生物农药或植物源农药等有机农业许可农药）。这样，就大大削减了农业造成的面源污染，成为全省化肥及化学农药用量最少的村庄之一。

表 8–1　有机栽培与常规栽培田块土壤养分的差异
（2009 —2014 年）戴庄村

	有机质	全氮	全磷	全钾	速效氮	速效磷	速效钾
有机栽培	2.729 3	0.064 6	0.130 1	0.343 25	66.691 8	70.767 3	27.128 9
常规栽培	2.194 6	0.059 9	0.116 95	0.315 45	62.422 9	65.034 4	25.453 6
增长率（%）	24.4	16.0	11.2	8.8	6.36	8.82	6.58
平均年增长率（%）	4.88	3.2	2.2	1.76	1.23	1.76	1.32

表 8-1 数据表明：连续 5 年有机栽培（稻 + 绿肥茬，全年亩施绿肥 1 500 千克及米糠 50 千克）较常规栽培（稻 + 麦或油菜茬，全年亩施化肥折氮 30 千克，磷 20 千克，钾 20 千克），5 年间土壤有机质增

加了 24.4%，土壤氮、磷、钾也有 7% ~ 16% 的增加，土壤有机质平均年增加 4.88%。

表 8-2 2014 年戴庄村与句容另两个村
水稻纹枯病发病率比较（耐肥品种南粳 5055）

日期 \ 发病率	穴发病率（%）			株发病率（%）		
	戴庄村	另两个村	比较	戴庄村	另两个村	比较
7 月 29 日				0.25	0.25	0
8 月 4 日				0.56	0.85	–34
8 月 12 日	5	8	–37.5	0.75	2.9	–74
8 月 28 日	19	23.8	–20	3.0	13.7	–78
9 月 6 日	26.5	34.1	–22	8.05	20.4	–61

从表 8-2 可以看出，戴庄有机水稻的纹枯病发病率明显低于另外两个村。

现在你走进戴庄村，就会发现青蛙、蜻蜓、萤火虫、田螺等多得去了；水边有白鹭群飞，林中有鸟声阵阵；走在路上，会突然发现路边有蛇从你脚下游过，吓你一跳；处于食物链最高端的老鹰经常在村落的上空盘旋，时不时地突然附冲下来叼走一只鸡，主人往往不怒反喜，因为这说明戴庄的生态环境好了。

表 8-3 戴庄村有机稻田与邻近镇村常规稻田
动物物种数比较（2014—2015）

田块类型 \ 数量	纲数（个）	目数（个）	物种数（个）
戴庄有机稻田	10	31	127
邻村常规稻田	5	9	20
增长（%）	5	22	107
相差倍数	2 倍	3.4 倍	6.4 倍

上表 8-3 是要据国家环境保护部南京环境科学研究所调研报告资料整理的，它很能说明问题的。

除了经济指标上去了、生态环境明显改善了，另外还有重要一点是人际关系和谐了、乡风村气返璞归真了。

之所以会出现这样的和谐的局面，一方面是基于收入逐年增加、生活明显改善，“仓廪实而知礼节、衣食足而知荣辱”，更重要的是基于合作社这个平台，把生产关系理顺了，人们之间的关系也就一顺百顺了。

比如以前“单打独斗”时期，人们“提篮叫卖”，相互压价、彼此诋毁甚至吵架斗殴在所难免，但是成立合作社以后，一切都有规则，而且大多数产品都由合作社统一销售，也就不存在这些问题了。

村干部与村民的关系也比较好，不像有些村，干群关系非常紧张。这也与合作社有关，因为合作社的分配机制决定了绝大部分的利益须返还于民，与老板或经纪人不同，村干部不会因为合作社的利益分配而影响自己的既得利益，所以与村民之间在经济上基本没有利益冲突。在共同致富、发展集体经济方面，包括村干部在内的全体村民都有共同的目标，大家心往一处想、劲往一处使，这就把方方面面的关系捋顺了。

当然，赵亚夫以“志愿者”的身份，十几年如一日无偿地帮助戴庄发展经济、共同致富，这样的精神感召力对于人心的向善、民风的改良也是一个关键的因素。这样的精神影响力是无形的、静悄悄的，就像“随风潜入夜、润物细无声”，但它的作用力却是巨大的，直接或间接地影响着戴庄的每一个人，使人们自觉或不自觉地“见贤思齐”。

戴庄的成功也得到了国家有关部门的认可，2010 年、2013 年环保部两次核定戴庄为国家有机食品基地；2012 年、2014 年农业部两次表彰戴庄的“综合性社区合作社”为农民合作社示范社；2013 年戴庄被农业部表彰为一村一品示范村；2015 年被住建部、旅游局表彰戴庄为特色景观旅游名村；2015 年被农业部表彰戴庄为全国最美休闲乡村。

东晋大文豪陶渊明在他的名篇《桃花源记》中，描绘了桃花源中人的富足、安宁、和乐、自由、平等的生活场景。当你来到戴庄，尤其是你深入了解戴庄的自然生态、民风村俗之后，你会有一种来到“新世外桃源”的感觉。

第二节 “戴庄模式”全方位透视

成功了的戴庄引起了人们的高度关注，“戴庄模式”的名声越来越响，前来考察、参观、学习的人络绎不绝。

“近水楼台先得月。”戴庄附近的四个村，受到了“戴庄模式”的直接辐射，纷纷“效仿”戴庄，复制“戴庄模式”。

戴庄村所在的天王镇，抢先一步，及时推广“戴庄模式”，他们选择了唐陵、唐谷、竹园、朱巷、赵巷、斗门六个村来复制、借鉴“戴庄模式”。在试点的基础上，将来要实现“戴庄模式”在天王镇的全覆盖。

镇江市政府正式发文，要求每个区县选择一个村做试点，在全市范围内推广“戴庄模式”。后来逐步增加到了58个“戴庄经验”试点村。为了突出示范的作用，镇江市从58个试点村中精选10个村作为示范村重点打造，其中句容4个、丹阳2个、丹徒3个、扬中1个。

2010年4月，时任江苏省副省长的黄莉新（现任南京市委书记）率省农口各部门领导来戴庄村调研，总结戴庄经验，对“戴庄模式”在发展生态农业、带领农民共同致富、壮大村级集体经济等方面给予了充分肯定。

在2013年的全国人大会议上的江苏代表团会议中，赵亚夫作了《农业现代化的出发点和落脚点是务农农民》的发言，介绍了“戴庄模式”。习总书记在听完后认为，戴庄农业合作社的模式，适合当前市场经济特点，对推进农业现代化起到了很好的作用；要求对“戴庄模式”作进一步的探索和完善。

2013年3月，省委农工办、省农委对戴庄作了详细考察调研，认为戴庄在稳定和完善农村基本经营制度的基础上，在发展农民合作社、寻求统与分最佳结合点方面，作了积极有益的探索，对各地发展现代农业、促进农民增收和推进新农村建设等方面具有重要的借鉴和启示意义。他们从五个方面对“戴庄经验”作了概括提炼：一是有效提升了统一经营功能，激发了家庭经营活力，初步形成了新型农业经营体系；二是搭建了农业利用先进生产要素的平台，有效解决了科技推广“最后一公里”的难题；三是提高了农业劳动生产率、土地出产率，兼顾了效率和公平，初步形成了低收入农户共同增收的良好局面；四是构建了循环农业耕作制度，促进了农村生态环境建设，形成了山清水秀、鸟语花香的美好村景；五是强化了村级组织经济发展和服务管理功能，提升了农民参与民主管理的能力。

2013 年 4 月、2014 年 5 月，时任省委书记罗志军两次来戴庄村调研，总结戴庄村的经验并向全省推介。罗书记在一篇调研文章中指出：“我曾专门到镇江的句容市戴庄村作过调研，这个村近年来在农科专家赵亚夫的带领下，因地制宜发展有机农业，探索新型农业经营体系的有效实现形式，不仅带动了农民增收致富，而且壮大的集体经济。这个村过去是句容市最贫困的村，现在每年村集体收入超过 100 万元，我要求对这个村的做法和经验在省内首先抓好推广。”

时任江苏省省长李学勇、省政协张连珍主席，时任江苏省委副书记石泰峰（现任江苏省省长）、黄莉新副省长、徐鸣副省长先后来到戴庄村视察、调研，对“戴庄模式”给予了充分肯定。2014 年，时任江苏省副省长缪瑞林（现任南京市市长）来到戴庄调研，对“戴庄模式”给予高度评价。缪瑞林还希望赵亚夫把“戴庄模式”推广到苏北，让那里的群众发展特色现代高效农业。

“戴庄模式”为什么能引起人们的普遍注意并能不胫而走？为什么能引起各级领导的重视并给予很高的评价？这里面一定有它的“道理”。

那么，它的“道理”究竟在哪儿？

上文对“戴庄模式”作了直观的叙事式的描述，尚属于外在的、具象的范畴，尚不足以直接地回答它的“道理”在哪里。

下面，我们对“戴庄模式”进行全方位的透视，进行深度的解析，进行抽象的概括。这样，应该能够直接地说明它的“道理”在那里。

“戴庄模式”的核心是团结带领农民共同致富奔小康、走向现代化。

这句话要分两个层次来说。

第一个层次是，在整个国家的现代化建设中，农村、农业、农民这“三农”仍然是个“短板”，如果不补齐这个短板，所谓“小康”就不是真正意义上的小康；“现代化”也不是真正意义上的现代化。

小康不小康，关键看老乡；现代不现代，农村是要害。习近平总书记指出：一定要看到，农业还是“四化同步”的短腿，农村还是全面建成小康社会的短板。没有农业现代化，没有农村繁荣富强，没有农民安居乐业，国家现代化是不完整、不全面、不牢固的。中国要强，农业必须强；中国要美，农村必须美；中国要富，农民必须富。真是切中肯綮、一语中的。

我们应当看到，我国的城乡二元结构问题还比较严重，城乡收入差距仍然较大，农民的总体收入还处于较低的水平。不解决农民总体收入较低这个问题，不补齐农民生活水平这个“短板”，“全面小康”是不能真正实现的，“现代化”也只是空中楼阁。设想一下，如果有一天，我们的“平均数”掩盖了农民实际的不够富裕甚至贫穷，那么农民就是“被小康”“被现代化”。这是一件令人感到尴尬的事情。

而“戴庄模式”的首要目标，就是通过发展生态有机农业和搞活农业经济，解决广大农民，尤其是像戴庄这样的“老、少、边、贫”地区的农民的共同富裕问题。而且这种解决的方法，不是依靠工业的“反哺”或“扶持”，也不是靠发展工业获取利润，而是依靠自身的自然资源优势，因地制宜、扬长避短，同时通过适度的组织化程度，来实现农民共同致富的目标。这就更加显得弥足珍贵。

第二个层次是，在农村的农民中，总有那么一些农户因种种原因而处于“特困”“久贫”状态，如果没有外力扶持、仅靠其自身的力量，是难以“脱困”和“脱贫”的。这是农民群体当中的“短板”如果不补齐这个短板，所谓“农民小康”就不是真正意义上的小康；“农村现代化”也不是真正意义上的现代化。

在2015年11月27日至28日在北京召开的中央扶贫开发工作会议上，习近平总书记指出，脱贫攻坚已经到了啃硬骨头、攻坚拔寨的冲刺阶段，必须以更大的决心、更明确的思路、更精准的举措、超常规的力度，众志成城实现脱贫攻坚目标，决不能落下一个贫困地区、一个贫困群众。习总书记还在不同的场合多次强调，要做到“一个都不少、一户都不落”。

“戴庄模式”的最大特点就是精准地开展扶贫，把扶贫工作作为“规定动作”，以人或户为单位搞“定向帮扶”“结对帮扶”，不漏掉了个“盲点”，不留下一块“短板”。全村20多户“特困户”“久贫户”全部列入名单，因人而异、因户而异制定帮扶计划、采取有效措施，使他们能获得稳定收入。种不好田的农民在帮扶之下也能种出符合市场需求的产品；不会做生意的农民在合作社的运营机制中也能赚到钱。贫困户首先遇到的问题是缺乏启动资金，合作社可以垫资采购生产资料，最后分配时结账，这样就解决了贫困户发展生产的“前瓶颈”问题。

凡列入“定向帮扶”“结对帮扶”的，基本能在一至两年内脱掉贫困的帽子。“戴庄模式”能够实现习总书记强调的“一个都不少、一户都不落”的扶贫目标。

“戴庄模式”的“骨架”就是“综合性农民社区合作社”这个机制。

“戴庄模式”的基本结构是：行政村+综合性农民社区合作社+科技示范园+（示范）农户。

其中“综合性农民社区合作社”是支撑整个模式的骨架，是起决定性作用的因素，是一个基本的平台，是一个“不可变项”；其他几项是建立在这个平台之上的“活动因子”，是几个“可变项”，例如“行政村”可以是党支部，可以是党总支党委，也可以是村委会或其领导、成员等等；“科技示范园”可以是专业性的，也可以是综合性的，可以是公司制的，也可以是其他性质的等等。

关于“综合性农民社区合作社”，其功能性质、法律地位、本质特征等，前文已有详细的解析，这里不赘述。

关于“行政村”，主要是村一级的基层干部，通过合作社章程规定的程序参加民主选举，依法、依规、依章当选合作社的领导人，继而成为带领农民共同致富的带头人。赵亚夫去戴庄后，改变了当年在白兔、春城的做法，由主要培养村农技员或示范农户，改成主要培养村基层干部，通过他们或和他们一起去发动、培养示范户，进而再扩大推广到全村大多数农户。基层干部是农村中比较优秀的人才，受党多年教育，带领农民致富奔小康本应是他们的职责。和先富起来的经纪人或老板不同，基层干部不会因合作社的利润分配方式影响自己既得利益。他们应该并且能够成为引领普通农民走向小康、向现代化的带头人。

“关于科技示范园”，前文也已有了详细介绍，这里不再展开，主要就是四句话：“做给农民看、带着农民干、帮助农民销、实现农民富。”

“（示范）农户”主要是先培养示范户，通过示范户来影响、带动全村的农民，使农民们眼见为实、心有所动、学有榜样、赶有目标。

“戴庄模式”之下，合作社与行政村基本上是叠合的。“村社合一”是“戴庄模式”的最显著的特征，也是合作社的“综合性”“社区性”的具体体现。但这里的“村社合一”与人民公社时期的“政社合一”有着本质的区别。人民公社的特点是“一大二公”，严重违背了生产关系要与生产力相适应的基本经济规律。而“戴庄模式”的“村社合一”是村民们自愿加入合作社，入社后仍然从事家庭经营，通过合作社联合走向市场。家庭承包经营这个基本制度坚决不变；按劳动成果分配所得是它的本质属性，毫不动摇。合作社组织农民生产，普及科学技术，帮助农民销售，利润除留公积金外，80% 以上按合作社代社员销售农产品数量多少分配；公积金的使用或再分配仍然按照这个原则进行，真正体现了“能者多劳、多劳多得”的分配原则。

合作社与行政村的叠合，不但强力助推全体村民共同致富，而且还能有效解决村级集体经济发展问题。戴庄村 95% 以上的村民都入了社，合作社公积金就等于是全体村民的集体收入，合作社办的民生事业也是全村的民生事业，合作社办好了，社员富起来了，集体经济也发展壮大了。全村集体经济年收入达到190万元（含合作社公积金120万元），合作社固定资产已达到1 000多万元。

“村社合一”体制，对科技入户、对解决农技推广“最后一公里”问题也是大有裨益。合作社为了打拼市场，提高农产品市场竞争力，必须依靠科技，将科技落实到各家各户。社员为了增加收入，有用科技的要求。农业科技的“产、学、研”在合作社与行政村的叠合处找到了结合点，更加有利于解决农技推广“最后一公里”问题。自实行这个体制以后的十年来，戴庄成功推广了水稻、果树、蔬菜等作物有机栽培技术及农牧结合生态养殖技术，引进了适合有机栽培的优质品种等共计30多项。目前水稻、山芋、桃的有机栽培技术已基本形成有自己特色的技术体系，其操作规程通过村、社成立的“作业班”的指导、监督落实到了全村农户。其他农作物的栽培技术及其操作规程正在落实之中。

在“综合性农民社区合作社”这个“骨架”支撑下，村里的一二三产业有了融合发展，农技推广能够延伸到最末梢，生产力得到极大提高，党群关系、干群关系、群群关系因有了合作社过个平台、有了更好的规范而更加自然顺畅、和谐友睦。

在2015年的全国人代会上，赵亚夫向李克强总理汇报了“积极发展综合性农村社区合作社”的建议，受到了总理赞扬。会后赵亚夫还专门写了书面的建议材料，呈送李克强总理。

赵亚夫的这个建议，受到了中央农村工作领导小组、农业部、国务院扶贫办、全国供销合作总社等有关部门的高度重视。由陈锡文同志签发的中央农村工作领导小组办公室来文：“您提出的建议具有较强的针对性和可操作性。农业部已在给全国人大农业和农村委员会的《农民专业合作社法》修改建议稿中提出了相关建议。下一步农业部将联合有关部门对包括社区合作社在内的各种类型合作社进行深入调研，全面总结各地经验和做法，加大典型宣传力度，为修改《农民专业合作社法》和制定相关政策提供参考。感谢您通过驻村调研提出了很好的建议，希望今后继续关注、关心‘三农’发展，继续支持我们的工作。”

戴庄村培养农民成为农业现代化建设主体的“综合性农村社区合作社”经验，得到了中央有关部门和江苏省委、省政府的肯定，正在省内外推广。

“戴庄模式”的关键是把握“统”与“分”之间的度。

根据政治经济学原理，当生产关系适应生产力时，它就会有力地推动生产力的发展；当生产关系不适应（过分超前或过分落后）生产力时，它就会严重阻碍生产力的发展。人民公社制度之所以失败，根本的原因是它的生产关系与生产力之间严重不适应（过分超前），关键是没有把握好“统”与“分”之间的度。前文已有提及，人民公社的特点是“一大二公”，“大”就是人多、地多、规模大；“公”就是公有化程度高，具体做法就是把合作社积累起的集体财产全部充公，农民的个人财产也无偿充公。说是“按劳分配”，实际上是搞“平均主义”、吃“大锅饭”，严重挫伤了农民的积极性和主观能动性。

“戴庄模式”比较准确地把握了“统”与“分”之间的度。宜统则统，宜分则分；该统的领域统起来，该分的领域分到户。在戴庄，各家还种各家的田，合作社以劳动成果分配盈利（包括公积金在内的集体收入），以户为单位承包经营这个基本制度不变。但一家一户办不了、办不好、办了划不来的事情，则由村、社统一办，例如兴修水利、修建公路、建设公益设施、实行机械化作业、某些产品的统一组织销售等。“统”与“分”的标准就是看是不是有利于提高农民的生产积极性、是不是有利于激发农民的主观能动性和创造性、是不是有利于实现分配的公平和公正。

“戴庄模式”的宗旨是提供一个以行政村为单元，以“发展生态有机农业”和“农业经济机制创新”为两大驱动轮，实现农民共同富裕的可复制的模板。

前文已述，“戴庄模式”的显著特征是“村、社合一”，即行政村与合作社的叠合。这种叠合，不是简单的重叠，而是有机的融合。党组织、村委会的基层干部按章依程进入合作社，成为村民的真正带头人；村民中的绝大多数（戴庄已达95%）加入合作社，他们的两种身份（本村村民、合作社社员）合而为一。作为村民也好，作为社员也好，他们实际上组成了一个利益共同体，形成一个基本的单元。

“戴庄模式”最初发展的切入点，就是发展生态有机农业。正是从这个地方着手，利用自然资源和自然环境的优势，扬长避短，搞有机农业生产，使农业经济效益有了显著增长。这就产生了一个方面的驱动力。

第二个方面的驱动力就是农业经济的机制创新，创新的举措主要体现在“综合性农民社区合作社”的机制之中。从本质上来讲，它就是调整生产关系来适应生产力，而适应生产力的生产关系是能够推动和提升生产力的，因为它能充分调动生产力中的积极因素和创造因素，使其作用得以最大化；能为生产力的发展提供更为广阔的空间、留有更加宽宏的余地。

一个单元，两个驱动轮，进而使全村村民共同致富奔小康、走向现代化，这样的模板具有极强的可复制性，至少具有巨大的借鉴作用。尤其是对像戴庄这样的几乎没有工业、地处偏僻、基础薄弱、以农为主的村，复制与借鉴的效果特别的好。而类似这样的村，在我省、在我国比比皆是，所以“戴庄模式”的价值就体现在这里，它能使一大批这样的村照着“戴庄模式”去做，也能像戴庄一样径奔小康、径奔现代化，而省去了较长的“摸着石头过河”的时间。

“戴庄模式”的复制或高度借鉴已经出现了成功的例子。句容天王镇的唐谷村和竹园村复制“戴庄模式”就取得了初步的成功。

唐谷和竹园两村主导产业与戴庄村相同，也是以有机稻米生产为主。2013年年底，这两个村由村党组织主导成立农民专业合作社。唐谷村成立了稻米专业合作社，村党支部书记任合作社理事长，与“戴庄模式”相同，实行农资、标准上技术、销售、品牌“五统一”服务，合作社在保底收购农户稻谷后，销售产生的利润进行再分配，即实行二次分配，同时提取社会事业和合作社相关事务发展公积金。竹园村成立了土地股份专业合作社，基层干部通过合法程序成为合作社的领导或骨干，农户以土地入股形式加入，发展有机稻米。

天王镇的朱巷村、唐陵村高度借鉴“戴庄模式”取得了初步成功。临山而居的朱巷村近年来发展中药材金蝉花生产，2013 年，村党组织按照“村社合一”模式统筹创建了朱巷村野山蝉花合作社，吸纳 300 多家农户 1 000 余农民。金蝉花生产季节性强，前后只有一个月左右的时间。根据产业特点，朱巷村高度借鉴了“戴庄模式”，即合作社保底收购合作社成员的产品，利润实行一次性分配。

唐陵和赵巷两村，一是苗木大村，一是养鸭大村，产业特点与戴庄不同。在推广“戴庄模式”中采取了借鉴加创新的方法。唐陵村在“村社合一”的基础上，又组建了苗木商会，把苗木大户联合起来，实行资源共享互助互帮，较好地解决了一家一户遇到的资金、市场、货源供应等诸多问题。赵巷村农户年养鸭达 20 多万羽，村党组织牵头成立养鸭专业合作社，在饲料采购、鸭病防疫等方面实行统一配送服务。

丹徒的五塘村是复制“戴庄模式”起步早、见效快、后劲足的一个例子。“起步早”有一定的客观原因，2005 年，赵亚夫与贫困村——五塘村结成“帮扶对子”，实际上是同一个“师傅”，戴庄村是“师兄”，五塘村是“师弟”，“师弟”跟着“师兄”“亦步亦趋”实属正常。五塘村也是从有机水稻起家，后来也搞了有机果品、有机蔬菜、有机茶叶，并相继成立了五塘有机稻米专业合作社、五塘横山植保专业合作社、五塘永强农机专业合作社、五塘醉园春茶叶专业合作社。戴庄搞了综合性农民社区合作社以后，五塘紧随其后搞了“五塘农民综合社”，整合全村的各个专业合作社，捏成拳头，积聚更大的能量。“农民综合社”与“综合性农民社区合作社”本质上是一样的，都是“社区合一”的形态，都以发展生态有机农业和创新农业经济机制作为两大驱动轮。五塘村在复制“戴庄模式”方面，有望提供成功的经验。

成功的经验不久就转化成了许许多多成功的例子。限于篇幅，这里仅举一例。

解塘村起步虽晚势头很好

与五塘村相比，句容白兔的解塘村复制戴庄模式算是较晚的，从

2014年才开始。这里面有一些客观的原因。当年赵亚夫带着他的团队在茅山地区推广草莓时，第一个挑中的就是解塘村。解塘村靠种植草莓很快富了起来，盖起了“草莓楼”。不但农民普遍富了，村集体经济也很强。当时班子团结，人际和谐，人心遂顺，生活富裕，成为远近闻名、令人羡慕的富裕村、文明村、先进村。

后来不知怎么搞的，解塘村慢慢地衰弱了、落伍了，主要表现是产业结构单一、项目老化，导致农民增收不进则退，集体经济严重滑坡，干部与群众的关系紧张、矛盾尖锐。一个先进村渐渐地滑落成了“软弱涣散”村。句容市纪委要求对该村党支部进行整改，如果不整改或整改不到位，就要问责白兔镇党委。

如何整改？白兔镇党委多次反复研究，认为整改的关键是选好“带头人”，即挑选一名优秀的党支部书记。当时镇江市正在开展“做亚夫式的好书记”的活动，于是白兔镇党委便参照赵亚夫的榜样挑选支部书记。全镇共有七八个候选人进入党委的视线，张冬才便是其中之一。挑来挑去，最终定了张冬才，因为张冬才之前有着将近20年在解塘村工作的经历，从农民技术员做起，曾经做过村长、村支书，有农村基层开展工作的经验，有带领农民致富奔小康的过硬本领，而且熟悉本村的情况；更主要的是他从年轻时就长年跟着赵亚夫搞技术推广，耳濡目染，身上有着赵亚夫那种毫不利己、专门利农、心系农民、奉献所有的精神气质。

当时张冬才正在承包一家农业科技示范园，在向附近农民示范、推广最新农业科技成果的同时，自身的经济收入也相当可观。当白兔镇党委找他谈话，让他挑起解塘村支部书记这副担子时，张冬才一点思想准备也没有。当时他的内心是不情愿的，主要是考虑解塘村的现状很糟糕，情况很复杂，担心自己搞不好，下对不起村民、上对不起组织上的期望。党委负责人对他说：“当初你跟着赵亚夫在解塘工作时，解塘村是那么兴旺、那么红火，现在却成了远近闻名的软弱涣散村，作为党员、作为曾经的赵亚夫身边的人，你能忍心看着他一天天地滑落下去？”这句话说到了张冬才的痛穴上。跟了赵亚夫这么多年，除了学到技术以外，最让他铭心的是赵老师身上的那种“苟利农民生死以，岂因祸福避趋之”的精神，现在岂能因为个人的毁誉得失而不敢挑担子呢？他向党委表态：“既然组织上信任我，我将竭尽所能把村里的工作搞上去，尽快摘掉‘软弱涣散’这顶帽子，重新把‘富裕村’‘先进村’的荣誉找回来！”

张冬才书记（白兔镇解塘村）指导种植南粳水稻

2014 年 5 月 27 日，白兔镇党委正式发文，任命张冬才为解塘村党支部书记。

受命以后，张冬才花了一个星期的时间在村里摸底，究竟是什么原因导致“软弱涣散”？“软弱涣散”到了什么程度？摸到的情况比他预想的还要糟糕。一是班子不团结，互相闹别扭、促弊脚，致使工作无法开展；二是村集体经济严重滑坡，债务高达 285 万元，而年收入只有四五十万元，基本开支开掉以后所剩无几了，既不能还债，更谈不上为群众办实事、办好事。三是没有好的产业与项目，原来的老本（草莓、葡萄等）吃光了，没有谋划新的产业与项目，致使村民收入与集体收入双双受挫。四是村民对干部的意见很大，怎么看怎么不顺眼，信访且多且频，甚至有人成天上访、专告干部的状。这四个方面互为因果、互相作用。

摸到了底数，下一步怎么搞？像以前的许多次一样，为难的时候总是想起赵老师。2014 年 6 月 10 日，张冬才专程赴戴庄，一是向赵老师请教，二是参观考察一下戴庄模式。他对戴庄模式久闻其名，早就心向往之。

见到赵老师后，张冬才把自己临危受命以及摸底解塘村的情况一五一十地说了。赵老师当时没说什么，只是带着他到戴庄各地看看，把戴庄的经验较为详细地介绍了一下。在这个过程当中，张冬才几次想明“请赵老师出马帮助解塘发展”的来意，但因看到赵老师的腰腿痛得厉害，又是七十多岁高龄的人了，实在不忍心再劳累赵老师，几次话到嘴边又咽了下去。临了，还是赵老师看出他的欲言又止的样子，对他说："冬才，有什么事你尽管说，只要我能帮上的，我一定尽力。"

于是张冬才鼓起勇气说："目前解塘村的情况，一没有工业，二没有商业，三没有特色产业，人心又是那么散，怎样把工作搞上去，我这心里没谱。今天来戴庄看了、听了，感到很有启发，就想照着戴庄的模式来搞。想请赵老师出马，帮助解塘谋划谋划。"

赵亚夫沉思片刻说："解塘的自然情况我是了解的，那里搞生态有机农业得天独厚，所以你刚才讲的照着戴庄模式来搞，这个大方向是对的。具体怎么谋划，你回去以后等我的电话。"

有了赵老师这句话，张冬才高高兴兴地回去了。

果然到了 6 月 15 日，赵老师来电话说："大后天我带几个人去现场看看。"

6月18日，赵老师带着潘跃平、糜林、芮东明、李坚等人来到了解塘。潘跃平、糜林、芮东明等人是赵亚夫团队的老成员了；李坚是新近加入的成员，他原来是一家大型国企的董事长，当时刚退下来，受赵亚夫精神的感染，志愿像赵亚夫一样做一名为农民服务的义工。

赵亚夫一行在解塘做了一番详细的调研，尔后拿出了一份周详的发展规划。根据这个规划，有特色产业方面，着重发展有机大米、茶叶、花卉种子、老鹅、蓝莓这五大板块；在生产关系方面，复制戴庄的"村社合一"模式，即"党支部（村委会）+ 合作社 + 示范户 + 农户"。把这两条做好，其他的矛盾和问题都会迎刃而解的。赵老师还特地叮嘱张冬才："要脚踏实地，一件一件地去做，一样一样地落实，不要急于求成。上一个项目品种，要由少到多，逐步扩展，切忌贪大求多。我们要为农民办实事、让农民得实惠，不要图虚名、求政绩而搞那些花架子、做那些表面功夫。"

张冬才牢记赵老师的嘱咐，根据发展规划，一件一件地抓落实。

发展有机优质稻米，是五大板块之首，张冬才首先就抓这一块。他根据赵老师的指导，在解塘村搞了 150 亩越光稻，550 亩南粳稻，一共 700 亩有机水稻。村里筹集了 20 万元用于购买醋糟作为有机肥料，还购置了一台撒肥机用于播撒有机肥。

第二个板块是发展茶叶。原来解塘村有一个茶场，由于经营不善，垮掉了。村里拿出200亩岗坡地，拟发展白茶、龙井和黄金芽三种茶品。但对原茶场进行改造，包括厂房改建和设备更新，需要一大笔资金，村里哪里拿得出这么多钱？村委会一班人积极招商引资，最终引来了一家大型国企投资了将近400万元，对厂房、设备进行了彻底的改造，上马了上述三种茶品。

第三个板块是发展老鹅。在镇江农科所的技术帮助下，第一批引进了300只老鹅。村里鼓励农民养鹅，每一只雏鹅村里补贴10元，农民只需出15元。现在全村已养鹅1 500只，而且增长的势头很猛，达到10 000只的养殖规模只是时间问题。

第四个板块是发展蓝莓。蓝莓的味道酸甜可口，具有很高的营养价值，市场前景很好。但蓝莓对土地的要求很高，每亩的改造费需要万把块钱，村里一时也拿不出这笔资金。村里的班子成员齐心协力、各尽其力，终于招来“幸福田园农业有限公司”作为合作伙伴。该公司第一期投资了2 000多万元，改造了346亩地，第一批蓝莓苗已经栽种完毕。

第五个板块是发展花卉种子。目前这个项目在陆续铺开，将会给村民带来较大的经济回报。

在生产关系方面，基本按照戴庄的模式去做，党支部书记张冬才出任合作社理事长，班子成员根据工作需要进入理事会中，实行党支部、村委会、合作社三位一体的体制。只是在合作社的二次分配上略有不同，因为解塘的集体经济相对薄弱，所以暂不进行二次分配，这也是根据实际情况所做的微调。

学习戴庄经验近两年来，解塘的面貌可谓焕然一新。首先，领导班子团结了，大家心往一处想、劲往一处使，拧成了一股绳，起到了坚强的领导核心作用。其次，五大板块的特色产业陆续布局，彻底扭转了原来产业结构单一、项目老化的局面，使得产业结构合理、项目品种适合时宜。最后，在实现民收入大同增加的同时，村集体经济也同步增长，2015年村集体经济收入由原来的不足50万元跃升到270万元，合作社的收入也达到了42万元，两项合计达到了312万元。另外，村里的基础设施建设也“旧貌换新颜”了，新建了多条公路使解塘村的交通四通八达，盖起了180平方米的社区服务中心，修了3个村民健身广场，新架了3座桥梁，安装了3个灌水泵。虽然跟戴庄相比还有相当的差距，但追赶戴庄的势头很猛，假以时日，相信解塘会成为另一个戴庄。

白兔镇解塘村村委会

“戴庄模式”最耀眼的闪光点，在于不靠工业、单靠农业也能使农村富裕起来，“使农业成为一个有奔头的产业”。

之所以加上“最耀眼”的定语，是因为“戴庄模式”的闪光点很多，如生态农业、共同富裕、扶贫助弱（不留短板）、可复制性强等，但相较而言，“使农业成为一个有奔头的产业”是它的最大的闪光点。

有句耳熟能详的话叫“无工不富、无农不稳”，意思是包括农村在内的任何一个地方要发展经济，没有工业是不能富起来的，没有农业会危及到粮食安全和社会稳定。然而，戴庄的实践告诉我们，没有工业，村里的农民照样能富起来，而且“一个都不能少”；村级经济照样能搞上去，而且搞得还相当不错。也就是说，农村实现小康和现代化，并不是只有“以工富农”一条路，也可以不需要“以工（反）哺农”，单靠发展现代高效农业来“以农富农”，这条路也能走得通。这叫殊途同归。

而且，“以工富农”与“以农富农”两相比较，后者更可持续、更有后劲、更少落下后遗症。尤其是对于像戴庄这样的贫困的偏僻山村，更是如此。

我们都知道，搞工业不可避免地会污染环境，或污染水源，或污染土壤，或污染空气。即使搞了处理设施，但经过处理后的空气和水与原来的空气和水毕竟不是一回事儿。况且，“设施闲置”“偷排”“暗排”等防不胜防、屡禁不止，环境污染的风险极大。而一旦环境遭受污染，反过来治理的代价会是当初获利的几十倍；也就是说，当初上项目赚的那点钱，根本不足以抵消治理污染所花的费用，真正的得不偿失。而且有的污染是不可逆的，祸在当代、殃及子孙，贻害无穷。另外，搞工业投资巨大，对于绝大多数乡村而言，是一种不能承受之重。

像戴庄这样的偏僻的山村，自然环境就像一片尚未开垦的“处女地”，发展生态有机农业、生态旅游等具有得天独厚的优势，因地制宜、因山制宜、因水制宜，使弱势变优势、优势变强势，是一个理性的和智慧的选择。这就叫“扬长避短”“使长愈长”。如果反过来，视自己的长处于不顾，热衷于搞工业、搞园区、搞“三来一补”，则是“扬短避长”“使长变短”“使短越短”，是一种极不经济的做法。

习近平总书记强调，新农村建设一定要走符合农村实际的路子，遵循乡村自身发展规律，充分体现农村特点，注意乡土味道，保留乡村风貌，留得住青山绿水，记得住乡愁。经济要发展，但不能以破坏生态环境为代价。生态环境保护是一个长期任务，要久久为功。2014年12月13日，习近平总书记在江苏世业镇先锋村农业园调查了解现代农业发展情况察时说，现代高效农业是农民致富的好路子。要沿着这个路子走下去，让农业经营有效益，让农业成为有奔头的产业。

戴庄的实践证明，通过发展生态有机农业（现代高效农业）走“以农富农”这条路是行得通的，让农民感到“农业是一个有奔头的产业”

是完全可以做得到的。

赵亚夫毕生为之奋斗的唯一一件事，就是让农民走上共同富裕的道路。赵亚夫不止一次地说过："一直干到干不动那天，我要力求找到一条路子，让中国的农民不离开土地、不离开美丽的乡村，就能赚到钱，过上好日子。"这句话与他孜孜以求的那件事，其实是同一个意思，不过他的口语化更贴近他的本意。

第九章

青青子衿　悠悠我心

曹操在他那首著名的汉乐府《短歌行》中写道：

青青子衿，悠悠我心。但为君故，沉吟至今。
呦呦鹿鸣，食野之苹。我有嘉宾，鼓瑟吹笙。
明明如月，何时可掇？忧从中来，不可断绝。
越陌度阡，枉用相存。契阔谈宴，心念旧恩。

诗歌表达了诗人对贤才的渴求、对人才难得的忧思和既得贤才的欣喜，抒发了诗人渴望招贤纳才、建功立业的宏图大业。

这首诗中达的心情、描绘的心境，与赵亚夫对农村建设人才的求贤若渴十分吻合。忧思着相似的“忧思”，欣喜着相似的“欣喜”，“宏图大愿”也有着几分相似，曹操是拯救天下苍生，赵亚夫是富裕天下农民。

在事物发展的所有因素中，人是起决定性作用的因素。推进新农村建设，农村全面小康建设和现代化建设，最终起决定性作用的还是“人”。尤其是，若要全面实现农业现代化，就必须要有大量的有知识、有文化、有技术、会经营的现代化农民。但目前的农村，年轻人大多外出打工了，有文化的都进城发展了，留下的大多是“3860”，农业兼业化、农村空心化、农民高龄化难以避免，农村的人才匮乏、断档是一个很现实的问题，也是一个很突出的问题。因此，赵亚夫对培养新型（职业）农民、留住年轻有文化的人才就格外关心、倾尽心血。

第一节　培养新型职业农民

职业农民是以获取经济利润为目的，专门从事农业生产经营的理性经济人。职业农民的基本标志有两个，一是有文化、懂技术、会经营；二是以农业为专门且独立的职业并且以此为生。在农村空心化、农民老龄化成必然趋势的情势下，职业农民将承担起农村务农这副重担，以解决农村“谁来种地”“谁来把地种得更好”这样严峻的问题。

具有长期的农村工作经历，并且有着敏锐观察力和深邃洞察力的赵亚夫，很早就意识到了有必要为农村培养一大批新型职业农民，并且为此做了极大的努力。

他耗费心血编写了大量的农村科普读物和教材，他利用一切机会、不分时间场合搞农民培训、为农民讲课，主要是为了培养新型农民、提高农民素质，其中就包含了培养职业农民的本初意图。事实上，许多听过他讲课的、看过他编写的科普读物的农民，随着知识的开蒙、素质的提高、眼界的开阔，已经成为或即将成为职业农民。他亲手培养了一大批农业科技示范户，这些示范户中有相当一部分成了职业农民。他亲手带出来的各个专业的种养大户、种养“大王”，如“草莓大王”王柏生、“葡萄大王”方继生、“桃子大王”杨修林等，都是典型的职业农民。他亲手指导的各个专业性合作社、综合性合作社的带头人或骨干，也是新型职业农民。他长年言传身教和传帮带培养出来的农业“土专家”“土技术员”、农业经纪人，实际上就是职业农民。

一张名片引发一段佳话

1990年初夏的一天，赵亚夫下乡调研时路过句容县茅山镇丁庄村，看到一片葡萄地，葡萄架子搭得颇有些功力，只是葡萄生病了。他有些为这个农民着急，一心想帮帮这位农民。于是就打听这片葡萄地的主人是谁？

“他叫方继生，今天进城去了。”邻居说。

赵亚夫掏出一张名片给这邻居，让他转交给方继生：“让他给我打电话，告诉他这片葡萄生病了，得赶快治。”

方继生回来后，邻居把名片交给他，说：“有个中年人路过你家葡萄园，说你家的葡萄生病了，让你赶快给他打电话。”

方继生接过名片，一看“赵亚夫”三个字，顿时如雷贯耳。他早就听说过赵亚夫的大名，是个顶级的农业专家，也是个菩萨心肠的热心人，很想去农科所向他请教，可一想人家是堂堂的所长，跟县委书记平级的，自己是一个平头百姓土农民，怎么也不对称啊。方继生属于农民之中的佼佼者，聪明、能干，什么东西一学就会，但脾气有点倔，不喜欢求人，更不喜欢高攀，所以一直犹豫着一直没找赵亚夫。今天赵亚夫主动留下名片、主动让他联系，而自家的葡萄确实生病了，也不知道生的啥病、如何防治，再不治就会绝收，于是方继生鼓足勇气于第二天来到了农科所。

到了赵亚夫办公室门口时，方继生心里又在打鼓了，人家堂堂的一个所长，工作又那么忙，自己一个土包农民，进去打扰人家合不合适？万一吃个冷淡岂不委屈了自己？但转念一想，来都来了，好歹进去一趟，看看情况再说。于是硬着头皮进了办公室。

“你是……”赵亚夫起身问道。

方继生拿着名片说：“我叫方继生，这是你留给我的名片，我循着地址就找过来了。”

“哦，你来得正好，我正要找你哩。你家葡萄生病了，得赶紧治。人误农一时、农误人一季，再不治就来不及了。”赵亚夫边说边让他坐下，亲手为他沏了一杯茶。

赵亚夫的平易近人，一下子让方继生的情绪平缓了下来，之前的顾虑也烟消云散了。

赵亚夫给他分析了他家葡萄的病情、病因，详细教他如何防治。方继生又问了一系列葡萄种植方面的技术问题，这些是他平时经常遇到、自己琢磨又琢磨不透的问题，今天一股脑地问了。赵亚夫一一给予详细的解答，并送了他一套葡萄种植的技术资料和科普读物，这些都是赵亚夫自己积累和撰写的，市场上买不到。

两个人谈得十分投机，谈了一个上午。临走时，赵亚夫一直把他送到门口。

后来，赵亚夫和芮冬明成了方继生家葡萄园的技术顾问，经常过去指导葡萄种植，当然，这个顾问是没有任何报酬的，连饭都不吃一顿。赵亚夫和芮冬明倾力帮助方继生，还有更高的一层用意，就是想树立起方继生这个通过葡萄致富的典型，来带动全村的人种植葡萄，一起走上致富路。

在赵亚夫和芮冬明的帮助下，方继生的葡萄园发展很好，连续获得丰收，赚得盆满钵盈。平均下来，种葡萄的收入是普通经济作物的5倍。这个对比太强烈了，桃李不言，下自成蹊，附近的农民都来方家葡萄园参观，他们不是来看风景的，是来讨教致富经的。但种葡萄是需要投入的，每亩至少需要投入三四千元，绝大部分人徒有羡慕之心，一时还下不了决心动手真干。其中有6户人家胆子稍大些，跟着方继生学习种起了葡萄。

从1户到6户，再到36户，再到更多……赵亚夫和芮冬明懂得农业技术传播与推广的规律。于是他们把目光投放在这6户当中，经常到田边进行技术指导，手把手地传授技术，对一棵葡萄树剪多少枝、发多少芽、施多少肥以及如何提高葡萄的品质和质量等等再三叮咛嘱咐。这6户人家也先后发了起来。

赵亚夫和芮冬明召集已经成功搞起了葡萄园的7户人家开会，语重心长地对他们说："你们要想办法，把全村农民动员和带动起来，种植葡萄，这样才能大家尽快富起来。一花独放不是春，少数花开也非春，百花齐放春满园。"

方继生说："我看他们还是胆小，毕竟手头钱不多，每亩三四千也不少了，他们怕有风险，担心血本无归。胆小的原因是技术上没有把握，怕弄不好。"

赵亚夫觉得言之有理，又到村民当中摸了底，确是方继生所言的情形。俗话说艺高人胆大，懂技术才能有自信。经过深思熟虑之后，赵亚夫决定在丁庄村办一个农民夜校，对农民进行系统的葡萄种植技术培训。

夜校于1994年办了起来，每周集中上一次课，由赵亚夫和芮冬明上课，主要讲如何种植葡萄、如何管理葡萄园、如何降低成本提高效益等等，涉及的基础知识也顺便补上。一般安排在晚上上课，白天则带着他们到7个种植户的葡萄园里去现场示范，怎么修枝、怎么施肥、怎么防虫、怎么治病、怎么套袋，都是手把手地教，直到每个人都熟练掌握为止。有的人不识字，理论课上半懂不懂，但通过观看现场示范，通过跟着赵亚夫和芮冬明一招一式地实际操作，也都学会了。

“葡萄夜校”的“学生”，起先只有30多人，都是本村人，后来人数逐步增加，最多的时候达到上千人，范围也从本村人扩展至外村人、外乡人。果真如赵亚夫所料，掌握了技术的农民，胆子也大了，陆陆续续种起了葡萄。1997年的时候，丁庄村的葡萄种植面积就达到了300多亩，后来逐年增加，建起了万亩葡萄园，成了著名的葡萄之乡。后来还成立了丁庄葡萄专业合作社。

方继生成了名副其实的“葡萄大王”，2000年4月被授予“全国劳动模范”的荣誉称号，受到了党和国家领导人的接见。同年10月，方继生作为全省唯一的农民代表，赴京参加全国农业产业化会议，并作了典型发言。

由一张名片结缘带出了一个“葡萄大王”，由这个“大王”级的职业农民带出了一批“大户”级的职业农民。

杨修林理念更新

1975年，句容县大卓公社北山大队的杨修林高中毕业。那个年头，上大学是要靠“推荐”的，而杨修林家里一没关系、二没后台，“推荐”自然轮不到他，虽然聪明也很上进的杨修林，只好回乡“修地球”。

当时还是人民公社体制，杨修林和生产队里的所有农民一样，靠“上工”每天挣一毛钱左右的工分过日子。“上工”是很苦的，一年忙到头所得无几，日子过得半饥半寒。但杨修林的最大特点是不怕吃苦、好学上进，他处处留心，时时锤炼自己，年把工夫就学会了所有的农活，成为一个种田的好把式。

实行家庭承包责任制以后，杨修林因为有文化、能吃苦、肯钻研而被群众推选为副村长。杨副村长年轻有为、精力充沛，把工作搞得有声有色。他自家承包的6亩田也被他打理得有模有样，年年获得丰收，虽然靠打粮食赚不了几个钱，但也丰衣足食了。

然而，杨修林是一个有理想、有抱负的小伙子，他不满于眼前的小小“成就”，他想做出一番大的作为。于是他钻研农业科技，留意相关的信息，想在经济作物和多种经营方面趟出一条路来，为乡亲们发家致富带个好头。

1984年，杨修林在阅读一份科技报时，看到了一则信息说种植水蜜桃的经济效益是种植粮食经济效益的好几倍。这则信息对他的触动很大，他晓得茅山地区的土壤和气候很适合种桃子，便下决心种植水蜜桃，大干一番。

杨修林一方面收集资料，钻研技术，引进品种，一方面带着家人开荒造田，忙了整整一个冬天，把一块20多亩的荒山平整了出来。他拿出了多年的积蓄，又在信用社贷到了一笔小额贷款800元，购买了桃苗、药肥等，栽下了20多亩的桃树，也栽下了他和全家人的希望。

但是种桃子与种一般的庄稼毕竟不是一回事儿；书报上学来的种桃技术，在实践中真刀真枪地干起来，又不完全是一回事儿。实际上那个时候的杨修林，种桃技术还算不上入了门，连有花粉和无花粉的桃树需要搭配种植这个基本的知识都不懂，结果第一批种下的20亩桃树，好不容易盼望着它们长大了，就是光开花、不结桃。等明白了这一点，为时已晚，只好全部砍掉重栽。

后来杨修林家的桃园长出了桃子，但是关键技术掌握不到位，桃子的质量和产量都不尽如人意。另外，桃园的经营管理也是一门精深的学问，当时的杨修林在这方面几乎是一片空白，日常管理、信息掌握、产品营销等方面都跟不上，桃园连年亏损。

从1984年到1993年的10年间，杨修林种桃子不但没有赚到钱，还累计损失了一万多元。本想为乡亲们趟出一条种桃致富的路子，结果自己弄成这样，也不好意思跟人说了；再说也没人愿意跟他趟了。

杨修林这人还有一个特点，就是有一股不认输的韧劲。前10年没有弄好，他并没有灰心丧气，而是自我反思，总结经验，吸取教训，从头再来。从1994年开始，他又在那20亩土地上进行了第二次试种桃树。这一次他认准了两点，第一是技术一定要学到家；第二是经营管理一定要学到精。

正是在这样的情况下，杨修林主动找上门去拜赵亚夫为师的。在一个下着春雨的春日，杨修林走进了赵亚夫的办公室，他是慕名而来请教的。赵亚夫热情地接待了他。交谈了一席之后，赵亚夫跟着他来到了他家的桃园，当面向他示范讲解。后来赵亚夫成了杨修林果园的技术顾问，当然，这个顾问是免费的，而且既频繁地“顾”、又具体地“问”（问事，解决问题）。

一次，赵亚夫带着一位日本专家，来教杨修林一种新的桃枝修剪法。

当时国内给桃树剪枝，普遍采用的是“自然开芯型”修剪法。赵亚夫与那名日本专家一边给杨修林演示新的修剪法，一边给他讲解道：“‘自然开芯型’修剪法，每根枝条都要逐个过堂，劳动强度大，同时枝条营养浪费较多。我们教你一种新的修剪方法，叫‘弱势修剪法’，这种方法的好处是能提早形成桃树合理的树型，提早挂果，而且品质好，效益高，劳动强度也降了不少。”

见杨修林半信半疑，赵亚夫说：“你可以用一块地先做试验，对比一下两种修剪法的优劣。好的话，你就按新的修剪法去修；不好就作罢。”

杨修林果然用一块地做试验，按照“弱势修剪法”修出来的桃树，结果率、果品质明显高于“自然开芯型”修剪的桃树。后来他在桃园里全部采用了这种新的桃枝修剪法，并且还向乡亲们推荐。

还有一次，赵亚夫来到杨修林桃园，向他推荐一种叫“千姬”的新桃树种。赵亚夫特别强调：“这种桃树的行间距与传统的行间距不一样，传统的行间距是 4 米 ×4 米，这种桃树的行间距是 4 米 ×8 米。”

“4 米 ×8 米？那不是比原来种的桃树少了一半？将来的亩产量会不会有问题啊？”杨修林疑惑地问道。

“不会有问题的”，赵亚夫自信地说，“因为行距大了，阳光雨露更充分，每棵树的结桃率比原来的大得多，总体上划下来不比原来的产量低。而且品质也比原来的好得多。”

杨修林照着 4 米 ×8 米的行间距试种了一片这种新品桃树，果然亩产量比原来的还略高些，最主要的是口感品质的确比原来的好很多，投放市场后很受欢迎。杨修林于第二年扩大了这一品种面积。

后来赵亚夫又向杨修林推荐了 5 个优质桃树品种、2 个优质梨树品种，每一个都试种成功，赚了大钱。

杨修林跟着赵亚夫学到了不少种桃、种梨方面的关键核心技术，更重要的是，赵亚夫带来的新的思维和新的理念，更是让杨修林获益匪浅。杨修林的感觉是，赵亚夫每次来到他的果园，都会给他带来新的东西。“他的新东西比我的水蜜桃还鲜。”杨修林由衷地说。

在桃园的生产、技术方面过关之后，在经营管理方面的过关，杨修林还经历过一些曲折。有一年，在桃子销售的季节，镇江市有一家大企业向他订购 1 000 箱桃子，可是到了交货期，杨修林却一下子交不出这么多桃子，明显地违了约。那家企业没有追究他的违约责任，但是第二年杨修林失去了这个大客户。这件事对杨修林的“刺激”很大，使他意识到自己在经营管理方面还要好好地补一课。于是他再次向赵亚夫请教桃园经营管理方面的知识。

赵亚夫向他传授自己多年积累的农产品方面的经营管理的经验和体会，以及农产品营销方面的知识和体悟；还建议他把桃农们组织起来，搞专业协会性质的合作社，大家抱成团、守望相助、利益共享、分散风险，这样才能应对大市场、大行情。

杨修林照着赵亚夫教的招数做了，搞了一个桃业方面的准合作社（当时《中华人民共和国农民专业合作社法》尚未出台），搞了三个“统一”。一是统一种植技术，保证桃果质量。杨修林每年向种桃户发放技术资料上百份，手把手地向种桃农户传授技术和经验，还经常请赵亚夫等专家给农民们讲课。二是统一购置生产资料，尽可能地为农民节约生产成本。以种桃用的肥料菜籽饼为例，一家一户去买的价格是每百斤 65 元，而杨修林一次性批发再转卖给桃农是每百斤 60 元（他自己不赚一点差价），这样每亩能为桃农节约成本 100 元左右。三是统一销售，对接或开拓大市场。杨修林长年奔波于各个大小城市之间，为桃农们拓展市场，如果接到大单子，则集中起来统一供货。

2000 年，杨修林的果园发展到了一定的规模，为了更好的走向市场，他有了逐步向公司化过渡、按公司的模式来运作的想法。既然如此，公司起个什么响亮的名字呢？他冥思苦想也没想出自己满意的名号。这时他又想起了赵亚夫，把赵亚夫请到桃园来合计合计。

“赵主任，我想把桃园搞成公司。叫什么公司，取个什么名号，我把头都想扁了也没想出满意的。你的水平高、见多识广，帮我想想吧。”

赵亚夫思考了一番，说道：“就叫杨修林果园，怎么样？这样看起来一目了然，听起来也很顺口，好记。”

杨修林听了如醍醐灌顶，一拍大腿说：“远在天边、近在眼前，就我自己的名字，我怎么就没想到呢！好，好！这个名字好！就叫杨修林果园！”

从此，杨修林果园的名头越叫越响，名扬省内外。

“不是对农民有着深厚的感情，是起不出这么好的名字来的！”每当提到公司名号时，杨修林总是这样深情地说。是啊，灵感来灵气，而灵气来自长期的积淀，而赵亚夫的积淀则是由对农民的深厚感情和时时刻刻的牵挂，长年累月地叠加而成的。

后来，赵亚夫引导杨修林将果园往生态有机、立体种养、集约高效的方向发展。不施化肥、不打农药，全部用有机肥料和生物技术防治病虫害，使果品成为绿色无公害产品，价格也翻了几个跟头。桃树品种发展到 20 多个，产果期从每年的 6 月份到 9 月份，长达 4 个月，收入增加了好几倍。利用桃园优良的自然环境，套养鸡、鸭、鹅，发展有机养殖。还在桃园里繁殖野蒜、野芹、野菊等各种野菜，让前来观园、赏花、买桃的人自己采挖野菜，享受一份野趣。还搞了 20 亩的鱼塘，发展休闲垂钓。

杨修林一步一步地发了起来，成了远近闻名“种桃大王”“致富能手”。但他不忘赵亚夫的嘱咐，自己富了，不忘带着乡亲们一起致富。在技术上，他就像个“二传手”，把自己从赵亚夫那儿学到的技术，再结合自己摸索的经验，毫不保留地传授给乡亲们。在经营管理方面也是这样，指导、帮助乡亲们管理桃园、销售产品。在他的示范、带动下，黄梅镇（原大卓乡并入了该镇）种桃农户越来越多，面积由几十亩、几百亩扩大到了几千亩，水蜜桃种植逐渐成了黄梅镇的特色农业产品，形成了规模效应。

2005 年，杨修林被评为全国劳动模范。

杨修林成了货真价实的职业农民。

姐妹桃园桃花艳

2003 年初，王巧娣还是镇上的银鹏水泥厂的一名化验员。那一段时间，厂里效益不好，三天两头有人被精简回家。王巧娣很担心，像她这样四十来岁的农村妇女，又没什么专长，没准哪天就会走人。

王巧娣是个要强的女人，不想坐在家里靠男人养着，想自己创业。但在这穷山沟里，创什么好呢？种庄稼吧，一辈子跟几亩地的庄稼打交道，着实心里不甘；种经济作物吧，一样也不会种；搞养殖吧，规模养殖从没搞过，心里一点没底。她把自己的烦恼跟在镇江电视台工作的妹妹说了，妹妹想了想说：“我认识农业专家赵亚夫，他在帮助农民致富上很有一套，农民都在传‘要致富、找亚夫’。哪天我请他去你那看看，能不能承包荒山种桃子。”王巧娣说好啊，我们创一个“姐妹桃园”。

王巧娣的想法引起了“家族舆论”的一片哗然，除了姐妹俩，没有人不强烈反对的。

第一个跳出来反对的是王巧娣的丈夫，他说：“犯什么神经病？女人搞什么创业？洗衣、做饭、喂猪、打狗，够你忙一辈子的！瞎折腾什么呀！”

母亲心疼她，说：“日子还过得去，干吗这么辛苦？”

父亲说：“现在不还有事儿做吗？每月几百块钱，在农村也算可以了。再说你对桃子一窍不通，能种得出来吗？”

在一片反对声中，王巧娣的承包荒山种桃子的想法渐渐地沉下去了。

不料两个月后，妹妹给她打来电话：“姐，桃子还种不种啊？我跟赵主任说了，他很热心，答应到你那儿去看看。”

一个星期后的一个上午 10 点多钟，妹妹领着赵亚夫来看地。荒坡所在的地方当时没有像样的路可走，更不用说车辆进出了。赵亚夫是在离荒坡一公里的地方下车步行的。当时正值 8 月份，杂草丛中穿行，温度高得让人憋气，毒辣辣的太阳晒得让人没地方躲。赵亚夫正是在这高温酷暑中，非常耐心地四下仔细察看，最后说：“这里没有污染，土质肥沃，气候湿润，是一块种桃子比较理想的地方。”

王巧娣听了很高兴，但心里还是没底，毕竟种桃子是门外汉。

几天后，赵亚夫带着王巧娣参观了附近种桃专业户杨修林的桃林，又参观了后白镇千亩示范桃园。赵亚夫一边领着她看，一边耐心细致地讲解，鼓励她大胆创业，不要有顾虑。当时赵亚夫已担任镇江市人大常委会副主任，在王巧娣眼里就是“大官儿”了，又是著名的农业专家，自己是个普通得不能再普通的农妇，可人家一点架子都没有，对她既亲切又随和，而且没有任何的功利性，这使王巧娣很感动。

“可是我技术上一点也不懂哎。”王巧娣小声嘀咕道。

“不懂就学嘛，世上无难事，只怕有心人。再说有我作免费技术指导，你不要怕。”

这样，王巧娣渐渐地树立起了信心，终于把那块荒地承包下来，开辟成了桃园。取名为“姐妹桃园”。

2004 年 3 月份，第一批桃树苗下土了。就像小时候等待公鸡开叫母鸡下蛋那样的期待，一个月后，王巧娣看到了这批桃树苗在发芽。可是，有一片桃树苗却是光秃秃的，一点动静没有。王巧娣的心里有点忐忑，毕竟没有搞过，不知道是怎么回事。她壮着胆子拨了赵亚夫的手机，毕竟人家是高干，又那么忙，会接电话吗？会认真听吗？

不料赵主任不但接了，而且还非常耐心地听她讲完。最后，赵亚夫说：“小王，你别着急，我明天去看看再说。”

通完电话，王巧娣心里很温馨。她平生第一次跟这么大的官通电话，电话那头一点官腔都没有，就像老朋友聊天一样。她以前跟那些“村官”“乡官”通过电话，大多数时候是被对方粗暴地打断，或者干脆撂电话。

第二天，赵主任果然来了。王巧娣原先想好了，把赵主任领进家，喝点茶、歇歇脚，再去看桃苗。可赵主任让她直接领到那片桃树苗处。让王巧娣怎么也没想到的是，赵主任竟然跪了下来，用力扒出桃树底部残剩的泥土，仔细观察根部情况。

王巧娣当时有点不知所措，人家这么高的身份，又是这么大年纪，什么都不图，跪着来诊断苗情，这使她非常过意不去，于是她也跟着跪了下来。

赵亚夫抬眼望着她，说："你跪着干什么？我是因为多年的腰腿病，腰腿弯不下来，跪着反而舒服些。你快起来，天冷，湿气重，当心坏了膝盖。快起来！"是命令的口吻。

王巧娣只好起来了，眼泪却止不住涌了出来。

赵亚夫把每一棵问题树苗都跪着察看研究了一遍，最后对王巧娣说："这些不发芽的树苗，有的是肥害，有的是病害。肥害是施肥不当造成的；病害是由于少数桃苗根部自带的病毒。这些都影响了桃苗的发育。"接着就指导她如何采取补救措施，以后应当注意哪些事项。

2005 年 5 月份，"姐妹桃园"的桃树已经长到 3 厘米粗，漫山的桃树结蕾开花了，粉花色的桃花连点成片，甚是好看。王巧娣望着这片红翠相间的桃花园，心中涌出无限的幸福与希望。这时的王巧娣还不知道，一场危险正向她的桃园袭来。按生长规律，此时桃树正处于一个重要时期，管理环节要步步到位，如果稍有不慎，将直接影响桃树今后的品质和产量。

这天晚上，劳累了一天的王巧娣坐在床上看了会电视，一阵困意袭来，便脱衣睡下了。睡意蒙眬中手机铃声响个不停。这么晚了，谁还会打电话来？一定有什么急事吧。王巧娣一看号码，是赵主任打来的。

接通之后，传来赵主任亲切和蔼的声音："小王啊，天气预报后天有雨，现在桃子进入结蕾开花期了，但还不能挂果，明天一早把花蕾疏掉，否则下雨后水分充足，花蕾形成特别快，起苞就快。赶在雨前把花蕾疏掉省工省本。"接着又讲了关键时期桃树管理方面的经验和知识。

"好的！"王巧娣记住了赵主任的吩咐。一看时间，已是晚上九点钟了。王巧娣的心里特别的感动，这么晚上，赵主任还记挂着一个普通农妇家的桃树，可见赵主任时时刻刻想着农民，每家的情况在他的心中都有一本明细账。

几天后，赵主任又打来电话说小王啊，你家的桃园我还是不怎么放心，我明天去看看生长管理情况。

可是晚上却下起了大雨。王巧娣丈夫对她说："雨天路滑，赵主任腿脚又不好，又一把年纪了，你打个电话让他老人家改天再来吧。"

王巧娣心里犹犹豫豫的，赵主任腰腿不好，雨天山路难行，万一跌了怎么过意得去？但是，明天或许雨过天晴了呢。像赵主任这样的高级专家，据说讲一堂课就是几万元，可人家免费上门指导，这样的机会失去多可惜呀。再说认识这么久了，赵主任的脾气她是了解的，为了农民从来就是风雨无阻。所以她就没打这个电话。

第二天上午，大雨渐渐停了，却下起了“太阳雨”，一阵晴，一阵雨的。九点多钟，只见山脚下一里多外有两个人影在向这边移动。两个人影渐渐近了，果然是赵主任，他腋下夹着雨披，脚蹬雨靴，和另外一位老人正往桃林那里走去。雨后的山路走起来一呲一滑的，看得出两位老人走得十分吃力，有几次险些滑倒。王巧娣心中一热，鼻子一酸，眼泪直流。

王巧娣快步迎下了山坡，跟赵主任打招呼道：“赵主任，没想到这种天气你还真来。”

赵亚夫道：“说好来的怎么能不来？”

与赵主任同来的那位老人叫山宅明，是一位日本桃树专家。赵主任打趣道：“今天请来了日本专家，亲自帮你的桃树检查检查身体。”

说着说着，两人就真的四下检查起桃树来了，边检查边给王巧娣讲解桃树存在的问题和今后的注意事项。

临了还送给王巧娣一本书《桃树栽培图说》，是赵亚夫亲自编写的。王巧娣备好了饭，死拉硬拽要留他们吃饭，可他俩死活不肯留下吃饭，挣脱着走了。

望着赵主任蹒跚而去的背影，王巧娣又一次流下了眼泪，赵主任这么辛苦地帮助别人，连一口茶水都没喝过，这使王巧娣异常感动。

得到《桃树栽培图说》这本书，王巧娣如获至宝，经常带在身边。书里没有深奥的说理，完全用农民所喜闻乐见的形式写的，有对话，有图例，有说明，对话通俗易懂，图例一目了然，说明简明扼要，非常实用。从书中她知道了什么叫疏蕾，什么叫疏果，还了解了桃树新良种以及它们的主要特性，掌握了桃树的基本的生长规律、关键时节的注意事项等等。遇到什么问题，她就从书里找答案，总能找到满意的答案；有些操作方法，她就直接照图学习，往往能事半功倍。这本书成了王巧娣经营桃园的“葵花宝典”。

“姐妹桃园”终于结出了桃子，又大又圆，红彤彤的。望着桃园结出了硕果，王巧娣的心里乐开了花。桃子上市后，很受欢迎，卖出了好价钱，获得了不错了效益。这时王巧娣想起了赵亚夫，多亏了他老人家，要不然哪有我王巧娣的今天？可是，人家连一口茶都没喝过、一顿饭都没吃过，王巧娣越想越觉得过意不去，便托妹妹无论如何要把赵亚夫请来吃一顿饭，以表示一下感谢的心意。妹妹多次联系赵亚夫，转达了王巧娣的心意，可每次赵亚夫都婉言谢绝。

后来王巧娣想出了一个“绝招”，拣最红最大的桃子摘了一篮子，拎着篮子直接闯进了赵亚夫的办公室，要让他亲口尝尝在他的指导下种出来的桃子。赵亚夫高低不肯收，让她把桃子拎回去。这下王巧娣生气了，她涨红着脸，抹着眼泪说：“赵主任，这是我的一点心意，你再不收，就是看不起我们农民！”

赵亚夫听到这话，先是一愣，后来呵呵笑道：“好吧，我破例收下你这份特殊的礼物。我知道这是你的心意，总想对我有所回报，可是你知道吗，你把桃子种好，取得了好效益，这就是对我的最大的回报！”

“嗯！”王巧娣不住地点头，破涕为笑了。

送走王巧娣后，赵亚夫把桃子分给了同事们一起品尝。他一个桃子都没有带回家。

后来，“姐妹桃园”越搞越兴旺，王巧娣成了远近闻名的种桃大户。

方应明子承父业

2013 年 12 月，全国劳动模范、“葡萄大王”方继生因病去世。

前文已述，方继生是在赵亚夫的手把手的指教下，从一个普通的不太成熟的葡萄种植户成长成为一个葡萄种植方面的“土专家”，成长为一个万亩葡萄园的当家人和一家有着一千多名社员的葡萄专业合作社的带头人。方继生不但创立了系列葡萄的“老方品牌”，而且还带领、指导村民们通过种植葡萄走上了致富路，树立起了帮助乡亲们共同致富的“老方精神”。

“老方品牌”应该传下去；“老方精神”更应该传下去。

方继生的儿子方应明，在父亲去世之后，心情十分悲痛，一时也不知所措。

赵亚夫专门与方应明谈了一次心。

赵亚夫语重心长地对他说：“老方虽然走了，但他带领乡亲们经过多年培育形成的‘老方品牌’，凝聚着他一生的心血，也是他与乡亲们集体劳动和集体智慧的结晶，一定不能放弃啊。一个品牌的创立，需要经过多年一丝不苟的努力，而一个品牌的散架只在顷刻之间，一松就散了架了。所以你要继承你父亲的遗愿，带着乡亲们把‘老方品牌’传承下去。同时，老方生前最大的愿望就是带领乡亲们共同致富奔小康，这也是他一生每天都在做的事情。‘老方精神’是一笔宝贵的精神财富，是一面鲜艳的旗帜，你一定要继承他的遗志，把‘老方精神’传承下去并发扬光大，帮他完成未竟的事业，实现他平生的带着乡亲们一起富的夙愿。”

赵亚夫的一席话使方应明很受触动，也深受感动。在赵亚夫、村干部和乡亲们的劝说、鼓励下，方应明终于从丧父之痛中走了出来，精神也随之振作了起来。

方应明年轻，有文化，有闯劲，接受新事物也快，他果然不负期望，把“老方品牌”继续做强做大。近几年，方应明带领乡亲们不断调整葡萄种植结构，引进早、中、晚熟葡萄新品种并示范推广，丰富的品种构成，大大延长了葡萄上市时间，使“老方品牌”的名头越来越响。赵亚夫还像以前对待老方一样关心帮助和悉心指导小方和他的葡萄产业。

同时，方应明时刻不忘父亲遗志，沿着父亲“带领农民共同致富”的足迹，继续顽强的前行和开拓。“丁庄老方葡萄专业合作社”的社员人数已从 2013 年的 1 100 多人增加到 2015 年的 1 400 多人，“带动效应”十分明显。丁庄葡萄培训班继续开办，不但免费培训本地农民，对外地农民也一视同仁。凡是慕名而来的葡萄种植户，方应明都无偿地输出品种、传授技术，正宗的农资供应也只收成本价，大大降低了葡萄种植户的生产成本。

一位老的职业农民倒下去了，一位新的职业农民站了起来。

第二节　鼓励年轻人回乡创业

“春江水暖鸭先知”，几十年沉下身子在农村基层的赵亚夫，对“农村空心化”即农业生产、农村建设后继乏人的问题早就有了感觉，并且一直在观察、研究和思考，力图找出应对之策。他利用一切机会，通过各种形式如呈递调研报告、在大会小会上发言等，呼吁重视并尽早解决这一现实而又严峻的问题。

诚如赵亚夫所感知、所发现的，农村空心化、老龄化的确已经成为了现实，也成了一个突出的问题。笔者的老家在农村，经常回家乡，每一次回去都有一番感慨。许多自然村庄消失了，连同原来的乡土气息浓郁的庄名。有的自然村庄虽然还在，但几乎看不到年轻人了，留下的是寥寥无几的老人和孩子。有知识、有文化、有技术的，肯定进城发展去了。即使文化不高、没有技术的，但有体能或者会一门手艺的，也进城打工了，一天能挣个几百元；如果能吃苦、不怕累，或者手艺精湛，一个月能挣一万多元。即使什么专长也没有，在家也待不下去，因为“没人玩”，不如进城混个小工什么的，图个有伴、图个热闹。“留守老人”“留守儿童”和少量的“留守妇女”见证着生活的沧桑与无奈。李克强总理曾经动情地说过：“我们很多农民工长年外出打工，抛妻别子，上不能对父母尽孝、下不能对孩子尽到教养责任，致使许多家庭被爱所弃，处于风雨飘摇之中。”

过去 30 多年，农民工一直是支撑中国经济发展的重要力量，屡次被李克强总理称赞为“城市建设的功臣”。但是他们中的绝大多数并没有被他们为之辛苦劳作的城市所接纳，说得难听一点，他们不过是这些城市的“二等公民”甚至是“下等公民”。因为没有城市户口，许多城市居民所能享受的社会福利，他们是享受不到的；就业、创业、子女入学诸方面的优惠政策是惠及不到他们的。以笔者所生活的城市为例，就有着许多“非居民待遇”：哪怕在城市生活多年、居无住所，但经适房是轮不到农民工的，而要靠自己打工的收入买房，对于绝大多数农民工来说不过是“天方夜谭”而已；社会保险，只有在打工的单位购买，而现实是很多单位不办保险，作为本市居民可以自己购买社保，但没有本市户口的农民工就不能自己购买；许多单位在招聘员工时，明确规定需持本市户口方能报名；子女上学，名校想都不用想，稍好一点的学校也很难进去。这些只是大的方面，小的方面的“差别待遇”那就更多了。

对于年轻一代的农民工而言，有着他们那一代的特殊的尴尬——“融不进的城市，回不去的故乡”。他们出了校门就进城打工，长期工作和生活在城市，某种程度上已经习惯了城市生活，但由于经济条件（如买不起住房）、户口限制等原因，他们并不能完全融入城市中去。对于曾经熟悉的故乡，他们越来越有一种陌生感，那里还是那么贫穷落后，交通闭塞，环境脏乱，文化生活匮乏，即使是偶尔的节日回去，他们也不太适应家乡的生活了。当然更主要的原因是家乡经济凋敝，没有就业的岗位，或者说没有挣到满意薪酬的机会。笔者有几个农民工朋友，他们已经连续几年不回家过年了，除了工作忙、走不开之外，已然不习惯于老家的生活也是一个重要因素。

农村空心化、农业生产后继乏人的问题，已经引起了最高层的高度关注。2015 年 6 月 10 日，李克强总理主持召开国务院常务会议，确定支持农民工等人员返乡创业政策，鼓励农民工回乡就地创业。

中央高瞻远瞩，及时地、准确地出台这样的政策措施。确实，鼓励农民工尤其是年轻的农民工返乡就业和创业，可以解决许多农村的社会问题，留守儿童、留守老人，以及农村青壮年“空心化”等现实问题，都可以迎刃而解。一方水土养一方人，他们从小在这里长大，人文风俗习惯都很熟悉，再适应起来应该没问题。全家人可以团聚在一起，其乐也融融、其情也洽洽。农村也会因为他们的回来而重焕生机和活力。

当然，赵亚夫考虑问题的侧重点是“谁来种田、谁来更好地种田”？如果还是搞原来的传统农业，又苦又累又挣不到钱，谁愿意回来？回来了也留不住，或者留住了人留不住心。如果搞现代高效农业即生态有机农业，使得种田所挣不比在城里少甚至还超过在城里打工，再加上用不着背井离乡，上能尽孝父母、下能抚育子女，又能呼吸到比城里清爽得多的空气、喝到比城里洁净得多的水、吃到自己生产的原生态的食物，谁还愿意外出打工？所以赵亚夫一有机会便劝说在外打工的年轻人返乡创业——搞现代高效农业，既能挣到钱，又能照顾家庭，还有一种“一等公民”的待遇尊荣。

戴庄的彭玉和就是在赵亚夫的“说服”之下，返乡创业、发家致富的。彭玉和还让已到城里打工的儿子返回家乡，跟着自己一起干。

这样的例子还有许多。

杜富海后浪推前浪

戴庄的杜中志是全村“第一个吃螃蟹的人”，第一个搞生态有机农业发家致富的人。他有一个儿子叫杜富海，中专毕业，在当地农民当中算是“高级知识分子”了。“高知”杜富海心气很高，他可不想像祖辈一样在泥土里刨食，他当时的最大愿望是跳出农门，去城里发展，在城市里安家立业。

于是杜富海来到了常州发展。杜富海明白须从底层做起、从小事干起的道理，来到了一家单位当保安，先站住脚跟再说。可是每月几百元的收入，应付吃饭、穿衣和房租后，终究入不敷出。2002 年结婚成家后，更是感到了经济上的压力。于是他就学开挖掘机，有了一门技术后收入有所增加。后来借钱买了一辆工程车，搞工程运输，每月收入增加到了 2 000 多元，这样的收入在当时还算可以了。他有了点“小富即安”的心态，感觉这样过下去也不错，总比日晒雨淋地“在泥土里刨食”强多了。唯一让他感觉不爽的是城里人对他们的“农民工”

的称呼，以及有意无意地带有轻蔑的眼神。

2002年初的一天，杜富海从外地回来，准备过年了。这天中午，杜富海吃过午饭，正在家里看电视，门口进来一位老人，头发花白，穿着运动鞋，背个双肩包，走路一拐一拐的。

来人自我介绍道：“我是赵亚夫，杜中志在家吗？”

“我爸爸不在家，他出去有事去了。”杜富海答道。

当时赵亚夫已经很有名了，至少在镇江农村，没有几个人不知道赵亚夫的。但杜富海对这一块漠不关心，他不认识赵亚夫，也没听说过赵亚夫。

“你是杜富海吧？听说过你。中专毕业，现在在外面打工。打工的收入怎么样？”赵亚夫没有要走的意思，主动跟杜富海聊了起来。

“跑运输，挣点苦命钱。”杜富海答道。见老人主动搭讪，便有一句没一句的搭着。

赵亚夫向他介绍了生态有机农业，介绍了适合戴庄种植的有机桃、有机稻、有机茶等，还介绍了将来戴庄要搞科技示范园、成立合作社，抱团互助、共同致富。“戴庄的发展很需要像你这样的有文化、有知识的年轻人。将来搞现代高效农业，也就是发展生态有机农业，照样能挣到大钱，要比你现在跑运输挣的多得多。在外面又苦又累又顾不上家，还挣不到什么钱，不如回家创业。像你有文化、有专长、能吃苦、脑子又活络，回乡创业应该能做出一番事业的。”

当时的杜富海哪里把种田放在眼里，认为种田是“一年忙到头、混个嘴抹油”，靠种田发家致富，门都没有。只有没出息的人才窝在家里种田哩。他嘴上跟赵亚夫应付着，最后客客气气地把赵亚夫送走，实际上根本没把赵亚夫的话听进去。

晚上父亲回来，杜富海对父亲说：“今天下午有一个叫赵亚夫的人来找你的。”

“赵主任？你怎么不打电话叫我回来？”

“看他那样子，没有什么要紧的事，所以我就没有打电话。”杜富海回答。

“他没说有什么事吗？”杜中志问道。

“他没说什么事。看上去是来拉家常、处感情的。在这儿聊了一个下午，说是要在戴庄发展有机桃、有机稻、有机茶什么的。听他那个口气，八成是来推销种子、种苗的。你可不要跟他多说话。”杜富海答道。

“你可别瞎说，赵主任可是个大好人。一开始我也以为是来推销种子、种苗的，可结果不是的。句容到处都在传‘要致富、找亚夫’，我也访过了，的确如此，他是真心来帮咱农民的。我已经答应他了，拿出咱家的一亩六分地来试种‘越光’稻。赵主任说‘越光’大米能卖到七八元一斤哩。”杜中志说。

“你答应他了？我看这事不大靠谱，米能卖到七八元一斤？当真的点石成金了？”杜富海说。

“我看这事有谱。赵主任还再三保证，按每亩 1 200 斤常规水稻的市价为咱保底哩。”杜中志说。

“你还真信了？到时候卖不到那个价，他拍拍屁股走人了，你上哪儿找他去？”杜富海说。

“我看赵主任不是那样的人。人家当过农科所所长，当过市人大副主任，是个有根底的人，不是那种走江湖的人。”杜中志说道。

见父亲主意已定，杜富海也不说什么了。反正也就一亩六分地，大不了就当抛荒一年的。

这年的秋天，杜中志家的一亩六分田打了 700 多斤有机稻，加工成大米后的确卖到了 8 元一斤。每亩平均的收益是常规水稻的 4 ~ 5 倍。杜中志打电话把这个消息告诉了儿子，杜富海有点相信“有机能卖高价”这回事了。

过了一晌时候，杜中志又给儿子打电话说：“赵主任动员我承包一片桃园，说有机水蜜桃一斤能卖到 5 元。能不能包？”

杜富海在电话那头说：“桃子一斤能卖 5 元？怎么可能？‘越光’大米是个洋品种，价格懵上去是有可能的。桃子我们茅山多了去了，1 元能买 3 斤；一斤卖到 5 元，你信吗？”

“赵主任他们搞了一片有机桃示范园，结出的桃子果然好吃，我是亲口尝的，又大又甜又香又嫩，桃汁淌在手上都黏手。”杜中志在电话这头说。

“桃子嘛，不就是解个馋嘛，又不能当饭吃。让你掏5元买一斤桃尝尝，你舍得吗？”杜富海在电话那头问道。

“……”杜中志一时语塞。

“天上不会掉馅饼的，你就不要瞎忙乎了，还是老老实实地种点粮食吧。”杜富海说。

“可是……我还是想试一试。我想先搞个3亩试种，反正树苗、肥药赵主任他们全贴，承包的钱也没几个，大不了就是劳动力泡汤罢了。”杜中志跟儿子商量道。

“你要试你就试吧，反正我是不相信天上掉块馅饼正好落在咱家院子里。”说罢杜富海就把电话挂了。

2004年的夏天，杜中志承包的3亩有机水蜜桃，上市卖到了8元一斤，乐得杜中志像是在做梦。他拨通了儿子的电话，高门大嗓地说道：“不到一个月，3亩水蜜桃全卖完了，平均下来卖到了8元一斤！”

“8块？我没听错吧，真的卖到了8块？”杜富海不敢相信自己的耳朵。

“真的是8元，儿子，你没有听错！”杜中志大声地说。

“没想到，没想到……”电话那头，杜富海很激动。

“儿子，回家跟老爸种桃子吧，不要在外面打工、受那份罪了。”

当天晚上，杜富海激动得一宵没睡。他想到了自己毕业以来，在外头辗转漂泊、奔波劳累的日子；想到了在城里安家立业的念头恐怕只能是遥远的憧憬；想到了城里人看待农民工的那种别样的眼神；想到了赵亚夫的和蔼的笑容和亲切的话语；想到了赵亚夫为戴庄描绘的现在看来是大有希望的宏伟蓝图……第二天一大早，杜富海跟老板打了个招呼，就直往家里奔，当月的工资都没结。

见儿子回来了，杜中志很是高兴。回来就好啊，跟着赵主任种地也能挣大钱；在外头东奔西跑的，让家人成天跟着担惊受怕、牵肠挂肚。记得前年有一位日本农业经济专家来访，问他：“十年后你在外跑运输的儿子会不会回来搞有机农业？”当时他回答：“早则三年，迟则五年，肯定会回来！”想不到两年不到，儿子就回来了，一家人团聚了。

杜富海回来，还有一个人很高兴，那就是赵亚夫。农村和农业，最终还是要靠年轻人来接棒，而有文化的年轻人返乡创业，一直是赵亚夫心中的期盼；而像杜富海这样的年轻人回乡发展，说明只要路子走对了，农村还是能够吸引年轻人、留得住年轻人的，农业是可以成为一个有奔头的产业的。

赵亚夫经常找小杜谈心，谈人生、谈理想、谈事业、谈创业。第一次见面赵亚夫跟他聊天时，杜富海是东西耳朵进、西耳朵出，根本没有听进去，现在赵亚夫跟他谈心，他是入耳入心了。经过“越光”稻的成功和水蜜桃的成功，他是彻底信服赵亚夫了。

赵亚夫动员小杜逐步扩大桃园面积，桃园里可以养鸡、养羊，另外再搞有机蔬菜、有机草莓等，搞立体种养、多品种经营，既增加收入，又能抵御风险。赵亚夫给他算了一笔账：承包示范园种桃树，只要交个土地流转租金，桃树不算钱，技术免费教，基本上包赚不赔的。赵亚夫对小杜说，你有文化、脑子活、见识多，要做一个新型职业农民，要超越你父亲这一辈人，他们文化不高、拘谨胆小，只能是传统农民了。

杜富海按照赵亚夫教他的做法，当年就将承包桃园的面积由 3 亩扩大到 18 亩。赵亚夫对小杜的桃园格外关心，操的心比小杜还多。该施肥了，赵亚夫喊着小杜下田施肥；该治病虫了，赵亚夫喊着小杜进园治病虫；该修枝了，赵亚夫喊着小杜，手把手地教他剪枝。大冬天的，冻得小杜的手都僵了，赵亚夫却一点也不怕冷，边讲边剪，修了一棵又一棵，小杜哪好意思怕冷，跟着他、学着他的样子也剪了一枝又一枝。

2005 年夏天，桃子成熟了，赵亚夫还帮他推销桃子。2 000 多箱桃子，一个多月全卖完了，卖了 8 万多元，全是现金。那段时间，杜富海最开心的事，就是晚上回来，父子俩关在房间里数钱，把一天卖桃子的钱一股脑地摊在桌上，先数 100 的，后数 50 的，再数零碎的，每天都有大笔的进账。

这一年，杜富海将桃园面积再扩大到 70 亩，同时搞立体种养，有机水稻、草莓、蔬菜多点开花。2006 年，他家的收入达到了 10 多万元；2007 年，他家的收入达到了 20 万元出头；2008 年，他家的收入达到 30 万元。以后逐年增加，基本稳定在 40 多万元。

现在的杜富海，已经完成了从当初不受人待见的“农民工”向“新型职业农民”的嬗变。10年前，当城里人叫他“农民”时，他晓得那是在骂他，心里充满着愤懑与自卑；现在，每当遇到城里人，他会主动介绍自己是一个“嫡板”（意为真正的）的农民，表情上写满了自豪与荣光。因为10年前穷啊，而穷的原因就是因为他是农民；10年后的今天，他富起来了，过的是“城里有套房、家里有幢楼、开车去种地、闲暇去旅游”的富足而惬意的生活，而让他富起来的也是因为他是农民。所以他才有底气自称是“嫡板”的农民。

赵亚夫与农民兄弟研究下一步发展规划（左边杜中志，右边杜福海）

彭玉洪和陈孝友：回乡创业初战告捷

彭玉洪是彭玉和的弟弟，曾经做过木匠，办过厂，都做得不怎么样。后来看到哥哥彭玉和搞有机桃、搞农业观光旅游发了家，心里羡慕得不行。自己想搞，但又怕有机农业的技术不行，一直犹豫不决。

彭玉和对他说：“不要在外面漂了，既挣不到什么钱，又照顾不到家庭，两头不着实。还是回来搞桃子吧，现在搞有机农业是能挣钱的，又能照顾家人。”

彭玉洪说：“我是想回来搞，可是有机农业我是一窍不通，万一搞砸了怎么办？”

“怎么会搞砸呢？”彭玉和反问道，“不懂有机农业可以学嘛。当初我回乡创业不也对有机农业两眼一抹黑嘛，不也跟着赵主任一点一点学出来的嘛。我在前面给你趟过了路，有赵主任给你作技术支撑，你有什么好怕的？再说了，合作社把基础设施都弄好了，现成的大棚、现成的桃树，一亩的租金才 800 元，即使搞砸了能砸到哪儿去？你大胆地搞，搞砸了算我的，搞成了算你的！”

有哥哥这句话，彭玉洪的胆气壮了许多。于是在 2015 年初向合作社租了 70 亩桃园，其中 30 亩搞镇脆桃，40 亩搞猕猴桃。镇脆桃是新品种，个头特别大，一只桃有 9 两左右，吃上去脆脆的、甜甜的，口感特别好，而且产桃期特别长，从 7 月份出桃，一直出到 10 月 20 日左右。彭玉洪当年承包，当年就有收益，去年 30 亩镇脆桃卖了 8 万多元。猕猴桃的前景也很好，通过嫁接，一棵树能结 300 ~ 600 只果子；这种桃子售价高，能卖出大价钱。这两个项目，都是在他征询赵亚夫意见时，赵亚夫向他推荐的。

赵亚夫对他回乡创业特别高兴，也特别支持，不但亲自给他推荐项目，还三天两头走进桃园进行技术指导。猕猴桃的技术要求很高，赵亚夫手把手地教他，一步一步地教他，如何根据不同品种嫁接，如何淘汰不良嫁枝，如何套网防止鸟啄，如何进行公母树的比例搭配等等。有时赵亚夫不在戴庄，彭玉洪遇到技术难题就打电话向他咨询，他总是不厌其烦地讲解，直到彭玉洪完全掌握。

后来赵亚夫还指导他在桃园的林下养鸡养鹅。鸡吃虫子，鹅吃杂草，既除草又除虫，拉出的粪便成为最好的有机肥料。鸡和鹅每年能卖不少钱。

虽然起步晚了点，但旗开得胜，又有赵主任在后面作技术支撑，彭玉洪对未来充满了必胜的信心。

与彭玉洪差不多的时间，陈孝友也是 2015 年年初回乡创业的。他起先是做瓦工的，在外面帮人砌墙；后为买了一辆手扶拖拉机，专门帮人搞运输，但都挣不到什么大钱，人还成天在外面颠沛流离。后来孩子生了一场大病，陈孝友花光了所有的积蓄为孩子看病，最后终于把病治好了，但也落下了一屁股的债。当时的陈孝友比较消沉。

心里惦记着每一个村民的李家斌书记，看到陈孝友这个情况，便有心帮助下重拾信心、渡过难关，特地找到他说："孝友啊，你在外面吃苦，弄不到几个钱不说，还照顾不到孩子。孩子的病治好了，将来更需要大量的照顾与呵护。还是回到戴庄创业吧，搞生态有机农业是大有奔头的，同时又能照顾孩子，两全其美。"

一语点醒梦中人，陈孝友一回味，李书记说得对啊。这么多年来，自己在外面打拼，苦了几个钱都不够给孩子看病的；孩子生病，跟自己照顾不到家庭也有很大关系啊。于是就决定回乡创业。

搞什么项目好呢？陈孝友想到了赵亚夫。赵主任这么多年一直"泡"在戴庄，几乎跟每个村民都熟，喜欢跟村民们拉家常；村民们有什么想法，或者遇到什么难题都喜欢找他聊聊，向他讨个主意。

这天赵亚夫正好在戴庄，陈孝友便找到他说："赵主任，我想回到戴庄创业，你帮我合计合计，搞个什么项目好？"

赵亚夫对他的情况很了解，听到他准备回乡搞项目的想法后，很高兴，便帮他分析道："你做过瓦工，开过手拖，身体强壮，力气大，适合搞有机水稻。正好合作社有一块水田空着，已经完全净化成了有机地，地力养得肥肥的。你先包个100多亩，搞得好下年再增加。考虑到你家庭的实际困难，头一年合作社免费帮你育秧、插秧、收割，这样可以为你省下一笔工钱。如果不出意外，一年头就能还掉所欠债务。"

陈孝友照着赵主任的设计，承包了合作社的180亩稻田，种上了"越光"稻。赵亚夫对他很关心，每到关键的时令节点，都来指点他该做什么、该如何做。有机种植与他以前熟悉的传统种植完全不是一回事，陈孝友一步步地跟着赵亚夫从头学起。秋冬季节在稻田里种上红花草，开春以后就地翻耕作为有机底肥。防虫治病就用生物食物链的平衡和庄稼自身的免疫能力，根本不用喷洒农药。最让陈孝友感到神奇的是在水田里洒一层秕糠，就能抑制杂草的生长，起到很好的除草效果。

陈孝友在赵亚夫的指点下，边学边做，第一年就喜获丰收，所产的"越光"稻，刨去各种成本，净赚了七八万元，正好还清了所背的债务。

无债一身轻，陈孝友顿感生活轻松了许多，人也渐渐地乐观开朗起来。

今年，尝到了甜头的陈孝友又增加承包了200亩地，打算种南粳水稻。南粳水稻产量高，收益也不会差。将近400亩的水稻，今年净赚十五六万元应该不成问题。从“负翁”变成家有存余，将来变成小富翁、中富翁、大富翁，陈孝友沿着这个路径想下去，便渐渐地快活起来，感到越干越有劲。

第三节　对大学生“村官”情有独钟

镇江市从2006年开始选聘高校毕业生担任“村官”，是全省乃至全国最早推行“大学生村官”做法的地区之一。

赵亚夫得悉这一政策措施后，拍案叫好。几十年沉在农村，他对当下农村的情况太了解了。在平时的农村工作中，赵亚夫已经深切地感受到了人才的匮乏与断档；农村、农业的后续乏人已经或将成为一个严峻的现实问题。赵亚夫大声呼吁并在自己力所能及的范围内积极培养（新型）职业农民，正是基于对这一严峻问题的敏锐认知。向农村输送大学生村官，能够为新型职业农民输入新鲜血液，能够改善新型职业农民的整体素质和结构。

大学生“村官”们无论将来他们如何发展，对农村、对农业、对他们自己都是有益而无害的。有的将来可能走上领导岗位，对农村基层干部的结构大有好处，因为这批人受过正规而系统的教育，文化理论水平较高，思想活跃、视线开阔，与土生土长的实践经验非常丰富的基层干部形成有益的互补；有的将来可能成为创业能手，他们一旦适应了农村生活、了解了农村以后，他们的目光更加敏锐、思维更加活跃，捕捉机遇、观察大局、判断决断的能力更强，将成为农村创业的一支生力军；有的将来可能成为农村各方面的专业人才，他们的业务水平将更高，做得更加专业和精湛。即使将来他们当中有的人离开了农村、往其他方面发展，这一段农村生活经历于他们也是一种历练，能使他们学到很多课堂上学不到的东西，是一笔宝贵的人生财富。

更为重要的一点是，农民奔小康、农业现代化，需要一大批像赵亚夫这样的在农村静得下心来、沉得下身子、融得进农民、拿得出“绝活”的人才，而大学生“村官”是最有希望产生“小赵亚夫”的一个群体。以农民合作社为例，农民全作社是一个高度“人合”的经济组织，与股份制企业的高度“资合”不同，“人合”性需要成员之间的高度信任、信赖与和谐共处、协作共事，更需要有带领乡亲们共同致富的强烈愿望，有不谋私利、夙夜在公的道德人品，有具备组织协调能力能把大伙儿“团”在一起的“带头人”。而现在的农民合作社中，比较缺乏优秀的“带头人”，这也是赵亚夫在推动合作社过程中常感操心的事情，也是部分合作社办得偏离宗旨的重要原因。

赵亚夫恨不得自己能有孙悟空的魔力，拔一把毛嘴边一吹就能变出无数个“小孙悟空”。他知道那不过是神话传说罢了，现实当中是不可能做到的。人才的培养和成长，就得按部就班，一步一步地来。

所以赵亚夫对大学生“村官”很是期盼，心情还相当迫切。自己年事已高，来日无多，他很希望那些大学生“村官”能接过自己的班。他对大学生“村官”非常热情，倾其所有、言传身教，同时也很严格，一丝不苟。

戴庄的第一个大学生“村官”

现在已是句容市天王镇副镇长的鲁学谦，当初是来到戴庄的第一个大学生“村官”。

2006年，鲁学谦从南京林业大学木材工业学院毕业。在毕业前，鲁学谦在南京找好了一份高校辅导员的工作，已经准备签约了。这时得悉镇江市在招大学生“村官”，心想江南农村乃鱼米之乡、富庶之地，到那儿当个“官村”也不错，说不定比在大城市里当个“蚁族”“蜗族”

更强。于是他参加考试，被顺利录取。

当年的8月1日，鲁学谦被分配到句容市的戴庄村，担任村委会主任助理。

鲁学谦高高兴兴地来到戴庄，可一到村子里，他就傻眼了，跟他概念中的“锦绣江南、富庶之乡”不是一回事儿。当时的戴庄可不比现在的楼房鳞次栉比、道路贯通、环境整洁，当时尚处于生态农业发展的前期，农民普遍还不富裕，大多住的是破旧的平房，用的是旱厕，垃圾随处可见；集体经济还很困难，没钱盖办公楼、修缮道路、整治环境。

看着贫穷的山村，置身于简陋的办公室，晚上回到破旧的宿舍，鲁学谦的心中生出一种失落感。

鲁学谦是山东沂蒙山人，听不懂句容当地尤其是茅山腹地的方言，来到戴庄后跟人交流比较困难，开头一段时间显得有些孤寂与落寞。

前几天晚上，在这寂静的一片漆黑的山村里，鲁学谦孤单单地一个人躺在床上，心里很不是滋味，眼泪止不住流了下来。有几次，还真有过打退堂鼓的念头。

但是鲁学谦毕竟是在沂蒙山区长大的，也是一个农民的儿子，从小也过惯了苦日子，有着山区农家儿郎的倔强与坚强。来都来了，再打退堂鼓算是怎么回事？既来之、则安之，来了就好好干，绝不能半途而废！

这天，村干部带他参观稻田，在田头，他见到了一位老者，花白头发，衣着朴素，戴着一副眼镜，显得慈祥和蔼。

村干部介绍道：“这是赵亚夫、赵主任，从领导岗位上退下来后，作为志愿者，现在担任我们村的技术顾问。”

鲁学谦当时并不知道赵亚夫，从介绍中得知赵亚夫退而不休、志愿服务戴庄时，心里就很敬佩。

赵亚夫热情跟他握手说：“欢迎你！你是我们戴庄的第一个大学本科生，戴庄的发展非常需要像你这样的有知识、有专业、有见识的大学生！”

接着，赵亚夫便向他介绍了戴庄的基本情况，介绍了戴庄发展生态有机农业的状况，介绍了戴庄有机农业专业合作社以及正在向综合性方向发展的情况，还介绍了戴庄将来发展的规划蓝图。鲁学谦感觉这位老人对戴庄非常熟悉，谈起戴庄来如数家珍，也能感受到老人对戴庄的那份发自内心的热爱之情。听着老人介绍戴庄的生态有机农业和专业合作社，尤其是戴庄发展的美好蓝图，鲁学谦受到了深深地感染，更加坚定了“留下来好好干”的决心和意志。

后来两人接触多了，越来越熟悉了。赵亚夫经常找他促膝谈心，通过自己的亲身经历和体会，来勉励鲁学谦静下心来好好干，必然能有一番作为。

“一开始跨进农门、走向农村，总会有一种失落感，总要经历一段阵痛期，当初我也经历过这么一段过程。”赵亚夫向他回忆起了自己年轻时的往事，感慨地说。

“是啊，刚进入戴庄时，我就有过失落感；现在还在阵痛期哩。”鲁学谦如实说出了自己的感受。

“‘艰难困苦，玉汝于成’。农村是锻炼人、磨砺人的好地方啊。要想真正地了解国情社情，必先了解农村和农民，而要了解农村和农民，必须沉下身子，到农业一线去摔打几年。有这几年的底子，以后什么苦都不算苦了，什么困难都难不住你了；对中国特色、社情民意就会有深刻的了解；对人生、对生活也会觉悟出很多有价值的东西。”

“是的。”鲁学谦在认真地倾听。

“戴庄这个地方，别看它现在还很穷，但它在生态环境方面有着独特的优势，搞有机农业得天独厚。要不了几年，这里的面貌就会有大的改变。现在非常紧缺的就是人才——各方面的人才，尤其是合作社里面，急需各种各样的专业人才，比如营销、财会、植保、园艺、法律等方面的人才。你在戴庄好好干，肯定可以大有作为。你只要肯学，肯吃苦，在这里待三年的收获肯定小不了。将来无论你干什么、到哪里发展，这都将是你一生的享有不尽的宝贵财富。”

“嗯！”鲁学谦点头应诺。

少顷，鲁学谦问道：“赵老师，我现在感觉到一种困惑，也许是语言方面的障碍，也许是其他什么的，就感觉一下子难以融入当地人当中去。我应该怎么做，才能地融入到他们之中？”

赵亚夫说：“这个不奇怪，都要经历这么个过程。像你这样的情况，又有一定的特殊性。语言是一个因素，但不是主要的，主要的还是戴庄人可能从心理上还没有完全接纳你，还没完全把你当成‘自己人’。你是戴庄第一个大学本科生，可能他们还没做好接受一个正规的大学本科生的心理准备吧。你要想融入他们当中，这好办，第一，忘掉身份、放下身段，你忘掉自己是一个大学本科生，就当自己是一个本地农民，跟他们一样劳动和生活；第二，劳动是融入农民的最好办法，你跟他们一起干活，一样吃苦劳作，一下子就拉近了与他们的距离，他们很快就会接受你、把你当成‘自己人’的，这比你如何的谦逊、如何的表态都管用得多。”

鲁学谦反复回味着这一席话，最后点头说：“你的这一席话，对我的启发太大了，我知道我应当怎么做了！”

诚如赵亚夫所分析的，戴庄人确实没有做好接受一个正规大学生的心理准备，且这个大学生还是外地人，这让当时的戴庄人更难理解。不光是戴庄人，当时的整个农村、整个社会，都没有这样的心理准备，因为是刚起头搞“大学生村官”，社会上还不知道这是怎么回事。戴庄也曾出过大学生，他们都削尖脑袋在城里高就，压根就没有返回农村的念头。在当时戴庄人的心思里，从牙缝里挤出钱供子女读书，就是为了跳出“农门”，摆脱“地里刨食”的艰难困苦的命运，岂有“回到地里再刨食”的道理？那十几年的书岂不是白读了？即使是对“大学生村官”稍有了解的村干部，也普遍以为鲁学谦不过是来到戴庄镀金的，镀了一层金后就会远走高飞，并没有把这件事很当回事。

鲁学谦牢记赵亚夫的指教，在心里暗下决心：“我一定要干出个样子来！我要用行动证明自己。”

平时，只要有机会，鲁学谦就尽量下到田间地头，与农民一起劳动。毕竟是在农村长大的，从小就干过农活，也是半个“农把式”，像挖垄、施肥、插秧、收割、挑把什么的，干起来也能像模像样。最主要的是一种态度、一份诚心。

有一年秋收，鲁学谦在虾子塘自然村参加收割有机水稻，由于担心第二天会下雨，跟乡亲们一直干到晚上九点多钟才收割完。在回去的路上，天黑路滑，拖稻子的拖拉机陷进了沟里。晚饭还没吃的鲁学谦忍着饥饿，和农民兄弟一起想尽各种办法，最后连拖带拉，直到夜里十一点多才把拖拉机弄上来。在一起忙活的农民兄弟当时就对他刮目相看了。

鲁学谦通过与乡亲们一起劳动，迅速拉近了与他们的心理距离，赢得了他们的好感与信任。短短几个月的时间，戴庄绝大多数老百姓都认识了鲁学谦，并在内心接纳了他，把他当成了“自己人”。鲁学谦也感受到了来自“自己人”的温情暖意，体会到一种浓浓的乡情。

鲁学谦是学林业的，林业与农业虽是“近邻”，但并不完全是一回事。鲁学谦就悉心地跟着赵亚夫学习农业，赵亚夫也毫不吝啬地尽心指教。他买来大量的农业书籍，一头扎进去钻研。遇到问题，他就向赵亚夫请教，赵亚夫总能给他详细的解答，还经常举一反三。赵亚夫给农民讲课，他像个普通的农民坐在台下认真地听；赵亚夫到田间地头指导农民制作有机肥、如何防治病虫害、如何剪枝、如何套袋等等，他就跟在后面边看边听边记。渐渐地，鲁学谦从农业生产技术的“小外行”变成了“小内行”，成为了指导农民科学技术种田的“小行家”。

2007 年，戴庄村民刘业祥家里的 6 亩有机稻发生大面积病害，刘业祥焦急万分。那天赵亚夫正巧回镇江市区有事，不在戴庄。鲁学谦知道情况后，立即赶往田里察看，凭借学来的知识，根据症状拿出生物防治方案，还协同刘家完成防治任务，及时治住了病害。当年，刘业祥家的有机水稻获得了大丰收。

鲁学谦也学着赵亚夫的样子，主动走村串户、上门指导农民们科学种养、发展现代高效农业。村民们遇到困难，他总会在第一时间赶到现场，尽心尽力帮助解决。他还把手机号码公布给村民，有什么问题随叫随到。时间一长，村民都亲切地叫他“小赵亚夫”。

鲁学谦不但跟着赵亚夫学习现代农业技术和农业经济，在做农民的工作、处理农村具体事务方面也处处留心跟他学习。赵亚夫通过言传身教向他传授在农村开展工作的“三大法宝”，即“组织、动员农民”，“引导、教育农民”，“抓示范户、树立典型”。在组织筹备、建立戴庄有机农业合作社的过程中，鲁学谦有幸经历了这“三大法宝”几乎全部用上的过程，增长了不少实际工作才干。赵亚夫还教导他多跟村干部学习农村基层工作经验和方法。“别看他们学历不高，但基层工作经验很丰富，处理农村具体问题、做群众工作很有一套。在农村开展工作，光讲大道理是不行的，有时得讲点‘小道理’，用一些‘土办法’，这比讲大道理、用通行办法更加管用。当然，这些‘小道理’‘土办法’在本质上是符合大道理的，是合法合规的，只不过略加变通而已，用了群众更能接受的方法来处理，效果就好得多。但如何变通，就要具体情况具体对待，这就要靠积累经验了。”鲁学谦记住了赵亚夫的话，在跟随村干部处理日常事务时留心观察、用心体会，果然他们都不怎么讲大道理，大多是通过“小道理”“土办法”来解决问题。比如调解邻里纠纷，他们并不教条地照搬法律法规的条条文文，大多是按照不成文的村规民约、风俗习惯和人情世故来处理，而这些村规民约、风俗习惯和人情世故是经过筛选过滤了的，在精神本源上与法律法规是相通的，所以处理起来的实际效果很好，往往能定纷止争，真正地案结事了。鲁学谦从中学到了很多实际工作经验。

最让鲁学谦受益终身的是赵亚夫的道德人品和人格魅力的感染。赵亚夫几十年如一日身沉农村、服务农民，为了能让农民过上好日子而生命不止、奋斗不息，这样的无私、忘我，这样的执着坚韧，这样的道德情操，这样的人生境界，眼见为实的鲁学谦，思想上受到了极大的震撼，心灵受到了洗礼净化，使他重新思考人生，产生见贤思齐的内心冲动，决心要向赵亚夫看齐，像他那样一辈子扎根基层、身沉农村、服务“三农”。

鲁学谦是幸运的，他刚踏上社会就遇到了一个好老师——赵亚夫，不但在业务上日有精进，而且在为人、做人上学有榜样，所以他在各方面进步很快，成长迅速。

鲁学谦逐渐地进入了自己的角色，自身的作用和价值也较快地体现了出来。他利用自己精通电脑、熟悉网络的专长，创办了“戴庄有机农业网”，而且亲自负责了网站的更新和管理工作。通过在网上发布农产品销售信息，使戴庄有机农产品的知名度迅速提高了，全国各地客户纷纷打来电话订货。江苏五星电器就是其中之一，那年，五星电器订购了戴庄近2万多斤的有机水蜜桃，售价达到12万元。

在赵亚夫的指导下，鲁学谦还策划了“戴庄有机桃树认养”活动，认养一棵桃树，“认养人”每年给桃树的主人120元，能得到20斤最新鲜美味的桃子，这比市场价便宜了很多。“认养人”可以随时来观赏自己认养的桃树，顺便来一个踏青旅游。“认养”活动很快就吸引了不少人前来认养桃树，带动了戴庄有机桃的销售，也带动了当地的“农家乐”旅游。

为了让更多的农民兄弟通过网络销售自己的农产品，鲁学谦利用业余时间培训农民上网。许多农民在他的培训下学会了上网，他们在家就可以把农产品推销出去了。现在每年通过网络销售出去的有机水蜜桃价值达几十万元，数十万斤的有机大米也通过网络信息传播销售成交。

2007年11月，由于业绩突出并被群众普遍认可，鲁学谦被破格提拔为天王镇党委宣传委员；没过两年，又担任了天王镇的副镇长。走上领导岗位的鲁学谦，时时处处以赵亚夫为榜样，始终保持着以往艰苦朴素的作风。每次从天王镇到句容办事，他都会乘公共汽车去，从来不会动用单位的办公用车。每次回戴庄他还是会和以前一样与村民们聊天吃饭，帮他们解决生产生活上的问题。在戴庄村民的眼中，今天的“鲁副镇长”仍然是以前那个和他们同甘共苦的“小鲁”，仍然是那个走遍戴庄每一个角落、每一条田埂上都留下他的足迹的村委会主任助理，仍然是那个整天和他们打成一片、完全融入他们之中的大学生“村官”。

弃当公务员的“村官”姚伟超

姚伟超，家在宜兴城里，2010年从南京工业大学营销专业毕业后，参加了镇江市的“村官”招考。在100多名被录取的“村官”中，他的综合成绩排名第8。他与其他5名被录取的“村官”一起，被分配到了天王镇戴庄村。他们当时并不知道，是赵亚夫到市委组织部，在所有被录取的名单中，根据专业特点和需求把他们“挑”出来，再经过组织部批准而被分配到戴庄的，因为当时戴庄的农民合作社需要各方面的专业人才。

这6名大学生“村官”到戴庄报到时，赵亚夫对他们热情相迎。在村部办公室，赵亚夫向他们致了欢迎词：“同学们，欢迎你们来到戴庄！戴庄原来是句容市最贫穷落后的一个小山村，经过10年来的发展有机农业和合作社，已经初步改变了贫穷落后的面貌，成为一个比较富裕的小康村。下一步将朝着基本现代化迈进。我们已经制定了《2011—2015年戴庄村有机农业发展规划》，提出了实现农业基本现代化的新目标。现在的戴庄，是我一个70岁的人带着一群五六十岁的农民搞现代农业。希望你们年轻人来接上我的班，带着农民兄弟们奔向农业现代化！”

当天下午，赵亚夫就领着他们来到田间地头，参观并介绍戴庄的情况，介绍生态有机农业发展的现状和前景。赵亚夫还边走边讲解有机水稻的生长规律、果园的田间管理、病虫害的防治等等。一个下午都在不停地讲解。当天的天很热，日头很毒，“村官”们感到筋疲力尽，都盼着早点结束。姚伟超忍受不住了，就说：“赵主任，天这么热，您歇歇吧，别累坏了身子。”

赵亚夫看出了几个年轻人的心思，说：“我现在累点不要紧，等把你们都带出来，我就可以放心休息了！好吧，今天就到这里。从明天开始，你们全部下到各个自然村，与农们兄弟们一起劳动。每一个来到戴庄的大学生‘村官’，都要跟农民一起参加劳动，每年我都是这么要求的，也是一项基本的要求。参加劳动的好处很多，可以瞬间拉近与农民的感情，可以学到很多课堂上、书本上学不到的东西，让你们受益终身。也许你们现在还不太理解，但以后你们会慢慢体会到的。”

这些年，戴庄的生态有机农业已成气候，有机大米、草莓、桃子等有机农产品连年获得丰收，特别需要销售能手。知道姚伟超是学市场营销的，赵亚夫对他特别留意，着力往这方面培养。从怎么卖大米开始，赵亚夫经常跟他探讨如何寻找、拓展新市场，如何维护老客户、培养新客户。姚伟超只知道他是农业专家，没想到讲起销售来比科班出身的人还专业，心里对他多了几分敬意。姚伟超当时并不知道，赵亚夫对市场营销的钻研已有10多年了，并且已经有了许多成功的案例。

赵亚夫专门要求姚传超把有机水稻的种植过程仔仔细细地“跟”一遍，狠狠地钻进去，钻得越深越好，把每一个环节、每一种机理原理都弄懂弄通。姚伟超照着这个要求做了，白天跟着农民一起劳动；晚上一头扎进书堆里钻研理论和技术；遇有不懂的，虚心向赵亚夫请教。起初姚伟超还不太理解，搞销售嘛，至于要扎得这么深么。后来通过一系列案例，他才明白老人的良苦用心，搞销售并不是“会吆喝”这么简单，它需要有一整套的道道“扎台型”的，需要对所“吆喝”的产品有深刻的了解和理解。

向姚伟超（现任戴庄村党委书记）讲解销售

为了让小姚早日独立开展销售，赵亚夫有意给他“压担子”。他让小姚搞一个有机大米销售前景的市场调查，以了解、熟悉市场情况，为下一步主动“出击”做准备。姚伟超按照以前在大学里写论文的套路，从网上检索、下载了很多资料，据此对有机大米的概念作了周延的阐述界定，对外国有机大米的发展历程、主要消费人群以及未来发展前景作了详细论述，对内国有机大米的发展现状、显性和潜性的客户群体以及将来的发展趋势作了周密的理论分析。他没有意识到，这样的调查报告急需回答的是现实当中的急迫的实际问题；联系实际、解决实际问题是它的灵魂；实地调查走访是必须要做的功课。

赵亚夫看了这份调查报告后，严肃地对他说："这份调查报告查阅、收集和采用了很多资料，概念讲得非常清晰，理论上也分析得很到位。但是看得出来，你没有到实地进行走访调查，引用的材料和数据都是从网上下载的，所以联系实际不够，没有回答我们最希望了解的实际问题。像概念、范畴、外国的情况，等等，都不是市场调查报告的重点，重点是产品卖给了谁、卖到哪里去了？集团购买、个人购买各是多少？为什么有的地方销量上升、有的地方销量下降？销售前30位的是哪些公司或超市？这些是我们最关心的问题。搞市场调查，切不可在网上溜溜，或者到实地走马观花一番，一定要实打实地调查走访，弄到真实的有价值的事实、材料和数据，这样才能摸到真实的情况，有一个准确的判断，制定一个有效的营销策略。"

听了这一席话，姚伟超的脸上微微发热，他有些后悔自己的潦草行事。但他内心很折服于赵老师的言之有理，也很钦佩赵老师的认真严谨。

赵亚夫要求他重新搞调查、重写一份调查报告。还帮他拟出了提纲，制定调查方案。姚伟超照着这份调查提纲和方案，一本正经地走了一遍，特别是实地走访这一块，一点也不敢马虎，做得非常到位。这样，第二份调查报告就有了许多"干货"，极具参考价值。特别是排名前30的销售客户名单，很有实用价值，是下一步营销的重点目标和对象。

赵亚夫要求姚伟超直接"下池试水"，目标就是销售排名前30的公司和超市。尽管学的是营销专业，也曾有过实习的经历，但是真枪实弹地背着样品去推销，姚伟超还是第一次，心里颇有些忐忑。赵亚夫鼓励他说："不要怕，万事开头难，任何事总有头一遭，顶着上也就上去了。只有上去了，才能慢慢摸出门道。像我这么大年纪了，说起来也是有'身份'的人，还常常到小区里面摆摊设点卖大米哩，还常常到超市里面推介戴庄的有机农产品哩。你一个年轻小伙子怕什么？拉下面子，放低身段，走出去，动起来，事情就成了一半了。"

这一席话像一杯"壮行酒"，给姚伟超壮了胆，也给了他勇气和力量。姚伟超背着大米样品，勇敢地"走"了出去、"动"了起来，开始了他的营销生涯。

姚伟超营销的第一站选择了附近最大的都市——南京。这里是他上大学的地方，多多少少有点关系。他鼓足勇气走进南京一家大型商场，然而销售经理不见他。好不容易通过关系找到销售经理的电话，拨打多次对方都不同意让他们的大米上架试销。最后对方在电话中显得很不耐烦，说他们商场虽然很大，但米柜只有4米长，目前已经摆放了30多种大米，根本无法接纳任何大米。第一次推销就碰了一鼻子灰，姚伟超感觉有点难堪。

商场不行就到小区，于是姚伟超又振作精神来到南京一个小区。他把大米样品放下来，向居民们宣传讲解戴庄的有机大米。还没讲几句，小区保安过来了，连推带搡把他赶出了小区。此时姚伟超真实地体会到了营销员的苦楚。

一连几天都是这样，四处碰壁。姚伟超只得打道回府。样品大米怎么背出来的，又怎么背了回去，一斤都没有卖得出去。姚伟超自觉无颜见“江东父老”，把自己关在屋子里，唉声叹气。夜里辗转反侧，不能成眠，怀疑自己是不是搞营销的料？选择做大学生“村官”是对还是错？

赵亚夫得知小姚回来后，便主动来看望他。一看他的气色，便知道是怎么回事了。赵亚夫便劝慰他、开导他，跟他交流营销的策略与技巧。

赵亚夫说：“小姚啊，别泄气。搞营销嘛，碰点壁、受点冷遇，很正常嘛。这也是行业特点，‘十网九网空，一网就成功’。如果次次成功，那还叫营销吗？那叫送货。”

“首先，在思想上要有一个正确的职业观。营销就是一个职业，而职业就是一种社会分工，是不分高低贵贱的，都是凭劳动吃饭，所以不要有任何的自卑感。况且，我们是在帮助农民推销大米，是为了农民奔小康和农业现代化而工作，是一项崇高神圣的事业；又不是为了推销自己产品，也不是为了拿佣金而去搞推销，所以要有职业的荣光与自豪，有一种职业使命感。古人言‘名正则言顺、言顺则事成’。当你有一种正确的职业观，当你意识到职业的荣光与自豪以及职业使命感，你就会感觉自己的腰杆会硬起来，感觉到理直气壮、气势如虹，所有的苦楚、委屈都算不了什么。”

姚伟超被这一席话深深地触动。是啊，我又不是为自己推销产品，又不拿佣金，是为了农民兄弟，是为了一项伟大的事业！姚伟超感觉自己的腰板果然硬正了起来，胸中生出一股浩然之气，前几天累积下来的自卑、自疑、委屈、气馁什么的，统统一扫而光。

赵亚夫接着说：“营销是一门很深的学问，它的实践性很强，特别讲究策略与技巧。比如说商机，是需要有敏锐的嗅觉去捕捉的，有时候别人看不到一点商机，而有心人却能见别人之视而不见、闻别人之闻所未闻。有一个著名的案例。曾经有个亚洲鞋厂，想去开发非洲的市场，老板先派了甲去了非洲。甲到了非洲，看到了非洲人都是赤脚的，他马上给老板打电话，说非洲人是不穿鞋的，我们在这里是没有市场可开发的。于是他便打道回府了。老板又派了乙来开发非洲市场。乙同样看到了非洲人都是赤脚的，他马上给他的老板打电话，说赶紧的生产鞋子，非洲这边都是不穿鞋子的，这边有很大的市场。结果鞋子却没有卖掉，因为非洲人长期以来都是赤脚的，根本就没有穿鞋的习惯，况且长期的赤脚使得他的脚趾的间距分开得非常大，亚洲人设计的鞋子根本就不适合他们穿。老板又派了丙去了非洲开发市场。丙来到非洲之后，首先做了一个非常详细的市场调查，不但了解了非洲人的脚型特征，还了解了非洲人的生活风俗和习惯。随后他给了老板打了电话，说你照我给你反馈的信息，量脚定制出适合非洲人所穿的鞋子。然后给我运到非洲一些样品。另外他又实施了一系列的营销策略。他在非洲一个非常出名的中央广场上，制作了一个人物的雕像，用一块幕布盖着。他选择了一个非洲很重要的节庆日，请了一个非洲知名的主持人来主持这场揭幕礼，当主持人喊到三、二、一时，幕布揭开。原来雕像是一位非洲人非常崇拜的人，还穿着他们所设计的鞋子，这时旁边又来了很多人，穿着美丽的鞋子在翩翩起舞。于是非洲的鞋子市场培养、开拓成功了。这个故事说明，市场是需要发现、需要培养、需要开拓的；同时说明，营销是需要讲究策略和方法的。营销与做其他任何事情一样，‘运用之妙，存乎一心’，关键是要用‘心’去做。”

姚伟超听了这个故事后，很受启发。

赵亚夫又介绍了自己从事营销的一些案例，最后分析道："有的情况下，看上去没戏了，但换个角度去看，却有一场大戏，就如非洲卖鞋的故事。这叫无中生有。有的市场是需要去培养和开拓的，就像我们的有机大米，跟普通大米比起来有着显著的区别，但现在真正认识它的价值的人还不是很多，或者有的嫌它贵、舍不得买，这就需要我们去宣传、去引导，去培养市场、开拓市场，去扩大和巩固市场。这叫有中生多。有时候跟目标客户接洽上了，可是谈谈就谈不起去了，但是换一个思路或方法，又能谈下去了，可谓'山重水复疑无路，柳暗花明又一村'。这叫绝处逢生。这主要涉及谈判的方法与技巧。营销学博大精深，我踏足进去 10 几年了，有一些体会与感受。你是科班出身，理论上应该没有问题，以后主要是多实践、多应用，用心观察与体悟。"

接着两人就遇到的一些具体问题作了切磋与交流。

姚伟超在家休整了几天后，便又打起了精神，收拾好心情，再次踏上了推销大米的路程。

这一次出击与第一次相比，姚伟超就显得从容了许多，也"老道"了许多。这一次小有收获，戴庄生产的"野山小村"牌有机大米成功地打入了几家超市。

后来赵亚夫介绍了上海一家公司，说这家公司专门做这方面的生意，层次比较高，要求也比较高，只要我们货真价实，同时营销操作得当，应该有希望做成生意。于是姚伟超前往这家公司接洽。

果然这家公司是个大公司，各方面都很正规，也很专业。从接待姚伟超的第一时间起，对方就通过交谈来"考察"姚伟超，实际上是在了解、考察你身后的产品及其生产体系。姚伟超表现出的作为营销人员的很强的专业素养，对生态文明、有机农业的深刻理解与独到的见解，以及对"野山小村"有机大米生产过程的熟练把握与准确介绍，给对方留下了极好的印象。对方是专做这方面生意的，对这些是很内行的，而内行人能够听出内行人说辞，由此也能大致看出戴庄这个地方是"生态"的，产品的生产过程是"有机"的。这时的姚伟超能够体会到了赵亚夫当初让他钻研有机水稻生产的良苦用心了，如果满嘴的外行话，对方很可能与你应付几句就打发你走人了。

当然，这些都是前期的印象，是初步的判断，最终还得靠产品的质量说话。说一千，道一万，最后还得落在对产品进行检测的结果上。

于是对方把样品大米送到日本做 DNA 检测。检测的结果令他们吃惊，各项数据完达到有机大米的各项指标，有几个数据还远远超过指标要求，是完全纯正的有机大米。

对方有了进货“野山小村”有机大米的意向，双方初步达成了的意向性协议。接下来便是关于价格、规格、供货方式、结算方法等具体事项的谈判了。

当姚伟超把进展的情况通过电话报告赵亚夫时，赵亚夫高兴极了，他在电话里对姚伟超说：“小姚，继续加油，争取做成这笔生意！农产品的销售对农民太重要了！谈成了这个大单子，你就为咱村农民做了一件大好事！”

接下来的谈判颇为艰苦，双方都很专业，都很“精明”，当然也都很郑重其事。谈了三轮都没有成功。

姚伟超打电话向赵亚夫求援，说：“赵老师，你还是亲自出马吧。你的资历、声望，你跟他们的交情以及你的业务能力，都能有利于谈判取得成功。”

于是赵亚夫赶赴上海，参与了第四轮谈判。果然“老将出马、一个顶仨”，谈判取得了较大进展。但是在价格上还是卡壳了。因为是一笔大买卖，涉及巨大而又持久的利益，双方都不肯让步。谈判陷入了僵局。

这时赵亚夫适时打出了感情牌，他动情地说：“古诗有云：‘锄禾日当午，汗滴禾下土，谁知盘中餐，粒粒皆辛苦。’农民吃尽了千辛万苦，才把粮食种出来啊。尤其是种出这么好的大米，一颗化肥不用，一滴农药不打，全靠生态循环和人工劳作，太不容易了。为了营造较大范围的有机种植环境，修复生态系统，丰富生物多样性，培养土壤肥力，我们前期的投入是巨大的。光净化土壤，使之恢复原生态，我们就花了五六年的时间。所以啊，价格上真的不能再让了，希望你们能够理解！”

对方被赵亚夫的声情并茂所打动，尤其是被他的毫不计较个人得失、一切为了农民着想的拳拳之心所感动，最终签了销售协议。

成交的当天晚上，从不喝酒的赵亚夫破天荒地端起了酒杯，他说："我今天喝两杯，第一是感谢贵公司帮我们销售大米；第二是祝贺小姚取得成功！我替戴庄农民感谢你们！"

那一刻，姚伟超心头一热，顿生对赵老师的敬佩与感激。

这笔买卖占了戴庄有机大米销量的一半。在后来的集团消费被抑制之后，正是这笔大单子，使得戴庄的有机大米没有受到太大的冲击，稳住了局面。

在工作作风上，赵亚夫对小姚要求很严，着意培养。姚伟超家在宜兴城里，经常周末回家。但赵亚夫却经常在周末来到戴庄，这让姚伟超略感不安。有一次到了周末，姚伟超照例要回老家，这时部分稻田发现了病虫害，姚伟超看看并不十分严重，便向农民讲解了如何防治。他跟赵亚夫打招呼时，赵亚夫语重心长地对他说："庄稼人只有农忙农闲，没有周六、周日，周末庄稼也在长啊，生病更需要人管养啊，你是村干部，这时候怎么能请假回家呢！"姚伟超的脸一下子红了。他想想赵主任退休后，一年 365 天，除了外出讲课、开会，有 200 多天扎在戴庄，不分节假日，不论刮风下雨。关键时候，我怎么只想到自己呢？从那以后，姚伟超再也不提周末回家的事了，长年累月蹲在戴庄工作。

有一年，句容市招考公务员，在父母的催促下，姚伟超参加了公务员考试，以高于第二名 16 分的笔试成绩夺得头筹，被所有人看好。赵亚夫得知这个情况后，和他掏心窝子谈了 3 个小时。

赵亚夫说："小姚，你在戴庄做了不少事，作出了不小的贡献，乡亲们都感谢你、要送你呢！"

俗话说"人往高处走，水往低处流"，公务员毕竟是铁饭碗，旱涝保收，是不少年轻人向往的职业，姚伟超报考公务员完全可以理解。所以赵亚夫说了一句通常性的道贺词。

姚伟超有点不自在，也有点纠结。自从参加完考试回到戴庄后，他更加清晰地发现，这里的空气是那么清新；这里的山水是那么秀美；

这里的民风是那么淳朴；这里的乡亲们是那么重感情。尤其是赵老师，跟着他学习近两年来，建立了深厚的感情。想说离开不容易啊。

赵亚夫看出了他的纠结，故意岔开了话题。赵亚夫跟他聊起了自己的往事。讲起了入学宜兴农林学院不久，校长向他们介绍了原来在茅山地区打游击的新四军老战士筹建农林学院、帮助茅山革命老区农民发展经济改善生活的情况，从此就开始安心学习农业科学技术；讲起了在宜兴县医院亲眼看到贫病交加的农民接二连三饿死的惨状，从此就立志学好农业科技、不再让农民挨饿；讲起了20世纪60年代在武进县的一个生产队搞样板田，为农民做了一点点的实事，后来离开时乡亲们扶老携幼挥泪到岸边送行的故事；讲起了年轻时夫妻分居、照顾不到家庭，有很多机会可以到城里工作、与妻子儿女团聚，但还是放弃了这些机会，把妻子儿女接到句容安家，就是为了能够更加直接地为农民服务；讲起了20世纪90年代，省里决定调他担任省农科院院长，组织部门前来征求他的意见时，被他婉言谢绝了，就是为了离农民近些、再近些……

"我这一辈子算是交给农民了，而且心甘情愿。只要走近田间地头，跟农民们在一起，我就感到很自在，很惬意。中国的农民是很淳朴、很善良的，只要你为他们做一点事，他们会永远记在心里。每当看到自己的工作换来农民生活的改善，就会感到很开心、很快乐！"赵亚夫说。

"我现在也有了这样的感觉。"姚伟超发自内心地说。

最后，赵亚夫真诚地对小姚说："小姚啊，跟你说句掏心掏肺的话，我年龄也大了，培养一个独当一面的'村官'不容易，我真心想你留下来帮帮我！你肯吃苦、愿意学，如果留下来，将来一定能够大有作为！"

没等赵亚夫说完，姚伟超的眼泪湿润了！

这时的姚伟超，已经明确地意识到，自己已经深深地爱上了这片土地，深深地爱上了这里的农民！已经离不开这里的土地和农民，也离不开朝夕相处、可敬可佩的赵老师了！

姚伟超含着泪说："赵老师，我已决定不去参加面试了，哪儿也不去了，就留在戴庄！跟你一样，留在农村为农民服务！"

赵亚夫大声说："好！为你的抉择感到高兴！"

后来姚伟超果然放弃了面试，安下心来留在戴庄。他的工作更加努力了。马不停蹄地奔走于各个城市之间，进超市、进社区、接洽有关单位，推销戴庄的有机农产品。还开起了网店，搞网上销售。每年为合作社推销100多万斤大米、10几万斤有机果蔬，乡亲们都称他为"销售专家"。尽管每年的销售额达到了1 000多万元，但他也学着赵亚夫的样子，自己不拿一分钱。

为了更好的锻炼自己，姚伟超从村民手中租下了40亩土地，作为创业的试验田，带头试种多种有机蔬菜，为全村农民再开辟出一条致富之路。

2013年12月9日，在村委会换届选举时，姚伟超高票当选为村委会主任，并当选为合作社副理事长。他完成从一个连韭菜和小麦都分不清的城里孩子，到能挑起带领村民致富的担子、获得农民信任的基层干部的蜕变，这其中离不开赵亚夫的培养和影响力。

在一次会议发言时，姚伟超当着赵亚夫的面大声说："请赵老师放心，我一定不辜负您的期望，接过您的接力棒，当好您的接班人，和乡亲们一块苦、一块干，为建设社新农村奋斗一辈子！"这是一个由衷的誓言，是一份庄重的承诺。

赵亚夫高兴地笑了，眼里却泛着泪花。农村太需要这样的"村官"了，这样的"村官"越多越好！

汪厚俊就地创业

汪厚俊是天王镇本地人，老家离戴庄20多里路。2011年8月，汪厚俊从南京理工大学电气工程专业毕业，当年参加了江苏省大学生"村官"选聘被选中了，来到戴庄村实习。在实习期间，他看到戴庄到处都散发出勃勃生机，尤为赵亚夫的崇高的人格魅力所折服和吸引，决定留在戴庄创业，把个人的发展与带领乡亲们致富捏到一块去做。

汪厚俊本来就是茅山地区的农家子弟，对茅山地区的农村、农业并不陌生，大部分农活也拿得起来。经过赵亚夫主持的一段时间的培训后，结合实地的考察调查，汪厚俊发现戴计原有机农业品种还有拓展的空间，比如日本的甜柿、薄壳山核桃等果树的种植还是空白，而这些项目品种将来应该有市场前景。

汪厚俊把自己的想法跟赵亚夫说了，赵亚夫很赞成，也很支持。接触的时间虽不长，但赵亚夫对小汪比较关注，发现这个小伙子头脑灵活、敢想敢干，具有创业型人才的潜质。戴庄的发展需要各种各样的人才，需要鲁学谦这样的具有组织协调能力和领导才干的“领路人”，需要姚传超这样的既懂理论又会实务的“营销高手”，也需要更多的具有创业基础、意识、能力的创业型人才。于是赵亚夫有意识地把小汪朝这方面培养。

赵亚夫本来就有在山坡上开辟百亩果园的计划，知悉汪厚俊的想法后，便让他负责实施这个计划，将来就由他来承包管理。赵亚夫对他说：“你是当地的农家子弟，从小就跟着大人劳动，农业方面天生就能懂三分。听了你的想法以后，感觉你在这方面的嗅觉还是蛮灵的，加上有文化、有知识、见过世面，搞创业应该是块好材料。将来园子开辟出来，既可以种你计划中的甜柿、山核桃，又可以种上技术已经成熟的水蜜桃、葡萄之类的。果树的出果期一般要三五年，经此之前，你可以在里面养鸡、养鹅、养羊，这样可以提前出效益，又能培养土地的肥力。”

在果园里养鸡、鹅、羊，可以提前出效益，将来就是立体种养，会产生立体的经济效益，这使汪厚俊的眼前一亮。到底是农业专家、大家，点拨一下便有一片光明。

两人商量妥定之后，说干就干。赵亚夫把平整土地、挖沟、松土方面的事情跟汪厚俊作了详细解析，又把各种果树的品种、行距、株距、雌蕊和雄蕊的交叉方法说得清清楚楚。汪厚俊毕竟是有农业底子的，一听就明白了、记住了。

当时正是大冬天，汪厚俊每天早晨五点钟起床，六点半赶到田头，带着村民们挖沟、松土，指导村民们把握行距、株距以及雌蕊和雄蕊如何搭配。由于多日起早贪黑、劳累过度，汪厚俊患上了急性心肌炎，只得住院治疗。可这边，正值果园挖沟、施肥、栽苗的关键时节，没人带着干怎么办？汪厚俊心急如焚。赵主任得悉情况后，给小汪发来一条手机短信："你好好养病，栽苗的事我来干！"这条短信让汪厚俊备感温暖。第二天一早六点多，赵主任就赶到戴庄，带着一群村民替他栽种树苗。小汪得知后，把吊瓶挂在竹竿上扛着，返回了戴庄，看到年届七旬的赵亚夫正与村民们一起填土栽树，他感动不已。

100 多亩山地种上了各种果树之后，赵亚夫又指导小汪建起了发酵床养鸡场，实施立体化生态种养。4 个多月后，第一批鸡蛋上市了。当时集团购买受到了限制，汪厚俊的养鸡场所产的鸡蛋一时有所囤积。赵亚夫主动帮他联系了镇江进出口检验检疫局。因为不能公款买鸡蛋，赵亚夫便劝说局领导，希望他能在内部动员一下，让职工自己掏腰包购买。检验检疫局的干部职工曾经参观过汪厚俊的养鸡场，大家都对他和他的养鸡场印象很好，都知道那是绿色纯天然无公害产品，都踊跃购买，一下子销掉了 200 箱鸡蛋。当年仅鸡蛋收入这一项就收回了养鸡场的投资成本。

起初汪厚俊决定留在戴庄创业时，父母说啥也不同意。父母一直想让名牌大学毕业的儿子，能在城里有个体面稳定的工作，不想他回到农村发展。不知道与父母发生了多少次"争执"，汪厚俊最终才征得了父母的同意，留在了戴庄。

当汪厚俊创办家庭农场，感到资金短缺、人手紧缺，动员父母拿出一笔启动资金并帮助自己打理时，起初父母一口回绝。他的父母是做生意的，生意做得相当不错；你这边八字还没一撇呢，又要投资、又要舍掉生意帮你打理，万一不成功岂不是罗锅跌跟头——两头不着实？但经不住儿子的软磨硬泡，毕竟是家里的独养儿子、宝贝疙瘩，夫妇俩拗不过他，只得把生意转租出去，去帮他养鸡，并提供五万元的启动资金。当时父母跟他约法三章：资金就这么多；时间上帮他一年，如果创业不成，父母还是回去做生意。

就这样，"厚俊家庭农场"办起来了。谁知当年发生了禽流感，虽然他家的鸡没有患上禽流感，但是市场上没人敢吃鸡了。鸡一时卖不掉，资金链就断了，眼看着就要"熄火"。就在这个时候，赵亚夫帮他向有关部门求援，市委组织部和团市委知道他的情况之后，扶持汪厚俊做了 30 万元的贴息贷款，解决燃眉之急，使他的创业之路起死回生。

汪厚俊的女友与他同年考上了大学生“村官”，但第二年，她就考取了公务员。这也不难理解，女孩子嘛，捧个铁饭碗，图个平稳安逸，无可厚非。她让汪厚俊也去考公务员，将来成家以后，虽是工薪家庭，但也旱涝保收，一家人团在一起能过上安稳的日子。这使汪厚俊很为难。从内心来讲，他不想当公务员，他想创业，他认为自己更适合创业；但是女朋友的意见他又不能不考虑，毕竟是将来的“另一半”，是难以分割、休戚与共的整体，岂能不考虑女朋友的感受，况且她的意见也不无道理。两人常常为此争论，谁也说服不了谁。这天，两人又为此事争了起来，女朋友一气之下转身走了。

汪厚俊明白，女朋友的这一“走”意味着什么。至少表示了她已不屑于就此问题争论下去。而“不屑于争论”的后续，什么情况都可能发生。汪厚俊为此苦恼不已。

这天在干活的时候，赵亚夫发现小汪的情绪比较低落。因为之前已略有耳闻他与女朋友之间关于考公务员的意见不一，所以赵亚夫估摸这方面出现问题了。

赵亚夫关切地问：“跟女朋友之间出情况了？”

汪厚俊点点头，眼圈却红了。小汪是非常敬重赵老师的，不但在业务上奉他为师，而且也把他作为自己的人生导师。于是他把与女朋友之间的“情况”一五一十地告诉了赵亚夫，说到最后，眼泪忍不住掉了下来。

男儿有泪不轻弹，何况汪厚俊是一个很刚强、很豁达的小伙子，说明这次是真的到了伤心处了。

赵亚夫决定在里面做一些沟通性的工作，消除双方的误会，弥合两人的分歧。他跟小汪的女朋友也熟悉，便约她谈了一次话。

赵亚夫语重心长地对她说：“经过这么长时间的接触，我对小汪是了解的，小汪这人待人诚恳，踏实，能吃苦，同时思维敏捷，做事干练，豁达通脱，是一个难得的创业型人才。俗话说得好，‘男怕入错行，女怕嫁错郎’，一个男孩子，选择什么样的职业对他的一生都至关重要，选对了，一生顺风顺水，成功的可能性极大；选错了，一辈子都羁绊，没有成功的概率。像小汪这样的情况，他是创业方面的人才，又喜欢做这方面的事情，加上戴庄这个地方到处都有创业的机会，不搞创业实在是可惜了。当然，公务员是一个很不错的职业，旱涝保收，没有风险，社会地位高，受人尊重。但是，公务员的最大特点是执行性，除了少数地方上的‘一把手’之外，绝大部分公务员是从事执行性的工作，即执行法律、政策、上级指示和处理日常事务，这就决定了公务员这个职业，对于绝大多数而言不需要有太多的‘主见’，也不需要有很强的‘创造性’，更不宜有什么‘冒险精神’。这就不太适合小汪的特点和长项，会抑制小汪身上所具有的开拓性和创造性，正所谓抑其所长、露其所短。再说，戴庄这个地方，发展势头和前景很好。生态农业、生态社会、生态文明是将来的大势所趋、潮流所向，而戴庄在这方面可以说走在了前面，是引领潮流的。这里离句容、溧水、溧阳、金坛等县城基本上在半小时都市圈内，离南京、镇江、常州基本上在一小时都市圈内，能呼吸到最新鲜的空气，喝到最纯净的水，吃到真正的纯天然食品，是一个很适合人居的地方。陶渊明笔下的‘世外桃源’也不过如此吧。”

小汪的女朋友也很敬重赵亚夫，对这一席句句在理的话，听得入耳入心。

最后赵亚夫建议道：“你们两个都冷静一下，走一步、看一步。接下来看一看小汪创业的情况怎么样，然后再走一下步。你看这样行不行？”

小汪的女朋友点头答应了。

汪厚俊果然不负期望，趟过了一次次考验、闯过了一道道难关，事业发展得相当成功。

2013 年成立的“厚俊家庭农场”被省人社厅评为“江苏省优秀大学生创业项目”。如今，在“厚俊家庭农场”里已有青壳蛋鸡 4 000 多只，日产青壳蛋 2 000 枚，还放养了 1 000 只鹅、100 多头羊等家禽家畜，年产值达 100 万元，纯收入近 30 万元，吸纳 165 人就业，带动周边 60 余户村民发家致富，帮助 6 户村民脱贫致富。

不久前，汪厚俊利用镇江恒顺醋厂的废弃物醋糟作为有机果树生长过程的有机肥，以及作为发酵床养鸡、养猪的垫料，使鸡和猪变得身体强壮、肉质鲜美的故事，被中央电视台作了专题报道。这下，汪厚俊和他的家庭农场出名了，产品不愁销。

当初并不看好他回乡创业的父母，现在看到儿子的家庭农场办得热火朝天，心里很是欣慰。“鸡蛋、鸡等农产品的销路都还不错，现在看到农场有了不小的起色，做父母的也很是欣慰。”汪厚俊的母亲说起儿子脸上总露着骄傲的笑容。

最让汪厚俊感到幸福无比的，是女朋友转而支持他在戴庄创业，并于 2014 年与他领了证、结了婚，使他的家庭农场有了“场主夫人”。前不久，“场主夫人”还给他生了个大胖儿子，使这个家庭农场三世同堂，幸福溢满了农场的每一寸土地。

汪厚俊还牵头成立了大学生村官创业园，作为负责人的他，将戴庄村将近 500 亩的土地种上甜柿、水蜜桃、无花果、猕猴桃、葡萄、草莓、蔬菜、茶叶等品种，同时搞生态立体种养，效益相当不错。

来到戴庄的大学生“村官”越来越多，赵亚夫对这个群体非常重视，想方设法培养他们成才，使他们尽快融入到村里的工作中去。他提出

赵亚夫在汪厚俊的生态立体种养场指导生产

搞一个小型村官培训班，每3个月一期，每期三到四个人。其中一个月跟班村干部，学习如何处理村里日常事务、如何调解纠纷等；一个月跟合作社的管理人员学习经营决策、生产组织、营销技巧等；一个月和农民一起下田干活，熟悉了解农业生产各个环节，学习农业科技知识。经过这样的培训后，大学生“村官”对“三农”就有了更加深刻的了解，能增长实际工作才干，在村里开展工作就会有方向、有技能、有招数。

这几年，先后有十多名大学生“村官”来到戴庄，在赵亚夫的悉心指导和精心培养下，他们成长很快，有的走上了领导岗位（如鲁学谦担任天王镇副镇长，姚伟超担任戴庄村村委会主任，刘凯担任唐谷村党总支书记），有的在农村创业、事业如日中天（如汪厚俊），有的成了某一领域的“小专家”（如浙江大学茶学硕士吴世玲，现为戴庄有机茶园负责人），有的成长为农业科技推广方面能够独当一面的“土专家”，有的成为新农村建设中不可或缺的专门性人才。

赵亚夫不但对戴庄的大学生“村官”着意、着力培养，对所有大学生“村官”这个群体都非常关心，只要有机会，他就会为培养他们出一份力。

天王镇每年新选聘的大学生“村官”，都要到赵亚夫蹲点的戴庄村接受一个月的学习培训。赵亚夫对这项工作十分重视，制定详细的培训计划，精心设计培训内容。他把参加培训的大学生村官分成三组，分别从技术、管理和营销三个方面培训，每十天进行一次轮换。首先到农业实验园实习农业种植技术，学习后都要求写研究报告，对研究成果进行交流讨论，其次由赵亚夫点评指导。组织大学生村官参加SYB培训，让创业成功人士面授创业经验，帮助村官学习一技之长，增强创业意识及创业本领。一个月下来，受训的大学生“村官”都感到长进不少，收获很大。

句容市正式成立了大学生村官协会，协会聘请了赵亚夫同志担任协会名誉会长。对这份没有任何报酬、也没有半点实权的“闲职”，赵亚夫却很认真，每一次活动他都不落，总是积极地建言献策，多次提出有价值的指导性意见。

第十章

为『三农』鞠躬尽瘁死而后已

第一节　荣誉，名至实归

“时代楷模”授予记

2014年5月22日下午3点，中共中央宣传部通过中央电视台《时代楷模发布厅》节目，向社会公开发布了“时代楷模”赵亚夫的先进事迹。

“时代楷模”是由中宣部集中组织宣传的全国重大先进典型。“时代楷模”充分体现“爱国、敬业、诚信、友善”的价值准则，充分体现中华传统美德，是具有很强先进性、代表性、时代性和典型性的先进人物。时代楷模事迹厚重感人、道德情操高尚、影响广泛深远。根据时代楷模的职业身份，以中宣部和有关部门名义发布。赵亚夫是获此殊荣的第四个人。

在热烈的掌声中，中央电视台著名节目主持人敬一丹作为发布人走上台来。

敬一丹充满感情地介绍说：“赵亚夫是江苏常州人，曾经当过镇江市农科所所长、也当过镇江市人大常委会副主任。半个多世纪以来，他坚守年轻时许下的要为农民服务一辈子的诺言，始终扎根农村，为实现农民的致富梦想而努力。他到日本留学，带回来20棵草莓苗，带富了一方百姓；他退休后，来到镇江一个最穷的村庄，克服种种困难，搞有机农业，不仅致富了全村百姓，也探索了村社合一的新农村建设新模式。”

在播放了两个介绍赵亚夫事迹的短片后，赵亚夫被敬一丹请上了台。

敬一丹问赵亚夫：“我觉得做农业，三五年容易做到，十年八年也容易做到了，您一下子就干了半个世纪，这需要多强的支撑力量啊？”

赵亚夫回答说：“致富农民，是我年轻时就立下的志向和梦想！我深深地热爱我所从事的事业，农业、农村已经成为我生命的重要组成部分，农民已经亲如我的家人一样。”

敬一丹请上了著名电影演员温玉娟，来朗读颂扬赵亚夫的两副对联和一首词。

两副对联是中国楹联协会的艺术家创作的。

来自江西的著名艺术家钟宇写道：

爱注茅山一心只为黎民好

胸怀大志万亩但凭科技兴

来自山西的著名艺术家温本理写道：

亚身甘作三农友

报国堪称一丈夫

中华诗词协会的著名词人李文朝为赵亚夫创作了词一首《沁园春·礼赞赵亚夫》：

科技兴农，根系山乡，立地顶天。践百年一诺，帮民致富；千辛万苦，济事除难。东渡求知，草莓引进，稻麦人家果品鲜。葡萄架，串香甜沃野，丰硕秋原。

有机高效良田，岗坡地，淘金喜可见。历三番探索，亲身试验；多方教授，率众公关。地震前沿，四川援建，抱病传经示范园。平生愿，葆先锋本色，沥胆披肝。

最后，在武警军乐团演奏的军乐声中，全国道德模范庄仕华为赵亚夫送上了奖章和证书。

当选“全国道德模范”

2015年10月13日晚，由中央宣传部、中央文明办、解放军总政治部、全国总工会、共青团中央、全国妇联共同主办的第五届全国道德模范授奖仪式——《圆梦中国 德耀中华》在北京人民大会堂金色大厅举行。第五届全国道德模范及提名奖获得者和往届全国道德模范代表一同出席了授奖仪式。

授奖仪式分为“助人为乐”“见义勇为”“诚实守信”“敬业奉献”“孝老爱亲”5个篇章，每个章节通过播放短片、现场讲述、童声合唱、颁授奖章、致敬礼赞、赠送书法题词等方式，深刻阐发了震撼人心的道德之美，生动诠释了道德模范的精神价值。

赵亚夫被授予“敬业奉献”类道德模范。

第五届全国道德模范评选于2015年4月启动，历时半年，按照群众广泛推荐、层层遴选审核、社会公示监督以及万名公众代表和评委会投票等环节，共评出62名全国道德模范和265名提名奖获得者。这些模范人物事迹突出、深孚众望，具有很强的典型性、先进性、示范性。

习近平总书记对此次全国道德模范表彰活动作出重要批示指出，隆重表彰全国道德模范，对展示社会主义思想道德建设的丰硕成果，彰显中华民族昂扬向上的精神风貌，凝聚全国各族人民团结奋进的力量，具有重要意义。他在批示中要求把道德模范的榜样力量转化为亿万群众的生动实践，更好构筑中国精神、中国价值、中国力量，为中国特色社会主义事业提供精神动力和道德滋养。

随后，中共中央政治局常委、中央文明委主任刘云山会见了第五届全国道德模范和提名奖获得者并在座谈会上讲话。刘云山指出，习近平总书记的重要批示深刻阐述了评选表彰全国道德模范的重要意义，就深入开展道德模范宣传学习活动、深化社会主义思想道德建设提出明确要求，充分体现了对道德建设的高度重视。刘云山说，道德模范是时代的英雄、鲜活的价值观，推进道德建设，要用好道德模范这一“精神富矿”，发挥先进典型引领作用，更好激发实现中华民族伟大复兴中国梦的强大正能量。要认真学习道德模范的崇高精神，牢固树立中国特色社会主义共同理想，自觉践行社会主义核心价值观，像道德模范那样对待社会、对待他人、对待自己，把良好道德情操体现到日常工作和生活之中。要在落细落小落实上下功夫，大处着眼、细处入手，潜移默化、久久为功，让道德理念具象化、大众化，更好地为人们所接受和践行，确保道德建设取得看得见、摸得着的效果。

赵亚夫在发言中表示，要珍惜荣誉，把为“三农”工作奉献一辈子作为不懈追求，探索出具有镇江特色、可复制可推广的丘陵山区现代农业发展之路，为实现农业强、农民富、农村美作出新的贡献。

“时代楷模”和“道德模范”，这两项荣誉对于赵亚夫而言，确实是名至实归。

“时代楷模”和“道德模范”，是国家层面主要在道德人品方面授予公民的最高荣誉称号，是一种最高性质的认可和褒扬。由于其需经过广泛推荐、层层遴选、社会公示等严格的程序，需要符合事迹突出、大众公认、典型性强的严格要求，更由于其候选者基本排除“富贵达人”，而是来自基层、来自百姓之中“普通人”和“平凡人”，所以它具有高度的权威性和可信度，为社会各个阶层尤其是社会大众所普遍认可。所当选者，是道德品质最优秀的代表、时代精神最杰出的典范、社会美德最浓缩的精华。他们一言一行合乎时代规范、民心期盼；他们践行最高的道德标准、守护最宝贵的社会公德、信守最严格的信义准则，为世人树起了既可望、又可及的高高的标杆。

“时代楷模”和“道德模范”所表达的最基本层面的含义，就是人们通常所理解并常常直白言之的“好人”“善人”之类。他们往往大公无私、急公好义、扶贫济困、与人为善、助人为乐，通俗的说法就是“做好事”“行善举”。这种行为规范和为人处世法则深受中国传统文化中的“仁义”的影响。“仁义”是儒家思想的核心，孔子着重讲仁，孟子着重讲义，仁者心中爱人，义者行为利人；义是对仁发于内而形于外的必要补充。自古以来，中华民族不断涌现出体现仁义价值观的“好人”与“善人”，世代传诵，薪火相传。现代以来，其最杰出的代表就是雷锋。而被誉为“大地活雷锋”的赵亚夫，则是当代的最杰出的代表之一。与雷锋人到哪里好事做到那里一样，赵亚夫一生为农，也为农村、为农民做了一辈子的“好事”和“善事”。

本书前面的章节中，针对有关专题讲述了赵亚夫的一些故事，这些专题性的故事，换一个角度来看，其实也可解读为赵亚夫为农村、为农民所做的“好事”与“善举”。

在广大农村，在农民中间，流传着大量的“大地活雷锋”赵亚夫的故事，就像春天田野里的油菜花一样，触目皆是、数不胜数。本书限于篇幅，只能采撷几朵，以飨读者。

“随时和我保持联系”

王福宝永远也忘不了1992年的冬天，他家的草莓生病了。王福宝急得一晚上没睡好觉，隔天一早他就跑到村里技术员王贝芳家中求救。

王贝芳立刻给赵亚夫打了电话，当时赵亚夫正在镇江开会。

王贝芳把王福宝家草莓生病情况跟赵亚夫说了。赵亚夫在电话那头说：“我正在开会，一时走不开。下午我跟会议请个假，过去看看。”

当时王福宝并不抱指望了。人家在开一个重要会议，再说天这么冷，多半不会来了。

没想到下午两点，赵亚夫真的来了。

“大棚在什么地方？种了几亩草莓？是哪年开始搞大棚草莓的？”

一下车，赵亚夫就询问情况，同时急匆匆地让王福宝带他到草莓大棚地去。

到了草莓地，只见赵亚夫扑通跪在草莓苗前，仔细地翻看草莓苗。王福宝当时都懵了。他急忙去拉赵亚夫，说：“赵所长，地上凉，当心把腿冻坏了。”

赵亚夫推开了他，说：“你别管我，我这是腰腿不好，蹲不下来，只能跪着看苗。没有别的意思。”

看了半天，赵亚夫起身后来来回回走了两圈，又跪了下来继续翻看苗子。

最后，赵亚夫分析了病因，提出了解决方法，并详细讲解了以后应该怎样管理。临走前吩咐道：“种植大棚草莓，一定要留意好室内外温度，一刻也不能马虎。以后遇到问题，随时和我联系。”

冬天的天比往常黑的要早些，忙忙碌碌了一下午，天已经擦黑儿了，王福宝留他吃个晚饭再走，他摆摆手，就上车走了。

车子开出去几十米了，赵亚夫摇下车窗，朝王福宝喊道：“随时和我保持联系！”

那一刻，天寒地冻、北风凛冽，王福宝的心里却是暖和和的。

倾盆大雨中的感动

2003 年 7 月的一个星期天清晨，天空突然下起了倾盆大雨，这可急坏了白兔镇龙山湖村的农民周先民。

原来，年过半百的周先民看见这几年好多人都靠着发展农业项目致了富，有的还当上了老板，心里痒痒的，便寻思着把村里的荒地包下来，也发展个项目。前几天他鼓足了勇气与赵亚夫取得联系，希望他能来帮自己出出主意。赵亚夫一口就答应下来了，就定在今天来。然而天公不作美，今天下起了大雨。眼见着时间一分一秒地过去了，雨不但没有停下的意思，而且还越下越大。老周心想，雨下这么大，远在镇江、腿脚不好的赵亚夫肯定不会来了。

本来就对创业没有多大信心的周先民，一时间脑子里闪出了这样的怪念头：这雨下的不是时候，难道自己一把年纪也学年轻人创业，老天爷不赞成?

老周越想越泄气，决定过一会儿打电话给越亚夫，自己放弃了，不折腾了。

八点多钟的时候，已经拿定主意打退堂鼓的老周突然听到门外有人喊自己的名字，他伸出头去一看，一个老人打着雨伞，穿着雨靴，出现在了自己的面前。那一刻，老周惊呆了！他甚至不敢相信自己的眼睛。

“是赵主任啊！”

赵亚夫应了一声，连门也没进，就让老周赶紧穿雨衣，带他去地里看。

那是村里面的一大片荒地，因为长年无人问津长满了杂草。雨下得太大，四周望去看不到一个人。老周以为这位城里的“老干部”只是做做样子在边上看看，谁知道这位 60 多岁的老人，打着伞，踩着一路的泥泞，径直往荒地深处走，高到及腰的杂草几乎要把赵亚夫淹没了。

老周一路跟着，一路喊道：“赵主任，不要往前走了，雨大路滑，太危险了！”

赵亚夫却一点回头的意思都没有，深一脚浅一脚的在荒地里走。周先民只得跟着走。在那片荒地里，老周陪着赵亚夫足足在雨中走了3个小时。从地里走回来的时候，50岁的老周累得头晕晕的，有点站不住了，他看了一下身边比自己大近20岁的赵亚夫，脸上全是水，身上的衣服全湿透了，嘴张着，大口大口地喘着粗气。

老周看到这一幕很是心疼，拉住赵亚夫的手却激动地一句话也说不出来。

后来周先民每逢跟别人提起这件事时，都会这样说："那样的场景我一直以为只有电视剧里才会有的！那天我感动得喉咙里跟堵着什么东西似的，'谢谢'两个字都没能说得出来。"

作息时间的奇怪改变

2004年的春天，龙山湖村生态果园的田间管理到了最关键的时候，赵亚夫开始一周两三次的从镇江赶到果园来指导果农。十分不凑巧的是赵主任的腿病又发作了，大家很明显的就能看出他的腿痛得很严重，这时果农们既担心赵亚夫的身体，又担心没有赵主任果园撑不下去，心里七上八下的。

接下来的日子让大家很奇怪的是，赵主任每周来的次数并没有因为腿病发作而受影响，待在果园的时间也不短，只是调整了一下工作时间，每天到果园的时间由早上的八点半钟提前到了7点钟，离开的时间由11点提前到了10点。

这样持续了一个多月以后，大家才知道，原来，赵主任为了不影响到工作，不让果农担心，每天5点半就起床，7点钟之前从镇江赶到白兔，10点钟之前又赶回镇江去针灸，他希望通过针灸能让自己的腿疼痛的症状减轻些，不影响到下乡指导。

知道这样的事实，村里的果农们自责不已，纷纷让赵主任不要再来了，回家养病，然而赵亚夫仍然是一周三次一次不少。

那段日子对龙山湖村的村民来说非常漫长，也非常难忘。

我家多亏了赵主任

妻子去世多年，儿子、儿媳妇双双残疾，上面还有一个 80 多岁的老母亲……一家四口，全靠一人支撑。这就是白兔镇行香村王梅林的家境。

“简直没法过！”说起过去，今年 54 岁的老王感慨万千。“可我遇到了贵人好人赵主任，他帮我家过上了正常的生活。”赵亚夫在白兔发展草莓产业当中，了解到王梅林家的情况，他就记在了心中。2003 年，赵亚夫来到老王家，看到他要照顾上面老母又要照顾下面的儿子和儿媳，打工走不出去。赵亚夫就说老王你种个一二亩的草莓，即能挣钱又能照料到家里，日子会慢慢好起来的。“技术和种苗有我负责。”赵亚夫给了老王一个定心丸。从 2003 年起，王梅林种了 1.7 亩的草莓。从选苗、栽植、田间管理，赵亚夫精心地指导王梅林，关键的环节他直接动手，一点一点地教老王。草莓上市后，又帮着销。当年，王梅林草莓收入八九千元，从 2004 年起，草莓收入年年超万元，老王说在家门口收入这么多，没有什么开支，比外出打工强多了。去年老王又在草莓田里轮作了越光水稻，效益大幅提高，收入近两万元。今年老王种草莓已是第五年了，他说“我这个家多亏了赵主任啊！”

不吃农家一口饭，不喝农家一滴水

“赵主任真心待民，不吃农家一口饭，不喝农家一滴水。”说起赵亚夫帮农民的事，黄祥发从心底里佩服。

2006 年 8 月，正是大热天，虾子塘村村民黄祥发家青花菜苗出现倒伏现象。上午 10 时许，赵亚夫接到村干部的电话，正在办事的他一办完事，立即从镇江赶往虾子塘。到达虾子塘村时已是正午 12 时 30 分。

赵亚夫没有到农家，而是径直走到了黄祥发家的大棚内。在仔细察看了青花菜苗后，赵亚夫又打电话给农科所潘跃平所长，请他立即到现场，对青花菜苗倒伏情况进行会诊。

两人一直会诊到下午 2 点钟。此时室外烈日当头，气温高达三十五六度，大棚内气温更是闷热难当。蚕豆般大的汗粒从他脸上滚落下来，身上的衣服被汗水浸湿透了。

村民说：“赵主任，休息一会吧，天太热了，会热坏身体的。”

赵亚夫说：“不碍事的，我能抗得住。菜苗治病要紧！”

他与潘跃平连忙根据会诊的情况，对青花菜进行喷水浇灌。慢慢地，青花菜苗重新站起来了。

这时已是下午 4 点多钟了。

黄祥发说：“赵主任，你们忙了一天了，连饭都没吃哩，到我家喝口水，吃碗饭吧。”

赵亚夫说：“不吃饭了，我们这就走。”

黄祥发心里非常过意不去，死活要拉赵亚夫到他家里吃个饭再走。赵亚夫执意不肯，说：“你别客气，这是我们应该做的。”

最终还是没喝一滴水、没吃一口饭，走了。

只见车门开 不见人下来

2008 年的一天，天气正下着倾盆大雨。彭玉和家的桃子生病了，他心里非常着急，想把赵亚夫请来诊视一下。可他知道，赵老师最近腰椎间盘突出的老毛病发了，正在家里躺着静养。遇到这样的大雨天，这个老毛病肯定格外严重。彭玉和几次拿出手机要给赵亚夫打电话，可几次犹豫之后又收起了手机。他是实在不忍心在这样的恶劣天气下惊扰腰腿病正在发作的赵老师。彭玉和一时拿不定主意，一会掏出手机，一会又合上手机，在屋子里转着圈儿。

妻子杨春英见状不知究竟，问道：“转来转去、驴子拉磨呢？遇到什么烦心事了？”

彭玉和答道：“咱家的桃子生病了，想把赵老师请来看看，可下这么大雨，不忍心打扰他老人家。”

“亏你想得出来！前两天就听说赵老师腰腿病发了，躺在床上起不来。今天又是阴雨天，肯定疼得很厉害，更加起不来了。”妻子说道。

“可是桃子生病非同儿戏，弄得不好一季的收成就泡汤了。”彭玉和说。

妻子一时也无语了。

犹豫再三之后，彭玉和还是拨通了赵亚夫的电话。

赵亚夫听说了这个情况后，立即从床上挣扎着起来，冒着大雨赶到彭玉和家的桃园。

早在桃园门口等候的彭玉和，远远地见到车子停在公路边上，车门打开了，却久久不见赵老师下车。彭玉和急忙走近，才发现赵老师正斜靠在座椅上，剧烈的疼痛使他下不来车。

彭玉和与司机一人一边，小心翼翼地将赵亚夫搀扶下车。

这时的彭玉和后悔不迭，说道："都怪我，不该今天惊动你老人家。真不该、真不该！"

赵亚夫却说："这是什么话？桃子闹病可不是小事，对收成的影响很大。别说是下雨，就是下锥子我也得来呀。"

赵亚夫打着雨伞，一泚一滑地进入桃园，详细察看桃子的病情，最后用了生物防治技术进行治疗，治愈了桃病。

他从没带回去一个果子

在白兔镇谁都知道没有赵亚夫就没有今天龙山湖村的生态果园，可却很少有人知道这样一个细节，果园的果子已经旺销两年了，赵亚夫却从来没有带回去过一个果子，他的亲戚朋友以及家人没有一个人吃过他精心培育出来的果子。

赵亚夫精心指导村民培育出来的果子自从 2005 年一上市就受到了市场的欢迎，果子成熟的季节许多城里人都会开车到果园成箱成箱的买回去，而同样是城里人的赵亚夫虽然每周都要来果园几趟，却从来没有带回去过一个果子。

果农经常塞给果子，让他带回去给自己的家人尝尝，每次都被他婉言拒绝。

"果子是你们的血汗，我是不会拿的。"

看到老赵这样，许多果农都说出了掏心窝子的话："没有你赵主任就没有这果园，没有这果园哪有我们今天的好日子，别说带些果子回去，就是把整个果园搬走，我们都不眨一下眼睛。”

不管什么人，说再多的话也没用，老赵始终不肯往家里带一个果子，即使是不能装箱的一些次品果子，他也坚决不带，不光他自己不肯带，他也不允许自己的司机往回带一个。

这里的农民最怕下雨天

白兔镇仑山湖村周甲组的农民都出奇地害怕下雨天，仔细打听后才明白，原来他们害怕雨天的真正原因是心疼雨天来乡下指导的赵亚夫，害怕他跌跟头。

村里的农民都知道赵亚夫的腿是老毛病了，平时经常发作，一到阴雨天就会变本加厉，痛得他走路都很困难。而这个倔强的老人从来没有晴、雨天的概念，只要工作需要，不管是严寒酷暑、刮风下雨，他照来不误。下雨天他从镇江赶到村里下地干活是经常的事。

“下那么大的雨，我们农民自己都不肯下地干活，赵主任二话不说打着伞就下地，一瘸一拐地在地里面干活，一干就是两三个小时。”村民们这样说。

最让村民们紧张的事就是赵亚夫雨天出现在村里，这时每个见到他的人心都是揪着的，他们不知道赵亚夫又要在雨里跌上几个跌头，他们也不知道赵主任的身体还能受得住几个跌头。

“从 2003 年到现在，就我看到的赵主任在我们的果园跌的跌头已经不下 20 个了，我们真是对不住他啊！”果农周先民说。

赵亚夫的腿雨天走路困难，在泥泞的田间地头走就更加难了，只要雨天他出现在地里，村里的农民就总能看到撑着雨伞，穿着雨靴的赵亚夫在地里要跌倒几个跟头，每次跌倒后都是立即起来继续走。

有一个雨天赵亚夫的腿好像十分严重，在雨里走了一个多小时后，他明显迈不开步子了，在跨地头的一个沟时，由于一条腿用不起劲，他整个人跌到了沟里，旁边的农民赶紧把他从沟里拉上来，看着满脸满身泥水的赵亚夫，村民们哽咽地说不出话来。这次赵亚夫跌的很重，没能继续干活，收拾一下就回家了，可没过几天村民们发现他又一瘸一拐出现在了地里。一个60多岁的老人，腿脚不便却连雨天都不肯休息，一次次地跌倒在地里，又一次次地爬起来继续干活，这让村民怎能不揪心？怎能不害怕下雨天？

为农民一辈子做好事、行善举，只是“时代楷模”和“道德模范”所表彰赵亚夫的最基本层面的内容。这两项最高荣誉所表彰的，还有很多很丰富的内容，而且这些内容，随着时代变迁而不断更新充实，闪烁着鲜明的时代特色。

——对自己够“狠”。

够“狠”只是一种通俗、流行的说法，用书面语言来说，就是对自己很严。赵亚夫对自己之严，可以说到了苛刻的地步。

赵亚夫曾长期担任江苏省农业科学院镇江农科所所长、党委书记。那是一个独立法人事业单位，人、财、物、事样样齐全，作为所长和书记，有着不小的权力。但赵亚夫主动提出不分管人事和财务，众所周知，这是两个最有“油水”的部门，许多单位的“头儿”都明争暗夺要分管这两个部门。

决不能以权谋私；不该拿的一分不拿，该拿的也不一定全拿；不该得的好处一点不要，该得的好处能让则让。这是赵亚夫给自己定下的“铁规矩”。几十年来，他始终遵守这个“铁规矩”，丝毫无犯。

20世纪90年代初期，所里创收有了一定的积累，就砌了四栋小楼套房。这四栋房子，无论怎么个分法，作为所长兼党委书记的赵亚夫，都应该分到一栋；作为“一把手”，所里的创收主要是在他手上搞上去的，他住进去，不会有什么闲话。但在开党委会议和所长办公会讨论房子分配的时候，赵亚夫说：“我首先声明，我坚决不参加分配！我早就给自己立下了规矩，生活待遇和普通科技人员一样！我请求理论上属于我的那栋分给老所长张奎凤。”张奎凤是新中国成立初就参加工作、曾经担任过所长的退休老专家。大家看他的态度十分坚决，就同意了他的请求。

赵亚夫在镇江农科所工作期间，和普通科技人员一样，一直住着

50多个平方米的普通房子。两个儿子大了以后，家里就显得挤了，但他从来没有换过房子。

几十年来，赵亚夫还给自己定下了“三不”的规矩，就是不接受变相收费采访；不向收版面费的刊物投稿；除老同志祝寿和大学生“村官”结婚以外，不参加宴请活动。用公车出差，他已数十年不报销差旅费补贴。多年来，由他主持、经手的项目经费以数千万计，但他没有从中谋取过一点私利。

2006年，戴庄村上马了300多万元造价的有机大米加工厂工程。赵亚夫严格按照市场价格预算造价，不“揩”承包商的“一滴油”，连一根烟都没抽过、一滴酒都没喝过。承包商非常感动，说他从来没有经办过这么清白的工程。工程建设过程中，砖瓦突然大幅涨价，承包商主动提出仍按合同价结账，这就是人格的感染力。

对农民，赵亚夫坚持不收技术指导费、不搞技术入股、不拿任何报酬。许多由赵亚夫担任顾问、亲手指导下搞起来的经济实体如科技园、合作社，退下来以后、“无官一身轻”的赵亚夫完全可以领取顾问费或者拥有一定股份，从而拥有几千万的身家，但他绝不拿顾问费、绝不占有股份。不仅如此，他还把政府给予他的奖励拿出来补贴农民。2008年，江苏省省政府颁发给他30万元“科技兴农模范”奖金，他把其中的大部分用于购买礼品于春节期间给农民“拜年”，或者购买戴庄合作社的有机大米分发给农科所、村干部等许多为戴庄有机生态园建设作出贡献的人。

2012年3月，无锡一家农业公司多次联系赵亚夫，提出每年支付30万元年薪请他担任公司的技术顾问。后来赵亚夫委托戴庄村党总支书记李家斌与这家公司商谈，同意担任技术顾问，但不拿年薪，希望这家公司每年代销戴庄合作社的有机大米10万斤。而这正是这家公司的业务之一，对于他们来说不但不为难，而且正中下怀，同时又免费得到了一个大家的技术指导，真是“吃了粽子又蘸糖”。合同就这么签下来了。

赵亚夫不但对自己“狠”，对妻子、儿女同样“狠”。

赵亚夫的妻子黄宝华是正规的大专毕业生，有专业，又能干。为了照顾赵亚夫，她从镇江城里调到了句容，在农科所的畜牧场工作，编制性质阴差阳错地从“干部”变成了“大集体”。1977 年，农业部发出通知，集体事业单位的职工，比照相关条件，自己有职称，有论文，业务上拿得起来，可以转成干部。黄宝华完全符合条件。但赵亚夫当说，我是单位的领导，给你转了，有开后门之嫌。就没有给她转。干部没有转成，工资级别就一直上不去，人家加工资，黄宝华只有干瞪眼。直到 6 年后，在大家的一直催促下，黄宝华才转成干部编制。

黄宝华在农科所从事畜禽研究，每天扫猪圈、放鹅，很辛苦，年终还拿不到奖金。有人跟她讲：“叫赵所长帮你换个工作吧！”黄宝华回答说“我才不跟他讲哩，他这个人是不会听的，弄得不好还得被他‘教育’一番。”在办公会上，有位领导也曾提出类似建议，被赵亚夫拒绝了。妻子没有得到他的照顾，赵亚夫却照顾了不少有困难的科技人员和农场职工，帮助他们子女上学或就业、夫妻异地分居调到一起、家属户口从农村迁入城镇，用自己的钱、粮票接济困难工人等等。这些事，赵亚夫从不在人前表功，更不收受任何谢礼。

赵亚夫的小儿子赵小容有一段时间失业在家，找不到满意的工作。一位朋友找到他，要跟他合作开发一个农业项目，这是一个涉外项目，前景很好。赵小容心想，父亲是顶尖的农业专家，而且“赵亚夫”三个字就是一笔巨大的无形资产，如果父亲支持搞一个农业公司来开发这个项目，想不赚钱都难。当他向父亲说出这一想法时，被赵亚夫断然拒绝。赵亚夫对他说：“我的技术和时间全部属于农民的；‘赵亚夫’如果具有无形资产价值的话，也是属于农民的。你不要搞农业方面的公司，更不能利用我的影响力来谋取利益。你还是应聘到一家单位，安安稳稳拿工资生活吧。”赵小容没法，只得自己应聘到一家公司，成为一个“工薪族”。

——做人做事很“实”。

赵亚夫出生在苏南农村的一个普通农民家庭。四岁那年，母亲罹病去世；父亲外出谋生，小亚夫被接到外婆家。外婆是一个勤劳朴实的家庭妇女，经常给他讲一些善恶有报、诚实守信的故事，加上淳朴乡风的熏染，赵亚夫自小就养成了踏实做事、诚实为人的观念。有一年，小亚夫借了同学一本图画书，天黑了，非要去还书，说是答应了人家的，家人只好摸黑送他去了同学家还了书。

后来赵亚夫学了农业专业、从事农业科技研究和推广，长年累月脚不离土地、眼不离庄稼、身不离农民，也像土地一样厚重实在，像庄稼一样朴实无华、默默奉献，像农民一样淳朴善良、为人实诚。赵亚夫常说，土地是最诚实的，只要你辛勤耕耘，她就会给你收获，种瓜得瓜、种豆得豆；农作物不会说话，却是最老实的，只要认真对待它，它就会真实对你，向你显示自己的生长发育规律，掌握了这些规律，就能出研究成果。社会上做人，也是这个道理，以诚相待、得之以诚；当然，与人打交道更复杂，但世上毕竟是好人多，会善有善报的。

赵亚夫的“实”，首先表现在掌握真才实学，练就过硬本领。赵亚夫一生酷爱学习，终身学习，学习已经成为了他的一种生活方式和顽强习惯。当然，赵亚夫的学习，除了手不释卷、笔不停书之外，更注重在实践中学习，处处留心皆学问。

赵亚夫在宜兴农林学院学的是农学，在当时身体不好、生活条件极其艰苦的情况下，仍然刻苦学习，每门功课都是 5 分。后来分到镇江农科所，师从任承宪，主攻稻麦育种与栽培。他悉心钻研业务，不怕被别人视为“白专”，啃书本、查资料、做试验，该怎么做就怎么做，业务上提升很快。“文革”开始后，到处在“造反”，绝大部分人都无心做业务，但赵亚夫偷偷地看书，悄悄地钻研。利用“跑面”的机会，了解农业生产状况，了解农民生活状态，观察农村社会实际，思考生产关系与生产力的种种不适。这样的“厚积”对于他后来从事农业经济的研究打下了很好的底子。“文革”对绝大部分人而言，是业务荒芜的岁月，而对赵亚夫而言，业务并没有受到太大的影响，甚至在某些方面还有所精进。他和同事们选育的“7263”和“群众 42”小麦，受到了省、地区科学大会的表彰，主要工作就是在这期间做的。同时期还试验成型了丘陵麦田湿害防御技术、小麦低产变中产栽培技术、水稻稀插壮秧栽培技术等，这些成果，有的获国家农业部一等奖，有的获江苏省重大科技成果奖，有的获省农科院技术改进奖，有些成果，至今仍在全省水稻生产中发挥作用。

在留学日本期间，年过不惑的赵亚夫，硬是凭着超人的毅力攻下了日语，达到了农业日语方面的一流水平。在日本，赵亚夫感觉自己掉进了知识的海洋，白天干活，晚上就忙着学习。当地的图书馆是他常去的地方，“逮”着什么书都看。有时候也去日本的一些学校上中文课，作为报酬，学校就给赵亚夫发一些书券，赵亚夫就用它们换书读。日本的书太贵，赵亚夫买不起太多，就到朋友处复印资料。一年后，赵亚夫回国时带了 13 箱学习材料，其中三分之二都是复印件。《现代农业》是日本发行量很大的农业杂志，里面介绍的都是日本最先进的农业技术和农业理念，日本朋友们知道他爱看，就定期买来送他。甚至在他回国后，朋友们还定期购买然后集中给他邮寄到镇江，一直持续了很多年。后来赵亚夫的经济条件好转，才要求他们不要再寄，改为自己订阅。2004 年 7 月，亚洲稻鸭共作会议召开期间，日本农山渔村文化协会的专务理事（相当于协会“一把手”）坂本尚到镇江农科所考察，在赵亚夫的办公室里看到了积累 20 多年的《现代农业》。当时，坂本尚激动得掉了眼泪，说话都有点颤抖了，原来《现代农业》恰好就是协会的出版物之一。赵亚夫的学习精神让他感动，坂本尚当即表示，以后只要赵亚夫需要，协会免费提供书籍和音像资料。

从日本研修归来、正式履职农科所所长之后，为了实现“水田增粮、岗坡致富”的设想，适应所里研究结构的调整，赵亚夫先后研究、学习了草莓、葡萄、桃、梨等经济作物的栽培技术。其中，草莓的研究水平和成果，可以说能执全国之牛耳；其他的也达到了一流的水平。另外像有机农业、立体种养、生态农业等，赵亚夫也有着精深的造诣。后来在农业经济方面的研究达到了很高的水平，有着许多实际的成果（如在农业科技园引入公司制、引导农民成立各种专业合作社等），尤其是“综合性农民社区合作社”的探索与实践，对农村的生产关系和生产力的动态和谐平衡关系提供了一个可复制的样本，将具有里程碑式的重大意义。

50 岁出头的时候，出于工作需要，赵亚夫开始学电脑。50 多岁的人，手眼都不太灵了，但赵亚夫硬是凭着毅力学会了计算机、学会了上网，在计算机上的打字速度不比年轻人低，制作精美的PPT培训教材，图文并茂、通俗易懂，深受农民欢迎。年近六旬的时候，赵亚夫又开始钻研营销学，而且学有所成，不但在理论上见解独到，而且在实际应用中游刃有余，打造了许多成功漂亮的案例。

赵亚夫真正的是活到老、学到老，生命不息、学习不止，直学得满腹“经纶”，练就了一身为农服务的过硬本领。

赵亚夫的“实”，还体现在做事认真严谨，一丝不苟。作为一个农业科学家，尊重规律、严谨细密是基本的素质要求，赵亚夫充分体现出了这样的素质要求。

在他担任农科所所长期间，要求所有的试验必须严格按照程序来做，一步都不能马虎；记录必须翔实客观，不许留有空白；所有的数据必须真实，不能有半点虚头。曾经有个别年轻的科技人员，试验不好好做，记录有“创作”的痕迹，数据有造假的成分，被赵亚夫严肃地批评，并被责令重做。赵亚夫对论文的要求也是这样，论文观点和结论必须来自于真实材料和数据的逻辑推导，绝不允许生搬硬造、东拼西凑。个别科技人员结论先行，然后根据结论从网上宕材料或是“生造”材料数据，遭到赵亚夫的毫不留情的批评。

对于赵亚夫的严谨，句容市天王镇的工作人员杨豪感受最深。有一年，戴庄开始统计闲置地的数量。当10亩闲置土地的统计数字报到赵亚夫手上的时候，熟悉戴庄每寸土地的赵亚夫觉得和自己的预想有偏差。他亲自下田做统计，用了一个下午的时间，丈量了100多亩的土地。种菜的地不比公路，那是坑坑洼洼的，赵亚夫在统计时，一不小心还跌了几跤。杨豪说：“赵老，你年纪大了，腿脚又不好，就让年轻人去量吧。”跟着的许多年轻人也说，让我们来量吧，你在边上指挥指挥就行了。但赵亚夫不肯，亲自丈量统计，结果比原来多出了20亩。

曾有不少新闻单位要来报道赵亚夫，但提出了一定的“条件”，比如给予一定的“赞助”，或者配合做广告宣传。当时赵亚夫经手的经费多的是，但他总是拒绝这样的“条件”，宁可不被报道。学术期刊发表论文要交“版面费”，这已经不是秘密了，而是冠冕堂皇了，不但许多作者愿意自掏腰包，而且许多高校、科研单位也认可这个，可以凭收据给予报销，或者以奖励的形式给予补偿。但赵亚夫对这个总是说不，宁可不发表论文。

做老实人、说老实话、办老实事，是赵亚夫一生的信条。

赵亚夫的“实”还体现在生活俭朴，清心寡欲。赵亚夫不抽烟、不喝酒、不打牌，更别说泡脚、桑拿什么的，那是跟他绝对绝缘。他几乎把所有的时间和精力都用在了工作和学习上，几乎没有个人嗜好。如果要说“嗜好”的话，那就是他喜欢跟农民拉呱，那个时候他很放松，也很享受。

赵亚夫穿着着很不“讲究”，长年累月一条牛仔裤，一件旧上衣，一双运动鞋，这是为了便于下农村、下田地；花白的头发有些蓬乱，那是因为他没有时间打理。2008 年，江苏省委、省政府授予他“江苏省科技兴农模范”荣誉称号，在南京召开表彰大会时，他竟没有一件像样的西装，而穿着便装上台领奖与现场的庄重气氛显然不符，也显得不够尊重。情切之下，陪同他去的镇江市科协负责人只好把自己的西装借给他，这才圆了场子。

他的妻子黄宝华有时会“抱怨”，自己爱上的是一个“不回家的

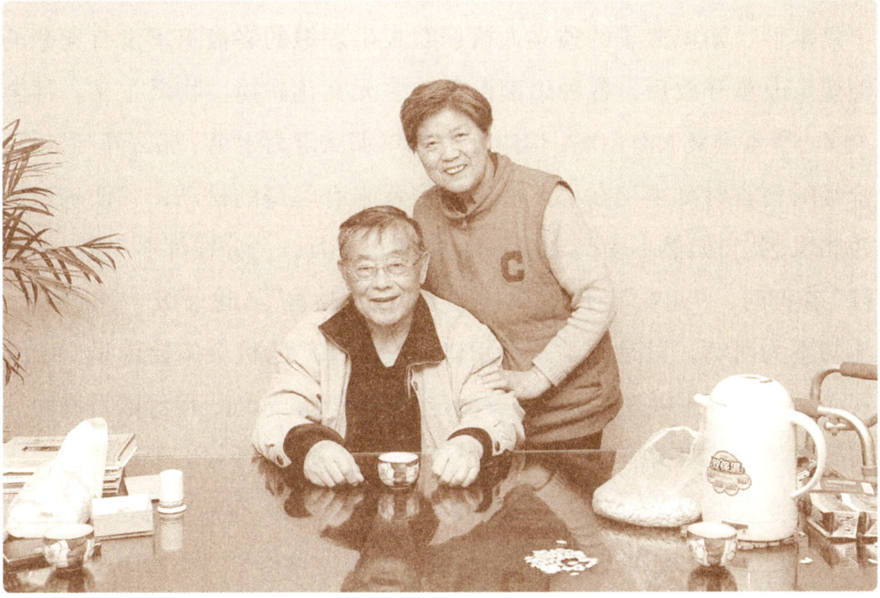

赵亚夫与黄宝华晚年幸福生活

人”。“他每天早上六点起床，吃过早饭就往农村跑，回来吃晚饭后看一会新闻联播，然后就一头扎进书房，直到深夜。”但是黄宝华深知，赵亚夫是一个很重情义的人，他对妻子儿女爱得很深，那是一种男人的装在心底的厚重之爱，不轻易表露，却从不移易。成天见不着人影，黄宝华唯一担心的是他的身体，而不是其他；其他方面根本用不着担心，他绝对是一个用情专一、很负责任的好丈夫。所以从内心深处，黄宝华是很有安全感和幸福感的。

——意志坚如钢铁，韧性犹如钉子。

赵亚夫的“三观”、理想、信念，自幼至老，未有移易。随着时代变迁、阅历丰富，有过催化、强化、固化，却从来没有变化。这是非常了不起的。有的人经住了枪林弹雨地考验，却在进城后经不住金钱美女的诱惑而腐败变质；有的人在极“左”的恐怖气氛下，不惜出卖亲人朋友、出卖良心而求得一时之荣；有的人在改革开放后，忘记了曾经的誓言和所抱宗旨，“乱花渐欲迷人眼”，迅速地堕落下去。当然，这些都是极端的例子，对于绝大多数的普通人来说，能够做到一生保持“三观”端正、理想信念终身不变者，寥寥也。而赵亚夫就是其中的寥寥者。“文革”对知识分子是一场噩梦，也是对人性的一场考验，赵亚夫的良心、善良本性、知识分子的独立人格、对人生理想的终极追求没有丝毫的嬗变。改革开放后，各种思潮汇聚，多元文化碰撞，物质主义、拜金主义、享乐主义大有市场，但赵亚夫仍然那么定力十足、那么静气自养，曾经的誓言时刻牢记在心，抱定的宗旨未有丝毫的松动，“任尔东南西北风，我自岿然不动”。经手的经费何止千万，一分钱都不“捞”；“大权”在握时，“谢礼”何其多，一律不收；“高官”（正厅级）令人艳羡，他却不为所动，只是为了一个承诺；“厚禄”的机会俯拾皆是，统统视而不见。做到这些，需要何等的定力、何等的静气、何等的自制力、何等坚强的意志和坚定的信仰？

赵亚夫因为受到亲见农民饿死、亲见中外农民生活悬殊这两次“刺激”，发誓要让农民过上好日子。他一生就做这件事，不做第二件事。为了这件事，为了那个誓言，他一辈子沉在农村，与农民不离不弃，吃尽千辛万苦，放弃了很多很多。

当初研究所调整研究结构，加强果蔬和畜禽研究，这在全省是“第一个吃螃蟹”，好多人不理解，甚至有人写信告状。但是赵亚夫不计个人得失毁誉，顶住了压力，因为他看得很准，只有这样调整才能让农民富起来。后来的事实证明，他当初的决策是正确的，茅山地区的农民因为调整产业结构而带来了很大的实惠，大大加快了小康和现代化的进程。后来推广有机农业，引导农民成立合作社，也是费尽了心血，让很多农民受益，使很多农民实现共同富裕。退休以后，他不顾年老体弱，来到最早穷的一个山村蹲点，探索不靠工业、就靠发展现代高效农业也能使农民过上小康生活、使农村实现现代化，而且还能做到环境友好、生态平衡、乡村美丽、民风和调。当时他提出这个想法时，很多人不理解；有的虽然表示理解，说这个想法很好，但是太慢了，穷其一生未必能够实现。所以对他这个设想，看好的人不多，支持的人也不多。但赵亚夫不管不顾，毅然决然地来到戴庄，像愚公移山一样探索实践。十五年如一日地风雨兼程、日晒雨淋、辛勤劳作、呕心沥血、不懈不怠，终于把戴庄从一个最为贫穷落后的山村带成了一个已经实现小康、稍加把劲就能基本实现现代化的美丽、富饶、文明、和谐的村庄，为类似的乡村描绘了一幅可临摹、可复制的美好愿景蓝图。

到了中晚年，由于积劳成疾，赵亚夫的腰椎间盘突出很严重。腰椎间盘突出不是什么大病，但痛起来还真要命，由腰痛牵连到腿痛，不能走路、行动不便。疼痛可以忍受，而让赵亚夫难以忍受的是，不能走路就不能走向田间地头，不能站立就不能为农民示范讲解，不能行动就不能与农民打成一片、为农民奔波忙碌。他曾尝试过推拿针灸，各种各样的方法都试过，还是不能根除，时不时地就会发作。躺着静养，可以减缓痛苦，但赵亚夫心中装着那件终身为之奋斗的大事，哪里躺得住？哪里能做到安心静养？常常是咬着牙挺住，咬着牙为农民讲课，咬着牙为农民示范讲解，咬着牙走村串户组织发动农民，咬着牙上山下地、栉风沐雨与农民一起劳动，咬着牙坐在电脑前为农民起草合作社章程或写调研报告为农民鼓与呼，咬着牙为农民的事情辗转颠簸奔走城乡。他的左腿不听使唤，走路经常跌跤，这使周围的人很是担心，也很心疼他，可他却不当回事，跌倒了再爬起来，拍拍身上的泥土，该干嘛继续干嘛。有时候明显看得出来，他在忍受着剧烈的疼痛，豆大的汗珠满头满脸地滚落下来，他是凭着一种毅力忍耐着、坚持着。

一辈子认准一件事，朝着一个目标，从来没有动摇，从来没有彷徨，矢志不移、百折不回、披荆斩棘、攻坚克难，没有钢铁般的意志，没有超乎寻常的毅力，没有钉子般的韧劲，是万难做得到的。

——有着中国传统知识分子的脊梁。

中国传统知识分子，在古代叫作“士”，是一个有着特殊人格和精神气质的群体。其主流的性格特征主要体现在三个方面。

一是以天下为己任，有着家国情怀和慷慨之气。

中国传统知识分子，总是抱着“天下兴亡，匹夫有责”的社会责任感，总是“先天下之忧而忧，后天下之乐而乐”，“居庙堂之高而忧其民，处江湖之远而忧其君”，身被浓浓的家国情怀，胸怀一股慷慨激昂的豪迈之气。

这一点在赵亚夫身上体现得最为明显。赵亚夫是一名基层农业科技工作者，从一名普通的农业科技推广人员做起，做到课题组长、做到所长。无论担任什么职务，无论做什么，无论在哪里，他的心里总是装着天下的农民和广大的农村。还在求学期间，他看到农民饥饿而死，便立志发奋读书、练就本领，将来使农民不再挨饿；当农民温饱之后，便想方设法让农民富裕起来；当农民富了之后，便百思千虑让他们居美丽乡村、过文明生活。帮助某一地区的农民实现小康之后，还想帮助天下的农民普遍实现小康、实现现代化。牺牲“小我”，一切为了农民这个“大我”；牺牲“小家”，一切为了“三农”这个“大家”。总是快乐着农民的快乐，痛苦着农民的痛苦，忧思着农民的忧思，思考着农民的思考。在人生穷仄之时，忧怀天下的农民和广袤的乡村，暗中观察思考、修功炼力，期冀有朝一日有所作为；在人生通达之时，尽其所能、倾其所有为“三农”竭诚奉献。即使在退休之后，仍然在苦苦奔走探索，把自己所有的余热剩能贡献出来。

二是修身以致良知，由良知而奉行大义。

中国传统知识分子普遍注重修身，由修身而致良知，由良知而至高尚的义利观，自觉奉行大义。孟子说："我善养吾浩然之气。"实际上是在修心修为。孟子还说："生亦我所欲也，义亦我所欲也。二者不可兼得，舍生而取义也。"把"义"看做是一种理想的人格，是君子应当矢志不移遵循的道德规范。重义轻利、舍生取义、正道直行、自强不息，一直是中国传统知识分子的主流价值观。

赵亚夫自幼至长，一直注意自己的修身和修为，由此推演进步，早早地就确立了为"三农"奉献一切这个"大义"，并为这个"大义"践行终身。

赵亚夫一辈子重义轻利，一生不聚财，视金钱财赂如粪土。他指导农民搞现代高效农业而发家致富，自己不但不收农民一分钱，还常常在节日里带着礼物看望农民。他指导引导农民成立了专业或综合性的合作社，自己从不拿一分钱的报酬，也不占有任何的股份，有时还住合作社里贴钱。他每年都给农民讲课若干次，却不收一分钱的讲课费。他放弃了很多高薪邀聘的机会，只为要行心中之"义"。在和平年代，"舍生取义"并不是一定要牺牲自己的性命，而是泛指在个人利益与"大义"之间必须"二选一"时，舍弃前者而选择后者，从这个层面来理解，赵亚夫做到了。每当个人利益、家庭利益与所行"大义"发生冲突时，赵亚夫总是舍弃个人利益和家庭利益而选择所行"大义"，并且毫不犹豫。

三是独立思考，具有独立人格和内心的确信与定力。

中国传统知识分子对世事万物总有自己的独立思考与见解，保持自己独立的人格，绝不盲从、绝不人云亦云。"不以物喜，不以己悲"展示的是中国传统知识分子的淡泊宁静、从容不迫的群体心态。"路漫漫其修兮，我将上下而求索"展现的是中国传统知识分子的探索真理、独立思考的集体身影。自古以来，多少士大夫"文谏死"，体现的是一种把真理看得比生命重要、为了追求真理而将生命置之度外的精神操守。历代都有失意在野的"清流派"，他们不畏权贵，品评臧否人物，抨击时政弊端，对当政者起到有效的掣肘制衡作用，表现出不趋炎附势、不随波逐流的独立人格。

时代在变迁，赵亚夫已用不着去当“清流派”，也用不着“文谏死”，但一直保持着独立思考、从容淡定的精神气质和心态。在那极“左”的年代环境中，赵亚夫凭借着独立的思考与观察，看出其中的弊端与症结所在，所以总能把持住自己不跟风、不失节。后来在全省率先提出调整研究结构，引导农民调整农业产业结构，也是冷静观察、独立思考之下产生出的思路。在农业发展与农民增收的关系上，赵亚夫认为，“引进几个老板，流转一下土地，上几个农业项目，农业水平一下子就上去了，但这样做，富起来的只是少数人，绝大多数农户尤其是低收入农户的增收致富问题无法解决”，因而不主张这种 GDP 被拉高、人均收入被拔高、少数人暴富而普通农户并没有得到实惠的“虚高模式”。在农村土地流转问题上，赵亚夫认为城市非农资本到农村通过流转获得土地会给农民带来很大的风险，增加农村社会不稳定因素。“多数地方来说，农村地区、农村居民仍然是大头。这类地区农村劳动力转移相对较少，即使转移也不稳定，说不定什么时候又会返回农村务农。在这类地区，土地仍然很紧，如果城市非农资本下乡获得大面积的流转土地，就会出现城市非农资本与当地务农农民之间争夺土地的现象。”“要不了多长时间，土地流转出去的农民会发现上当吃亏，现实利益会使他们要求重新变更土地承包经营权流转关系。”因而他主张，“土地承包经营权的流转，应当主要在农户之间进行，流出土地的农民转向非农产业，流入土地的农民则变成专业大户、家庭农场、农民专业合作社成员，成为适度规模经营的主体”。同时他主张，“在我国、我省人多地少的条件下，为了让更多的农民富起来，在土地承包经营权流转时，要适当地搞均田制，要控制家庭经营规模过大，防止贫富差距过大，防止少数人过多地侵犯多数人的利益”。这些都是独立思考后得到的真知灼见，也是独立人格和内心确信之下才会有的敢言直书和正道直行。

——对“三农”事业贡献巨大。

20 世纪 80 年代初，赵亚夫从日本带回 20 株原种草莓苗，带着农科所的一群年轻人来到茅山老区，手把手教农民种草莓，提出了“水田增粮、岗坡致富”的丘陵山区农业发展新思路，帮助老区农民调整农业产业结构，不久就出了大批万元户，富起来的农民盖起了老区第一批被称作“草莓楼”的楼房。30多年来，赵亚夫和他的同事们，在句容及省内其他地区，累计推广现代高效农业250万亩，帮助农民增收200亿元。从国外引进了草莓、葡萄、水蜜桃、“越光”水稻等先进品种和栽培技术170多项，获科研成果奖70多项。他引进的优质农产品推广到全国20多个省市，让百万农民脱贫致富。编写应时鲜果栽培技术丛书5本，编写培训资料100多万字，培训农民达30万人次。

2001年，从领导岗位上退下来后，赵亚夫又到镇江最穷的戴庄村，探寻贫困地区实现小康、推进农业现代化建设的路子。2003年戴庄村农民人均纯收入不到3 000元，比句容全市平均低22%。赵亚夫带着助手们在戴庄村办起有机农业示范园，开始培养示范户，发动农民参与有机农业，尽快改变落后面貌，实现共同富裕。2006年，戴庄村组建了生产、加工、流通一体的综合性农村社区合作社。一二三产融合发展，后来全村95%以上的村民都入了社。合作社成为村级党组织发展农村经济的抓手和为全体村民服务的平台。合作社整体安排作物布局，组织社员以家庭为单位，从事有机农业生产。各家还种各家的田，合作社提供各种服务。加工、流通等一家一户难办的事，由合作社来办。合作社组织社员种植了500亩有机桃，每亩净收入8 000元；种植了有机稻3 000亩，每亩净收入2 500元，都比过去高了4 ~ 5至倍。还种植其他有机果树、蔬菜、茶叶、山芋等1 000亩。另外还发展鸡、鹅、羊养殖，培育山顶成为林业生态系统，培育山坡成为林、草、畜生态系统，培育水田成为稻、草、畜生态系统。2014年全村农民人均纯收入达到1.95万元，是10年前的5倍多，已比句容全市平均高出16%，出现了一大批年纯收入7万~ 10万元的农户。合作社为农民采购生产资料，社员种稻生产成本由合作社垫付，所以贫困户只要有弱劳动力就能脱贫。农村中很棘手的扶贫难题，成为戴庄合作社的一项日常工作。合作社从销售利润中提取的公积金，成了全村重要的集体收入。在村民大幅增收同时，村级集体经济得到了相应发展。2014年村级集体经济收入已达 190 万元，固定资产已达 1 000 万元。

以农民作为农业现代化建设的主体、以带领农民共同致富奔小康为核心追求、以“综合性农民社区合作社”以基本骨架、以“行政村 + 合作社 + 示范园 + 农户”为基本结构、以发展生态有机农业为主业而让农业成为一个有奔头的产业的戴庄经验，对广大农村具有高度的可借鉴性和可复制性，得到了中央农村工作领导小组办公室、国家农业部、国务院扶贫办、全国供销合作总社、江苏省委、省政府的肯定，目前正在省内外推广。

第二节 英雄暮年 壮志不已

曹操在《龟虽寿》一诗中写道：“老骥伏枥，志在千里，烈士暮年，壮心不已。”用这四句诗来形容赵亚夫现在的状况和心境，颇有几分相似。曹操的“志在千里”与“壮心不已”是统一天下、拯救黎民，而赵亚夫的“志在千里”与“壮心不已”则是普天之下的农民都能过上美好的生活。

岁月无情，任何人都难以抵挡岁月的侵袭，只能在无奈的心情中慢慢变老。秦始皇雄才大略，自诩盖过三皇五帝，派方士求长生不老药，结果只是枉然，只活了 50 多岁。毛泽东堪称一代神伟，文治武功，冠绝古今，但在晚年也无法抗拒衰老，只能徒叹“而今江山红遍、谁来守”。

生于 1941 年、如今已是 75 岁的赵亚夫，不得不承认自己老了；不得不面对这个事实。当年“跑面”的时候，一天经常徒步行走上百里，现在蹒跚的脚步走几里路已是气喘吁吁。以前跟农民一起干活，样样拿得起来、事事不落人后，如今有些重活确实干不动了。腰椎间盘突出是老毛病了，以前不当回事，抗抗就过去了，随着年岁渐老，有时还真抗不住了，针灸、推拿什么的都用上了。高血压、白内障之类的老年病也如期而至地“关照”到了他。

以赵亚夫的意志与毅力，病痛算不了什么，衰老也不当回事，唯一让他放不下的是他的夙愿还没有完全实现。他的夙愿就是让农民过上好日子。随着时代变迁，“好日子”的标准也与时俱进。最初的“好日子”就是吃饱穿暖，不再受冻挨饿。后来农民的温饱解决了，“好日子”就是过上富裕体面的生活。现在，“好日子”的要求更高了，不但农民的生活要足够富裕，而且要有文明的思想和文明的生活方式，同时生活的环境没有污染，有一个山清水秀、空气清纯的美丽家园。第三个层次的“好日子”正是“英雄暮年”的赵亚夫为之“壮志不已”的。

赵亚夫来到戴庄，耗时15年，费尽心力，就是要在戴庄试验让农民从第一个层次的“好日子”上升到第二个层次的“好日子”，再攀升到第三个层次的“好日子”。第一个层次、第二个层次都做到了，现在正在通往第三个层次的攀登路上。现在赵亚夫有两个愿望，一是让“戴庄模式”更加完善，使戴庄基本实现现代化；二是让“戴庄模式”尽快地被借鉴、被复制、被推广，惠及更多的农村与农民。

赵亚夫自感年老体衰、来日无多，为了实现这两个愿望，一方面他争分夺秒地工作，力争在有生之年离自己的愿望近些再近些；另一方面他苦心孤诣地培养接班人，希望有更多的“小亚夫”出现，来完成他可能未竟的事业。尤其是对于后面一点，他的心情尤为迫切，甚至有时显得有些急躁。

然而，世上难以皆亚夫。

赵亚夫是一个“现象级”的人物，是国家级的“道德模范”，是代表新时期最佳行为规范的“时代楷模”，体现了很高的道德水准和行为规范。能做到他这种程度的，在人群中屈指可数。对于绝大多数人而言，不能望其项背，只能可望而难以企及的。

稍具社会学知识的人都知道，社会从两个层面对人的行为提出规范要求，一个是道德的层面，一个是法律的层面。它们是两种重要的社会调控手段。法律是国家制定或认可的，由国家强制力保证实施的行为规范，以规定当事人权利和义务为内容的具有普遍约束力的社会规范。而道德是人们自觉形成的某些行为共同意识，它作为调整社会关系的一种方式，通过社会风俗和人们的内心信念来实行。道德调整对法律调整起到一种补充作用，较之法律而言，道德调整少了一些刚性的约束力，也不强制人们去遵守执行。法律是最低限度的道德；而道德通常是法律的最高价值追求。一般而言，不能以法律的标准去执行道德，否则就会混淆法律与道德，结果是“法将不法，德将不德”。

世上的人群大致是呈布口袋型的——两头尖、中间鼓，即绝大部分人的道德水平是介于道德与法律之间的，超出道德与低于法律的都是小部分人。而赵亚夫则是代表了当今中国的最高道德和行为规范标准，是处于布口袋形的道德尖端位置，远远超过了一般的社会道德水准。我们可以号召人们见贤思齐，以赵亚夫为榜样、向赵亚夫学习、向赵亚夫看齐，但不能以赵亚夫的道德水准为卡尺，去要求每一个人都成为赵亚夫，那样既不现实，也不合情理。

晚年的赵亚夫很希望通过自己的人格魅力的感召，通过自己的传、帮、带，能出现一大批“小亚夫”，来继承他的衣钵、完成他的宏愿。事实上，确有相当一部分人在他的精神感召下，在他的人格魅力吸引下，一直学着他的样子、跟着他风雨同舟、相向而行，并将接过他的接力棒慨然前行。

糜林，一个具有代表性的“小亚夫”

在茅山，在句容，在镇江，乃至在其他许多地方，出现了许许多多的赵亚夫式的人物，人们称之为“小亚夫”。他们之中，有靠勤劳致富并带动、影响周围农民共同致富的新型职业农民，如王柏生、纪荣喜、杨修林、方继生父子、杜中志父子、王巧娣姐妹等；有团结带领农民奔向小康和现代化的农村基层干部，如李家斌、张冬才、方荣法、聂永平等；有具备现代科学文化知识和理念意识，决心扎根农村干一番事业的大学生“村官”，如鲁学谦、姚伟超、徐敏、汪厚俊、吴世玲等；有先后跟着赵亚夫长年走村入户搞科技推广和服务的团队成员，如潘跃平、糜林、芮冬明、刘伟忠等。他们虽然没有达到赵亚夫的高度，也不如赵亚夫做得那么纯粹和极致，但基本上承学了他的精神本原，正在踩着他的脚印，沿着他走过的路径奋然前进。本书由于篇幅所限，不能一一详细介绍他们，只选择赵亚夫的“嫡传弟子”之一的糜林略作介绍。需要说明的是，介绍糜林并不表示其他的“小亚夫”都不如他，只是出于篇幅的原因，只能通过他这个“一斑”来观整个“小亚夫”们之全豹了。

糜林，生于1963年，1987年毕业于句容农校。是赵亚夫亲手把他招到农科所的，当时赵亚夫正在农科所大力提倡并践行科技下乡、服务到田，需要充实能吃苦、肯钻研、不计名利、能与农民打成一片的年轻科技队伍，而靡林恰恰都符合这几条。

自从来到赵亚夫麾下后，糜林长期跟着赵亚夫，成为他团队中核心骨干成员之一。受赵亚夫的影响，他把政府最需要、农民最欢迎，对地域农村经济、增加农民收入最迫切的问题作为自己的主攻研究方向，大力开展科技攻关。在梨、无花果、桃、葡萄、草莓、甜柿、樱桃、猕猴桃等应时鲜果领域，开展了卓有成效的研究，先后主持省市科研课题20多项，形成了一大批创新科技成果。在赵亚夫的指导下，作为主要完成人的他，曾获省科技成果转化二等奖1项、省科技推广三等奖1项、镇江市科技进步一等奖1项、镇江市科技推广一等奖1项。还和赵亚夫一样，也获得了镇江市民最高的荣誉——镇江市人民奖章。

在培训农民方面，他也学着赵亚夫的样子，在普及推广科技成果过程中，他把着眼点放在转变农民的传统观念和提高农民的素质上，特别是在大力培养专家型农民身上下功夫。这既是为了确保科技成果示范取得成功，也是为了培养农村乡土人才，建设农民自己科技队伍的需要。围绕应时鲜果支柱产业的重点项目，以提升果品档次、提高市场竞争力为目标，每年在不同农时季节，开展灵活多样的培训活动，既讲技术又讲市场。

他采取集中讲解和田间实际操作相结合的方式，经常深入到农民的田间地头，针对不同田块的具体情况具体对待，使农民看得见、摸得着，直观易懂，效果更好。实际操作过程中更是根据作物生长的不同发育阶段和关键时期分别进行田间演示，在演示过程中他耐心细致、不厌其烦地手把手教农民，直到把农民教会为止。

29 年来，他每年培训农民 2 000 人次以上，培训农民专家 50 人次以上，并通过这些培训出来的农民专家进一步影响带动周边群众，形成了农民专家培训农民的二级放大培训格局。经过他多年来的努力，终于带出了精品砂梨种植户 150 户、无花果种植户 400 户、水蜜桃 250 户、草莓 150 户、葡萄 148 户，累计 1 098 个农户，年户人均纯收入增加 1 万元以上，每年净增社会效益 3 000 万元。

2012 年，上级委派赵亚夫与糜林帮扶丹徒区世业镇先锋村农业园。这个农业园原来是由一个浙江老板承包的，一开始种的是西瓜，因为枯萎病久治不愈，西瓜种不下了，便改种菜秧子；但菜秧子人工成本很高，赚不到钱，浙江老板就把园子退给了村里。村里没人愿意接手，因为承包费不低（每亩 2 000 元），村里人都怕落得与浙江老板一样的"种啥都不赚钱"的下场。

赵亚夫与糜林经过实地考察与论证研究，认为在这个园子里搞高架草莓比较合适。高架草莓是赵亚夫团队于 2007 年开始搞的，它的草莓产量不低，效益很高，省工省力，适合老龄农民创业致富，适应观光农业发展形势，有利农民适度扩大草莓种植规模，大幅度增加收益，

赵亚夫在指导高架草莓种植

受到了草莓种植户的欢迎。这项技术是从日本引进的，在引进过程中有所创新，例如在草莓架子底下培养食用菌，因为大棚的温度很适合食用菌的生长，而食用菌因为光合作用会释放二氧化碳供应草莓所需，两者实现互足共赢；同时它又充分利用了空间，增加了经济效益。园区以种植高架草莓为主，另外还可以种一点橘子、葡萄等。没有人承包怎么办？他们就动员村支部书记聂永平带头承包，成功以后能够起到带动、示范效应。“做给农民看，带着农民干”，聂永平觉得这是自己义不容辞的责任，便答应承包。

在具体工作中，赵亚夫在宏观指导上多一些，糜林在现场实施多一些。当时观察大棚的保温功能，认为保温效果达不到高架草莓的要求，便指导对大棚草莓进行改造。然后指导发酵底质，最后指导苗子移植。同时指导食用菌的复合栽培。到了2013年，高架草莓成功实现定植，当年就获得每亩5万元的收益，刨去各种成本，每亩能获纯利3万多元。

糜林教授在高架草莓定植初期管理

2014年12月13日，习近平总书记亲临该园区视察，对这一创新科技成果给予了高度评价。现在有十几个农民在这里学习种植高架草莓，以后园区会鼓励他们自立门户、自己去发家致富。

但是，客观地说，也有相当一部分人，出于种种原因只能陪他“走一程”。这也没什么，各人有各人的情况，各人有各人的追求，各人也有各人的难处，难以要求每一个人都像赵亚夫那样为农民无私奉献、为“三农”鞠躬尽瘁。对此，赵亚夫一方面表示理解，另一方面也有些许的失落感与无奈感。

赵亚夫的失落、无奈甚至急躁，不是没有理由的。目前，基层农业科技人员年龄老化、年轻农技人员匮乏甚至出现人才断档，严重制约了先进农业技术的推广应用，掣肘了农业生产的发展。

农业发展一靠政策，二靠科技，三靠投入。而科技主要体现在科学研究和科技推广两个方面，这两个方面缺一不可。李克强总理指出：“科技创新要“顶天立地”。‘顶天’就是力争在科技关键环节取得原始创新成果；‘立地’就是面向大众创业万众创新，促进科技成果转化为现实生产力，解决科技与经济“两张皮”问题。‘顶天’与‘立地’互为依托、相辅相成”。

我们都知道科学技术是生产力，但如果说得更准确一些，则是得到推广应用的科学技术才是生产力。目前我国大量的农业科研成果（据报道占 80% 以上）不能得到推广应用，不能转化为生产力，不能创造经济效益和社会效益。一头是生产需要，另一头是成果闲置，不能不让人扼腕叹息。

造成两头不见面的原因当然有管理机制的问题，但是科学技术普及推广人才断档、人力不足也是一个重要因素。基层尤其是乡村情况更是糟糕，一方面许多先进的农业高新技术浮在大专院校、农业科研单位找不到推广渠道，另一方面农民急需的生产方面的问题没有人去解决，导致新技术与生产实际严重脱节，极大地制约了农业生产发展。

造成基层农业推广人才断档、年轻农技人员匮乏的原因，一是晋升通道狭窄，二是待遇没有跟上来。在基层做农技推广工作，走村串户、日晒雨淋，拿不出科研成果，更没时间写论文，评定职称很难，其他的上升通道也很有限。别说是普通农技人员，大家者如赵亚夫，推广工作成绩斐然卓然，研究员的职称也是评了三次方获通过。待遇方面，所得到的与所付出的劳动、所作出的贡献很不相称，另外还普遍存在着干多干少一个样、干好干坏一个样的问题，挫伤了基层农技推广人员的积极性、主动性和创造性。这使得基层农村普遍留不住人才，更留不住年轻的农技人才。“绕树三匝，何枝可依”，很多年轻人干了一段时间就走了，基层的乡村留不住他们，只能眼睁睁地望着“孔雀东南飞”。

所以赵亚夫着急呀。

所有关心“三农”问题的人都着急呀。

既然培养造就大批的像赵亚夫那样为“三农”无私奉献、毫不计较个人得失的“小亚夫”不太现实，那么，能不能通过政策法规的激励性体制机制来吸引、引导、鼓励、造就大量的，虽在思想境界上略逊于赵亚夫，但在正当利益的驱动下也能像赵亚夫那样长期扎根农村、为“三农”尽心尽力的“准亚夫”呢？回答当然是可以的。

李克强总理2015年7月27日在国家科技战略座谈会上说，科技人员是科技创新的核心要素，是创造社会财富不可替代的重要力量，应当是社会的中高收入群体。基层农业科技人员是农业技术推广的主力军，在农业增产、农民增收、农村稳定等方面发挥着非常重要的作用，应该享有与其付出的劳动、作出的贡献等相匹配的待遇。

其实，作为市场经济条件下的“经济人”，趋利避害本也无可厚非。以亚当·斯密为代表的古典自由主义经济学家在论证市场经济理论时，提出了一个著名的“经济人假设”，即假设人们从事经济活动是为了谋求自身利益的最大化，但这样的结果却是包括他们自身也没有预料到的，即极大地增进了社会利益，使人们的需求得到不断地满足。历史的发展也充分证实了这一观点。正是一个个的市场主体对财富的不断追求，带来了社会的不断发展进步和人们生活水平的不断提高。恩格斯也说过，物质利益是人类社会发展的基本动因。所以，应该通过体制机制的激励作用，引导、鼓励优秀的人才尤其是青年才俊走向农业生产第一线，走进农民中间为他们竭诚服务。这样，虽然“小亚夫”可能不多，但“准亚夫”们逐渐多起来，也能达到同样的效果。

那么，是不是通过激励引导机制使“准亚夫”们多起来之后，就不再需要“赵亚夫”了呢？

回答是否定的。

世间不可无亚夫。

有一次，赵亚夫与人聊天时，在憧憬农村的美丽画卷之后，他说：“那时，农村就真的成了希望的田野，会吸引更多的人才与资金来农村，将不再需要‘赵亚夫’了。”

赵亚夫说的有一定道理，但笔者不敢完全苟同。“赵亚夫”的价值，并在仅仅体现在引导农民发展多种经营、让农民富起来；也不仅仅体现在帮助农民发展现代高效农业、使农民走向小康；甚至不仅仅体现在创建了以农富农、以发展生态农业为引擎、以综合性农民社区合作社为骨架、以实现农民共同富裕为目标的可复制性极强的“戴庄模式”；更加体现在一辈子扎根基层、一辈子服务“三农”、一辈子忘我工作无私奉献的精神和道德。“时代楷模”和“道德模范”的价值更具恒久意义，即使某一天，“农村就真的成了希望的田野，会吸引更多的人才与资金来农村”，精神与道德的价值仍然不会过时，永远都被需要，永远都不会过时。

一个社会的治理主要靠两个维度，一个是法律的维度，一个是道德的维度。法治与德治，是社会治理中的互是关联、缺一不可的两个轮毂。人作为“社会关系的总和”，既是“经济人”，同时也是“道德人”，两者并不必然会成为矛盾。亚当·斯密以一部《国富论》闻名于世，其实他还有一部《道德情操论》堪称经典。他除了一个经济学家的身份之外，还有一个伦理学家的身份，而且他本人更看重的还是后一个身份。法律是最低的道德，是一道“警戒线”，低于这条线，就要受到惩罚了。我们讲“法治”，是从“警戒线”这个维度来治理的，就是要求人们不要“越线”。但仅仅从这个维度来治理是不够的，也是不行的。“常在河边走，哪有不湿鞋”，人人都贴着法律边缘行走，难免有所“失足”甚至“落水”；另外，法律总是滞后于社会实践的，也不可能细密到对实践中的所有事项都有所规制，所以仅仅讲“法治”，社会就会铤险者众、纠纷堆积、诉争不断、讼累不已，社会矛盾尖锐，乱象丛生。这时就需要有道德的拉动力，来提升人们的道德水平，使人们的行为远离“警戒线”，至少保持一个安全的距离。“德治”的作用就体现在这里，它能起到缓冲社会矛盾、和谐人际关系、减诉息讼和定纷止争的作用。这时“赵亚夫”的价值就体现出来了，他们为社会竖起了高高的道德标杆，使人们见贤思齐、学有榜样，对提升社会的整体道德水平大有裨益。

从社会的核心价值观的真正建立、定型和巩固这个角度来看，“赵亚夫”的作用更是不可或缺。中国历史上以儒家为中心，以道、释为两翼的传统核心价值观，被清末民初的欧风西雨冲击得七零八落。以后一直没有真正地建立起属于我们自己的社会核心价值观。而一个地域辽阔、民族众多、人口庞大的国家，没有一个被广泛认同、自觉接受和践行的核心价值观，长此以往是很危险的。核心价值观是一个国家的重要稳定器，构建具有强大凝聚力感召力的核心价值观，关系社会和谐稳定，关系国家长治久安。实现中华民族伟大复兴的中国梦，必须有广泛的价值共识和共同的价值追求。核心价值观是精神支柱，是行动向导，对丰富人们的精神世界、建设民族精神家园，具有基础性、决定性作用。

十八大以来，我国提出了“富强、民主、文明、和谐、自由、平等、公正、法治、爱国、敬业、诚信、友善”的核心价值观。提出这“二十四字核心价值观”，只是万里长征走完了第一步，要将其变为全体国民的内心确信、真诚服膺并自觉遵守，我们还有很长的路要走、有很多的工作要做。其中的一个重要方面，就是“赵亚夫”们用自己的行为来诠释、演绎这个核心价值观，作为“时代楷模”和“道德模范”为世人提供“活的标本”“身边的榜样”。“赵亚夫”们是活的核心价值观，是会走的核心价值观，是会说话的核心价值观，会演示的核心价值观。他们就生活在普通民众中间，是邻居、是同学、是朋友、是身边人，人们看得到、听得见、摸得着，觉得可信、可亲、可爱，觉得“他能做到，我也应该做到，我也能够做到”。一个“赵亚夫”抵得上十万句响亮的口号，抵得上十万条拉着的横幅，抵得上报纸上的一万篇文章，抵得上电视上的一万个镜头，抵得上广播里的一万条播音。所以说，任何时候都不能没有“赵亚夫”。

后记

在本书即将杀青这际，笔者又一次拜访了赵亚夫。

之前曾经约过几次，均因种种原因没有见成，主要是他的腰腿病发得很厉害，行动不便。今年春节过后，接着便是“两会”，作为全国人大代表的赵亚夫，要准备提案，见面只能推迟了。“两会”期间，一直关注着赵老师的消息。据说中共中央政治局常委、中央纪律检查委员会书记王岐山参加江苏代表团审议时，赵亚夫汇报了在戴庄发展生态有机农业的情况，当他讲到这些年戴庄的龟蛇青蛙老鹰等各类物种已增加到127种，比邻村整整多了107种，各种益虫、害虫、中性虫各占其位、相生相克，根本不用喷洒农药……现场听得津津有味。还听说在“两会”期间，赵老师在各位代表、委员中间积极宣传戴庄的有机农产品，效果很好，许多专家、教授主动找到他希望戴庄专供有机“越光”大米；苏南有几家企业大佬愿意采购戴庄的“野山小村”系列产品；有一家肿瘤医院的院长跟他敲定，戴庄的有机食品定期供应其医院的癌友。听到这些消息，我很感动，就像以前收集素材时的无数次感动一样——他无时无刻不在想着农民、不在想着他的为之生命不息、奋斗不止的“终身大事”。

这次跟他约好在戴庄见面，4月初的一个上午，笔者前往戴庄再次见到了赵老师。

赵老师精神很好，只是腰腿病愈加严重了，两腿几乎迈不开步，需靠全身的力气牵动双腿往前慢慢挪动，每迈一步都是那么吃力，可以看出他在忍受着巨大的疼痛。

落座之后，我又补充采访了几个问题。怕他坐久了腰痛，我不敢多问，提前结束了采访。末了，我关心地问起了他的腰腿之疾，因为在之前听他说要做一个微创手术，不知准备得怎么样了？他说这次“两会”期间认识了扬州一家医院的院长，是这方面的专家，已到扬州做了全面的检查，根据检查的结果来看，光做微创还不行，需做一个小手术，明天或后天就去扬州做手术。

临别时，我目送着他上车，挥手向他告别，心中默默祈祷他的这次手术成功，让他这样的好人健康、快乐、长寿……

后来的几天，我一直记挂着赵老师，几次拿起手机想给他打电话或发短信，又怕他正在手术或正在康复治疗，便又放下了手机。到了第五天，实在是忍不住了，给他发了一条短信，问他的手术情况。他回短信说：“手术顺利，康复有个过程，安心治疗。谢谢关爱！”

手术顺利就好！真为他高兴，真诚地祝愿他这次能够彻底治愈、完全康复！

据我所知，自从中年以后，赵老师一直受着腰腿痛的困扰，饱受折磨。他的这个病根有两个来由，一是长期跟着农民田间劳作，包括高强度的体力农活，积劳成疾；二是长期伏案工作，包括为农民写科普读物、为“三农”问题写调研报告等。两方面因素的叠加，致使他的腰疾比一般人要严重得多。

我在年轻的时候曾在一家农科报工作过，对于赵老师早就闻其大名，仰慕久矣。后来调入政法系统工作，也一直关注着他的消息，知道他为“三农”事业作出了卓越的贡献。这次接受江苏省农科院的委托写他的传记，我感到莫大的荣幸，同时也感到责任重大、“压力山大”，因为他已“上了天”“入了地”，“上了天”就是他已是“国宝”级的人物，“入了地”就是他已在最基层的农民中间有着广泛的好口碑。

在传记写作的过程中，与赵老师有了深度的密切接触，也结下了深厚的交谊。关于赵老师的事迹，媒体有过大量的报道，如果这本传记仅仅是这些事迹的汇集，那是不成功的——至少我是这么认为的。我要力图探求这些先进事迹背后的核心价值，力图寻找他的之所以成为今天之他的最初的精神故园，力图跟踪他平凡而又伟大的一生的心路历程，力图探究他之所为的几大工程的内在规律和本质特征，力图解析“亚夫精神”的实质内涵和普世价值……总之，我要让这本传记配得上赵亚夫这个人，配得上他的高度和深度；如果做不到这一点，我不仅对不起委托单位，也对不起赵亚夫本人，更对不起他所代表的具有丰富内涵和时代导向价值的宝贵的精神财富。有关他的材料，包括他写的文章、他的事迹介绍和我做的采访笔记等等，累叠起来有几尺高，我是一个字一个字地看的，有的地方还反复研阅体会。有的时候，连续几天写不出一个字，一边踱步一边思考、体会、酝酿……赵亚夫博大精深，使我高山仰止，我甚怕自己才疏学浅，思维达不到他的高度、进不了他的深度，唯有勤能补拙、多付几倍的努力来尽量走近他、贴近他、了解他、理解他。

跟他深度接触以后，最大的感受是，他除了有着学者的儒雅睿智、高级干部的宏观通达之外，本质上来说还是一个农民——有着农民的质朴、淳厚、随和、善良、坚韧、执着，这可能跟他出身农家、后来一辈子跟农民、跟土地打交道有很大关系吧。每次见面，感觉到他身上有一种强大的气场，吸引着、感染着身边的人自觉不自觉地见贤思齐，镇江一家大型国企的老总李坚退休后心甘情愿地跟着他为农民做义工，像这样的情况并不鲜见。笔者就有这样的亲身体会，为他写传的过程，也是心灵净化的过程、境界升华的过程。当然，就像许许多多的“小亚夫”一样，我也做不到他那么纯粹和极致，但他无疑是我的一个标杆、一个方向。等我有一天全退以后，如果条件允许，我会用我的律师专长免费为农民朋友们提供法律服务，或者为他们提供法律援助……

我有一种直觉，赵老师肯定是长寿之人——这不是一般性的祝语，而是有着生理心理学原理的。赵老师一生不聚财，视金钱名利如粪土，一个看穿了功名利禄的人，无疑有着非常好的心态，而心态好的人，十有八九会长寿的。唯一让我担心的是他的腰疾，以及工作起来毫不惜力、毫不体已。所以我想对赵老师说一声：多多保重！套用一句老话：“身体是革命的本钱”；有了“本钱”，才能做更多的工作，才能为农民兄弟们做更多的事情。

我坚信，好人终究会有好报的。

我更坚信并真诚地祝福：好人一生平安！

赵亚夫年谱

赵亚夫简介

赵亚夫，生于1941年4月，江苏常州人，中共党员。著名农业专家、农业科学家，江苏省农业科学院研究员。历任江苏丘陵地区镇江农业科学研究所所长、党委书记和镇江市人大常务委员会副主任。中共“十四大”代表，十二届全国人大代表。先后当选“全国优秀共产党员”“全国先进工作者”“全国时代楷模”“全国道德模范”“全国扶贫先进个人”“全国优秀离退休干部”“全国优秀科技特派员”“江苏省科技兴农模范”“江苏省优秀共产党员”等。

1941年4月20日　赵亚夫出生于江苏省常州市。

1945年，4岁。　赵亚夫自小由外婆照料。外婆经常给他讲好听的民间故事，贯穿于这些故事之中的内在思想，基本上是中国传统的伦理道德，比如孝老悯幼、善恶有报、因果相袭、诚实守信等，使小亚夫从小就受到了中国传统文化中的善良部分的熏染，“善”“爱”“仁”“诚”“智”“信”等，在小亚夫幼小的心灵里开始萌芽。

1947年，6岁。　赵亚夫入学常州市区的觅渡桥小学。觅渡桥小学创办于1841年，创办时叫冠英义学，1928年更名为觅渡桥小学。中国共产党早期领袖瞿秋白就在这里读的小学，小亚夫与瞿秋白成了校友，常与同学一起去学校隔壁瞻仰瞿秋白故居。

1952年，11岁。　赵亚夫就学于常州市中学（后改名市一初中）。初中三年，赵亚夫生活清贫，学习勤奋。

1955年，14岁。　赵亚夫凭实力考上了当时已经非常有名的江苏省常州高级中学。

瞿秋白也曾就读于这所中学。赵亚夫又一次成为瞿秋白的校友。他与同学们听了瞿秋白夫人杨之华讲述烈士事迹。瞿秋白为了救国救民，为了心中的主义和真理，不惜牺牲自己年仅36岁的生命，这在年轻的赵亚夫心中引起了极大的震撼。当时他就立下志向：要走烈士他们没有走完的路，继续为改变祖国贫穷落后的面貌而奋斗。

高中期间，赵亚夫在课余之外喜爱读书，阅读了我国文学名著和大量的流行文学作品。20世纪50年代的中国，最为流行的是前苏联的早期小说，如《钢铁是怎样炼成的》《卓娅与舒拉的故事》《古丽娅的道路》《收获》等。

1958年，17岁。

这年夏天，赵亚夫高中毕业。考大学填报志愿时，赵亚夫报了复旦大学新闻系，将来想当个新闻记者。但当时反右运动正在进行之中，像新闻这样的敏感专业不招应届毕业生。凡是填报这些敏感专业的，全部退回来重填志愿。赵亚夫看到一份“宜兴农林学院”的招生简章，简章里介绍了学院所设的专业：农学、农机、林业、茶叶。当赵亚夫看到“农机”这两个字时，眼前顿时一亮，学农机专业，将来当一名拖拉机手，一定很神气！于是他填报了宜兴农林学院农机专业。因为入学人数少，同时考虑到丘陵山区暂时还不急于发展农业机械化，学校把农机专业取消了，报考农机专业的学生全部改学农学。

赵亚夫到校后发现，不少同学不想学农离开了学校，50多名新生，最后只留下17人。他也动摇过，但最终还是留了下来。

学校搞教育改革，赵亚夫与同学们在宜兴农村生活了一年，亲身感受到了农民的疾苦。一次，赵亚夫去县城医院看病，见到走廊、院子到处挤满席地坐着或躺着的病人，都是乡下来的农民，病房里不时传来了失去亲人的凄惨的哭叫声。农民的疾苦深深地震撼了他，强烈刺痛了他的心。

农村太苦，农民太穷，农业太重要了！赵亚夫意识到，自己是学农的，岗位就在农村，还有什么理由可以有丝毫的动摇？还有什么理由不为改变农村的贫穷困苦而拼命呢？赵亚夫发誓，从今往后，我赵亚夫只想一件事、只做一件事：让农民不再挨饿、过上好日子！从那以后，赵亚夫就安下心来，认真学习，直到毕业，他的每门功课都是5分（当时5级计分制的最高分），还担任了班上的共青团支部书记。

1961年，20岁。 8月，赵亚夫以优异的成绩毕业，分配到镇江专区农业科学研究所。农业科学研究所对他很器重，列为重点培养对象。所里把他安排在著名农业专家任承宪身边，指定任承宪为赵亚夫的指导老师，参与“三麦”地方品种资源的调查研究。任承宪身上具备的中国传统知识分子的严谨认真、一丝不苟的治学态度和“天下兴亡、匹夫有责”的家国情怀，深深地影响了赵亚夫，同时，在他的悉心指教下，赵亚夫的科研功底打得十分扎实，业务上大有长进。

1963年，22岁。 这年春天的一个晚上，赵亚夫含着眼泪看完电影《雷锋》之后，激动万分。22岁的雷锋把有限的生命投入到无限的为人民服务中去，做了那么多平凡但实际很不平凡的伟大事情。同样是22岁的赵亚夫，感到自己跟雷锋的差距太大了。当晚，赵亚夫给党组织写了入党申请书，决心向雷锋学习，听党话、跟党走，为农民服务一辈子！可以说，雷锋是赵亚夫心灵上的入党介绍人。

1964年，23岁。 这年春天，赵亚夫参加镇江专区推广全国劳模陈永康水稻高产经验样板工作组，被派去武进横林公社杨歧大队第四生产队蹲点。赵亚夫住在农民家里，边向农民学习干农活，边教他们农业新技术，帮助他们提高粮食产量。他在生产队里为农民跑前跑后，白天跟他们一起干活，晚上跟他们一起学毛选、读报纸、记工分等，乡亲们都很喜欢他。在此期间，赵亚夫基本学会了所有的农活，还从农民那儿学到了很多种田的实际经验和活的知识。赵亚夫把这些实际经验和活知识从理论上加以分析研究、吸收消化，真正变成自己的东西，工作能力和业务水平提升很快。

赵亚夫来这里蹲点，主要是推广全国丰产模范陈永康的水稻高产经验，由此得以跟心目中的楷模陈永康有了近距离接触。无论是听陈永康作报告，还是看他现场演示，赵亚夫都认真地听、认真地看、认真地记。遇到有不明白的地方，当面向陈老请教，当时已是省农科院研究员（后来担任副院长）、全国著名水稻专家的陈老耐心地讲给他听或做给他看。赵亚夫从陈老身上学到了许多宝贵的东西，除了水稻栽培的博大精深的经验之外，还学到了艰苦朴素的作风、严谨认真的工作态度以及活到老、学到老、钻研到老的精神。

赵亚夫把平生所学的理论知识，结合陈永康的高产栽培技术，加上从农民那儿学来的实践经验，再考虑当地的实际情况，把样板田搞得有板有眼。他在样板点推行“稀播壮秧，少本栽插”栽培法，取得了明显增产效果，四队连年产量第一。镇江专区经常来这儿召开现场会，前来参观学习的人也越来越多。

1965年，24岁。

样板工作组想把他调到另一个大队补强力量。可是四队的社员们不干了，他们聚到一起找领导，把赵亚夫挽留了下来。

1966年，25岁。

2月，赵亚夫加入了中国共产党。

因为“文革”的原因，样板工作组撤销了。离开时，乡亲们都来送行，看到有人在掉泪，赵亚夫的眼圈也红了。船开出去好远了，赵亚夫回头望去，乡亲们的手还在挥动。这使赵亚夫非常感动，心中发誓今后无论到那里，永远也不会忘记他们！在当晚的日记里，他写道：你真正扑下身子，为乡亲们做一点事，乡亲们永远不会忘记你！他们是天底下最淳朴、最善良、最重感情的人……我要一辈子为他们做事，把一生都交给他们！

回到所里，“文革”正酣，搞大联合，抓革命，促生产，赵亚夫被大家推选为联合的造反派头头，但是没多久就被说是造反不力，赶下了台。

1967年，26岁。

当时正搞清理阶级队伍运动，需要大量的人手出去外调，再加当时到苏北农村调查也是个苦差事，造反派把持的研究所革命委员会派赵亚夫去搞外调，可是赵亚夫却秉持实事求是的原则，没有顺应造反派的意图，找到了不少事实依据，帮不少人洗清了不白之冤。

外调结束后，时值镇江专区军管会成立了生产指导组，下设“跑面组”，赵亚夫被调到“跑面组”工作。赵亚夫借“跑面”的机会，对镇江地区农村社会进行全面深入考察，跑遍了镇江地区十几个县的300多个公社，可以说走遍了镇江地区的山山水水、村村庄庄，成了镇江地区农村“活地图”和农业“活字典”，为他以后的农业科研、农技推广和发展农业经济工作打下了扎实的基础。

1968年，27岁。

这年春节，赵亚夫与黄宝华结为伉俪。黄宝华祖籍淮安，出生在镇江，句容农校畜牧专业毕业，后又就读南京农业大学畜牧兽医函授大专毕业，被分配到镇江市谏壁公社畜牧兽医站。后调入镇江农业科学研究所。

这年，全国小麦科研工作会议在苏州召开，当时的中国农业科学研究院院长、我国小麦科学主要奠基人金善宝亲自出席并主持会议。我国小麦研究的精英们都前来与会，可谓群贤毕至。卢良恕作为江苏省小麦研究的杰出专家出席了会议。赵亚夫作为镇江地区小麦研究人员也列席了会议。

会议期间，卢良恕让赵亚夫代表江苏作交流发言。他根据卢良恕提出的几点，结合自己所掌握的情况，经过深度的思考提炼，连续开了三个夜车，终于拿出了发言稿。赵亚夫的发言反响很好。

卢良恕继续对赵亚夫予以关心、帮助与提携，在学术上不吝赐教，使赵亚夫在学术研究方面日益长进。在赵亚夫心目中，卢良恕既是良师益友，又是一位好领导，尤其是他重视对年轻人的培养提携，这一点赵亚夫感受最深。后来赵亚夫自己走上了科研领导岗位，也学着卢老的样子，在生活上关心年轻人，在工作上帮衬提携年轻人，带出了一批农业科研中坚力量。

1969年，28岁。

这年夏天，镇江地区首次发现稻飞虱大规模为害，当时农民甚至基层农技人员都不认识。赵亚夫与同事们闻风而动，分赴各地查看情况。他们各带一个洗脸盆，一边走一边下田检查作记录，每天要走四五十里路。几天下来，基本摸清了情况。然后汇总各地的情况，提出治虫措施，终于把稻飞虱危害控制住了。

这年年底，赵亚夫又被派到丹阳横塘公社留雁大队蹲点，两年后又到宜兴洋溪公社徐渎大队蹲点。他积极推广稻麦栽培新技术，引进5月25日前后成熟的特早熟小麦品种，推广“后重法”双季稻施肥新技术，改活棵期一次重施肥料为少施活棵肥，增施穗肥等。帮助徐渎大队采用麦、稻、稻三熟制高产栽培模式成为江苏省全年粮食亩产量最高的大队。

1971年，30岁。

7月下旬，连续暴雨成灾，丘陵圩区大批农田受淹。赵亚夫奔走在田间地头，查看灾情，提出“早翻早”（将快成熟的早稻种子从稻穗上摘下来，播种在退水以后的受淹稻田里）抗灾补种的建议，帮助高淳县在石臼湖边农田里开了补种现场会，手把手指导灾区农民全面推广这项新技术，结果取得了灾年不减产的好成绩。

1971年，30岁。

小儿子出生，取名赵小容。1969年出生长江边的大儿子取名赵大江。当时赵亚夫的工作单位镇江农业科学研究所在句容，黄宝华的工作单位在镇江，两个儿子分别从“镇江”和“句容”中各取一字而得名。

1973年，32岁。

这时科研工作开始逐渐恢复，赵亚夫长期在农村一线"跑面"与蹲点的经历，加上深厚的理论功底和扎实的科研基本功，终于有了厚积而薄发的机会，在农业科研方面初露锋芒。他先后担任了育种组、栽培组组长，主持了小麦育种、稻麦栽培等10余项课题，先后发表《单季晚粳稀播壮秧少本插栽培技术研究》《早稻高产施肥技术研究》《三麦的一生》等论文。他和同事们一起，推广小麦、双季稻一年三熟制，推广水稻、小麦高产新技术，大幅度提高了镇江地区的粮食单产和总产。

1976年，35岁。

赵亚夫参与共同选育的"7263"和"群众42"小麦，受到了省、地区科学大会的表彰。

这一阶段，赵亚夫的农业科研成果颇丰，先后获国家农牧部一等奖，省重大科技成果四等奖，省农科院技术改进奖共3项。其中，丘陵麦田湿害防御技术，小麦低产变中产栽培技术，水稻稀插壮秧少插栽培技术等，在镇江地区大面积推广。累计推广面积736.7万亩，增产粮食2.85亿千克，农民增收9 000万元。为当时镇江地区粮食大幅度增产，水稻单产跃上全省先进水平作出了贡献。有些成果，至今仍然在全省水稻生产中发挥着作用。

1979年，38岁。

赵亚夫被公认为镇江地区农业科技队伍里的尖子，经常被组织安排讲课，还编写了许多技术资料和科普教材。

这年，赵亚夫被评为农艺师，是镇江地区第一批评上的三个农艺师之一。镇江行政公署专员为他们颁发了技术职称证书。

1982年，41岁。

这年早春，赵亚夫被任命为江苏镇江地区农业科学研究所所长。

春节刚过，赵亚夫就接到了通知，镇江专区赵亚夫等一行8人组成研修组，受江苏省人民对外友好协会派遣1982年5月至1983年5月赴日本研修农业，赵亚夫担任组长。赵亚夫的主要研修方向是稻麦栽培。

5月，研修组到达日本后，赵亚夫被安排在日本爱知县安城市箕轮町农民近藤牧雄家里。

首先遇到的是语言关，赵亚夫出国之前在国内培训了3个月的日语，但到了日本后，发现“中式日语”无法与当地人正常交流。赵亚夫勤学苦练，大胆与人交流，过了3个月之后，才有了些头绪。这年的8月份，江苏省政府代表团到日本访问，随团翻译迟到了，赵亚夫临时顶替，居然基本过关。

接下来便是学习关，赵亚夫明白自己是来研修的，有很多东西要去学。这是一种立体的、多维的学习，处处留心皆学问。赵亚夫的业余时间除了手不释卷、大量阅读之外，还注意观察、思考和比较，尤其是注意比较性观察与思考，将在日本的所见所闻与中国、与江苏、与镇江、与丘陵山区进行比较。赵亚夫觉察到了两国农业的差距，我们的传统农业生产效率低，只能勉强解决温饱，而日本的现代农业能给日本农民带来相当富裕的生活。

近藤家种了两亩大棚草莓，赵亚夫在劳动中跟着近藤学习大棚草莓种植技术，他想把草莓引进茅山地区，帮助那里的农民增加收入。搭建大棚耗资不菲，赵亚夫还想学习露天草莓的种植技术。秋天，近藤划了一小块地让赵亚夫试种露天草莓。赵亚夫精心侍弄这块草莓地，把整个种植的过程以及所有可能遇到的问题都实践了一遍。眼过千遍不如手过一遍，赵亚夫亲手过了一趟，算是把草莓的种植技术真正学到了手。

一天，近藤带着赵亚夫参观爱知县渥美半岛。在伸向海洋端头的一座山峰上，赵亚夫驻足凝神，向着西边眺望，怀着对祖国、家乡、亲人思念之情，思考良久。人家的农村这样美，农民生活这么好，农业这么发达，而自己家乡的农村面貌还是那么落后，农民的生活还是那么困顿与窘迫，他的内心有一种剧烈的刺痛感。赵亚夫暗下决心：尽可能多学点东西回去，要用我之所学、我之所长帮助农民致富，让中国农民的日子赶上甚至超过日本的农民！

1983年，42岁。

5月，赵亚夫学成回国。他的归国行李没有大家电，却有13箱日本农业书籍和复印的技术资料，还有20株原种草莓苗。

回国以后，赵亚夫正式履职一年前就任命的镇江农业科学研究所所长一职。

赵亚夫和农科所的同事们调整了研究方向，确定了“粮食为本、经作为用、果蔬为重”的研究格局，提出“水田增粮、岗坡致富”江苏丘陵山区农业开发思路。同时，壮大科研队伍、组织科技人员下乡。

岗坡致富的研究就从草莓入手。赵亚夫将从日本带回来的20棵草莓苗像宝贝一样地捧到所里，精心挑选了一块地，进行了草莓苗的繁育。专门成立了繁育组，他自任组长，全程指导、参与繁育工作。经过赵亚夫与他的团队细心呵护、精心繁育，草莓从20棵到几百株，到几千株，到几万株，终于繁育成功了。接下来便要试种，首先得挑选一个理想的试种地点。赵亚夫带着团队进入茅山转悠，对几个备选地点进行反复考察比较，最后选定了白兔乡的解塘村。起先村民们对草莓不了解，没人愿意试种。经过赵亚夫的登门做工作，先后说服了9户村干部和村民试种草莓。每家拿出一分地，全村共计9分地作为草莓推广样板田。为了种好这9分草莓田，赵亚夫与他的团队索性在解塘村“安营扎寨”，长期住了下来，悉心指导农民种植。

这年，在一次江苏省农业科学研究院全院大会上，孙颔当众用了长长的一席话表扬了赵亚夫，以示对他在镇江所依据丘陵农业区域特点，调整科研方向和科技服务下乡的坚定支持。孙颔对赵亚夫在镇江所把研究格局由传统的粮、棉、油为主调整为适合当地实际情况的“水田增粮、岗坡致富”（丘陵山区岗坡非常适合于发展果蔬等经济作物）高度赞赏；同时，对于赵亚夫他们把科研与生产紧密结合起来，分流出大批科技人员走向田间地头、普及推广农业科技成果的做法大为欣赏。

在以后的工作中，他们既是领导与被领导的关系，又是知心朋友的关系。20 世纪 80 年代初，孙颔主持了“江苏农业区划”课题研究，这使他们的接触更为紧密，经常在一起研讨切磋，或开会交流，或外出勘察。孙颔的勤于学习、善于思考、敏锐睿智、重视调查研究、注重理论联系实际；作风务实、待人诚恳、平易近人、严于律己、廉洁奉公，这些好的品行和作风，深深地影响了赵亚夫，使当时全省最年轻的区域农科所所长赵亚夫，从担任科研领导工作伊始，就有了一个好的榜样、一个较高的标杆。

1984 年，43 岁。

这年 5 月份，第一批试种的 9 分地长出了草莓，红艳艳、嫩乎乎的草莓果甚是好看，口感也很好。一传十、十传百，样板田里草莓长成的消息不胫而走，附近的人们成群结队前来观赏。赵亚夫让人摘下一批熟草莓，洗净后供人们品尝。人们尝了以后连声说好吃、好吃。9 分地所产的草莓，在半送（免费品尝）半卖的情况下，仍卖了 600 多元。试种户们计算了一下，半买半送之下经济效益仍然是常规经济作物的两倍多。草莓试种成功了！第一炮打响了，这年根本不用动员，解塘村几乎家家都在责任田里或多或少地种起了草莓。

这年，白兔公社还在解塘村召开了草莓试种现场会，宣传推广种植草莓。

赵亚夫带领所里的科技人员，还进行了果树、蔬菜的栽培研究。当研究成功后，他又安排近一半的科技人员下乡，指导农民种植。

为了适应计划经济向市场经济的转变，赵亚夫和他的团队着力培养示范户，做出样子，引导农民调整农业结构、增加收入。

1985 年，44 岁。

经过了 2 ~ 3 年的时间，赵亚夫就将所里的研究方向调整为粮、油、猪等传统项目与果树、草莓、蔬菜等新项目各占一半的局面，为当地农民致富蓄势发力。

1986年，45岁。

解塘村的草莓种植达到上千亩，整个白兔镇达到了七八千亩。以白兔镇为中心，草莓的种植业向着周围强烈地辐射、快速地扩散，带动了全市草莓业的发展，草莓成为当地农民最大的增收项目。茅山革命老区因种植草莓出了大批万元户，盖起了从未有过的楼房。靠种草莓首先富起来的一批人，盖了第一批楼房，被人们称为“草莓楼”。

“要致富，找（赵）亚夫”，这句话在农民中间渐渐地流传开来。

“要致富，找（赵）亚夫，找到亚夫准能富”，这句话越传越广、越传越远，成了当时和以后的流行语。

当年3月参加江苏省农学会代表团访问日本鹿儿岛。此后已经23次陪同有关领导、科技人员及农民赴日本、德国、荷兰、澳大利亚、新西兰、马来西亚等国考察农村。

1987年，46岁。

随着草莓种植户越来越多、种植面积越来越大，销售的压力与日俱增。到了该年，露天草莓的销售陷入了困境。赵亚夫着手引进大棚草莓的种植技术。大棚草莓的最大特点，就是通过人工设施，来调节环境温度，加上一定的照明，不让或少让草莓冬眠，使它在当年年底即能产果，产果期可延长到夏天，前前后后达到半年以上。这就克服了露天草莓的产果期太短而带来的短时间内草莓集中大量上市的弊端；上市期的延长无疑能大大纾缓销售的瞬间压力。大棚草莓在日本早就是一项成熟的技术，但要将它引进中国，引进茅山地区，仍有许多技术难题需要攻克。首先，钢架大棚成本太高，一般农民根本承受不起，需要找一种替代物搭建大棚，既能使成本大幅下降，又能基本达到钢架大棚的实际效果。其次，棚内温度如何调节、湿度怎样控制、照明时间如何把握等，都要根据当地的实际情况摸索掌握。诸如此类的技术难题，需要一个一个地研究解决。
那段时间，赵亚夫和他的团队把大棚草莓栽培技术作为一个重要课题进行攻关。对于钢架大棚的替代物，经过反复对比选择，最终他们看中的淡竹，因为淡竹在茅山地区到处都有，成本很低，而用淡竹搭建的大棚，虽不如钢架大棚那么美观、结实，产量也低一些，但实际效益仍然较高。对于温度和湿度的控制及畸形果较多等问题，经过摸索，都被一一攻克。
那段时间，赵亚夫天天泡在白兔乡，帮助农民种好草莓，几年下来大棚草莓栽培技术基本成熟，高产田亩产能达到 6 000 斤左右，很快替代了露天草莓，收益大幅增长，每亩能达到两三万元，销售期被大大地延长，销售的压力也就大大地缓解了。
8 ~ 10 月，日本爱知县农业试验场园艺研究所访问学者。

1988 年，47 岁。

被评为获江苏省劳动模范、镇江市劳动模范。

1989 年，48 岁。

第一次大棚草莓种植现场会在白兔镇召开。
这年，赵亚夫和他的团队在句容春城乡引进了日本巨峰葡萄种苗及其优质栽培技术，请来了日本葡萄专家早川进三，启动了茅山老区葡萄产业大发展的步伐。
11 月至翌年 1 月，赵亚夫作为日本爱知县安城市农协、爱知县农业综合试验场的访问学者。

1990 年，49 岁。

这年，发生了一种叫草莓黄萎病的病害。起初是零星发作，后逐渐严重，轻则减产，重则绝收，很多草莓种植户几乎对种草莓失去了信心。赵亚夫和他的团队示范推广了发病田轮作早熟水稻品种；夏季密封大棚高温土壤消毒，淘汰感病品种“明宝”等技术措施，取得了很好效果，使草莓产业又恢复了蓬勃的生机。
这年初夏，赵亚夫下乡调研时路过句容县茅山镇丁庄村，看到了方继生家的一片葡萄地，葡萄架子搭得颇有些功力，只是葡萄生病了。赵亚夫掏出一张名片给方继生的邻居，让他转交给方继生。方继生得到名片后，正式拜赵亚夫、芮冬明为师，学习科学种植葡萄。

赵亚夫、芮冬明成了方继生家葡萄园的技术顾问，经常过去指导葡萄种植，在老师们的帮助下，方继生的葡萄园发展很好，连续获得丰收。平均下来，种葡萄的收入是普通经济作物的 5 倍。

后来，在赵亚夫、芮冬明的支持帮助下，方继生办起了农民夜校，对农民进行系统的葡萄种植技术培训。每周集中上一次课，由赵亚夫和芮东明上课，主要讲如何种植葡萄、如何管理葡萄园、如何降低成本提高效益等等，涉及的基础知识也顺便补上。“葡萄夜校”的“学生”，起先只有 30 多人，都是本村人，后来人数逐步增加，最多的时候达到上千人，范围也从本村人扩展至外村人、外乡人。

1991 年，50 岁。

获中组部“全国优秀领导干部”称号。

1992 年，51 岁。

获“江苏省有突出贡献中青年专家”称号，并享受国务院特殊津贴。

当选为中共“十四大”代表。

1993 年，52 岁。

赵亚夫和他的团队引进了丰水梨等日本砂梨品种，单果重 500 克，果肉嫩、甜、鲜，品质特优。接着又引进试种成功了优质、耐储水蜜桃、无花果、甜柿等新品种、新技术。

这年，赵亚夫开始学电脑。50 多岁的人，手眼都不太灵了，但赵亚夫硬是凭着毅力自学计算机、学会了上网，在计算机上的打字速度不比年轻人差，制作精美的 PPT 培训教材，图文并茂、通俗易懂，深受农民欢迎。

1994 年，53 岁。

从这年开始，后来成为桃子大王的杨修林主动找上门去拜赵亚夫为师。赵亚夫带来了日本果树专家三宅明，教他一种新的修剪方法，叫“弱修剪法”，这种方法能提早形成桃树合理的树型，提早挂果，而且品质好，效益高，劳动强度也降了不少。赵亚夫还向他推荐一种叫“千代姬”的早熟新品种，桃树的株行由传统的4米×4米，扩大到4米×8米，这样阳光雨露和土壤养分吸收更充分，每棵树的结桃率比原来的高得多，总体上划下来不比原来的产量低。而且品质也比原来的好得多。

后来赵亚夫又向杨修林推荐了5个优质桃树品种、2个优质梨树品种，每一个都试种成功，赚了大钱。

杨修林跟着赵亚夫学到了不少种桃、种梨方面的关键核心技术，更重要的是，赵亚夫带来的新的思维和新的理念，更是让杨修林获益匪浅。

1995年，54岁。

这一时期，赵亚夫感到，靠走村串户一家一户面对面地搞科技推广，靠一个一个地树立典型来带动周围致富，这样似乎太慢了，毕竟农作物的生长周期较长，毕竟所里的科技推广人员有限。赵亚夫接受了年轻科技人员的建议，确定搞一个科技示范园。他说：我们要搞的园子，既要能帮助农民掌握现代技术，帮助农民走向市场，帮助农民提高素质，又要有一定的利润，因为如果没有利润、净是亏损的话，对农民就失去了示范意义。于是赵亚夫和他的团队探索创建了一种新型的农业科技示范园。赵亚夫还给她取了一个富有诗意的名字：“万山红遍”。

“万山红遍”农业科技示范园按照《中华人民共和国公司法》的有关规定，实行公司制，搞企业法人治理，导入现代企业管理制度。科技人员在园里面担任领导或骨干，可以按贡献大小从增值部分获得相当数量的股金份额，同时鼓励职工入股，使园里的经营业绩与经营者以及职工的切身利益紧密挂钩。

起先搞了两个园区，一个是果品示范园区，示范种植应时鲜果；一个是牧草示范园区，示范牧草栽培(含养殖)。后来发展成为五个园区。

园区承租农村集体土地取得土地使用权后，一般从附近吸收劳动力从事各种农活，实行当初设计的“反租倒包”的用工方式。农民在承包地上生产的产品由园区统一销售，农民按承包的面积、完成的劳动定额、产品的数量和质量获得报酬。“反租倒包”的方式，保证了承包农户的一定的和基本的收入，同时联产计酬、优质优酬，引导农民努力干活、严格按标操作、认真学习科学技术，最大限度地调动他们的积极性。凡是来“万山红遍”示范园打工的农民，除了正常给工钱外，还免费传授技术，包括核心的技术也照传不误。这些农民（包括“反租倒包”的农民）学会了技术、掌握了本领，继续留在园区干活（承包）也行，另立门户自己当老板也行，示范园不但不跟他们要“培训费”“违约金”之类，不追究他们的“同业竞争”责任，而且还鼓励他们自立门户、帮助他们做强做大。

1996年，55岁。

被评为“全国引进国外智力先进工作者”。

从这年开始，赵亚夫和他的团队引导农民成立合作社，联合起来走向市场。

在赵亚夫的指导下，全省第一家农民专业合作社——句容丁庄葡萄合作社成立。因为当时《中华人民共和国农民专业合作社法》尚未出台，所以丁庄葡萄合作社只是具有雏形性质的合作社，与农民协会“两位一体”，即两块牌子、一套人马。宗旨是为了抱团互助、维护品牌形象、共同叩开市场。赵亚夫、芮冬明担任合作社的技术顾问。

合作社实行“统一品牌销售、统一质量标准、统一种苗供应、统一技术指导、统一供肥供药”的“五统一”。为农民提供了优质的全程服务，受到了农民的热烈欢迎，合作社迅速扩大规模，三年发展了800多户，产量猛增，合作社的销售遇到了困难，再加当年收获期连续下雨，葡萄卖不掉烂了不少，农民受到了相当的损失。总结教训，合作社改变了销售全部包下来的做法，社员可以自己销，合作社的服务重点改成提供技术及农资服务。

2014年，受到句容丁庄葡萄专业合作社技术及农资服务的葡萄种植户达到1 621户，涵盖了本镇99%和句容其他乡镇大多数葡萄种植户，甚至江宁、溧水、金坛、丹阳、扬州、徐州、江西、安徽、浙江等地都有葡萄种植户参加。葡萄种植面积在本镇就达到15 000余亩，带动周边镇村5 000多户农民发展葡萄种植50 000多亩。葡萄种植户人均纯收入26 000元。

从1996年开始，到《中华人民共和国农民专业合作社法》颁布的2006年，10年间，赵亚夫引导、帮助句容、丹阳、丹徒等地成立了好几个合作社。这些合作社在赵亚夫指导下制定的合作社章程，与后来全国人大通过的《中华人民共和国农民专业合作社法》有关规定基本符合，镇江市受到农业部表彰的第一批2个全国示范合作社，全都是赵亚夫在这期间帮助成立的合作社。

1998年，57岁。

这个时期，赵亚夫逐渐形成了“天人合一”的农业观，他对“天人合一”的理解，就是人与大自然要和谐相处；人要顺应自然、利用自然、享受自然、顺势而为，而不要去“征服自然”“改造”自然，更不能去“战天斗地”，违背规律，破坏自然。“天人合一”反映在赵亚夫的农业观上，就是要搞尊重自然规律的农业。赵亚夫认为，直到20世纪50年代我国的传统农业基本还是尊重自然规律的农业，但是这种传统农业的生产力太低了，满足不了人类社会发展的要求。我们今天要努力做到的，就是十八届五中全会提出的“产出高效、产品安全、环境友好、资源节约”的可持续发展农业道路，为此，我们必须要通过创新（包括科技创新和体制机制创新），在尊重自然规律的农业的前提下，努力做到农业生产力的大幅度提高。这就是赵亚夫10年来在戴庄村努力探索着的一件事。

1999年，58岁。

这年，赵亚夫又开始钻研营销学、研究农产品市场。他学习的“功利性”很强，就是解决当时农产品销售难的问题。他学以致用、学用结合，运用之妙、存乎一心，打造了许多成功漂亮的案例。

2000年，59岁。

获镇江市知名专家终身荣誉。

到这一年，“万山红遍”办园四年，期间共有3万多人次前来参观学习，园区对外举办科技讲座200余次，听讲人数1.8万人次。直接带动茅山地区农民发展果品基地4 000余亩；发展出口蔬菜、花卉种子基地3 000余亩；牧草基地3 000亩。其中就草莓一项就帮助农民每年增加收入3 000多万元，同时培养出一批产业化经营的骨干人才，其中有10多人被评上全国、省级或市级劳模。

“万山红遍”成为江苏省著名商标，“万山红遍”牌桃、梨、葡萄、草莓4个产品被认定为江苏省农业名牌产品，并在江苏省“神农杯”评比中分别获得金奖。

“万山红遍”发挥了科技示范、科技培训、成果展示、种苗培育等重要作用，为全省丘陵山区农业结构调整、高效农业发展、农民增收作出了很大贡献。

2001年，60岁。

这年，赵亚夫从领导岗位上退了下来，但作为江苏省农业科学院的研究员，作为一名农业专家和农业科学家，永远没有“退休”时，他决定利用专长、发挥余热，继续从事他的那件“终身大事”——为农民服务一辈子。

这一时期，他在考虑，能不能在经济薄弱地区找一个最穷的村，到这个村去蹲点，创建一种致富新模式，带富这个最穷地区的最穷的村。把这样的村带富了，那么这个新模式就具有极强的说服力，也就有了强大的榜样的力量、激励的作用和辐射的功能，以此带动整个农村奔小康、走向现代化。当时他还兼着镇江市人大常委会副主任，任期即将届满之时，他把自己的想法跟市领导和省农科院领导作了汇报，得到了大力支持。

赵亚夫从统计报表上寻找到一个最穷的行政村。就这样，他选中了戴庄。

这年，省革命老区促进会提出了建设丘陵有机农业圈的设想，调研报告上报省委、省政府（赵亚夫是报告执笔人）。时任省委副书记李源潮当即写了一大段批示，予以肯定和支持。茅山有机农业圈地跨宁、镇、常三大市与四县市，该地区人口少，资源丰富，很多水质达一类标准，环境优美，无工业污染，具有发展有机农业的得天独厚的优势。当时，茅山有机农业圈腹地与外界隔绝。时值夏季，气温高达38℃，山区崎岖不平，要走十多里山路，年轻人都吃不消，赵亚夫和省老促会老同志们奔走在山路上。由于眼睛生白内障，加上腰损腿疾，他有很多次跨田硬沟渠时跌倒，自己慢慢爬起来，拍拍身上的灰尘，继续赶路。

2002年，61岁。

获“江苏省农业科技先进工作者”称号。

这年，赵亚夫来到戴庄，作了极其认真的调研摸底。戴庄村的整体经济发展滞后，当时的人均收入不到3 000元，村集体还负债80万元。农业经济在戴庄占着主体地位，半数以上的劳动力还在农业上。总的情况，戴庄人均农业资源丰富，农业的发展空间很大，具备发展规模商品农业的条件，农业如能大幅度提高效益，可以成为农民大幅增收的重要组成部分。情况摸清以后，经过深思熟虑，加上他的长期农村工作的经验，他很快确定了助推戴庄发展的思路。利用戴庄村很好的环境资源，重点发展生态有机农业。对戴庄的农业产业结构进行重大调整，重点发展有机水稻和果树，结合种草养畜，搞有机农业合作社。并进一步发展有机农产品加工，同时开拓有机食品市场，条件成熟时大搞生态农业旅游。并在此基础上制定了第一个戴庄村农业、农村经济发展规划。

2003年，62岁。

这年，有关部门把句容市命名为“草莓之乡”。草莓成为当地的支柱产业，成为对外宣传的一张名片。句容的草莓辐射到了全国21个省、市、自治区，尤其是在我国南方大面积推广起到了示范带动作用。

赵亚夫成了名副其实的“草莓之父”。

这年，赵亚夫在戴庄开始培养示范户。他首先看中了杜中志，因为杜中志是个种田“老把式”，肯吃苦耐劳，又有一定文化，易于接受新事物。为了培养好杜中志这个示范户，镇江农业科学研究所对他的工作非常支持，先后派了4名科技人员常驻戴庄，协助赵亚夫工作。第一年，杜中志拿出自家一亩六分责任田来试种“越光”稻。到了收获的季节，杜中志的一亩六分田打了700多斤有机稻，加工成大米后能卖到8元一斤。虽然亩产量不如常规稻子，但因为有机大米卖得贵，每亩平均下来，收益是常规水稻的4～5倍。杜中志的成功产生了极大的示范效应，到了第二年，就有20多户村民跟着杜中志种起了“越光”水稻，“越光”稻逐渐在戴庄推广开来。

早在2002年，赵亚夫就教杜中志种有机水蜜桃。第一年试种了0.8亩，结出的桃子上市卖到了7 000多元，每斤8元，乐得杜中志都不敢相信这是真的。作为戴庄村“第一个吃螃蟹的人”，杜中志尝到了大甜头，成为第一个靠生态有机农业发家致富的农民。如今他承包了70多亩有机桃，有机草莓1.5亩，养了草鸡1 000多只。一年的总收入达到三四十万元。他的儿子杜富海原来在城里打工，一年辛苦到头赚不到几个钱，还尽受城里人的白眼，他看到老家搞生态有机农业大有奔头，就回到村里创业。“上阵父子兵”，父子俩把有机农业搞得有声有色。现在的杜富海过的是“城里有套房、家里有幢楼、开车去种地、闲暇去旅游”的富足而惬意的生活。

赵亚夫在戴庄先后培养了20多个科技示范户，有种有机稻的，有种有机桃的，有搞农牧结合的，各方面的都有。这20多个典型，每个典型都像一盏灯，照亮附近一大片，带动了他们周围农民致富。

2005年，64岁。 获“全国农村科普工作先进个人”称号。

8月，赵亚夫决定，带着句容的五位农民纪荣喜、方继生、杨修林、张德敏、王柏生，自筹经费为主，组成农民考察团赴日本考察，他自己随团任领队兼翻译。

10月13日下午，时任中共中央总书记、国家主席、中央军委主席胡锦涛来到了“万山红遍”镇江农业科技示范园视察。

2006年，65岁。

4月，应日本农山渔村文化协会的邀请，句容市组织了赴日农业考察团一行9人，这次，又是赵亚夫带队，带着8位农民对日本农业进行了考察。

年初，戴庄有机农业合作社成立。这是全省首家有机农业合作社。召开成立大会时，省“革命老区建设促进会”会长凌启鸿、镇江市市长许津荣等省市领导特地到会祝贺。赵亚夫被聘请为特别顾问，农科所一名科技人员参加选举被推选为副理事长，他们俩是“志愿者”，不拿任何报酬。合作社由农民自愿参加。赵亚夫参考浙江省公布的农业合作经济组织示范章程，结合本地实际情况，起草了合作社章程草案。筹建小组还专门制定了选举办法，对候选人提名、公示、差额选举等作出规定，确保整个选举过程充分尊重社员意见，严格接受民主监督。

合作社在统一作物布局前提下，组织社员以家庭为单位，从事有机农业生产，各家还种各家的田。但加工、流通等一家一户难办的事，则由合作社来办。

合作社成立以来，全村有机农业种植面积不断扩大，优质、安全、高效农产品不断开发，中高端市场正在逐步开拓。合作社组织社员种植500亩有机桃，每亩净收入0.8万元；合作社组织社员种植有机稻3 000亩，每亩净收入2 500元；合作社还组织社员种植其他有机果树、蔬菜、茶叶、山芋等1 000多种。创办了合作社有机大米加工厂，引进了日本先进设备。合作社为了打拼市场，提高产品竞争力，必须依靠科技，社员为了增加收入也要学科技，所以农业“产学研”能在合作社找到了结合点，有效解决了农技推广“最后一公里”问题。合作社内部管理日趋完善，凝聚力日益增强，社员的向心力、认同感日甚一日，社员的收入年年大幅提高，合作社办得红红火火。

这年开始，镇江选聘高校毕业生担任“村官”，是全省乃至全国最早推行“大学生村官”做法的地区之一。赵亚夫对大学生“村官”很是期盼，心情还相当迫切。他很希望那些大学生“村官”能接过自己的班。他对大学生“村官”非常热情，倾其所有、言传身教，同时也很严格，一丝不苟。

8月1日，毕业于南京林业大学木材工业学院的鲁学谦被分配到镇江句容的戴庄，担任村委会主任助理，他是戴庄的第一个大学生“村官”。在毕业前，鲁学谦就被南京一家企业录取。可毕业后，他做出了一个让很多人不理解的决定——放弃南京城里的工作，到镇江句容一个他从来没有听说过的小村庄当“村官”。

赵亚夫经常找他促膝谈心，通过自己的亲身经历和体会，来勉励鲁学谦静下心来好好干，必然能有一番作为。

鲁学谦通过与乡亲们一起劳动，迅速拉近了与他们的心理距离，赢得了他们的好感与信任。短短几个月的时间，戴庄绝大多数老百姓都认识了鲁学谦，并在内心接纳了他，把他当成了“自己人”。鲁学谦也学着赵亚夫的样子，主动走村串户、上门指导农民们科学种养、发展现代高效农业。村民们遇到困难，他总会在第一时间赶到现场，尽心尽力帮助解决。他还把手机号码公布给村民，有什么问题随叫随到。时间一长，村民都亲切地叫他“小赵亚夫”。鲁学谦从中学到了很多实际工作经验。不但在业务上日有精进，而且在为人、做人上学有榜样，所以他在各方面进步很快，成长迅速。由于业绩突出并被群众普遍认可，鲁学谦被破格提拔为天王镇党委宣传委员；没过两年，又担任了天王镇的副镇长。走上领导岗位的鲁学谦，时时处处以赵亚夫为榜样，始终保持着以往艰苦朴素的作风。

9月，带着市场调研的目的，赵亚夫和合作社的理事长李家斌来到上海，参加“江苏省第四届名特优农产品展销会”。

2007年，66岁。

获评中央电视台年度“三农”人物。

3月，句容市政府又一次把草莓实用技术培训班的地点放在白兔镇政府三楼的会议室，由白兔镇政府具体承办。当时赵亚夫的腰腿病严重发作，他忍着腰腿的剧痛，爬上几十级的台阶，才走进课堂、走上讲台，为农民讲课。

这年，赵亚夫和糜林开始搞高架草莓示范推广。高架草莓产量不低，效益很高，省工省力，适合老龄农民创业致富，适应观光农业发展形势，有利农民适度扩大草莓种植规模，大幅度增加收益。受到了草莓种植户的欢迎。

2008年，67岁。

获评“江苏省科技兴农模范”“江苏省首届敬业奉献道德模范”。应邀参观了北京奥运会开幕式和闭幕式，并作为火炬手参加了省城南京的接力跑。

2008年5月12日，四川汶川发生强烈地震。

在农业的援建上，江苏省委决定把赵亚夫在江苏“做给农民看、带着农民干、帮助农民销、实现农民富”的实践模式移植到绵竹来；把“万山红遍”示范园这样的平台模式搬到绵竹来。

7月30日，赵亚夫与江苏省经贸委副主任潘宪生、省农林厅农业局副局长吴芳兰、江苏丘陵地区镇江农业科学研究所党委书记潘跃平等一行7人，作为江苏省对口援建绵竹农业示范园专家组，专程赴绵竹进行实地调研，并与相关部门就共建示范园作了对接座谈。在充分交换意见后，决定共建“绵竹江苏高效农业示范园”。园区占地300亩，示范范围达5 000亩以上，辐射范围达50 000亩以上。

建园的目标为，争取用3年的时间，建成一个融成果示范、实用技术培训、种子种苗供应、旅游观光为一体的现代农业示范园。走出一条高科技、高投入、优质、高效、生态农业的成功之路，向人们展示未来农业发展的方向和绵竹农业发展的前景；形成高科技、集约化、景观化、高投入、高产出的新兴产业。加大对人才培训的力度，达到为绵竹出样板、出效益、出经验、出人才和恢复重建农业信心的目的。

园区的功能定位为成果示范基地、实用技术培训基地、种子种苗供应基地和对外交流的窗口。兼具产品销售和农业观光旅游等功能。开展新品种、新技术示范推广及相关人才培训，促使绵竹市的农牧资源优势转化为商品、产业和经济优势。把园区建设成可持续发展的生态型产业载体。

在项目品种选择上，根据主导产业发展要求，重点发展应时鲜果、草畜禽种养、蔬菜等产业。同时注重发展观光农业。将梨、生猪、蔬菜新品种、新技术示范定为示范区近期主要建设内容。同时，创造条件，逐步从江苏引进葡萄、桃、草莓、梨、无花果、蔬菜、发酵床养猪、养鸡等项目。

由江苏方面统一建园，在统筹划分好区域生产板块后，把园区生产经营设施和项目，通过承包制或租赁落实到当地优秀农民和农技人员及来自江苏方面的种养大户与种养能人手中，实行以承包管理为基础、统分结合的管理体制。而且采取统一技术培训，统一生产技术管理，统一产品品牌包装、销售。

园区采取“江苏方面专家＋绵竹农技人员＋当地农民”和“江苏方面专家＋江苏方面种养大户（种养能人）＋当地农民”两种技术对接机制，向当地农技人员和农民直接传播技术，培养当地农技人员和农民。

赵亚夫担任项目组组长，潘耀平担任副组长兼前线总指挥。专家组成员有赵亚夫、潘耀平、刘照亭、芮东明、糜林、樊玉纲、沈晓昆。示范园技术项目实行专家负责制。

江苏方面选派了7位农民作为种养示范带头人，他们都是在镇江当地赫赫有名的种养大户，有草莓大王王柏生、葡萄大王方继生、种梨大王窦永敏等人。

示范园初见成效时，赵亚夫他们就开始了培养当地示范户典型的工作，以典型带动一般，先后培养了李华蓉、杜国蓉、魏友强等10多位种养大户，他们在周围起到了很好的示范效应。

从江苏引进的先进、适用的40个新品种和34项新技术，经过示范园的孵化，已全部在示范园落地开花，且向当地农户大面积推广，为长远发展播下了一粒粒的产业种子。

到2010年9月份示范园移交给当地时，园区先后接待参观交流学习人员580多批次2.5万多人次。板桥镇、富兴镇、九龙镇等10多个镇先后组织镇村社干部、农民技术员3 000多人次到示范园区观摩、参加现场会。对农民进行现场指导1 296人次，组织现场培训28场次，参训人数达1 460多人次。

示范园以及由其带动的示范户，实现了一亩田的年收益不低于1万元的目标，有的项目甚至达到两三万，如草莓＋水稻的轮作，能产1 000斤粮食，还有2万元的草莓收入。葡萄园和猕猴桃园间作牧草（养殖），收益也能达到2万左右。

时任国家发改委主任张平称赞说："绵竹江苏高效农业示范园项目是西部大开发，东部支援西部的成功典型。"

时任四川省委书记刘奇葆高兴地说："这是18个省农业援建项目中最成功的。在江苏，有句顺口溜叫：要致富，找亚夫，找到亚夫准能富！我看我们可以改一改，叫做：留住赵亚夫，四川准能富！"。

这年，戴庄村实现了小康。赵亚夫又帮助戴庄村制定了第二个农业、农村发展规划。

2009年，68岁。

获评"新中国成立以来50位感动江苏人物""全国扶贫先进人物"。

这年，赵亚夫又带着杜富海、刘业祥等4位农民到日本取经。

2010年，69岁。

被评为"全国先进工作者""江苏省援建四川灾区

先进工作者”和“全国老区开发先进工作者”。

4月，时任江苏省副省长的黄莉新（现任南京市委书记）率省农口各部门领导来戴庄村调研，总结戴庄经验，对“戴庄模式”在发展生态农业、带领农民共同致富、壮大村级集体经济等方面给予了充分肯定。

这年，姚伟超从南京工业大学营销专业毕业后，参加了镇江市的“村官”招考。在100多名被录取的“村官”中，他的综合成绩排名第8。他与其他5名被录取的“村官”一起，被分配到了天王镇戴庄村。赵亚夫对这批大学生“村官”很重视，当天下午就领着他们来到田间地头，参观并介绍戴庄的情况，介绍生态有机农业发展的现状和前景。赵亚夫还边走边讲解有机水稻的生长规律、果园的田间管理、病虫害的防治等等。

这些年，戴庄的生态有机农业已成气候，有机大米、草莓、桃子等有机农产品连年获得丰收，特别需要销售能手。知道姚伟超是学市场营销的，赵亚夫对他特别留意，着力往这方面培养。从怎么卖大米开始，赵亚夫经常跟他探讨如何寻找、拓展新市场，如何维护老客户、培养新客户。姚伟超只知道他是农业专家，没想到讲起销售来比科班出身的人还专业，心里对他多了几分敬意。在赵亚夫的指导下，姚伟超在销售实践能力方面提高很快，他马不停蹄地奔走于各个城市之间，进超市、进社区、接洽有关单位，推销戴庄的有机农产品。还开起了网店，搞网上销售。每年为合作社推销100多万斤大米、10几万斤有机果蔬，乡亲们都称他为“销售专家”。尽管每年的销售额达到了1 000多万元，但他也学着赵亚夫的样子，自己不拿一分钱。

有一年，句容市招考公务员，在父母的催促下，姚伟超参加了公务员考试，以高于第二名16分的笔试成绩夺得头筹，被所有人看好。赵亚夫得知这个情况后，和他掏心窝子谈了3个小时。后来姚伟超果然放弃了面试，安下心来留在戴庄。他的工作更加努力了。2013年12月9日，在村委会换届选举时，姚伟超高票当选为村委会主任，并当选为合作社副理事长。
2010 年、2013 年，环保部两次核定戴庄为国家有机食品基地。

2011年，70岁。

被评为“江苏省优秀共产党员”，被国家发改委、人社部表彰为“汶川地震灾后重建先进个人”。
这年，赵亚夫针对江苏省经济发达地区“三农”问题写了一组调研报告《五谈“三农”》。《五谈“三农”》从五个不同的角度与侧面对“三农”问题作了全方位的分析思考，是他几十年沉浸其间、摸爬滚打、深考细察、深思熟虑的心血结晶。某种程度上可以讲，这是代表了当今中国对“三农”问题最“深沉”的调研、最前沿的思考、最接“地气”的探索、最靠实可行的对策。
6 月 8 日，江苏省省委书记罗志军对此批示道：
亚夫同志的“五谈”，文字不长，内容丰富，很有新意。“三农”也要因地制宜、分类指导，形成特色，真正使农民得益。文中的很多观点来自实践，来自基层，又可以指导面上，可称为理论。我建议很好地听一下他的想法，对经济发达地区的“三农”工作做深入的分析研究，不满足于现状，解决深层次问题，真正走到全国前列，完全可以做到。
8 月，汪厚俊从南京理工大学电气工程专毕业，当年参加了江苏省大学生“村官”选聘被选中了，来到戴庄村实习。在实习期间，他看到戴庄到处都散发出勃勃生机，尤为赵亚夫的崇高的人格魅力所折服和吸引，决定留在戴庄创业，把个人的发展与带领乡亲们致富捏到一块去做。接触的时间虽不长，但赵亚夫对小汪比较关注，发现这个小伙子头脑灵活、敢想敢干，具有创业型人才的潜质。于是赵亚夫有意识地把小汪朝这方面培养。
赵亚夫指导小汪在 100 多亩山地种上了甜柿、薄壳山核桃等果树之后，又指导小汪建起了发酵床养鸡场，实施立体化生态种养。就这样，汪厚俊办起了“厚俊家庭农场”。2013年成立的“厚俊家庭农场”被省人社厅评为“江苏省优秀大学生创业项目”。如今，在“厚俊家庭农场”里已有青壳蛋鸡4 000多只，日产青壳蛋2 000枚，还放养了1 000只鹅、100多头羊等家禽家畜，年产值达100万元，纯收入近30万元，吸纳165人就业，带动周边60余户村民发家致富，帮助6户村民脱贫致富。后来，汪厚俊利用镇江恒顺醋厂的废弃物醋糟作为有机果树生长过程的有机肥，以及作为发酵床养鸡、养猪的垫料，使鸡和猪变得身体强壮、肉质鲜美的故事，被中央电视台作了专题报道。这下，汪厚俊和他的家庭农场出名了，产品不愁销。

最让汪厚俊感到幸福的，是原先反对他在戴庄创业的女朋友转而支持他在戴庄创业，并于2014年与他领了证、结了婚，使他的家庭农场有了“场主夫人”。前不久，“场主夫人”还给他生了个大胖儿子，使这个家庭农场三世同堂，幸福溢满了农场的每一寸土地。

从这年开始，赵亚夫根据农村经济社会发展的实际状况，在《农民专业合作社法》的基础之上，对合作社朝着综合性、社区化的方向发展做了研究、思考与探索。经过几年的拓展性尝试，“戴庄有机农业合作社”慢慢演变成了“戴庄综合性农民社区合作社”。

从戴庄村实际情况看来，综合性社区合作社至少有以下五点好处：（1）可以综合利用全村各种资源。（2）合作社把扶贫工作纳入了经常性的工作范围，能精准、有效地解决农村扶贫的老大难问题。（3）村级集体经济收入，能随着社员收入的大幅度增加而增加。（4）有效解决了农技推广“最后一公里”问题。（5）更好的发挥农村基层党组织的战斗堡垒作用。

2012年，71岁。

这年，赵亚夫与糜林帮扶了丹徒区世业镇先锋村农业园。这个农业园原来是由一个浙江老板承包的，一直没搞好，搞什么都赚不到钱，浙江老板就把园子退给了村里。赵亚夫与糜林经过实地考察与论证研究，认为在这个园子里搞高架草莓比较合适。在具体工作中，赵亚夫在宏观指导上多一些，糜林在现场实施多一些。当时观察大棚的保温功能，认为保温效果达不到高架草莓的要求，便指导对大棚草莓进行改造。然后指导发酵底质，最后指导苗子移植。同时指导食用菌的复合栽培。到了2013年，高架草莓成功实现定植，当年就获得每亩5万元的收益，刨去各种成本，每亩能获纯利3万多元。

2013年，72岁。

当选为十二届全国人大代表。

3月8日，在全国人民代表大会的江苏代表团会议中，赵亚夫作了《农业现代化的出发点和落脚点是务农农民》的发言，介绍了"戴庄模式"。他结合自己带着农民干、帮着农民富的实践经历，建议在推进农业现代化中，要重视对基层干部的培养，提高他们搞农业现代化的本领；要逐步推广村村建立农村社区经济合作社，使合作社成为基层干部带领农民走向农业现代化的服务平台。

习总书记在听完后为认，戴庄农业合作社的模式，适合当前市场经济特点，对推进农业现代化起到了很好的作用；要求对"戴庄模式"作进一步的探索和完善。

3月，省委农工办、省农委对戴庄作了详细考察调研，认为戴庄在稳定和完善农村基本经营制度的基础上，在发展农民合作社、寻求统与分最佳结合点方面，作了积极有益的探索，对各地发展现代农业、促进农民增收和推进新农村建设等方面具有重要的借鉴和启示意义。他们从五个方面对"戴庄经验"作了概括提炼：一是有效提升了统一经营功能，激发了家庭经营活力，初步形成了新型农业经营体系；二是搭建了农业利用先进生产要素的平台，有效解决了科技推广"最后一公里"的难题；三是提高了农业劳动生产率、土地出产率，兼顾了效率和公平，初步形成了低收入农户共同增收的良好局面；四是构建了循环农业耕作制度，促进了农村生态环境建设，形成了山清水秀、鸟语花香的美好村景；五是强化了村级组织经济发展和服务管理功能，提升了农民参与民主管理的能力。

2013年4月、2014年5月，时任江苏省委书记的罗志军两次来戴庄村调研，总结戴庄村的经验并向全省推介。罗书记在一篇调研文章中指出："我曾专门到镇江的句容市戴庄村作过调研，这个村近年来在农科专家赵亚夫的带领下，因地制宜发展有机农业，探索新型农业经营体系的有效实现形式，不仅带动了农民增收致富，而且壮大的集体经济。这个村过去是句容市最贫困的村，现在年村集体收入超过100万元，我要求对这个村的做法和经验在省内首先抓好推广。"

时任江苏省省长李学勇、省政协张连珍主席，时任江苏省委副书记石泰峰（现任江苏省省长）、黄莉新副省长、徐鸣副省长先后来到戴庄村视察、调研，对"戴庄模式"给予了充分肯定。2014年，时任江苏省副省长缪瑞林（现任南京市市长）来到戴庄调研，对"戴庄模式"给予高度评价。缪瑞林还希望赵亚夫把"戴庄模式"推广到苏北，让那里的群众发展特色现代高效农业。

来到戴庄的大学生"村官"越来越多，赵亚夫对这个群体非常重视，想方设法培养他们成才，使他们尽快融入到村里的工作中去。他提出搞一个小型村官培训班，每3个月一期，每期三到四个人。其中一个月跟班村干部，学习如何处理村里日常事务、如何调解纠纷等；一个月跟合作社的管理人员学习经营决策、生产组织、营销技巧等；一个月和农民一起下田干活，熟悉了解农业生产各个环节，学习农业科技知识。经过这样的培训后，大学生"村官"对"三农"就有了更加深刻的了解，能增长实际工作才干，在村里开展工作就会有方向、有技能、有招数。

这几年，先后有十多名大学生"村官"来到戴庄，在赵亚夫的悉心指导和精心培养下，他们成长很快，有的走上了领导岗位（如鲁学谦担任天王镇副镇长，姚伟超担任戴庄村村委会主任，刘凯担任茅山镇党委委员），有的在农村创业、事业如日中天（如汪厚俊），有的成了某一领域的"小专家"（如浙江大学茶学硕士吴世玲，现为戴庄有机茶园负责人），有的成长为农业科技推广方面能够独当一面的"土专家"，有的成为新农村建设中不可或缺的专门性人才。

这年，戴庄村被农业部表彰为全国一村一品示范村（野山小村牌有机大米）。

8月赴日本栃木县小山市参加亚洲环境创造型稻作技术会议。此前已有4次赴日参加有关农业及农民合作社的国际学术会议。

2014年，73岁。

当选为全国时代楷模、全国优秀离退休干部。

这年，戴庄村全村农民人均纯收入已达到1.95万元，是10年前的5倍多，比句容全市平均高出了16%，农民大幅度增加了收入，出现了一大批年纯收入10万元左右的农户。合作社从销售利润中依法提取的公积金，成了全村重要的集体收入。在村民大幅增收同时，村级集体经得到了协调发展。2014年村级集体经济收入已达190万元，固定资产已达1 000万元。

戴庄全村70%的耕地搞起了生态有机农业，化肥及化学农药用量已较2003年前减少了80%。大幅度削减了农业造成的面源污染。有机稻田中的动物有环节动物、软体动物、节肢动物、鱼类、鸟类等共10纲、31目、127种，仅蜻蜓目就有18种，蜘蛛目有14种，蛙有3种，还有草蛉、七星瓢虫等。物种多样性丰富，而且不少物种有相当的种群数量，形成了较好的食物链。水污染指示生物蜉蝣目也有存在，说明水质较好。与相邻白马镇常规稻田5纲、9目、20种比较，动物物种数量多出6.4倍，生物多样性越来越丰富。生物链较高端的老鹰也经常在村落上空出现。

2012年、2014年，戴庄农业合作社被农业部两次表彰为全国农民合作社示范社。

2014年5月22日，下午3点，中共中央宣传部通过中央电视台《时代楷模发布厅》节目，向社会公开发布了“时代楷模”赵亚夫的先进事迹。赵亚夫是获此殊荣的第四个人。主持人敬一丹充满感情地介绍说：“赵亚夫是江苏常州人，曾经当过镇江市农科所所长、也当过镇江市人大常委会副主任。半个多世纪以来，他坚守年轻时许下的要为农民服务一辈子的诺言，始终扎根农村，为实现农民的致富梦想而努力。他到日本留学，带回来20棵草莓苗，带富了一方百姓；他退休后，来到镇江一个最穷的村庄，克服种种困难，搞有机农业，不仅致富了全村百姓，也探索了村社合一的新农村建设新模式。”

6月18日，赵亚夫带着潘跃平、靡林、芮东明、李坚等人来到了句容市解塘村，来指导该村根据“戴庄模式”求发展。赵亚夫一行在解塘做了一番详细的调研，尔后拿出了一份周详的发展规划。根据这个规划，有特色产业方面，着重发展有机大米、茶叶、花卉种子、老鹅、蓝莓这五大板块；在生产关系方面，复制戴庄的“村社合一”模式，即“党支部（村委会）+合作社+示范户+农户”。村支部书记张冬才，根据发展规划，一件一件地抓落实。

学习戴庄经验近两年来，解塘的面貌可谓焕然一新。首先，领导班子团结了，大家心往一处想、劲往一处使，拧成了一股绳，起到了坚强的领导核心作用。其次，五大板块的特色产业陆续布局，彻底扭转了原来产业结构单一、项目老化的局面，使得产业结构合理、项目品种适合时宜。最后，在实现民收入大幅度增加的同时，村集体经济也同步增长，2015年村集体经济收入由原来的不足50万元跃升到270万元，合作社的收入也达到了42万元，两项合计达到了312万元。另外，村里的基础设施建设也“旧貌换新颜”了，新建了多条公路使解塘村的交通四通八达，盖起了180平方米的社区服务中心，修了3个村民健身广场，新架了3座桥梁，安装了3个灌水泵。

11月23日，赵亚夫第二次见到了习总书记。

这一次，赵亚夫是作为全国离退休干部先进代表进京开会，受到了习总书记的亲切接见。

12月13日，习近平总书记又亲临丹区世业镇的农业科技示范基地调研。总书记视察大棚高架草莓时说，农业发展就是要依靠科技创新，现代高效农业是农民致富的好路子。要沿着这条路子走下去，让农业成为有奔头的产业。要更加重视促进农民增收，让广大农民都过上幸福美满的日子，一个都不能少，一户都不能落。总书记还说，“做给农民看，带着农民干，帮助农民销，实现农民富”，赵亚夫赢得了农民的爱戴。“三农”工作需要一大批这样无私奉献的人，农业专家的成果就是要体现在广阔的土地上，把科研创新转化为实践成果。

习总书记有关农业现代化建设的亲切教导和殷切期望，深深的温暖并激荡着赵亚夫的心。听了以后，赵亚夫反复思考着如何以最好、最快的实际行动，答谢总书记的亲切关怀和实现总书记的殷切期望。

2015年，74岁。

当选为全国敬业奉献道德模范、全国扶贫先进个人。

应邀参观天安门广场九三大阅兵。

3月7日，赵亚夫在全国人大江苏代表团全体会议上做了“积极发展综合性农民社区合作社”的发言。按规定发言时间是7分钟，因为李克强总理的插话与交流，用了17分钟。总理说，请亚夫同志想想办法，能不能种出比金子贵的东西来？赵亚夫大声回答：这是我们的责任！我们科技人员的责任！赵亚夫利用会议休息日，给总理写了个简要汇报，汇报我们在江苏镇江句容茅山革命老区，帮助农民富起来的成果和两条主要经验。一条是科技创新；第二条是发动、组织农民，积极探索帮助农民成立综合性农民社区合作社，把弱势农民联合起来，互助合作。

赵亚夫的建议，受到了中央农村工作领导小组、农业部、国务院扶贫办、全国供销合作总社等有关部门的高度重视。由陈锡文同志签发的中央农村工作领导小组办公室来文："您提出的建议具有较强的针对性和可操作性。农业部已在给全国人大农业和农村委员会的农民专业合作社法修改建议稿中提出了相关建议。下一步农业部将联合有关部门对包括社区合作社在内的各种类型合作社进行深入调研，全面总结各地经验和做法，加大典型宣传力度，为修改农民专业合作社法和制定相关政策提供参考。感谢您通过驻村调研提出了很好的建议，希望今后继续关注、关心'三农'发展，继续支持我们的工作。"戴庄村培养农民成为农业现代化建设主体的"综合性农村社区合作社"经验，得到了中央有关部门和江苏省委、省政府的肯定，正在省内外推广。

10月13日晚，由中央宣传部、中央文明办、解放军总政治部、全国总工会、共青团中央、全国妇联共同主办的第五届全国道德模范授奖仪式——《圆梦中国 德耀中华》在北京人民大会堂金色大厅举行。第五届全国道德模范及提名奖获得者和往届全国道德模范代表一同出席了授奖仪式。赵亚夫被授予"敬业奉献"类道德模范。

习近平总书记对此次全国道德模范表彰活动作出重要批示指出，隆重表彰全国道德模范，对展示社会主义思想道德建设的丰硕成果，彰显中华民族昂扬向上的精神风貌，凝聚全国各族人民团结奋进的力量，具有重要意义。他在批示中要求把道德模范的榜样力量转化为亿万群众的生动实践，更好构筑中国精神、中国价值、中国力量，为中国特色社会主义事业提供精神动力和道德滋养。

赵亚夫在发言中表示，要珍惜荣誉，把为"三农"工作奉献一辈子作为不懈追求，探索出具有镇江特色、可复制可推广的丘陵山区现代农业发展之路，为实现农业强、农民富、农村美作出新的贡献。

由赵亚夫亲自规划设计蓝图并由他亲自指导实施的"戴庄模式"日臻成熟并逐渐定型。

"戴庄模式"的核心是团结带领农民共同致富奔小康、走向现代化。"戴庄模式"的"骨架"就是"综合性农民社区合作社”这个机制。“戴庄模式”的基本结构是：行政村＋综合性农民社区合作社＋科技示范园＋（示范）农户。其中“综合性农民社区合作社”是支撑整个模式的骨架，是起决定性作用的因素。“戴庄模式”的关键是把握“统”与“分”之间的度。“戴庄模式”比较准确地把握了“统”与“分”之间的度，宜统则统，宜分则分；该统的领域统起来，该分的领域分到户。在戴庄，各家还种各家的田，合作社以劳动成果分配盈利，以户为单位承包经营这个基本制度不变。但一家一户办不了、办不好、办了划不来的事情，则由村、社统一办。“戴庄模式”的宗旨是提供一个以行政村为单元的，以“发展生态有机农业”和“农业经济机制创新”为两大驱动轮的，实现农民共同富裕的可复制的模板。“戴庄模式”最耀眼的闪光点，在于不靠工业、单靠农业也能使农村富裕起来，“使农业成为一个有奔头的产业”。戴庄的实践证明，通过发展生态有机农业（现代高效农业）走“以农富农”这条路是行得通的，让农民感到“农业是一个有奔头的产业”是完全可以做得到的。

2016年，75岁。

被评为“全国优秀共产党员”。

6月30日，赵亚夫和全国优秀共产党员、优秀党务工作者及先进基层党组织的代表们一起，在北京瞻仰了毛主席纪念堂和天安门城楼，参观了国家博物馆“复兴之路”展览。当天晚上，出席了庆祝建党95周年音乐会，与习近平总书记及其他中央领导同志一起，同声高唱“没有共产党就没有新中国”。

7月1日，赵亚夫参加了庆祝中国共产党成立95周年大会，坐在讲台下的前3区第二排，认真聆听了习总书记的重要讲话。习总书记回顾了我们党团结带领全国人民不懈奋斗的光辉历程，展望了党和人民事业发展的光明前景，谆谆教导广大党员“不忘初心、继续前进”。这使赵亚夫受到一次很深刻的党性教育，感慨良多。